电气控制与 PLC 应用

主 编 许 强
副主编 杨少沛 闫 娓 刘 霞
参 编 李沙沙

北京理工大学出版社
BEIJING INSTITUTE OF TECHNOLOGY PRESS

内 容 简 介

本书全面介绍了西门子公司 S7-1200 PLC 的编程与应用。S7-1200 PLC 控制系统具有集成度高、实现简单的特点，在中、小型工业自动化控制领域得到了广泛的应用。

本书共分 10 章，分别介绍了 PLC 的基础知识、硬件安装与维护、TIA 博途 V16 软件安装、编程基础、基本指令、PID 控制、运动控制、通信、界面组态及应用实例，附录部分为实验指导书和课程设计任务书。本书深入浅出、图文并茂、注重实际、强调应用，配套有 PPT 课件、操作视频等资源，帮助读者掌握编程技巧，使读者可以创新性地完成从简单到复杂的工程项目。

本书可作为普通高等院校电气工程、自动化类、机电类等专业的 PLC 应用课程教材，也可作为电子技术、电气技术、自动化技术等工程技术人员的参考书。

版权专有　侵权必究

图书在版编目（CIP）数据

电气控制与 PLC 应用 / 许强主编. --北京：北京理工大学出版社，2022.6
　ISBN 978-7-5763-1422-9

Ⅰ.①电… Ⅱ.①许… Ⅲ.①电气控制 ②PLC 技术 Ⅳ.①TM571.2 ②TM571.6

中国版本图书馆 CIP 数据核字（2022）第 110035 号

出版发行 / 北京理工大学出版社有限责任公司
社　　址 / 北京市海淀区中关村南大街 5 号
邮　　编 / 100081
电　　话 /（010）68914775（总编室）
　　　　　（010）82562903（教材售后服务热线）
　　　　　（010）68944723（其他图书服务热线）
网　　址 / http：//www.bitpress.com.cn
经　　销 / 全国各地新华书店
印　　刷 / 涿州市新华印刷有限公司
开　　本 / 787 毫米×1092 毫米　1/16
印　　张 / 16.5　　　　　　　　　　　　　　　　　责任编辑 / 高　芳
字　　数 / 388 千字　　　　　　　　　　　　　　　文案编辑 / 李　硕
版　　次 / 2022 年 6 月第 1 版　2022 年 6 月第 1 次印刷　责任校对 / 刘亚男
定　　价 / 88.00 元　　　　　　　　　　　　　　　责任印制 / 李志强

图书出现印装质量问题，请拨打售后服务热线，本社负责调换

前　言

"电气控制与 PLC 应用"是电气工程、自动化类、机电类等专业的必修课程之一，综合了继电器-接触器控制、计算机技术、自动控制技术和通信技术，应用十分广泛。本书选用市场占有率较高的西门子 S7-1200 PLC 进行介绍。S7-1200 是中、低端小型 PLC 产品，具有模块化、功能全、可扩展等特点，有符合工业通信最高标准的通信接口以及全面的集成工艺功能，同时又能适用于多种用途，因此可以作为一个组件集成在完整的综合自动化解决方案中。

本书全面介绍了 S7-1200 PLC 的硬件、编程及应用，共分 10 章。第 1 章介绍 PLC 的基础知识、S7-1200 PLC 特点；第 2 章介绍常用低压电器、电气控制系统设计、基本控制电路以及相关设计实例；第 3 章介绍 S7-1200 PLC 的硬件组成、PLC 工作原理、输入/输出模块等；第 4 章介绍 TIA 博途软件的安装过程和软件的调试、仿真方法，以及 CPU 参数属性设置；第 5 章介绍 S7-1200 PLC 编程的基础知识，包括 PLC 的编程语言、数据类型、用户程序的结构化编程方法等；第 6 章介绍位逻辑、定时器、计数器、移位等指令，通过案例说明基本指令的使用方法；第 7 章介绍 S7-1200 PLC 支持的工艺功能，如 PID 功能、高速计数器等；第 8 章介绍运动控制的基础知识和相关指令，通过工艺对象"轴"的应用介绍运动控制的实现方法；第 9 章介绍 S7-1200 PLC 的串口通信、以太网络通信及组态步骤、方法；第 10 章介绍 S7-1200 人机界面的组态及应用。

本书注重实际、强调应用、方便教学，有清晰的操作过程图片和相关视频资料，让读者边看书边操作，也便于有一定电气技术基础的人员自学。

本书由黄河交通学院许强、杨少沛、闫娓、李沙沙和广东科技学院刘霞编写完成。许强担任主编，杨少沛、闫娓、刘霞担任副主编，李沙沙参编。具体分工：第 1、9、10 章由许强编写。第 3、5 章由杨少沛编写，第 4 章由刘霞编写；第 6、7、8 章由闫娓编写；第 2 章、附录由李沙沙编写。全书图稿编辑由闫娓负责；全书统稿、定稿由许强负责。

在本书编写过程中，编者参考了兄弟院校的资料及其他相关教材，引用了国内外许多专家、学者最新发表的论文和著作等资料，在此一并表示感谢。

限于篇幅及编者的业务水平，本书内容上若有局限和欠妥之处，竭诚希望读者赐予宝贵的意见。

编　者
2022 年 2 月

目　录

第1章　PLC 概述

1.1　PLC 的产生及定义 …………………………………………………………（002）
　　1.1.1　PLC 的产生 ……………………………………………………………（002）
　　1.1.2　PLC 的定义 ……………………………………………………………（003）
1.2　PLC 的特点及分类 …………………………………………………………（004）
　　1.2.1　PLC 的特点 ……………………………………………………………（004）
　　1.2.2　PLC 的分类 ……………………………………………………………（005）
1.3　PLC 的功能及应用领域 ……………………………………………………（007）
1.4　PLC 的发展 …………………………………………………………………（008）
1.5　西门子系列 PLC 介绍 ………………………………………………………（010）
　　1.5.1　西门子系列 PLC 简介 …………………………………………………（010）
　　1.5.2　西门子 S7-1200 PLC 的特点 …………………………………………（011）

第2章　常用低压电器控制

2.1　常用低压电器 ………………………………………………………………（014）
　　2.1.1　开关电器 ………………………………………………………………（014）
　　2.1.2　熔断器 …………………………………………………………………（015）
　　2.1.3　接触器 …………………………………………………………………（016）
　　2.1.4　继电器 …………………………………………………………………（017）
　　2.1.5　主令电器 ………………………………………………………………（019）
2.2　电气控制系统设计 …………………………………………………………（021）
　　2.2.1　电气控制系统中的设计原则、内容及程序 …………………………（021）
　　2.2.2　电气控制系统中的图形符号及文字符号 ……………………………（022）
　　2.2.3　电气原理图 ……………………………………………………………（022）
　　2.2.4　电气元器件布置图 ……………………………………………………（023）

2.2.5 电气安装接线图 ……………………………………………………… (023)
2.3 基本控制电路 …………………………………………………………… (024)
　　2.3.1 自锁与互锁控制电路 ……………………………………………… (024)
　　2.3.2 点动与连续控制电路 ……………………………………………… (025)
　　2.3.3 正、反转控制电路 ………………………………………………… (025)
　　2.3.4 多地控制电路 ……………………………………………………… (027)
　　2.3.5 往复循环控制电路 ………………………………………………… (027)
　　2.3.6 顺序控制电路 ……………………………………………………… (028)
2.4 电动机启停控制系统设计实例 ………………………………………… (028)
　　2.4.1 电动机启停控制系统设计内容 …………………………………… (028)
　　2.4.2 电动机启停控制系统设计步骤 …………………………………… (029)

第 3 章　S7-1200 PLC 的结构组成

3.1 S7-1200 PLC 的硬件组成 ……………………………………………… (033)
3.2 PLC 的工作原理 ………………………………………………………… (036)
　　3.2.1 CPU 的工作模式 …………………………………………………… (037)
　　3.2.2 过程映像 …………………………………………………………… (038)
　　3.2.3 存储器机制 ………………………………………………………… (038)
　　3.2.4 优先级与中断 ……………………………………………………… (038)
　　3.2.5 输入/输出的处理过程 ……………………………………………… (038)
3.3 CPU 基础 ………………………………………………………………… (039)
　　3.3.1 CPU 特性 …………………………………………………………… (039)
　　3.3.2 各 CPU 模块的共同点 ……………………………………………… (040)
　　3.3.3 CPU 的电源电压配置 ……………………………………………… (041)
3.4 信号模块与信号板 ……………………………………………………… (041)
　　3.4.1 数字信号模块 ……………………………………………………… (042)
　　3.4.2 数字信号板 ………………………………………………………… (043)
　　3.4.3 模拟信号模块 ……………………………………………………… (043)
　　3.4.4 模拟信号板 ………………………………………………………… (048)
3.5 S7-1200 PLC 系统配置功率预算 ……………………………………… (049)
3.6 接线 ……………………………………………………………………… (050)
　　3.6.1 CPU 供电电源接线 ………………………………………………… (050)
　　3.6.2 传感器与数字量输入接线 ………………………………………… (051)
　　3.6.3 数字量输出接线 …………………………………………………… (051)
　　3.6.4 传感器与模拟量输入接线 ………………………………………… (052)
　　3.6.5 模拟量输出接线 …………………………………………………… (052)

… 目 录

第 4 章　S7-1200 PLC 的基本组态与调试

4.1　TIA 博途软件 ……………………………………………………………………（056）
　4.1.1　TIA 博途软件简介 ………………………………………………………（056）
　4.1.2　TIA 博途软件的安装环境 ………………………………………………（058）
　4.1.3　TIA 博途软件的安装 ……………………………………………………（058）
4.2　新建项目和硬件网络组态 ………………………………………………………（062）
　4.2.1　新建项目 …………………………………………………………………（062）
　4.2.2　硬件组态 …………………………………………………………………（063）
　4.2.3　网络组态 …………………………………………………………………（066）
4.3　TIA 博途 STEP 7 与 PLC 的连接 ……………………………………………（067）
　4.3.1　S7-1200 PLC 与编程设备通信 …………………………………………（067）
　4.3.2　下载项目到新出厂的 CPU ………………………………………………（070）
　4.3.3　下载项目的方法 …………………………………………………………（071）
　4.3.4　下载时找不到连接的 CPU 的处理方法 ………………………………（073）
　4.3.5　上传设备作为新站 ………………………………………………………（073）
4.4　用 TIA 博途 STEP 7 调试程序 ………………………………………………（074）
　4.4.1　用程序状态监视功能调试程序 …………………………………………（074）
　4.4.2　用监控与强制表监控变量 ………………………………………………（075）
　4.4.3　用强制表强制变量 ………………………………………………………（078）
4.5　西门子 S7-1200 PLC 仿真软件的使用 ………………………………………（079）
　4.5.1　S7-PLCSIM 仿真软件的启动 ……………………………………………（080）
　4.5.2　生成仿真表 ………………………………………………………………（082）
　4.5.3　用仿真表调试程序 ………………………………………………………（084）
4.6　CPU 参数属性的设置 …………………………………………………………（087）
　4.6.1　常规 ………………………………………………………………………（087）
　4.6.2　PROFINET 接口 …………………………………………………………（088）
　4.6.3　数字量输入 DI/数字量输出 DQ …………………………………………（088）
　4.6.4　模拟量输入 AI/模拟量输出 AQ …………………………………………（090）
　4.6.5　高速计数器（HSC） ……………………………………………………（091）
　4.6.6　脉冲发生器（PTO/PWM） ………………………………………………（091）
　4.6.7　启动 ………………………………………………………………………（092）
　4.6.8　循环 ………………………………………………………………………（092）
　4.6.9　通信负载 …………………………………………………………………（093）
　4.6.10　系统和时钟存储器 ………………………………………………………（093）

  4.6.11 Web 服务器 ……………………………………………………………（093）
  4.6.12 支持多语言 ………………………………………………………（094）
  4.6.13 时间 ………………………………………………………………（094）
  4.6.14 防护与安全 ………………………………………………………（094）
  4.6.15 组态控制 …………………………………………………………（095）
  4.6.16 连接资源 …………………………………………………………（096）
  4.6.17 地址总览 …………………………………………………………（096）
4.7 扩展模板模块属性的设置 ……………………………………………………（096）
  4.7.1 I/O 扩展模板模块属性的设置 …………………………………（096）
  4.7.2 通信模板模块属性的设置 ………………………………………（097）

第 5 章 S7-1200 PLC 程序设计基础

5.1 PLC 的编程语言 ………………………………………………………………（099）
  5.1.1 梯形图 ……………………………………………………………（099）
  5.1.2 功能块图 …………………………………………………………（100）
  5.1.3 结构化控制语言 …………………………………………………（100）
5.2 数据类型 ………………………………………………………………………（102）
  5.2.1 数制 ………………………………………………………………（103）
  5.2.2 基本数据类型 ……………………………………………………（103）
  5.2.3 复杂数据类型 ……………………………………………………（106）
  5.2.4 Variant 指针 ………………………………………………………（107）
  5.2.5 系统数据类型 ……………………………………………………（107）
  5.2.6 硬件数据类型 ……………………………………………………（108）
  5.2.7 数据类型转换 ……………………………………………………（108）
5.3 S7-1200 PLC CPU 的数据访问 ……………………………………………（109）
  5.3.1 物理存储器 ………………………………………………………（109）
  5.3.2 系统存储区 ………………………………………………………（110）
  5.3.3 数据存储及内存区域寻址 ………………………………………（111）
5.4 用户程序结构 …………………………………………………………………（112）
  5.4.1 程序结构简介 ……………………………………………………（112）
  5.4.2 组织块 ……………………………………………………………（113）
  5.4.3 数据块 ……………………………………………………………（117）
  5.4.4 函数 ………………………………………………………………（119）
  5.4.5 函数块 ……………………………………………………………（122）

第6章 基本指令

- 6.1 位逻辑指令 ……………………………………………………………………… (125)
  - 6.1.1 触点和线圈指令 …………………………………………………………… (126)
  - 6.1.2 置位/复位指令 ……………………………………………………………… (127)
  - 6.1.3 上升沿和下降沿指令 ……………………………………………………… (131)
  - 6.1.4 应用案例 …………………………………………………………………… (135)
- 6.2 定时器指令 ……………………………………………………………………… (139)
  - 6.2.1 指令介绍 …………………………………………………………………… (140)
  - 6.2.2 应用案例 …………………………………………………………………… (146)
- 6.3 计数器指令 ……………………………………………………………………… (149)
  - 6.3.1 指令介绍 …………………………………………………………………… (150)
  - 6.3.2 应用案例 …………………………………………………………………… (152)
- 6.4 比较指令 ………………………………………………………………………… (158)
- 6.5 数学运算指令 …………………………………………………………………… (159)
- 6.6 移动操作指令 …………………………………………………………………… (161)
- 6.7 移位与循环移位指令 …………………………………………………………… (163)
  - 6.7.1 指令介绍 …………………………………………………………………… (163)
  - 6.7.2 应用案例 …………………………………………………………………… (164)

第7章 扩展指令和工艺指令

- 7.1 扩展指令 ………………………………………………………………………… (170)
  - 7.1.1 日期和时间指令 …………………………………………………………… (170)
  - 7.1.2 字符串+字符指令 ………………………………………………………… (171)
- 7.2 工艺指令 ………………………………………………………………………… (173)
  - 7.2.1 编码器 ……………………………………………………………………… (173)
  - 7.2.2 高速计数器 ………………………………………………………………… (174)
  - 7.2.3 PID 指令 …………………………………………………………………… (178)
  - 7.2.4 PID 应用案例与仿真 ……………………………………………………… (179)

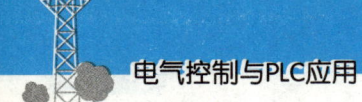

第8章　S7-1200 PLC 运动控制指令及应用实例

8.1　运动控制基础知识 ……………………………………………………………（188）
　　8.1.1　运动控制基础 ……………………………………………………………（188）
　　8.1.2　伺服控制系统基础 ………………………………………………………（189）
8.2　S7-1200 PLC 运动控制指令 …………………………………………………（190）
8.3　运动控制实例 …………………………………………………………………（197）
　　8.3.1　相关知识 …………………………………………………………………（197）
　　8.3.2　任务实施 …………………………………………………………………（199）

第9章　S7-1200 PLC 的通信

9.1　通信基础 ………………………………………………………………………（211）
　　9.1.1　网络通信的国际标准 ……………………………………………………（211）
　　9.1.2　西门子工业自动化通信网络 ……………………………………………（213）
　　9.1.3　S7-1200 PLC 以太网通信 ………………………………………………（215）
9.2　S7-1200 PLC 之间的 TCP 通信 ………………………………………………（217）
9.3　S7-1200 PLC 的串口通信 ……………………………………………………（223）
　　9.3.1　串口通信基础 ……………………………………………………………（223）
　　9.3.2　S7-1200 PLC 串口通信 …………………………………………………（225）
9.4　S7-1200 PLC 与变频器的 USS 协议通信 ……………………………………（227）
　　9.4.1　USS 协议通信介绍 ………………………………………………………（227）
　　9.4.2　硬件连接与组态 …………………………………………………………（228）
　　9.4.3　USS 协议通信编程的实现 ………………………………………………（230）

第10章　S7-1200 PLC 人机界面的组态及应用

10.1　组态软件概念 ………………………………………………………………（235）
　　10.1.1　组态软件的发展和特点 …………………………………………………（235）

10.1.2　组态软件的功能 ……………………………………………………（236）
　　10.1.3　常用的组态软件 ……………………………………………………（236）
10.2　精简系列面板的组态及应用 …………………………………………………（237）
　　10.2.1　硬件组态 ……………………………………………………………（237）
　　10.2.2　PLC 与触摸屏数据连接 ……………………………………………（238）
　　10.2.3　HMI 可视化组态 ……………………………………………………（239）
　　10.2.4　HMI 模拟仿真 ………………………………………………………（242）
10.3　博途 PC station HMI 组态及应用 …………………………………………（243）
　　10.3.1　硬件组态 ……………………………………………………………（244）
　　10.3.2　PLC 与 PC station 数据连接 ………………………………………（246）
　　10.3.3　HMI 可视化组态 ……………………………………………………（247）
　　10.3.4　HMI 模拟仿真 ………………………………………………………（248）

附　录

附录 A　S7-1200 PLC 可编程控制器指令集 ……………………………………（249）
附录 B　实验指导书 …………………………………………………………………（249）
附录 C　课程设计任务书 ……………………………………………………………（250）

参考文献

第 1 章

PLC 概述

学习目标

(1) 了解 PLC 的产生、定义、分类。
(2) 了解 PLC 的功能及应用领域。
(3) 了解 PLC 的发展方向。
(4) 掌握 S7-1200 PLC 的特点。

问题思考

(1) PLC 的功能、特点有哪些,可以应用到哪些领域?
(2) PLC 控制与传统电气控制有哪些区别?

思维导图

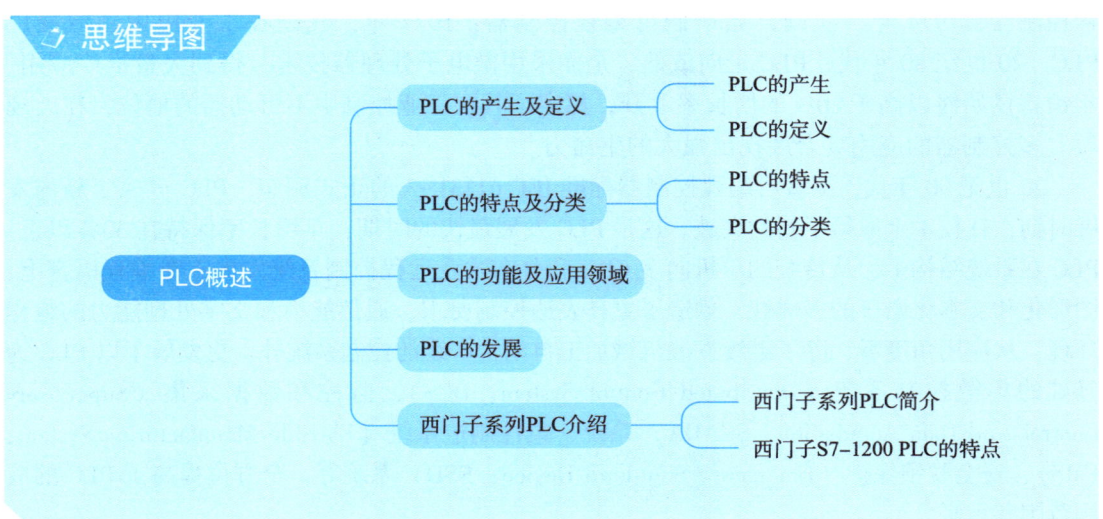

1.1 PLC 的产生及定义

1.1.1 PLC 的产生

电气控制系统是一种能根据外界的信号和要求，手动或自动地接通、断开电路，断续或连续地改变电路参数，以实现对电路或非电对象的切换、控制、保护、检测、交换和调节的一种电气控制成套设备。

早期的电气控制系统主要由开关电器、继电器、接触器等组成，故称为继电器-接触器控制系统。又因为电气控制系统具有逻辑性，所以又称它为继电逻辑控制系统。继电逻辑控制系统以继电器控制为主，当变更设计时，几乎整个系统都要重新制作，不但费时费力，同时由于继电器还有触点接触不良、磨损、体积大之缺点，使系统出现成本升高、可靠性降低、不易检修等问题。

为了解决继电逻辑控制系统存在的问题，1968 年，美国通用汽车公司公开招标研制新的工业控制器，并提出"编程方便、可在现场修改和调试程序，维护方便、可靠性高、体积小、易于扩展"等指标。1969 年，美国数字设备公司（Digital Equipment Corporation，DEC）中标，并根据上述要求研制出世界上第一台可编程序逻辑控制器 PDP-14，用在通用汽车公司的汽车自动装配线上，获得成功，从此可编程序逻辑控制器诞生了。

可编程逻辑控制器（Programmable Logic Controller，PLC）是在集成电路、计算机技术、控制技术基础上发展起来的一种新型工业控制设备。早期 PLC 主要是代替继电器实现逻辑控制，随着技术的不断发展，PLC 的功能已经大大超过了逻辑控制的范围，现在这种装置称为可编程控制器（Programmable Controller），为了与个人电脑（Personal Computer）区分，仍然将可编程控制器称为 PLC。

1971 年，日本研制出第一台可编程控制器 DCS-8；1973 年，德国研制出第一台可编程控制器；1974 年，我国开始研制可编程控制器；1977 年，我国在工业应用领域推广 PLC。20 世纪 80 年代，PLC 走向成熟，全面采用微电子处理器技术，得到大量推广应用，年销售量始终以高于 20% 的增长率上升，奠定了其在工业控制中不可动摇的地位，在大规模、多控制器的应用场合展现出强大的生命力。

20 世纪 90 年代，随着可编程控制器标准 IEC 61131-3 的正式颁布，PLC 进入了新的发展时期，在技术上取得了新的突破。这是 PLC 发展最快的时期，年增长率保持在 30% 以上。PLC 在系统结构上，从传统的单机向多 CPU 和分布式及远程控制系统发展；在编程语言上，图形化和文本化语言的多样性，创造了更具表达控制要求、通信能力和文字处理能力的编程环境；从应用角度看，除了继续发展机械加工自动生产线的控制系统外，更发展了以 PLC 为基础的集散控制系统（Distributed Control System，DCS）、监控和数据采集（Supervisory Control And Data Acquisition，SCADA）系统、柔性制造系统（Flexible Manufacturing System，FMS）、安全联锁保护（Emergency Shutdown Device，ESD）系统等，全方位提高了 PLC 的应用范围和水平。

从 20 世纪 90 年代末期至今，随着可编程控制器标准 IEC 61131 的逐步完善和实施，特别是标准编程语言的推广，PLC 真正进入了一个开放性和标准化的时代，为在工业自动化中实现互换性、互操作性和标准化带来了极大的方便。

进入工业 4.0 的智能制造时代以后，多样化的人机交互能力成为控制产品发展的重要方向。其中，PLC 作为现场控制层中的主力，需要处理大量数据，并将结果反馈给更高层的控制系统。PLC 在先进自动化系统中扮演的角色日益重要，工业 4.0 制造自动化环境对 PLC 的性能也提出了更高的要求，并需要其支持安全企业互联和人机界面（Human Machine Interface，HMI）。

推动 PLC 技术发展的动力主要来自两个方面。一方面是企业对高性能、高可靠性自动控制系统的客观需要和追求；另一方面是大规模及超大规模集成电路技术的飞速发展，微处理器性能的不断提高，为 PLC 技术的发展奠定了基础并开拓了空间。

PLC 产品可按地域分成三大流派，分别是美国产品、欧洲产品和日本产品。美国和欧洲的 PLC 技术是在相互隔离情况下独立研究开发的，因此美国和欧洲的产品有明显的差异性。而日本的 PLC 技术是由美国引进的，对美国的 PLC 产品有一定的继承性，但日本的主推产品定位在小型 PLC 上。美国和欧洲以大、中型 PLC 而闻名，而日本则以小型 PLC 著称。

PLC 的生产厂家有很多，遍布国内外，其点数、容量和功能各有差异，自成体系，国外影响力较大的厂家及产品如下。

（1）德国西门子（SIEMENS）公司的 S7 系列 PLC。

（2）美国 Rockwell Allen-Bradley（AB）自动化公司的 Micro800 系列、MicroLogix 系列和 CompactLogix 系列 PLC。

（3）日本三菱（Mitsubishi）公司的 F、F1、F2、FX2U、FX3U、FX5U 系列 PLC。

（4）美国通用电气（GE）公司的 GE 系列 PLC。

（5）日本欧姆龙（OMRON）公司的 CE 系列 PLC。

（6）法国施耐德（Schneider）公司的 TM218、TWD、TM2、BMX、M340/258/238 系列 PLC。

国内 PLC 主要有台湾的台达、永宏、丰炜，深圳汇川，北京和利时，无锡信捷，厦门海为，上海正航，南大傲拓 PLC 等，这些品牌都有十几年的发展历史。自从"中国制造 2025"行动战略推出后，我国力争从"中国制造"向"中国智造"转变。工业自动化作为智能制造的关键技术更是不断被业内看好，也给国内 PLC 行业带来了发展良机。

1.1.2 PLC 的定义

1987 年 2 月，国际电工委员会（International Electrotechnical Commission，ICE）颁布了可编程控制器标准草案，该草案中定义："可编程控制器是一种数字运算操作电子系统，专为在工业环境下应用而设计。它采用了可编程序的存储器，用来在其内部存储执行逻辑运算、顺序控制、定时、计数和算术运算等操作指令，并通过数字的、模拟的输入和输出，控制各种类型的机械或生产过程。可编程控制器及其有关的外围设备，都应按易于与工业控制系统形成一个整体、易于扩充其功能的原则设计。"

由以上定义可知，PLC 是一种通过事先存储的程序来确定控制功能的工控类计算机，该定义强调了 PLC 应直接应用于工业环境，对其通信和可扩展功能做了明确的要求。它必须具有很强的抗干扰能力、广泛的适应能力和应用范围。这是区别于一般微机控制系统的重要特征。

1.2 PLC 的特点及分类

1.2.1 PLC 的特点

可编程控制器的产生是基于工业控制的需要，是面向工业控制领域的专用设备。它具有以下 7 个主要特点。

1. 可靠性高，抗干扰能力强

用程序来实现的逻辑顺序和时序，能最大限度地取代传统继电器系统中的硬件线路，大量减少机械触点和接线的数量，在可靠性上优于继电器系统。

在抗干扰性能方面，PLC 在结构设计、内部电路设计、系统程序执行等方面都做了充分的考虑。例如，对主要器件和部件用导磁良好的材料进行屏蔽、对供电系统和输入电路采用多种形式的滤波、I/O 回路与微处理器电路之间用光电耦合器隔离、系统软件具有故障检测功能、信息保护和恢复、循环扫描时间的超时警戒等。

2. 灵活性强，控制系统具有良好的柔性

当生产工艺和流程进行局部的调整和改动时，通常只需要对 PLC 的程序进行改动，或者配合外围电路的局部调整即可实现对控制系统的改造。

3. 编程简单，使用方便

梯形图是 PLC 最重要也是最常用的一种编程语言，其图形符号和表达方式与继电器电路原理图相似，电气技术人员和技术工人可以很快掌握梯形图语言，并用来编制用户程序。

4. 控制系统易于实现，开发工作量少，周期短

由于 PLC 的系列化、模块化、标准化，以及良好的扩展性和联网性能，在大多数情况下，PLC 系统都是一个较好的选择。它不仅能够完成多数情况下的控制要求，还能够大量节省系统设计、安装、调试的时间和工作量。

5. 维修方便

PLC 有完善的故障诊断功能，可以根据装置上的发光二极管（LED）和软件提供的故障信息，方便地查明故障源。而由于 PLC 的体积小，且有些是采用模块化结构，因而可以通过更换整机或模块迅速排除故障。

6. 体积小，能耗低

由软件实现的逻辑控制，可大量节省继电器和定时器，一台小型的 PLC 相当于几个继电器的体积，控制系统所消耗的能量也大大降低。

7. 功能强，性价比高

用户程序逻辑控制所需要的继电器、中间继电器、定时器、计数器等功能元件，都由

存储单元来替代，其数量非常庞大，而一台小型的 PLC 所具备的元件（软元件）数量就可达成百上千个，相当于过去一个大规模甚至超大规模的继电器控制系统，能够满足用量。另外，PLC 所提供的软元件的触点（如软继电器）可以被无限次使用，方便实现复杂的控制功能。同时，PLC 的联网通信功能有利于实现分散控制、远程控制、集中管理等功能，与同等规模或成本的继电器控制系统相比，具有无可比拟的优势。

1.2.2 PLC 的分类

PLC 产品种类繁多，其规格和性能也不尽相同。人们通常根据 PLC 的 I/O 点数的多少、结构形式的不同和功能差异等对 PLC 进行大致分类。

1. 按 I/O 点数分类

根据 PLC 的 I/O 点数的多少，可将 PLC 分为小型 PLC、中型 PLC 和大型 PLC。

（1）小型 PLC：I/O 点数在 256 之内，具有单 CPU 及 8 位或 16 位处理器，用户存储器容量为 4 KB 以下，适合于单机控制或小型系统的控制。

例如：西门子 S7-200、S7-1200 系列 PLC，如图 1-1 和图 1-2 所示。S7-200 系列 PLC 基本配置：处理速度 0.8～1.2 ms/千字；存储器容量为 2 KB；数字量 248 点；模拟量 35 路。

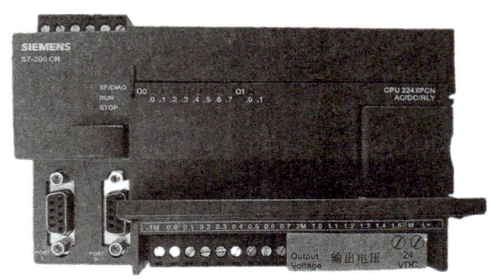
图 1-1　西门子 S7-200 系列 PLC

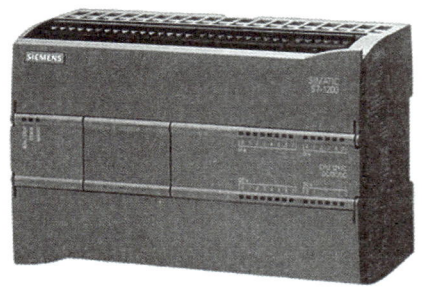
图 1-2　西门子 S7-1200 系列 PLC

（2）中型 PLC：I/O 点数在 256～2 048 之间，可用于对设备进行直接控制，还可以对多个下一级的可编程控制器进行监控，适合中型或大型控制系统。具有双 CPU，用户存储器容量为 2～8 KB。

例如：西门子 S7-300 系列 PLC，如图 1-3 所示。S7-300 系列 PLC 基本配置：处理速度 0.8～1.2 ms/千字；存储器容量为 2 KB；数字量 1 024 点；模拟量 128 路；网络 PROFI-BUS。

（3）大型 PLC：I/O 点数一般大于 2 048 点，具有多 CPU 及 16 位或 32 位处理器，不仅能完成较复杂的算术运算，还能进行复杂的矩阵运算。它不仅可以对设备进行直接控制，还可以对多个下一级的可编程控制器进行监控。

例如：西门子 S7-400 系列 PLC，如图 1-4 所示。S7-400 系列 PLC 基本配置：处理速度 0.3 ms/千字；存储器容量为 512 KB；I/O 点数 12 672 点。

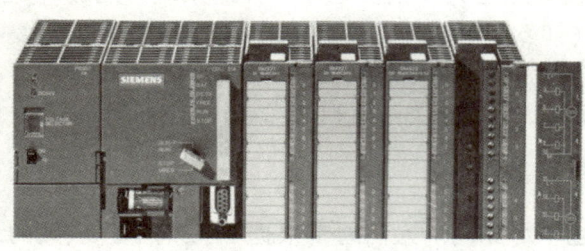
图 1-3　西门子 S7-300 系列 PLC

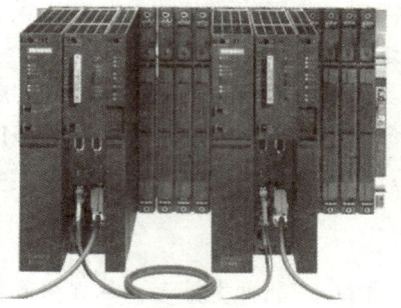
图 1-4　西门子 S7-400 系列 PLC

2. 按结构形式分类

根据 PLC 的结构形式，可将 PLC 分为整体式 PLC 和模块式 PLC 两类。

（1）整体式 PLC：将电源、CPU、I/O 接口等部件都集中装在一个机箱内，具有结构紧凑、体积小、价格低的特点。整体式 PLC 由不同 I/O 点数的基本单元（又称主机）和扩展单元组成，基本单元内有 CPU、I/O 接口、与 I/O 扩展单元相连的扩展口以及与编程器或 EPROM 写入器相连的接口等；扩展单元内只有 I/O 接口和电源等，而没有 CPU。基本单元和扩展单元之间一般用扁平电缆连接。整体式 PLC 一般还可配备特殊功能单元，如模拟量单元、位置控制单元等，使其功能得以扩展。一体化结构的 PLC 追求功能的完善、性能的提高，体积越来越小，有利于安装。小型 PLC 一般采用这种整体式结构，如西门子 S7-200、S7-1200 系列 PLC。

（2）模块式 PLC：将 PLC 的各组成部分分别做成若干个单独的模块，如 CPU 模块、I/O 模块、电源模块（有的含在 CPU 模块中）以及各种功能模块。模块式 PLC 由框架或基板和各种模块组成，模块装在框架或基板的插座上，利用单一功能的各种模块拼装成一台完整的 PLC。用户在设计自己的 PLC 控制系统时拥有极大的灵活性，并使设备的性价比达到最优，模块式结构也有利于系统的维护、换代和升级，并使系统的扩展能力大大加强。大、中型 PLC 一般采用模块式结构，如西门子 S7-300、S7-400 系列 PLC。

3. 按功能分类

根据 PLC 的功能的不同，可将 PLC 分为低档 PLC、中档 PLC 和高档 PLC。

（1）低档 PLC：具有逻辑运算、定时、计数、移位以及自诊断、监控等基本功能，还具有少量模拟量输入/输出、算术运算、数据传送和比较及通信等功能，主要用于逻辑控制、顺序控制或少量模拟量控制的单机控制系统，如西门子 S7-200 系列 PLC。

（2）中档 PLC：除具有低档 PLC 的功能外，还具有较多的模拟量输入/输出、算术运算、数据传送和比较、数制转换、远程 I/O、子程序及通信联网等功能；有些还可增设中断控制、PID 控制等功能，适用于复杂的控制系统，如西门子 S7-300 系列 PLC。

（3）高档 PLC：除具有中档 PLC 的功能外，还增加了带符号算术运算、矩阵运算、位逻辑运算、平方根运算及其他特殊功能函数的运算，制表及表格传送功能等。高档 PLC 具有更强的通信联网功能，可用于大规模过程控制或构成分布式网络控制系统，进而实现工厂自动化，如西门子 S7-400、S7-1500 系列 PLC。

1.3 PLC的功能及应用领域

PLC已广泛应用于钢铁、石油、化工、电力、建材、机械制造、汽车、轻纺、交通运输、环保及文化娱乐等各个行业。根据PLC的特点，可以将其按照功能形式归纳为以下8种应用类型。

（1）开关量逻辑控制：PLC具有强大的逻辑运算能力，可以实现各种简单和复杂的逻辑控制。这是PLC最基本，也是最广泛的应用领域。它取代了传统的继电器电路，实现逻辑控制、顺序控制；既可用于单台设备的控制，也可用于多机群控制及自动化流水线，如注塑机、印刷机、订书机械、组合机床、磨床、包装生产线及电镀流水线等。

（2）模拟量控制：PLC中配置有A/D和D/A转换模块。A/D模块能将现场的温度、压力、流量、速度等模拟量转换为数字量，再经PLC中的微处理器进行处理（微处理器处理的只能是数字量），然后进行控制；或者经D/A模块转换后变成模拟量，然后控制被控对象，这样就可实现PLC对模拟量的控制。

（3）过程控制：现代大、中型的PLC一般都配备了PID控制模块，可进行闭环过程控制。当控制过程中某一个变量出现偏差时，PLC能按照PID算法计算出正确的输出，进而调整生产过程，把变量保持在整定值上。过程控制是指对温度、压力、流量等模拟量的闭环控制，在冶金、化工、热处理、锅炉控制等场合有广泛的应用。

（4）运动控制：PLC可以用于对圆周运动或直线运动的控制。从控制机构配置来说，早期直接用于开关量I/O模块连接位置传感器和执行机构，现在一般使用专用的运动控制模块，如可驱动步进电动机或伺服电动机的单轴或多轴位置控制模块。目前的PLC产品几乎都具有运动控制功能，广泛用于各种机械、机床、机器人、电梯等场合。

（5）定时和计数控制：PLC具有很强的定时和计数功能，可以为用户提供几十甚至上百、上千个定时器和计数器。其计时的时间和计数值可以由用户在编写用户程序时任意设定，也可以由操作人员在工业现场通过编程器进行设定，进而实现定时和计数的控制。如果用户需要对频率较高的信号进行计数，也可以选择高速计数模块。

（6）顺序控制：在工业控制中，可采用PLC步进指令编程或用移位寄存器编程来实现顺序控制。

（7）数据处理：现代的PLC不仅能进行算术运算、数据传送、排序及查表等操作，还能进行数据比较、数据转换、数据通信、数据显示和打印等，具有很强的数据处理能力。数据处理一般用于大型控制系统，如无人控制的柔性制造系统；也可用于过程控制系统，如造纸、冶金、食品工业中的一些大型控制系统。

（8）通信和联网：现代PLC大多数都采用了通信、网络技术，有RS-232、RS-485、RJ-45接口，可进行远程I/O控制。多台PLC之间可以联网、通信，外部器件与一台或多台可编程控制器的信号处理单元之间可以实现程序和数据交换，如程序转移、数据文档转移、监视和诊断。通信接口或通信处理器按标准的硬件接口或专有的通信协议完成程序和数据的转移。

1.4 PLC 的发展

随着技术的进步和市场的需求，PLC 总的趋势是向高速度、高性能、高集成度、小体积、大容量、信息化、标准化，以及与现场总线技术紧密结合等方向发展，主要体现在以下 6 个方面。

1. PLC 通信的网络化和无线化

在信息时代的今天，几乎所有 PLC 制造商都注意到了加强 PLC 联网通信的信息处理能力。小型 PLC 设置通信接口，中、大型 PLC 设置专门的通信模块。随着计算机网络技术的飞速发展，PLC 的联网通信能使其与个人计算机（Personal Computer，PC）和其他智能控制设备很方便地交换信息，实现分散控制和集中管理。也就是说，用户需要 PLC 与 PC 更好地融合，通过 PLC 在软件技术上协助改善被控过程的生产性能。因此，在 PLC 这一级就可以加强信息处理能力。

小型 PLC 之间通信"傻瓜化"。为了尽量减少 PLC 用户在通信编程方面的工作量，PLC 制造商做了大量工作，使设备之间的通信周期性地自动进行，不需要用户为通信编程，用户的工作只是在组成系统时做一些硬件或软件上的初始化设置。例如，欧姆龙公司的两台 CPM1A 之间一对一连接通信，只需用 3 根导线将它们的 RS-232C 通信接口连在一起后，将通信有关的参数写入 5 个指定的数据存储器中，即可方便地实现两台 PLC 之间的通信。

目前的计算机集散控制系统（Distributed Control System，DCS）中已有大量的 PLC 应用。伴随着计算机网络的发展，PLC 作为自动化控制网络和国际通用网络的重要组成部分，将在工业及工业以外的众多领域发挥越来越大的作用。为了加强联网通信能力，PLC 生产厂家之间也在协商制订通用的通信标准，以构成更大的网络系统，PLC 已成为集散控制系统不可缺少的组成部分。

随着多种控制设备对协同工作的迫切需求，人们对 PLC 的 Ethernet 扩展功能以及进一步兼容 Web 技术提出了更高的要求。通过集成 Web Server，用户无须亲临现场即可通过 Internet 浏览器随时查看 CPU 状态；过程变量以图形化方式进行显示，简化了信息的采集操作。以太网接口已成标配，工业网络已经不再像初期的奢侈品，而是现代工业控制系统的基础，这标志着以 PLC 为代表的控制系统正在从基于控制的网络发展成为基于网络的控制。

21 世纪正处于"铜退光进""铜退无线进"的网络通信时代，新一代 PLC 硬件的革命号角也已经吹响。输入/输出部分可以与 PLC 分离，直接留在现场底层，通过光纤或无线以一种新标准的工业信号与 PLC 连接，使 PLC 回归它的"可编程序逻辑过程控制"本质功能。未来，PLC 还可以与智能手机互联，甚至配置 Wi-Fi，更会带来工业现场的无线化革命。

2. 开放性和编程软件标准化、平台化

早期 PLC 的缺点之一是它的软件和硬件体系结构是封闭而不是开放的，如专用总线、通信网络及协议、I/O 模块互不通用，甚至连机架、电源模块亦各不相同，编程语言之一

的梯形图名称虽一致，但其组态、寻址、语言结构均不一致。因此，几乎各个公司的 PLC 均互不兼容。现在市面的 PLC 采用了各种工业标准，如 IEC 61131-3、IEEE 802.3 以太网、TCP/IP、UDP/IP 等，以及各种事实上的工业标准，如 WindowsNT、OPC 等。PLC 的国际标准 IEC 61131-3 为 PLC 从硬件设计、编程语言、通信联网等各方面都制定了详细的规范。近几年，众多 PLC 厂商都开发了自己的模块型 I/O 或端子型 I/O，而通信总线都符合 IEC 61131-3 标准，使 PLC 迅速向开放式系统发展。

高度分散控制是一种全新的工业控制结构，不但控制功能分散化，而且网络也分散化。所谓高度分散化控制，是指控制算法常驻在该控制功能的节点上，而不是常驻在 PLC 或 PC 上。挂在网络节点上的设备，均处于同等的位置，将"智能"扩展到控制系统的各个环节，从传感器、变送器到 I/O 模块，乃至执行器，无处不采用微处理芯片，因而产生了智能分散系统（Smart Distributed System，SDS）。

随着软件价值在自动化系统中的提升，未来真正的自动化、平台化软件指日可待。

3. 体积小型化、模块化、集成化

PLC 小型化的好处是节省空间、降低成本、安装灵活。目前一些大型 PLC 的外形尺寸比它们前一代的同类产品的安装空间要小 50% 左右。同时，用户对于功能的要求越来越高，这意味着产品的集成度更高。下一代 PLC 需要集成更多的操作和维护功能，如内置 CPU 显示屏、集成 DIN 导轨、屏蔽夹等。

近几年，很多 PLC 厂商推出了超小型 PLC，用于单机自动化或组成分布式控制系统。西门子公司的超小型 PLC 称为通用逻辑模块，它采用整体式结构，集成了控制功能、实时时钟和操作显示单元，可用面板上的小型液晶显示屏和 6 个键来编程。PLC 的模块化能带来灵活的扩展性，延伸了 PLC 的应用范围。一般要求模块间的连接抗振性能佳、可靠牢固、端口插拔方便、接线操作简单。

4. 运算速度高速化，性能更可靠

运算速度高速化是 PLC 技术发展的重要特点。在硬件上，PLC 的 CPU 模块采用 32 位的 RISC 芯片，使 PLC 的运算速度大幅度提高，一条基本指令的运算时间仅为数十纳秒（ns）。PLC 主机运算速度大大提高，与外部设备的数据交换速度也呈高速化。PLC 的 CPU 模块通过系统总线与装在基板上的各种 I/O 模块、特殊功能模块、通信模块等交换数据。基板上装的模块越多，PLC 的 CPU 与模块之间数据交换的时间就会越长，这在一定程度上会使 PLC 的扫描时间加长。为此不少 PLC 厂商采用新技术，增加 PLC 系统的带宽，使一次传送的数据量增多。系统总线数据存取方式采用连续成组传送技术实现连续数据的高速批量传送，大大缩短了存取每个字节所需的时间；通过向与系统总线相连接的模块实现全局传送，即针对多个模块同时传送同一数据的技术，有效地利用了系统总线。

当前 PLC 已经具有较强的抗干扰能力和较高的可靠性，但随着 PLC 控制系统的应用领域越来越广泛，使用环境越来越复杂，系统经受的干扰也随之增多。用户对下一代 PLC 的抗干扰能力和可靠性提出了更高的要求：应该具备更好的故障检测和处理能力。统计表明，在所有系统故障中 CPU 和 I/O 接口故障仅占 20%，其余都为外部故障。其中，传感器故障占 45%，执行器故障占 30%，接线故障占 5%。依靠 PLC 本身的硬件和软件就能实现对 CPU 和 I/O 接口故障的自检测和处理。因此，需进一步研发检测外部故障的专用智能模块，来提高控制系统的抗干扰能力和可靠性。

电气控制与PLC应用

5. 向超大型、超小型两个方向发展

今后 PLC 会向超大型和超小型两个方向发展。现有 I/O 点数达 14 336 点的超大型 PLC,其使用 32 位微处理器和大容量存储器,多 CPU 并行工作,功能强大。在不久的将来,大型 PLC 会全部使用 64 位 RISC 芯片。

小型 PLC 整体结构向小型模块化结构发展,配置更加灵活。目前市面上已出现了各种简易、经济的超小型或微型 PLC,最小配置的 I/O 点数为 8~16 点,以适应单机及小型自动控制的需求。根据统计结果,小型和微型 PLC 所占市场份额保持在 70% 左右,所以未来市场对超小型 PLC 的需求量很大。

6. 软 PLC 的发展

软 PLC 是指在 PC 平台上,在 Windows 操作环境下,用软件来实现 PLC 的功能。也就是说,软 PLC 是一种基于 PC 开发结构的控制系统,具有硬 PLC 的功能、高可靠性、快速故障查找等方面的特点,利用软件技术可以将标准的工业 PC 转换为全功能的 PLC 过程控制器。软 PLC 综合了计算机和 PLC 的开关量控制、模拟量控制、数学运算、数值处理、网络通信等功能,通过一个多任务控制内核,提供强大的指令集,快速而准确的扫描周期、可靠的操作和可连接各种 I/O 系统及网络的开放式结构。许多智能化的 I/O 模块本身带有 CPU,其占用主 CPU 的时间很少,减小了对 PLC 扫描速度的影响,具有很强的信息处理能力和控制功能。配置远程 I/O 和智能 I/O 后,软 PLC 能完成复杂的分布式控制任务。基于"PC+现场总线+分布式 I/O"的控制系统简化了复杂控制系统的体系结构,提高了通信效率和速度,降低了投资成本。

随着市场的需求和技术的发展,嵌入式软 PLC 技术也应运而生,这是在软 PLC 技术上的一项重大突破。嵌入式软 PLC 技术是软 PLC 技术与嵌入式系统相结合的产物。嵌入式软 PLC 技术在提高生产监控环节的监控能力中有着无可比拟的优势,被广泛应用于工业控制环节,具有不可替代的作用。这项技术能够跨平台运行,具有执行速度快等优势,影响并且改变着世界工业的发展方向。

1.5 西门子系列 PLC 介绍

1.5.1 西门子系列 PLC 简介

SIMATIC 是西门子自动化系列产品的统称,来源于 SIEMENS+Automatic(西门子+自动化)。SIMATIC 系列 PLC 经历了 S3、S5、S7 等几代的发展,已成为应用非常广泛的可编程控制器。

(1) 西门子公司的产品最早是于 1975 年投放市场的 SIMATIC S3,它实际上是带有简单操作接口的二进制控制器。

(2) 1979 年,S3 系列 PLC 被 SIMATIC S5 所取代,该系列广泛地使用了微处理器。

(3) 20 世纪 80 年代初,S5 系列 PLC 进一步升级为 U 系列 PLC,较常用的机型有 S5-90U、S5-95U、S5-100U、S5-115U、S5-135U、S5-155U 等。

(4) 1994 年 4 月,S7 系列 PLC 诞生。它具有更国际化、更高性能等级、更小安装空间、更良好的 Windows 用户界面等优势，其机型为 S7-200、S7-300、S7-400。

（5）1996 年，在过程控制领域，西门子公司又提出 PCS 7（过程控制系统 7）的概念，将其优势的 WinCC（与 Windows 兼容的操作界面）、PROFIBUS（工业现场总线）、COROS（监控系统）、SINEC（西门子工业网络）及控调技术融为一体。

（6）同年，西门子公司提出全集成自动化系统（Totally Integrated Automation，TIA）概念，将 PLC 技术融于全部自动化领域。

S3、S5 系列 PLC 已逐步退出市场，而 S7 系列 PLC 发展成为西门子自动化系统的控制核心，如图 1-5 所示。

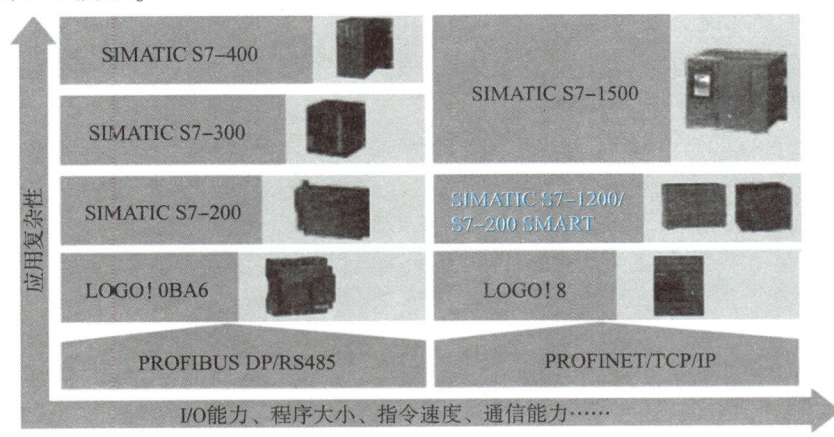

图 1-5　西门子 S7 系列 PLC 产品

西门子 S7 系列 PLC 主要有 S7-200、S7-300、S7-400，其中 S7-200 是小型 PLC，S7-300 是中型 PLC，S7-400 是大型 PLC。由于技术和工业控制的发展，西门子在技术层面升级上推出 S7-1200 的 PLC，作为替代 S7-200 的产品。S7-200 的编程软件不能和 S7-300、S7-400 兼容，而 S7-1200 和 S7-300、S7-400 可以在西门子推出的 TIA 编程软件里开发相同的一个项目，即 TIA（包括 STEP7 和 WinCC）可以对项目的 S7-1200、S7-300、S7-400 和 WinCC 进行集成。未来西门子主推 TIA，即 TIA 编程软件可以对西门子所有的 PLC 产品进行编程、开发、集成。

1.5.2　西门子 S7-1200 PLC 的特点

S7-1200 PLC（也称 S7-1200）设计紧凑、组态灵活、成本低廉，具有功能强大的指令集，集成的 PROFINET 接口、强大的集成工艺功能、灵活的可扩展性、强大的通信能力等特点，广泛应用于电力、冶金、机械制造、化工等行业，满足工业自动控制的多方面需求，在国内外都占有很大的市场份额。

S7-1200 PLC 设计的控制系统在软件和硬件方面均非常灵活，能够根据用户的需要灵活配置输入/输出设备、信号板、通信模块等，程序设计简单、功能性强，用户可根据实际情况配置硬件组成。其开发环境是西门子公司的高集成度工程组态系统——TIA portal。该软件操作直观、上手容易、使用方便简单、学习时间短；为用户提供项目视图、用于图形化工程组态的用户接口技术、智能拖放功能、共享数据处理等，能有效保证项目的质量。

电气控制与PLC应用

S7-1200 PLC 的详细功能请参见《S7-1200 入门手册》和《S7-1200 系统手册》。
客户技术支持门户网站：http：//support. automation. siemens. com/CN。

 习 题

1. PLC 的特点有哪些？
2. PLC 的定义是什么？
3. PLC 与传统的继电器控制系统相比有哪些优点？
4. PLC 的主要功能有哪些？
5. PLC 的发展方向有哪些？
6. S7-1200 PLC 的特点有哪些？

第 2 章 常用低压电器控制

学习目标

(1) 掌握各种常用低压电器的工作原理、图形符号、文字符号及使用方法。
(2) 理解各种常用低压电器的组成和结构特点。
(3) 能够区分各种常用低压电器的用途。
(4) 掌握常用电气设备图形符号、文字符号及电气控制电路的绘制原则。
(5) 能进行基本控制电路的设计。

问题思考

(1) 接触器和继电器有何区别？
(2) 用普通的接触器、继电器如何实现电动机正、反转控制系统设计？

思维导图

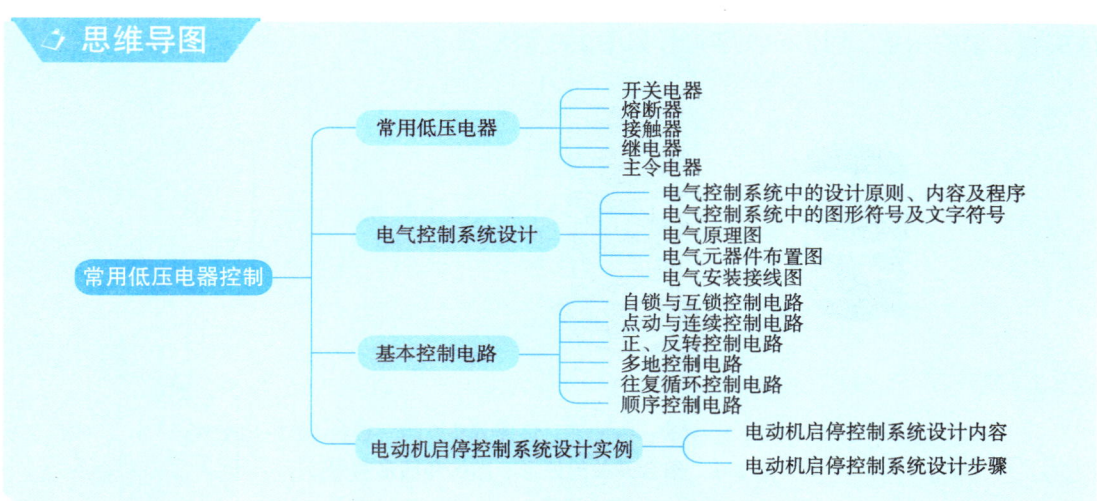

2.1 常用低压电器

低压电器是用于额定交流电压为 1 200 V 或直流电压为 1 500 V 及以下，能够根据外界施加的信号或要求，自动或手动地接通和断开电路，从而断续或连续地改变电路参数或状态，以实现对电路或非电路对象的切换、控制、检测、保护、变换以及调节的电气设备。

低压电器种类繁多，其结构原理、工作特性及应用功能等差异很大。低压电器按用途的不同分类如下。

（1）控制电器：对控制对象运行状态进行切换的控制电器，如接触器、继电器等。

（2）主令电器：用于自动控制系统中发送动作指令的电器，如按钮、行程开关、万能转换开关等。

（3）保护电器：用于保护电路及用电设备的电器，如熔断器、热继电器、各种保护继电器等。

（4）执行电器：用于完成某种动作或传动功能的电器，如电磁铁、电磁离合器等。

（5）配电电器：用于电能的输送和分配的电器，如低压断路器、隔离开关、刀开关、自动空气开关等。

2.1.1 开关电器

开关电器广泛用于配电系统和电力拖动系统中，主要用来接通和断开电路，启停控制、转换、保护和隔离等。开关电器包括刀开关、组合开关、自动开关等，下面主要介绍组合开关和自动开关。

1. 组合开关

组合开关又称为盒式开关或转换开关，由若干动触片和静触片（刀片）分别装于数层绝缘垫板内组成，动触片装在附有手柄的转轴上，随转轴旋转而改变通断位置。组合开关的实物、结构示意、图形和文字符号如图 2-1 所示。

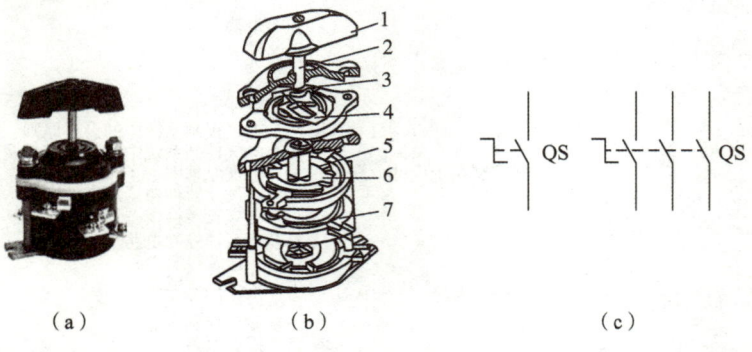

1—手柄；2—转轴；3—弹簧；4—凸轮；5—绝缘垫板；6—静触片；7—动触片。

图 2-1 组合开关的外形、结构和图形符号

（a）实物；（b）结构示意；（c）图形和文字符号

由图 2-1 可知，随着转动手柄停留位置的改变，它可以同时接通和断开部分电路。在控制电路中，电源的接入、照明设备的通断、小功率电动机的启动和停止都可以用组合开关来实现。组合开关也常用于小功率异步电动机的正转和反转控制。

2. 自动开关

自动开关又称为自动空气开关或空气断路器，是低压配电网络和电力拖动系统中非常重要的开关电器和保护电器。它集控制和多种保护功能于一身，除了能完成接通和分断电路外，还能对电路和电气设备发生的短路、严重过载及欠电压等进行保护，也可用于不频繁地启动电动机。

自动开关主要由 3 个基本部分组成：触点、灭弧系统和各种脱扣器。脱扣器包括过电流脱扣器、欠电压脱扣器、热脱扣器、分励脱扣器和自由脱扣器。其实物、工作原理、图形和文字符号如图 2-2 所示。

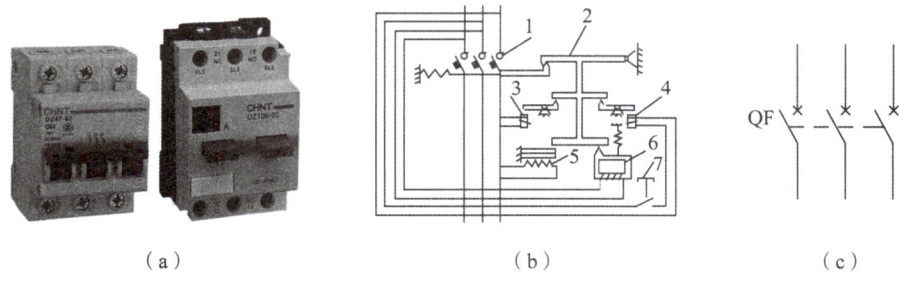

（a） （b） （c）

1—主触点；2—自由脱扣器；3—过电流脱扣器；4—分励脱扣器；5—热脱扣器；6—失电压脱扣器；7—按钮

图 2-2 自动开关的实物、工作原理、图形和文字符号

（a）实物；（b）工作原理；（c）图形和文字符号

2.1.2 熔断器

熔断器基于电流热效应原理和发热元件热熔断原理设计，具有一定的瞬动特性，用于电路的短路保护和严重过载保护。使用时，熔断器串联于被保护的电路中，当电路发生短路故障时，熔断器中的熔体被瞬时熔断而分断电路，起到保护作用。

熔断器主要由熔体（俗称保险丝）和安装熔体的熔管（或熔座）等组成。熔体是主要部分，既是测量元件又是执行元件，由易熔金属铅、锡、锌、铜、银及其合金制成丝状或片状。熔管是装熔体的外壳，由陶瓷、绝缘钢纸或玻璃纤维制成，在熔体熔断时兼有灭弧作用。

熔断器的熔体与被保护电路串联，当电路正常工作时，熔体允许通过额定电流而不熔断。当电路发生短路或严重过载时，熔体中流过很大的故障电流，当电流产生的热量达到熔体的熔点时，熔体熔断切断电路，从而达到保护的目的。电流通过熔体时产生的热量与电流的二次方及电流通过时间成正比，电流越大，熔体熔断时间越短，这一特性称为熔断器的保护特性（或安秒特性）。熔断器的实物、图形和文字符号如图 2-3 所示。

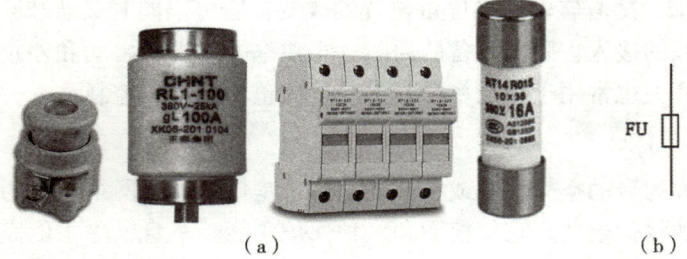

图 2-3 熔断器的实物、图形和文字符号

(a) 实物；(b) 图形和文字符号

2.1.3 接触器

接触器是一种用于频繁地接通或断开交、直流主电路及大容量控制电路的自动切换电器。由于它具有体积小、价格低、寿命长、维护方便的优点，因而用途十分广泛。接触器的控制对象主要是电动机，也可用于其他电力负载，如电热器、电焊机、电炉变压器等。可以实现远距离控制，并具有欠（零）电压保护功能，广泛用于控制电动机的启停、正/反转、制动和调速等。

接触器主要由触点系统、电磁机构和灭弧装置组成，触点系统包括主触点和动合、动断辅助触点。按其主触点所控制的主电路电流的种类不同，可分为交流接触器和直流接触器。交流接触器的实物、结构示意、图形和文字符号如图 2-4 所示。

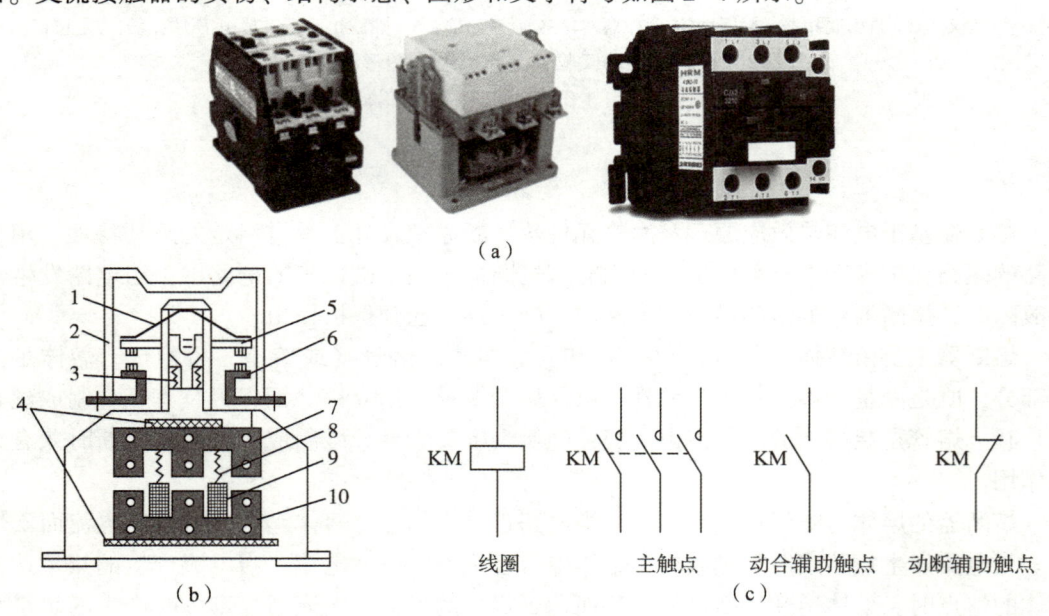

1—触点压力弹簧；2—灭弧罩；3—触头弹簧；4—垫毡；5—动触点；
6—静触点；7—衔铁；8—弹簧；9—线圈；10—铁芯。

图 2-4 交流接触器的实物、结构示意、图形和文字符号

(a) 实物；(b) 结构示意；(c) 图形和文字符号

2.1.4 继电器

继电器是一种根据电量（如电压和电流等）或非电量（如温度、时间、压力、转速等）的变化接通或断开小电流控制电路，以实现自动控制或保护电力拖动装置的电器。继电器一般由感测机构、中间机构和执行机构3个基本部分组成。感测机构把感测到的电量或非电量的变化传递给中间机构，将它与所要求的整定值进行比较，当达到控制要求的整定值时，中间机构便令执行机构动作，从而接通或断开电路。

继电器种类和型式繁多，按输入信号的性质分为电压继电器、电流继电器、时间继电器、温度继电器、速度继电器和压力继电器等；按动作原理分为电磁式继电器、感应式继电器、电动式继电器、热继电器和电子式继电器等；按输出形式分为有触点继电器和无触点继电器；按用途分为控制用继电器和保护用继电器等。

控制系统中常用的是电磁式继电器，其结构简单、价格低廉、使用维护方便，主要由电磁机构、触点系统和释放弹簧等组成。电磁式继电器和电磁式接触器的主要区别在于：电磁式继电器可对多种输入量的变化做出反应，而电磁式接触器只有在一定的电压信号作用下动作；电磁式继电器用于切换小电流的控制和保护电路，而电磁式接触器用于控制大电流电路；流过电磁式继电器触点的电流比较小（一般在5 A以下），故不需要灭弧装置，且无主触点、辅助触点之分等。

下面介绍5种常用的继电器。

1. 电压继电器

电压继电器是一种能够反映电压变化的控制电器，用于电力拖动系统的电压保护和控制。其线圈匝数多而线径细，使用时，线圈与负载并联，测量主电路的线路电压；动作触点串联在控制电路中，为执行元件。

按吸合电压的大小，电压继电器可分为过电压继电器和欠电压继电器。其实物、图形和文字符号如图2-5所示。

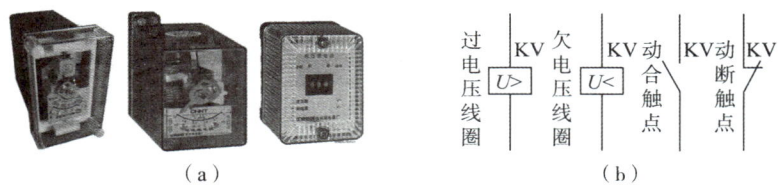

图2-5 电压继电器的实物、图形和文字符号
（a）实物；（b）图形和文字符号

2. 电流继电器

电流继电器是一种能够反映电流变化的控制电器，用于电力拖动系统的电流保护和控制。其线圈匝数少而线径粗，使用时，线圈与负载串联，测量主电路的线路电流；触点串联在控制电路中，为执行元件。

按吸合电流的大小，电流继电器可分为过电流继电器和欠电流继电器。其实物、图形和文字符号如图2-6所示。

图 2-6 电流继电器的实物、图形和文字符号
（a）实物；（b）图形和文字符号

3. 中间继电器

中间继电器在控制电路中起信号传递、放大、切换和逻辑控制等作用。它属于电压继电器的一种，但它的触点数量较多、容量较大，当其他继电器的触点数或容量不够时，可借助中间继电器来扩大它们的触点数或容量，从而起到中间转换的作用。由于继电器用于控制电路，流过触点的电流小，所以不需要灭弧装置。中间继电器主要依据被控制电路的电压等级、触点的数量、种类及容量来选用。其实物、图形和文字符号如图 2-7 所示。

图 2-7 中间继电器的实物、图形和文字符号
（a）实物；（b）图形和文字符号

4. 热继电器

在电力拖动控制系统中，当三相交流电动机出现长期带负荷欠电压运行、长期过载运行及长期单相运行等不正常情况时，会导致电动机绕组严重过热甚至烧坏。为了充分发挥电动机的过载能力，保证电动机的正常启动和运转，同时当电动机一旦出现长时间过载时又能自动切断电路，从而出现了能随过载程度而改变动作时间的电器，这就是热继电器。

热继电器的实物、图形和文字符号如图 2-8 所示。图 2-8（b）中的图形和文字符号用于主电路，图 2-8（c）中的图形和文字符号用于控制电路。

图 2-8 热继电器的实物、图形和文字符号
（a）实物；（b）热元件图形和文字符号；（c）动断触点图形和文字符号

选择热继电器时，主要根据电动机的额定电流来确定热继电器的型号及其额定电流等级。

5. 固态继电器

固态继电器（Solid State Relay，SSR）是由微电子电路、分立电子器件、电力电子功率器件组成的无触点开关，是一种没有机械，不含运动零部件的继电器，但具有与电磁式继电器本质上相同的功能。固态继电器的输入端有微小的控制信号，达到直接驱动大电流负载的目的。其具有无触点、无动作噪声、开关速度快、无火花、抗干扰和可靠性高等优点，用来代替传统的电磁式继电器。固态继电器的实物、图形和文字符号如图 2-9 所示。

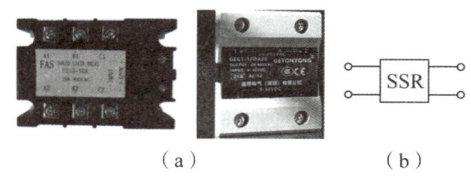

（a）　　　　　　　　（b）

图 2-9　固态继电器的实物、图形和文字符号
（a）实物；（b）图形和文字符号

2.1.5　主令电器

主令电器是自动控制系统中用于发送和转换控制命令的电器。主令电器用于控制电路，不能直接分合主电路。下面介绍按钮开关、行程开关、接近开关、万能转换开关等常用的主令电器。

1. 按钮开关

按钮开关简称按钮，是一种结构简单且使用广泛的手动电器，在控制电路中用于手动发出控制信号以控制接触器、继电器等。

按钮开关主要由按钮帽、复位弹簧、触点和外壳等部分组成。其实物、结构示意、图形和文字符号如图 2-10 所示。

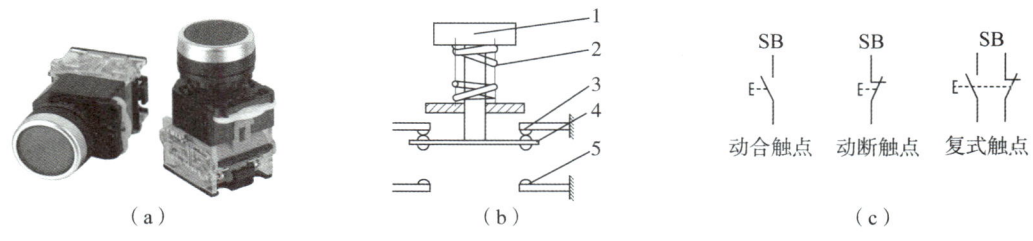

（a）　　　　　　（b）　　　　　　（c）

1—按钮帽；2—复位弹簧；3—动断触头；4—动触头；5—动合触头。

图 2-10　按钮开关实物、结构、图形和文字符号
（a）实物；（b）结构示意；（c）图形和文字符号

2. 行程开关

行程开关又称为限位开关或位置开关，其作用与按钮开关相同，只是其触点的动作不是靠手动操作，而是利用生产机械某些运动部件的碰撞使其触点动作来接通或分断电路，从而限制机械运动的行程、位置或改变其运动状态，达到自动控制的目的。按结构的不同，行程开关可分为直动式行程开关、滚轮式行程开关和微动式行程开关 3 种。

行程开关的实物、图形和文字符号如图 2-11 所示。

图 2-11 行程开关的实物、图形和文字符号

(a) 实物;(b) 图形和文字符号

3. 接近开关

接近开关是一种无接触式物体检测装置,又称为无触点式行程开关。当检测物体接近其工作面并达到一定距离时,不论检测物体是运动的还是静止的,接近开关都会自动地发出物体接近而"动作"的信号,而不像机械式行程开关那样需要施以机械力。接近开关的应用已远超一般行程控制和限位保护的范畴,如用于高速计数、测速、液面控制、检测金属体的存在、零件尺寸以及无触点按钮等。

接近开关的实物、图形和文字符号如图 2-12 所示。

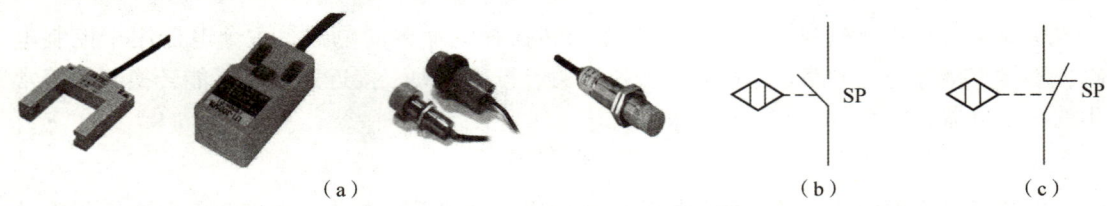

图 2-12 接近开关的实物、图形和文字符号

(a) 实物;(b) 动合触点;(c) 动断触点

4. 万能转换开关

万能转换开关是一种多挡式、控制多回路的主令电器,用来选择工作状态、转换测信号回路、控制小容量电动机。不同型号的万能转换开关,其手柄有不同的挡位(操作位置),其各触点的分合状态与手柄所处的挡位有关。

万能转换开关的实物、图形和文字符号、表格表示方法如图 2-13 所示。

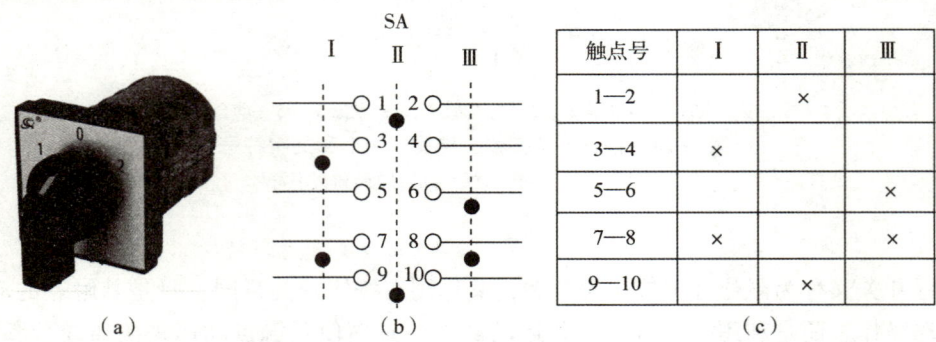

图 2-13 万能转换开关的实物、图形和文字符号、表格表示方法

(a) 实物;(b) 图形和文字符号;(c) 表格表示方法

2.2 电气控制系统设计

2.2.1 电气控制系统中的设计原则、内容及程序

电气控制系统是由各种电气元器件按照一定的要求连接而成的。为了表达电气控制系统的组成结构、设计意图，方便分析系统工作原理及满足安装、调试和检修等技术要求，需要采用统一的工程语言（图形符号和文字符号），即工程图的形式来表达，这种工程图就是电气控制系统图。

由于电气控制系统图描述的对象复杂，应用领域广泛，表达形式多种多样，因此表示一项电气工程或一种电器装置的电气控制系统图也有多种，它们以不同的表达方式反映工程问题的不同侧面，但彼此间又有一定的对应关系，有时需要对照起来阅读。

1. 电气控制设计的一般原则

（1）最大限度地满足生产机械和生产工艺对电气控制的要求，这些生产工艺要求是电气控制设计的依据。

（2）在满足控制要求前提下，设计方案力求简单、经济、合理，不要盲目追求自动化和高指标。

（3）正确、合理地选用电器元件，确保控制系统安全可靠地工作。

（4）为适应生产的发展和工艺的改进，在选择控制设备时，设备能力应留有适当余量。

2. 电气控制设计的基本任务和内容

电气控制系统设计的基本任务是根据控制要求，设计和编制出电气设备制造和使用维修中必备的图样和资料等，包括电气原理设计和电气工艺设计两部分。电气原理设计是为满足生产机械和生产工艺对电气控制系统的要求而设计绘制的图样，如电气系统图、系统框图和电气原理图。电气工艺设计是为满足电气控制装置本身的制造、使用、运行和维修的需要设计绘制的图样或表格，如电气元器件布置图、电气安装接线图、电气元器件明细表等。

1）电气原理图设计内容
（1）拟定电气设计任务书。
（2）选择电气拖动方案和控制方式。
（3）确定电动机类型、型号、容量和转速。
（4）设计电气控制原理框图，确定各部分之间的关系，拟订各部分技术指标与要求。
（5）设计并绘制电气控制原理图，计算主要技术参数。
（6）选择电气元件，制订元件目录清单。
（7）编写设计说明书。

2）电气工艺设计内容
（1）依据电气原理图，绘制电气控制系统的总装配图及总接线图。
（2）对总原理图进行编号，绘制各组件原理电路图，列出各部件的元件目录表。
（3）设计组件电器装配图、接线图，图中应反映元件的安装方式和接线方式。
（4）编写使用维护说明书。

2.2.2 电气控制系统中的图形符号及文字符号

电气图形符号和文字符号是绘制各类电气图的依据,是电气技术的工程语言。

通常将用于图样或其他文件,以表示一个设备或概念的图形、标记或字符统称为图形符号。它们由一般符号、符号要素、限定符号以及常用的非电操作控制的动作符号(如机械控制符号)等组成。国家标准中除给出各类电气元器件的符号要素、限定符号和一般符号外,还给出了部分常用图形符号及组合图形符号的实例。

文字符号用于电气技术领域中技术文件的编制,以标明电气设备、装置和元器件的名称、功能、状态和特征。国家标准规定了电气图中的文字符号,分为基本文字符号和辅助文字符号。

目前推行的最新标准是国家标准局颁布的 GB/T 4728.1—2018《电气简图用图形符号》、GB/T 6988.1—2008《电气技术用文件的编制》。目前仍有许多电气从业人员沿用 GB/T 7159-1987 的图形文字符号。表 2-1 为常用电器的图形符号。

表 2-1 常用电器的图形符号

符号名称	图形符号	符号名称	图形符号
动合(常开)触点;开关		动断(常闭)触点	
延时闭合的动合触点		延时断开的动合触点	
延时断开的动断触点		延时闭合的动断触点	
自动复位的手动按钮开关		自动复位的手动拉拔开关	
无自动复位的手动旋转开关		带动断触点的位置开关	
行程开关		继电器线圈,一般符号	
延时接通时间继电器线圈		延时断开时间继电器线圈	
热继电器驱动器件		熔断器	
接触器主触点		断路器	

2.2.3 电气原理图

电气原理图是根据工作原理而绘制的,它包括所有电气元件的导电部件和接线端点,但并不按照电气元件的实际位置来绘制，也不反映电气元件的大小。其具有结构简单、层次分明、便于研究和分析电路的工作原理等优点。在各种生产机械的电气控制中，无论在设计部门或生产现场都得到了广泛的应用。

绘制电气原理图的原则与要求如下。

（1）电气原理图分为主电路和辅助电路两部分。

主电路是指从电源到负载的工作电路，是大电流通过的部分，包括从电源到电动机之间相连的电气元器件，一般由电源、断路器、接触器主触点、热继电器的热元件和电动机等组成，一般用粗实线绘制在图纸左侧。

辅助电路是通过小电流的电路，包括控制回路、照明电路、指示电路和保护电路等，一般由按钮、继电器线圈和触点、接触器线圈和辅助触点、照明灯、信号灯等组成。辅助电路一般用细实线绘制在图纸右侧。

（2）在电气原理图中，所有电器元件的图形、文字符号必须采用国家规定的统一标准。

（3）电器元件采用展开图的画法。同一电器元件的各部件可以不画在一起，但需用同一文字符号标出。若有多个同一种类的电器元件，则可在文字符号后加上数字序号，如KM1、KM2等。

（4）所有按钮、触点均按没有外力作用和没有通电时的原始状态画出。对于继电器、接触器的触点，按吸引线圈不通电状态画；控制器按手柄处于零位时的状态画；按钮、行程开关触点按不受外力作用时的状态画。

（5）电路或元件均应按功能布置，尽可能按动作先后顺序从左到右、从上到下排列，两线交叉连接时的电气连接点须用黑点标出。

2.2.4　电气元器件布置图

电气元器件布置图是根据电器元件在控制板上的实际安装位置，采用简化的外形符号（如正方形、矩形、圆形等）绘制的一种简图。布置图用于电器元件布置和安装，各电器文字符号与电路图标注一致。

电气元器件布置图的绘制原则主要如下。

（1）体积大和较重的电器元件应安装在控制板的下面，而发热元件应安装在控制板的上面。

（2）强电、弱电分开布置，并注意屏蔽，防止外界干扰。

（3）电器元件的布置应考虑整齐、美观、对称，将外形尺寸与结构类似的电器安放在一起，以利加工、安装和配线。

（4）需要经常维护、检修、调整的电器元件安装位置不宜过高或过低。

（5）电器元件布置不宜过密，各元器件之间（上、下、左、右）应保持一定的间距，并且应考虑器件的发热和散热因素，配线若采用板前走线槽配线方式，应适当加大各排电器间距，便于布线、接线和检修。

2.2.5　电气安装接线图

电气安装接线图是根据电气设备和电器元件实际位置绘制的，表示电气设备和电器元件的位置、配线方式和接线方式，用于安装、接线和线路检查维修的一种简图。

电气控制与PLC应用

绘制、识别电气安装接线图应遵循以下原则。

（1）接线图一般标示电气设备和电器元件的相对位置、文字符号、端子号、导线号、导线类型、导线截面积、屏蔽和导线绞合等。

（2）电气设备和电器元件按实际位置绘制。根据其实际结构，将电路图中相同的图形符号画在一起，并用点划线框上，文字符号及端子号应与电路图标注一样。

（3）接线图中的导线有单根、多根（或线扎）及电缆等，导线可用连续线和中断线表示。导线走向相同，可以合并，用线束表示，到达接线端子板或电器元件连接点时要分别画出。导线及管子的型号、根数和规格应标注清楚。

2.3 基本控制电路

2.3.1 自锁与互锁控制电路

基本控制电路

在图2-14所示的控制电路中，当启动按钮SB2松开后，接触器KM的线圈通过其辅助动合触点的闭合使接触器仍继续保持得电，从而保证电动机的连续运行。这种依靠接触器自身辅助动合触点的闭合而使线圈保持得电的控制方式，称为自锁或自保。起到自锁作用的辅助触点称为自锁触点。

如图2-15所示的控制电路，可以实现电动机正、反转控制。将控制电动机正转的接触器KM1的辅助动断触点串入控制电动机反转的接触器KM2线圈支路中，将控制电动机反转的接触器KM2的辅助动断触点串入控制电动机正转的接触器KM1线圈支路中，如果当正转接触器线圈先得电后，其辅助动断触点KM1断开，切断了反转接触器线圈的控制回路，即使此时按下反转启动按钮，控制电动机反转的接触器线圈也无法得电。

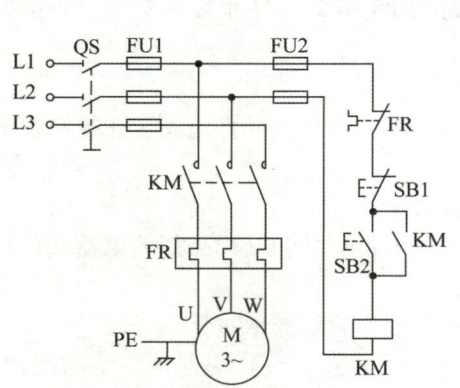

图2-14 自锁控制电路

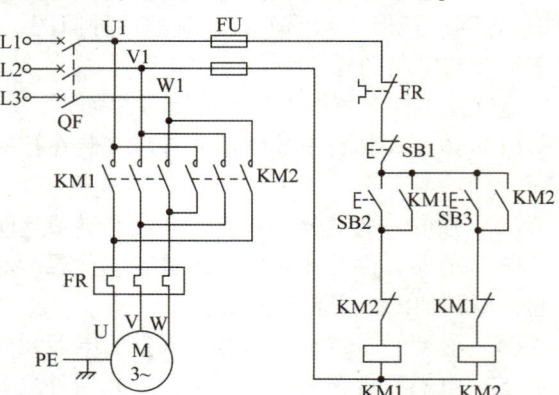

图2-15 互锁控制电路

这种利用两个接触器的辅助动断触点KM1、KM2分别串联在对方接触器的电路中以达到相互制约的方法称为互锁。这两个辅助动断触点称为互锁触点。

2.3.2 点动与连续控制电路

1. 点动控制电路

点动控制电路如图 2-16 所示。主电路由刀开关 QS、熔断器 FU1、接触器 KM 的主触点和电动机 M 组成；控制电路由启动按钮 SB 和接触器线圈 KM 组成。

电路的工作过程如下。

启动过程：合上刀开关 QS→按下启动按钮 SB→接触器 KM 线圈得电→KM 主触点闭合→电动机 M 通电直接启动。

停车过程：松开 SB→KM 线圈失电→KM 主触点断开→电动机 M 断电停转。

按下按钮，电动机启动运转；松开按钮，电动机就停止转动，这种控制称为点动控制。点动控制也称短车控制或点车控制。它能实现电动机短时转动，常用于对机床的刀调整和对电动葫芦控制等。

2. 连续控制电路

在实际生产中往往要求电动机能实现长时间连续转动，即所谓长动控制，其控制电路如图 2-17 所示。主电路由刀开关 QS、熔断器 FU1、接触器 KM 的主触点、热继电器 FR 的发热元件和电动机 M 组成，控制电路由停止按钮 SB2、启动按钮 SB1、接触器 KM 的辅助动合触点和线圈、热继电器 FR 的动断触点组成。

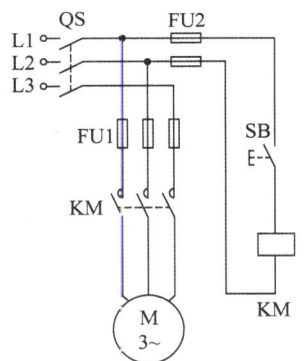

图 2-16　点动控制电路

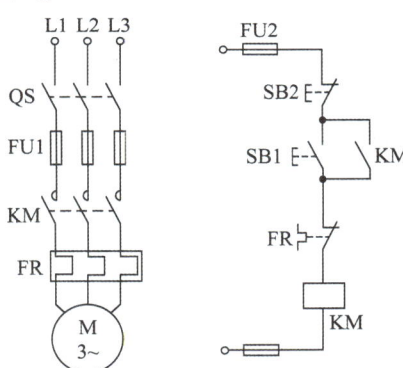

图 2-17　连续控制电路

电路的工作过程如下。

启动过程：合上刀开关 QS→按下启动按钮 SB1→接触器 KM 线圈得电→KM 主触点和辅助动合触点闭合→电动机 M 接通电源运转；松开 SB1，利用接通的 KM 辅助动合触点自锁，电动机 M 连续运转。

停车过程：按下停止按钮 SB2→KM 线圈失电→KM 主触点和辅助动合触点断开→电动机 M 断电停转。

2.3.3 正、反转控制电路

在实际应用中，往往要求生产机械改变运动方向，如工作台的前进和后退、电梯的上升和下降等，这就要求电动机能实现正、反转的运行。对于三相笼型异步电动机来说，可通过两个接触器改变电动机定子绕组的电源相序来实现。电动机正、反转控制电路如图 2-18 所示，接触器 KM1 为控制电动机 M 正向运转的接触器；接触器 KM2 为控制电动机 M 反向运转的接触器。

如图 2-18（b）所示的无互锁控制电路，其工作过程如下。

正转控制：合上刀开关 QS→按下正向启动按钮 SB2→正向接触器 KM1 线圈得电→KM1 主触点和自锁触点闭合→电动机 M 正转。

反转控制：合上刀开关 QS→按下反向启动按钮 SB3→反向接触器 KM2 线圈得电→KM2 主触点和自锁触点闭合→电动机 M 反转。

停机：按下停止按钮 SB1→KM1（或 KM2）线圈失电→电动机 M 停转。

该控制电路的缺点：若误操作会使 KM1 和 KM2 线圈同时得电，从而引起主电路电源短路，为此要求电路设置必要的连锁环节。

如图 2-18（c）所示，将控制正转的接触器 KM1 的辅助动断触点串入控制反转的接触器 KM2 线圈支路中，将控制反转的接触器 KM2 的辅助动断触点串入控制正转的接触器 KM1 线圈支路中，如果正转接触器线圈先得电后，其辅助动断触点 KM1 断开，切断了反转接触器线圈的控制回路，即使此时按下反转启动按钮，控制反转的接触器线圈也无法得电。另外，该电路只能实现"正→停→反"或"反→停→正"控制，即必须按下停止按钮后，再反向或正向启动。这对需要频繁改变电动机运转方向的设备来说，是很不方便的。

为了提高生产效率，实现电动机直接正、反转操作，利用复合按钮组成"正→反→停"或"反→正→停"的互锁控制。如图 2-18（d）所示，复合按钮的动断触点同样起到互锁作用，这样的互锁称为机械互锁。该电路既有接触器动断触点的电气互锁，也有复合按钮动断触点的机械互锁，故称为双重互锁。该电路操作方便、安全可靠。

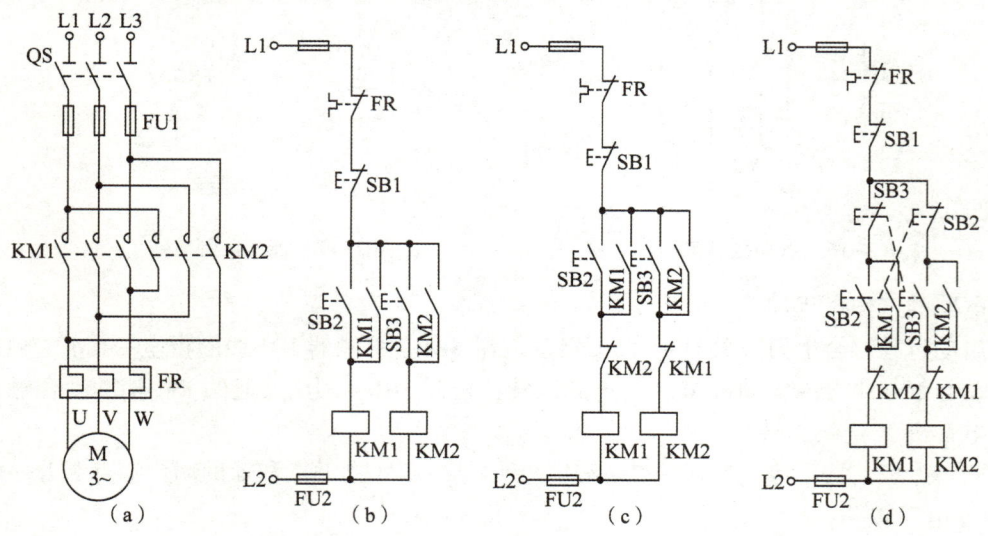

图 2-18　电动机正、反转控制电路
(a) 主电路；(b) 无互锁控制电路；(c) 具有电气互锁的控制电路；(d) 具有双重互锁的控制电路

2.3.4 多地控制电路

有些生产机械和设备常要求可以在两个或两个以上的地点进行启、停控制，称为多地控制或多点控制。多地控制要求在每个地点都装有启动按钮和停止按钮。若要求在任一地点按下启动按钮电动机均能启动，则将所有的启动按钮（动合触点）并联起来（逻辑或）；若要求在任一地点按下停止按钮电动机均能停止，则应将所有的停止按钮（动断触点）串联起来（逻辑与）。多地控制电路如图2-19所示。

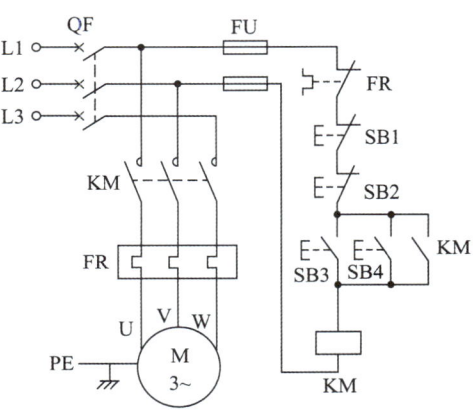

图2-19　多地控制电路

2.3.5 往复循环控制电路

在机床电气设备中，有些是通过工作台自动往复循环工作的，如龙门刨床的工作台前进、后退。电动机的正、反转是实现工作台自动往复循环的基本环节。往复循环控制电路如图2-20所示。控制电路按照行程控制原则，利用生产机械运动的行程位置实现控制，通常采用限位开关。

工作过程：如图2-20所示的控制电路，合上刀开关 QS→按下启动按钮 SB2→接触器 KM1 线圈得电→电动机 M 正转，工作台前进→工作台前进到一定位置，撞块压动限位开关 SQ2→SQ2 动断触点断开→KM1 线圈失电→电动机 M 停止向前。

SQ2 动合触点闭合→KM2 线圈得电→电动机 M 改变电源相序而反转，工作台后退→工作台后退到一定位置，撞块压动限位开关 SQ1→SQ1 动断触点断开→KM2 线圈失电→电动机 M 停止后退。

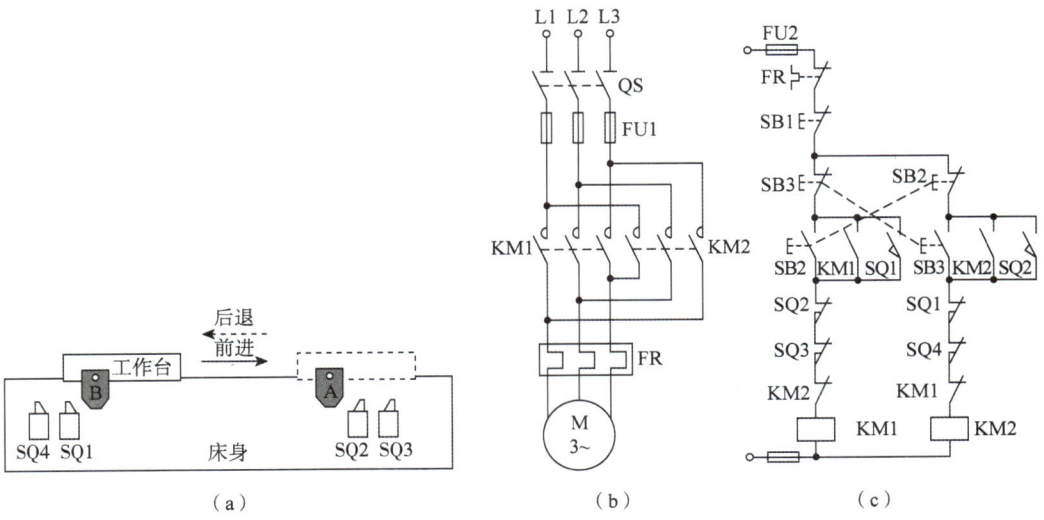

图2-20　往复循环控制电路
（a）工作台自动往复循环示意；(b) 主电路；(c) 工作台自动往复循环控制电路

SQ1 动合触点闭合→KM1 线圈得电→电动机 M 又正转，工作台又前进，如此往复循环工作，直至按下停止按钮 SB1→KM1（或 KM2）线圈失电→电动机 M 停止转动。

另外，SQ3、SQ4 分别为正、反向终端保护限位开关，防止限位开关 SQ1、SQ2 失灵时造成工作台从机床上冲出的事故。

2.3.6 顺序控制电路

在生产实践中，常要求各种运动部件之间或生产机械之间能够按顺序工作。例如，当车床主轴转动时，要求油泵先给齿轮箱提供润滑油，即要求保证润滑泵电动机启动后主拖动电动机才允许启动，也就是控制对象对控制线路提出了按顺序工作的联锁要求。

图 2-21 为按动作顺序和按时间原则顺序的控制电路，下面以图 2-21（a）为例进行说明。M1、M2 为电动机，分别由接触器 KM1 和 KM2 控制，SB1、SB2 为 M1 的停止、启动按钮，SB3、SB4 为 M2 的停止、启动按钮。由图可见，将接触器 KM1 的辅助动合触点串入接触器 KM2 的线圈电路中，只有当接触器 KM1 线圈得电，动合触点闭合后，才允许 KM2 线圈得电，即电动机 M1 先启动后才允许电动机 M2 启动。这样就实现了按顺序启动的控制。

总结上述关系，可以得到如下控制规律：当需要甲接触器工作后方允许乙接触器工作，则在乙接触器线圈电路中串入甲接触器的动合触点。

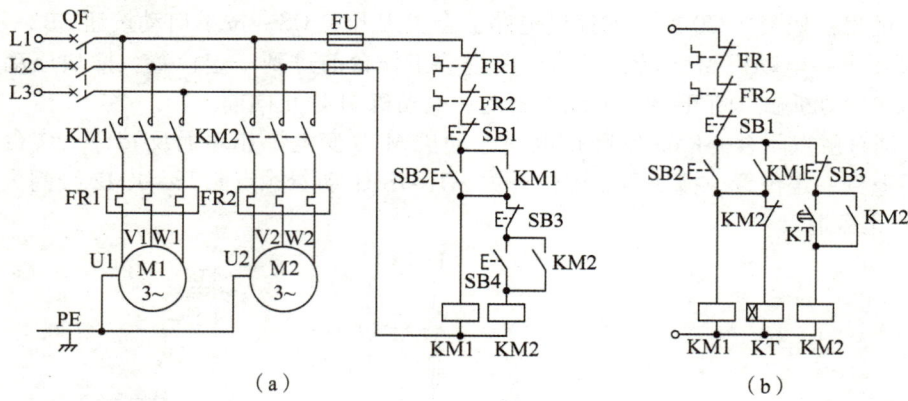

图 2-21 顺序控制电路
（a）顺序控制主电路及按动作顺序控制电路；（b）按时间原则顺序控制电路

2.4 电动机启停控制系统设计实例

2.4.1 电动机启停控制系统设计内容

设计电动机控制箱，额定电压 380 V，额定功率 4 kW。要求按下启动按钮时，电动机启动，按下停止按钮时，电动机停止；设置短路、过载、失电压保护；有电源显示和运行显示灯，显示运行状态。

2.4.2 电动机启停控制系统设计步骤

1. 任务分析

结合控制功能及工艺要求，设计电动机加指示灯的启停控制电气原理图。如图2-22所示的控制电路，由自动开关实现短路保护功能，由热继电器实现过载保护功能，由接触器实现失电压保护功能；HL1为电源指示灯，HL2为运行指示灯。

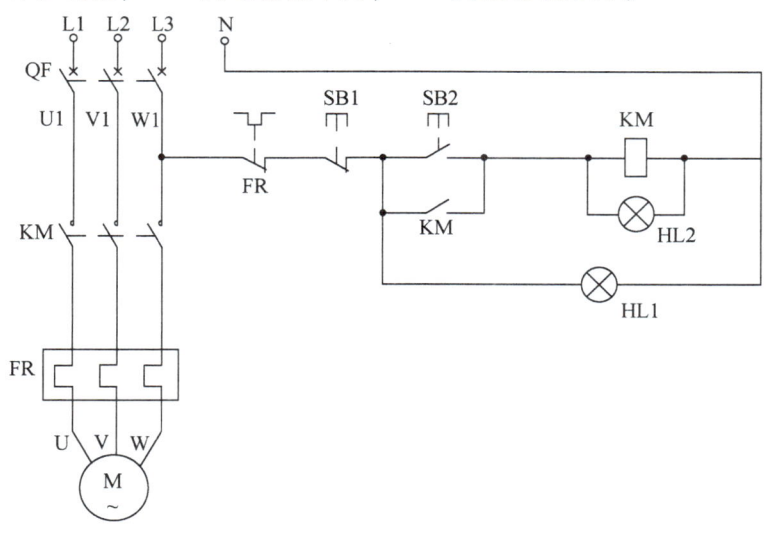

图2-22 电动机启停控制电路

2. 电气元器件的选型

依据电器设备的选择原则，选择电气元器件型号，其明细如表2-2所示。

表2-2 电气元器件明细

序号	电器名称	型号	数量	备注
1	配电箱	300 mm×400 mm×160 mm	1	
2	断路器 QF	NXB-63/4P D20	1	正泰D型（动力配电）
3	接触器 KM	CJX2-1810 220 V	1	人民
4	热继电器 FR	JR36-20 6.8-11A	1	上海德力西
5	按钮开关 SB1、SB2	NP2-BA31	2	正泰，红、绿
6	指示灯 HL1、HL2	ND16-22DS	2	正泰，红、绿

3. 选用工具、仪表及导线

（1）工具：螺丝刀、尖嘴钳、斜口钳及剥线钳。
（2）仪表：万用表。
（3）依据电动机额定电流选择导线若干。

4. 电气控制电路实施步骤

（1）检查元器件是否完好无损。

（2）根据电动机启停控制原理图（图2-22）绘制其电气元器件布置图，如图2-23所示。

（3）绘制电动机启停控制电路电气安装接线图，如图2-24所示。

（4）按图2-24进行电气接线，完成电气控制箱，如图2-25所示。

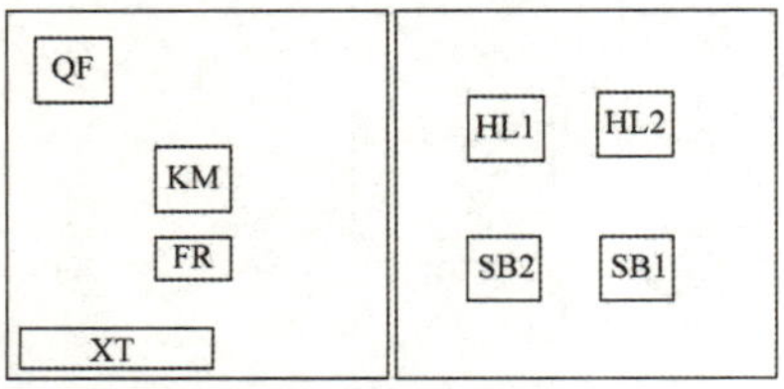

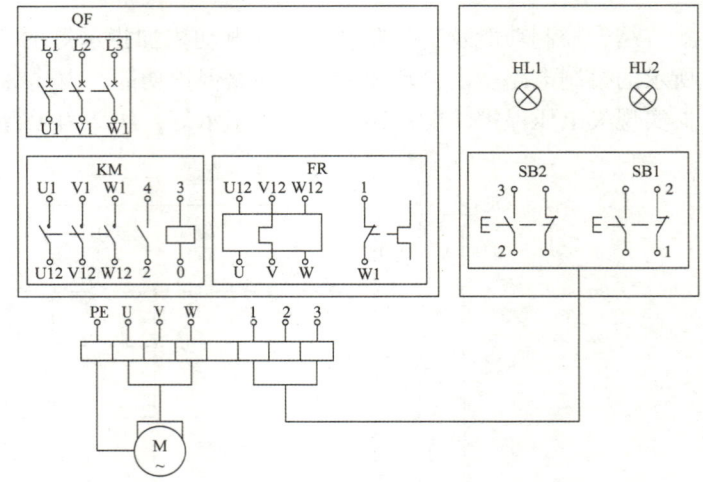

图 2-23　电动机启停控制电路的
电气元器件布置图

图 2-24　电动机启停控制电路的电气
安装接线图

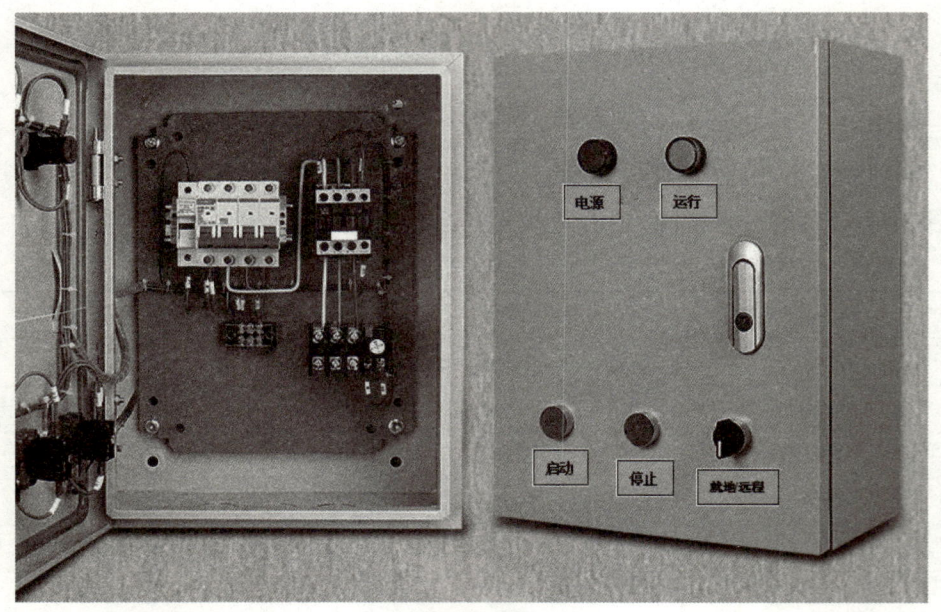

图 2-25　电动机启停控制电路的电气控制箱

5. 任务拓展

图2-25中增加了"就地/远程"切换开关，切换开关如何接入？远程操作如何实现？电气原理图应该如何修改？

习 题

1. 熔断器是一种结构简单、使用方便、价格低廉的_____。
2. 电气控制系统图一般有 3 种：_____、电气安装接线图和电气元件布置图。
3. 低压电器通常指工作在额定电压为_____、直流 1 500 V 以下电路中的电器。
4. 下列电器中具有短路保护作用的是（　　）。
   A. 熔断器　　　　B. 电压继电器　　　C. 接触器　　　　D. 行程开关
5. 用来表明电动机、电器实际位置的图是（　　）。
   A. 电气原理图　　　　　　　　　　B. 电气元器件布置图
   C. 功能图　　　　　　　　　　　　D. 电气安装接线图
6. ［判断］接触器是一种用于频繁接通或断开交直流主电路及大容量控制电路的自动切换电器。（　　）
7. ［判断］低压断路器俗称自动开关或空气开关，是低压配电系统、电力拖动系统中非常重要的开关电器和保护电器。（　　）
8. ［判断］接触器只能用于小电流控制电路中。（　　）
9. ［判断］原理图一般分为主电路、控制电路、信号电路、照明电路及保护电路等。（　　）
10. ［判断］中间继电器用于大电流控制电路中。（　　）
11. 常用低压电器怎样分类？它们各有什么用途？
12. 接触器的主要结构有哪些？如何区分交流接触器和直流接触器？
13. 中间继电器的作用是什么？中间继电器与接触器有何区别？
14. 熔断器为什么一般不作过载保护？
15. 电气控制电路中，既装设熔断器，又装设热继电器，各起什么作用？能否相互替换？
16. 按钮与行程开关有何异同点？
17. 电气控制系统图主要有哪几种？各有什么用途？
18. 自锁环节怎样组成？它有什么作用和功能？
19. 什么是互锁环节？它有什么作用？

电气控制与PLC应用

第 3 章

S7-1200 PLC 的结构组成

学习目标

（1）了解 PLC 的硬件组成及各部分的作用。
（2）熟悉 CPU 的基础知识。
（3）了解信号模块与信号板的基本参数与技术规范。
（4）掌握 S7-1200 PLC CPU 本体最大 I/O 扩展能力与电源计算。
（5）能够完成 PLC 的常用硬件接线。

问题思考

（1）本章介绍 S7-1200 PLC 的结构组成，其存储空间配置是什么？
（2）S7-1200 PLC 热电偶和热电阻测量温度如何接线？

思维导图

S7-1200 PLC 的结构组成
- S7-1200 PLC的硬件组成
- PLC的工作原理
  - CPU的工作模式
  - 过程映像
  - 存储器机制
  - 优先级与中断
  - 输入/输出的处理过程
- CPU基础
  - CPU特性
  - 各CPU模块的共同点
  - CPU的电源电压配置
- 信号模块与信号板
  - 数字信号模块
  - 数字信号板
  - 模拟信号模块
  - 模拟信号板
- S7-1200 PLC系统配置功率预算
- 接线
  - CPU供电电源接线
  - 传感器与数字量输入接线
  - 数字量输出接线
  - 传感器与模拟量输入接线
  - 模拟量输出接线

3.1 S7-1200 PLC 的硬件组成

S7-1200 PLC 硬件系统的组成采用整体式加积木式，即主机中包括一定数量的 I/O 端口，同时还可以扩展各种接口模块。S7-1200 PLC 的硬件主要由中央处理器（CPU）、电源、输入单元、输出单元、外部设备、扩展接口、通信接口等部分组成。S7-1200 PLC 硬件组成如图 3-1 所示。

（1）通信模块（CM）或通信处理器（CP）。
（2）CPU（CPU 1211C、CPU 1212C、CPU 1214C、CPU 1215C、CPU 1217C）。
（3）信号板（SB）（数字 SB、模拟 SB）、通信板（CB 或电池板 BB）。
（4）信号模块（SM）（数字 SM、模拟 SM、热电偶 SM、RTD SM、工艺 SM）。

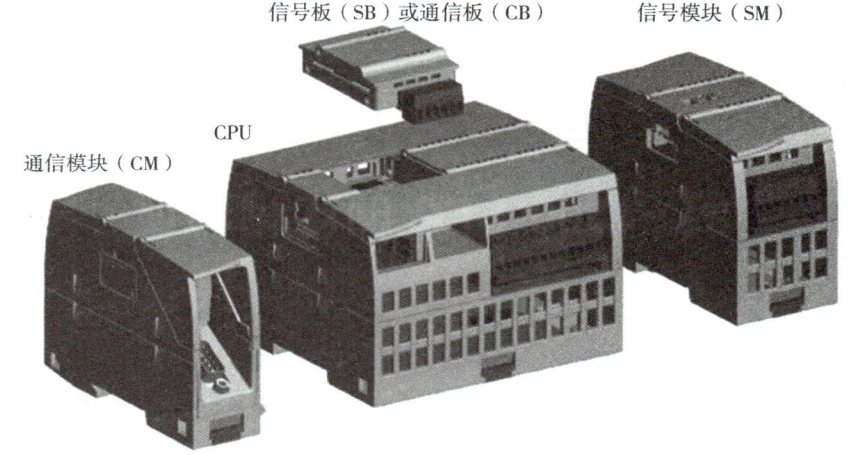

图 3-1　S7-1200 PLC 硬件组成

S7-1200 PLC 现有 CPU 1211C、CPU 1212C、CPU 1214C、CPU 1215C 和 CPU 1217C 五种不同配置的 CPU 模块，CPU 本体可以扩展 1 块信号板，左侧可以扩展 3 块通信模块，而所有信号模块都要配置在 CPU 的右侧，最多 8 块。

CPU 是 PLC 的核心，输入单元与输出单元是连接现场输入/输出设备与 CPU 之间的接口电路，通信接口用于与编程器、上位计算机等外部设备（简称外设）连接。下面对各部分作用进行简单介绍。

1. CPU 模块

S7-1200 PLC 的 CPU 模块将微处理器、集成电源、输入和输出电路、内置 PROFINET、高速运动控制 I/O 端口以及板载模拟量输入组合到一个设计紧凑的外壳中，形成功能强大的控制器。

CPU 模块主要由微处理器（CPU 芯片）和存储器组成。它相当于人的大脑，不断地采集输入信号、执行用户程序、刷新系统的输出。常采用的 CPU 芯片有通用微处理器、单片微处理器和位片式微处理器等。

存储器主要用于存放系统程序、用户程序和工作状态数据。系统程序相当于个人计算机的操作系统，由 PLC 生产厂家设计并固化在只读存储器中。用户程序和工作状态数据，用于存放用户的应用程序和各种数据，其中用户程序由用户设计，完成用户要求的特定功能。常用的物理存储器有随机存取存储器（RAM）、只读存储器（ROM）和电可擦除可编程序只读存储器（EEPROM）等。

2. 电源模块

电源模块将交流电源转换成可供 CPU、存储器以及所有扩展模块使用的直流电源。PLC 一般采用高质量的开关电源，工作稳定性好，抗干扰能力比较强。电源模块的选择和使用应先计算所需电流的总和，核实电源的负载能力，还需留有适当的余量。

3. 输入/输出模块

输入/输出模块简称 I/O 模块，是 CPU 与现场输入/输出设备或其他外部设备之间沟通的桥梁。

1）数字量输入模块

输入电路中设有光电隔离电路、滤波电路，以防止由于输入触点抖动或外部干扰脉冲引起错误的输入信号。每路输入信号均经过光电隔离、滤波，然后送入输入缓冲器等待 CPU 采样，每路输入信号均有 LED 显示，指示输入信号状态。数字量输入模块分为直流输入模块和交流输入模块。

直流数字量的输入电路中，根据具体的电路形式分为源型和漏型。图 3-2 为漏型数字量输入电路。交流数字量输入模块与图 3-2 类似，电源为交流电源。

在图 3-2 中，若干个输入点组成一组，共用一个公共端 COM。每一个点构成一个回路，图中只画出了一路。回路中的电流流向是从输入端流入 PLC，从公共端流出。图中的电阻 R_2 和电容 C 构成 RC 滤波电路，光耦将现场信号与 PLC 内部电路隔离，并且将现场信号的电平（图中为 DC 24 V）转换为 PLC 内部电路可以接受的电平。LED 用来指示当前数字量输入信号的高、低电平状态。

源型数字量输入电路的形式与图 3-2 基本相似，不同之处在于光耦、LED、DC 24 V 电源均反向，电流流向是从公共端 COM 流入 PLC，从信号端流出。

目前，市面上有很多 PLC 采用双向光电耦合器，并且使用两个反向并联的 LED，这样一来，DC 24 V 电源的极性可以任意接，电流的流向也可以是任意的，这种形式的电路可参考系统手册或其他相关资料。

2）数字量输出模块

输出模块的作用是将内部的电平信号转换为外部所需要的电平等级输出信号，并传给外部负载。每个输出点的输出电路可以等效成一个输出继电器。按负载使用电源的不同，输出模块可分为直流输出模块、交流输出模块和交直流输出模块 3 种；按输出电路所用的开关器件的不同，输出模块可分为继电器输出模块、晶体管输出模块和晶闸管输出模块。它们所能驱动的负载类型、负载的大小和响应时间是不一样的。

（1）继电器输出模块。如图 3-3 所示，通过继电器线圈通断来控制其触点输出，为无源触点输出方式，用于接通或断开开关频率较低的交直流负载电路。图中，K 为一小型继电器，当输出锁存器的对应位为 1 时，K 线圈得电吸合，其动合触点闭合，负载得电，LED 点亮，表示该输出点状态为 1；当输出锁存器的对应位为 0 时，K 线圈失电，其动合触点断开，负载失电，LED 熄灭，表示该输出点状态为 0。

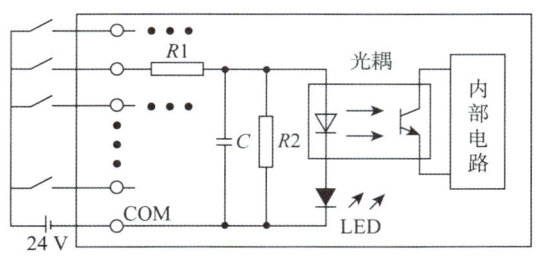
图 3-2 漏型数字量输入电路

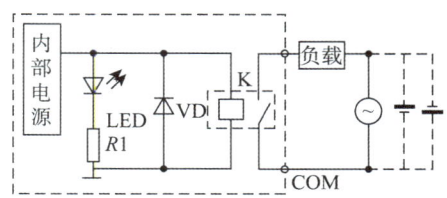
图 3-3 继电器输出电路

继电器输出模块的负载电源可以是交流也可以是直流，且为有触点开关，带负载能力比较强，一般在 2 A 左右，但寿命比无触点开关要短一些，开关动作频率也相应低一些。

（2）晶体管输出模块，也称直流输出模块。图 3-4 为 NPN 输出接口电路，它的输出电路采用晶体管驱动，但在实际使用中，晶体管输出模块也不一定全采用的是晶体管，也可能是其他晶体管。例如 S7-1200 PLC 晶体管输出模块用的就是 MOSFET 场效应晶体管。图中，VLC 是光电耦合器，LED 用于指示输出点的状态，VT 为输出晶体管，VD 为保护二极管，可防止负载电压极性接反或高电压、交流电压损坏晶体管，FU 为熔断器，可防止负载短路时损坏模块。

其工作原理：当输出锁存器的对应位为 1 时，通过内部电路使光电耦合器导通，从而使晶体管 VT 饱和导通，使负载得电，同时点亮 LED，以表示该路输出点状态为 1；当输出锁存器的对应位为 0 时，光电耦合器不导通，晶体管 VT 截止，使负载失电，此时 LED 不亮，表示该输出点状态为 0。如果负载是感性的，则须给负载并接续流二极管，如图 3-4 中虚线所示，负载关断时，可通过续流二极管释放能量，保护输出晶体管 VT 免受高电压的冲击。

直流输出模块的输出方式一般为集电极输出，外加直流负载电源。其带负载的能力一般是每一个输出点电流为零点几安培。因晶体管输出模块为无触点输出模块，所以使用寿命比较长、响应速度快、可关断次数多。

（3）晶闸管输出模块，也称交流输出模块，如图 3-5 所示，它的输出电路采用光控双向晶闸管驱动。

交流输出模块需要外加交流电源，带负载能力一般为 1 A 左右，不同型号的外加电压和带负载的能力有所不同。双向晶闸管为无触点开关，使用寿命较长，反应速度快，可靠性高。PLC 的输出电路也有汇点式、分组式和隔离式 3 种。

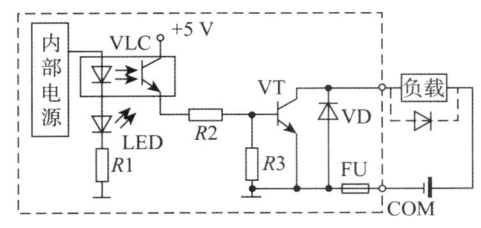
图 3-4 NPN 输出接口电路

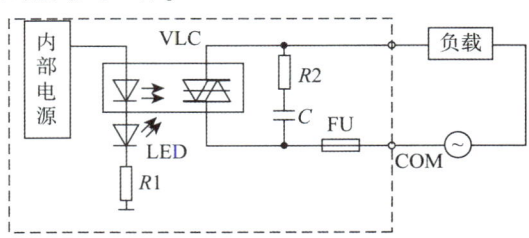
图 3-5 交流输出电路

3）模拟量输入模块

模拟量输入模块是把模拟信号转换成 CPU 可以接收的数字量，又称为 A/D 模块，一般输入模拟信号都为标准的传感器信号。模拟量输入模块把模拟信号转换成数字信号，一般为 10 位以上的二进制数，数字量位数越多，分辨率就越高。

4）模拟量输出模块

模拟量输出模块是把 CPU 要输出的数字量信号转换成外部设备可以接收的模拟量（电压或电流）信号，又称为 D/A 模块，一般输出的模拟信号都为标准的传感器信号。模拟量输出模块把数字信号转换成模拟信号，数字信号一般为 10 位以上的二进制数，数字量位数越多，分辨率就越高。

4. 外部设备

PLC 的外部设备主要有计算机（编程软件）或编程器、人机界面、打印机、条形码扫码器等。

5. I/O 扩展接口

扩展接口用于扩展输入/输出单元，使 PLC 的控制规模配置得更加灵活。这种扩展接口实际上为总线形式，可以配置开关量的 I/O 单元，也可配置如模拟量、高速计数等特殊 I/O 单元及通信适配器等。

6. 通信接口模块

通信接口模块是计算机和 PLC 之间、PLC 和 PLC 之间的通信接口。随着科学技术的发展，PLC 的功能也在不断地增强。在控制工程中，一台计算机和一台 PLC 组成点对点通信是小型控制工程采取的策略，也有一台计算机和多台 PLC 组成的多点通信网络。而当今的大型控制工程，更多采用的是现场总线控制系统（Fieldbus Control System，FCS）。

3.2 PLC 的工作原理

S7-1200 PLC 的 CPU 中运行着操作系统和用户程序。操作系统处理底层系统及任务，并执行用户程序的调用，其固化在 CPU 模块中用于执行与用户程序无关的 CPU 功能，以及组织 CPU 所有任务的执行顺序。

操作系统的任务如下：

（1）启动；

（2）更新输入和输出过程映象；

（3）调用用户程序；

（4）检测中断并调用中断 OB（组织块）；

（5）检测并处理错误；

（6）管理存储区；

（7）与编程设备和其他设备通信。

用户程序工作在操作系统平台，完成特定的自动化任务，用户程序是下载到 CPU 的数据块和程序块。

用户程序的任务如下：

（1）启动的初始化工作；

（2）进行数据处理，I/O 数据交换和工艺相关的控制；

（3）对中断的响应；

（4）对异常和错误的处理。

3.2.1 CPU 的工作模式

S7-1200 CPU 没有用于更改工作模式（STOP 或 RUN）的物理开关，而是使用博图软件工具栏按钮"启动 CPU"（Start CPU）和"停止 CPU"（Stop CPU）更改 CPU 的工作模式 。CPU 各模式执行的任务如表 3-1 所示。

表 3-1　CPU 的工作模式

工作模式	描述
STOP CPU	不执行用户程序，可以下载项目，可以强制变量
RUN CPU	CPU 重复执行程序循环 OB，影响中断事件

1. CPU 的启动操作

CPU 从 STOP 切换到 RUN 时，初始化过程映像，执行启动 OB 及相关任务。CPU 启动和运行机制如图 3-6 所示。具体执行以下操作：

A：将物理输入的状态复制到过程映像 I（输入）区；

B：根据组态情况将过程映像 Q（输出）区初始化为 0、上一值或替换值，并将 PB（Profibus）、PN（Profinet）和 AS-i（Actuator Sensor-interface）输出设为 0；

C：初始化非保持性的 M（内部）存储器和数据块，并启用组态的循环中断事件和时钟事件，执行启动 OB；

D：将所有中断事件存储到进入 RUN 模式后需要处理的队列中；

E：将过程映像 Q 区写入物理输出。

需要注意的是，循环时间监视在启动 OB 完成后开始。在启动过程中，不更新过程映像，可以直接访问模块的物理输入，但不能访问物理输出，可以更改 HSC（高速计数器）、PWM（脉冲宽度调制）以及 PtP（点对点）通信模块的组态。

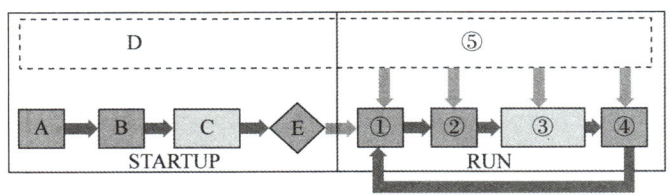

图 3-6　CPU 启动和运行机制

2. 在 RUN 模式下处理扫描周期

执行完启动 OB 后，CPU 进入 RUN 模式。CPU 周而复始地执行一系列任务，任务循环执行一次为一个扫描周期。

CPU 在 RUN 模式时执行以下任务：

①将过程映像 Q 区写入物理输出；

②将物理输入的状态复制到过程映象 I 区；

③执行程序循环 OB；

④执行自检诊断；

⑤在扫描周期的任何阶段，处理中断和通信。

▶ 3.2.2 过程映像

过程映像是 CPU 提供的一个内部存储器，用于同步更新物理输入/输出点的状态。过程映像对 I/O 点的更新可组态在每个扫描周期或发生特定事件接触中断时。

▶ 3.2.3 存储器机制

S7-1200 PLC CPU 提供了用于存储用户程序、数据和组态的存储器。存储器的类型和特性如表 3-2 所示。

表 3-2 存储器的类型和特性

类型	特性
装载存储器	①非易失性存储器，用于存储用户程序数据和组态等 ②可以使用外部存储卡作为装载存储器
工作存储器	①易失性存储器，用于存储与程序执行有关的内容 ②无法扩展工作存储器 ③CPU 将与运行相关的程序内容从装载存储器复制到工作存储器中
保持性存储器	①非易失性存储器 ②如果发生断电现象或停机时，CPU 使用保持性存储器存储一定数量的工作存储器数据，在启动运行时恢复这些保持性数据

▶ 3.2.4 优先级与中断

CPU 按照组织块的优先级对其进行处理，高优先级的组织块可以中断低优先级的组织块，最低优先级为 1（主程序循环），最高优先级为 26。

当中断事件出现时，调用与该事件相关的中断组织块。当中断程序执行完成后返回产生中断处继续运行程序。

▶ 3.2.5 输入/输出的处理过程

PLC 采用循环执行用户程序的方式，称为循环扫描工作方式。当 PLC 控制器投入运行后，其工作过程一般分为 3 个阶段，即输入采样、用户程序执行和输出刷新，图 3-7 描述了信号从输入端子到输出端子的传递过程。完成上述 3 个阶段称为一个扫描周期。在整个运行期间，PLC 控制器的 CPU 以一定的扫描速度重复执行上述 3 个阶段。

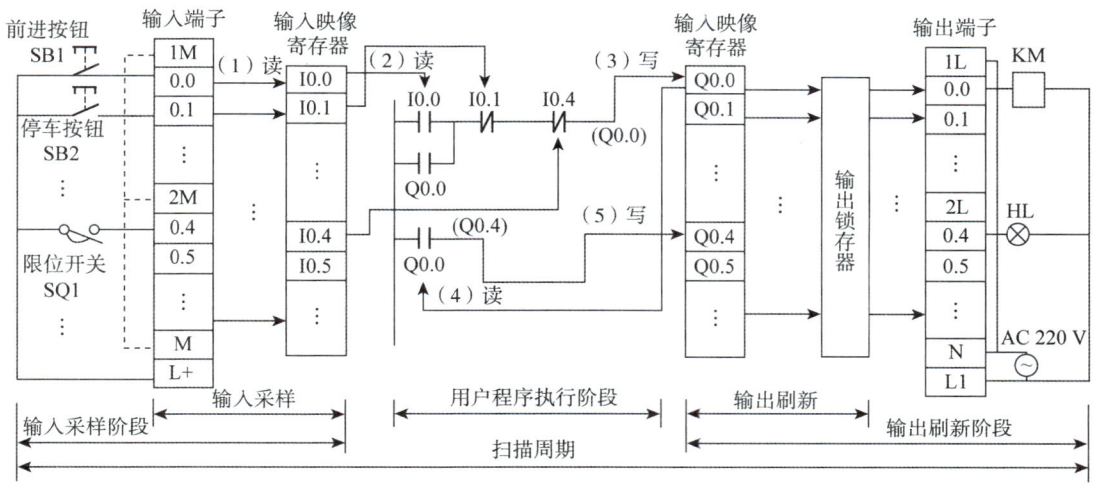

图 3-7 PLC 信号传输过程

3.3 CPU 基础

3.3.1 CPU 特性

PLC 实质上就是一台专用的工业控制计算机,通常一个主机模块都安装有一个或多个 CPU。若是多个 CPU,则其中必定有一个主 CPU,其余为辅助 CPU,它们协同工作,大大提高了整个系统的运算速度和功能,缩短了程序执行时间。

S7-1200 PLC 是一个系列,其中包括多种型号的 CPU,以适应不同需求的控制场合。近几年西门子公司推出的 S7-1200 PLC CPU 121X 系列产品有 CPU 1211C、CPU 1212C、CPU 1214C、CPU 1215C 和 CPU 1217C。

不同的 CPU 型号提供了各种各样的特征和功能,这些特征和功能可帮助用户针对不同的应用创建有效的解决方案,S7-1200 PLC 各 CPU 模块技术规范如表 3-3 所示。

表 3-3 S7-1200 PLC 各 CPU 模块技术规范

特性	CPU 1211C	CPU 1212C	CPU 1214C	CPU 1215C	CPU 1217C
本机数字量 I/O 点数	6 入/4 出	8 入/6 出	14 入/10 出	14 入/10 出	14 入/10 出
本机模拟量 AI/AO 点数	2 入	2 入	2 入	2 入/2 出	2 入/2 出
扩展信号模块个数	—	2	8	8	8
扩展通信模块个数	3				
上升沿/下降沿中断点数	6/6	8/8	12/12	12/12	12/12
工作存储器/KB	30	30	75	100	125
高速计数器点数/最高频率	3 点/100 kHz	3 点/100 kHz	3 点/100 kHz	3 点/100 kHz	4 点/1 MHz

039

续表

特性	CPU 1211C	CPU 1212C	CPU 1214C	CPU 1215C	CPU 1217C
高速脉冲输出点数/最高频率	最多4路，CPU 本体100 kHz，通过信号板可输出200 kHz（CPU 1217C 最多支持1 MHz）					
操作员监控功能	无	有	有	有	有
传感器电源输出电源/mA	300	300	400	400	400
外形尺寸/（mm×mm×mm）	90×100×75	90×100×75	110×110×75	130×100×75	150×100×75

注：除了表3-3列出 CPU 模块外，还有 S7-1200 F PLC 和 SIPLUS S7-1200 极端环境型 PLC。S7-1200 F PLC 可以用于有功能安全要求的应用场合，集成了安全功能；SIPLUS S7-1200 可工作在严苛的温度范围、冷凝、盐雾、化学活性物质、生物活性物质、粉尘、浮尘等极端环境下。

任何 CPU 的前方均可插入一个信号板（或通信板），轻松扩展数字或模拟量 I/O（或通信接口），同时不影响控制器的实际大小。主机可以通过在其右侧扩展连接信号模块，进一步扩展数字量或模拟量 I/O。CPU 1211C 不能扩展连接信号模块，CPU 1212C 可连接2个信号模块，其他 CPU 模块均可连接8个信号模块。最后，所有的 SIMATIC S7-1200 PLC CPU 控制器的左侧均可连接多达3个通信模块，便于实现端到端的串行通信。

也就是说，信号板（或通信板）是对 CPU 本体的扩展和补充，装于 S7-1200 PLC 本体上，小巧灵活，点数很少。受物理条件限制，一个 CPU 本体一般只能添加1个信号板（或通信板）。信号（或通信）模块则是正常外挂的模块，连接模块后，设备体积有所增加。主机可连接模块的数量受 CPU 性能限制。

因此，当仅需要在现有 CPU 本体外再多加少数 I/O 点时，用信号板就要划算很多，一是价格便宜，二是减少空间，特别适合临时性的增加端口或者小型项目。

3.3.2 各 CPU 模块的共同点

S7-1200 系列 PLC 各 CPU 模块的主要区别在于本机数字量 I/O 点数不同，CPU 采取了模块化和紧凑型设计，将处理器、传感器电源、数字量输入/输出、高速输入/输出、模拟量输入/输出组合到一起，形成了功能强大的控制器。

各 CPU 模块的共性如下。

(1) 集成的24 V 传感器/负载电源可供传感器和编码器使用，也可以用作输入回路的电源。

(2) 2点集成的模拟量输入（0~10 V），输入电阻100 kΩ，10位分辨率。

(3) 2点脉冲列输出（PTO）或脉宽调制（PWM）输出，最高频率为100 kHz。

(4) 每条位运算、字运算和浮点数数学运算指令的执行时间分别为0.1 μs、12 μs 和18 μs。

(5) 最多可以设置2 048 B（字节）有掉电保护功能的数据区（包括位存储器、功能块的局部变量和全局数据块中的变量）。通过可选的 SIMATIC 存储卡，可以方便地将程序传输到其他 CPU。存储卡还可以用来存储各种文件或更新 PLC 系统的固件。

(6) 过程映像输入寄存器、输出寄存器各安排了1 024 B 的指定地址空间。

(7) 数字量输入电路的电压额定值为 DC 24 V，输入电流为4 mA。1状态允许的最小电压/电流为 DC 15 V/2.5 mA，0状态允许的最大电压/电流为 DC 5 V/1 mA。可组态输入延迟时间（0.2～12.8 ms）和脉冲捕获功能。在过程输入信号的上升沿或下降沿可以产生快速响应的中断输入。

（8）继电器输出的电压范围为 DC 5～30 V 或 AC 5～250 V，最大电流为 2 A。DC/DC 型 MOSFET 的 1 状态最小输出电压为 DC 20 V，输出电流为 0.5 A。

（9）可以扩展 3 块通信模块和 1 块信号板（或通信板），CPU 可以用信号板扩展一路模拟量输出或高速数字量输入/输出。

（10）时间延迟与循环中断，分辨率为 1 ms。

（11）实时时钟的缓存时间典型值为 10 天，最小值为 6 天，25℃时的最大误差为 60 s/月。

（12）带隔离的 PROFINET 以太网接口，可使用 TCP/IP 和 ISO-on-TCP 两种协议。支持 S7 通信，可以用作服务器和客户机，传输速率为 10 Mbit/s、100 Mbit/s，可建立最多 16 个连接。自动检测传输速率，RJ-45 连接器有自协商和自动交叉网线（Auto Cross Over）功能。后者是指用一条直通网线或者交叉网线都可以连接 CPU 和其他以太网设备或交换机。

（13）所支持的标准编程语言有梯形图（LAD）、功能块（FBD）和结构化控制语言。

（14）可以用可选的 SIMATIC 存储卡，扩展存储器的容量和更新 PLC 的固件。通过存储卡，还可以很方便地将程序传输到其他 CPU。

（15）带自整定功能的 PID 控制器。

（16）PLCopen 运动控制，用于简单的运动控制。

（17）可采用数字量开关板为数字量输入点提供输入信号，进行用户程序测试。

（18）在线/离线诊断。

3.3.3 CPU 的电源电压配置

根据电源电压、输入电压、输出电压的交、直流的不同和电压大小的不同，每种 CPU 有 3 种不同的电源配置方案，具体如表 3-4 所示。

表 3-4　S7-1200 PLC CPU 的 3 种电源配置

	电源电压/V	输入电压/V	输出电压/V	输出电流/A
DC/DC/DC	DC 24	DC 24	DC 24	0.5，MOSFET
DC/DC/Rly	DC 24	DC 24	DC 5～30，AC 5～250	2，DC 30 W/AC 200 W
AC/DC/Rly	AC 85～264	DC 24	DC 5～30，AC 5～250	2，DC 30 W/AC 200 W

3.4 信号模块与信号板

信号模块（Signal Module，SM）和信号板（Signal Block，SB）是 CPU 与控制设备之间的接口，输入/输出模块统称为信号模块。信号模块主要分为以下两类。

（1）数字量模块：数字量输入、数字量输出、数字量输入/输出模块。

（2）模拟量模块：模拟量输入、模拟量输出、模拟量输入/输出模块。

信号模块作为 CPU 集成 I/O 的补充，连接到 CPU 右侧可以与除 CPU 1211C 以外的所有 CPU 一起使用，用来扩展数字或模拟输入/输出能力。

信号板可以直接插到 CPU 前面的插座上，扩展数字量或模拟量输入/输出，而不必改变 CPU 体积。

信号板或通信板（Communication Board，CB）、通信模块（Communication Module，CM）、信号模块与 CPU 连接示意如图 3-1 所示。

3.4.1 数字信号模块

数字信号模块是为解决 CPU 本机集成的数字量输入/输出点的不足而使用的。S7-1200 PLC 目前有 8 输入/16 输入的数字量输入模块，8 输出/16 输出的数字量输出模块以及 8 输入/8 输出、16 输入/16 输出的混合模块。用户根据不同需要可以进行选择，订货时要提供型号、订货号，具体型号如表 3-5 所示。

表 3-5　数字信号模块

型号	订货号
SM 1221 8×24 V DC 输入	6ES7 221-1BF32-0XB0
SM 1221 16×24 V DC 输入	6ES7 221-1BH32-0XB0
SM 1222 DQ8×继电器输出	6ES7 222-1HF32-0XB0
SM 1222 8×继电器双态输出	6ES7 222-1XF32-0XB0
SM 1222 8×24 V DC 输出	6ES7 222-1BF32-0XB0
SM 1222 16×继电器输出	6ES7 222-1HH32-0XB0
SM 1222 16×24 V DC 输出	6ES7 222-1BH32-0XB0
SM 1223 8×24 V DC 输入/8×继电器输出	6ES7 223-1PH32-0XB0
SM 1223 8×24 V DC 输入/8×24 V DC 输出	6ES7 223-1BH32-0XB0
SM 1223 16×24 V DC 输入/16×继电器输出	6ES7 223-1PL32-0XB0
SM 1223 16×24 V DC 输入/16×24 V DC 输出	6ES7 223-1BL32-0XB0
SM 1223 8×120/230 V AC 输入/8×继电器输出	6ES7 223-1QH32-0XB0

每一个模块都有相应的技术规范，其中 SM 1221 数字量输入技术规范如表 3-6 所示。选择不同的模块，其技术规范可查阅西门子中国官网相关资料。

表 3-6　SM 1221 数字量输入技术规范

型号	SM 1221 8×24 V DC 输入	SM 1221 16×24 V DC 输入
订货号	6ES7 221-1BF32-0XB0	6ES7 221-1BH32-0XB0
尺寸 W/mm×H/mm×D/mm	45×100×75	
功耗/W	1.5	2.5
电流消耗/mA	105	130
电流消耗	所用的每点输入 4 mA	
输入点数	8	16
类型	漏型/源型	
额定电压	4 mA 时为 DC 24 V，额定值	

续表

允许的连续电压	最大为 DC 30 V	
浪涌电压	DC 35 V，持续 0.5 s	
逻辑 1 信号（最小）	2.5 mA 时为 DC 15 V	
逻辑 0 信号（最大）	1 mA 时为 DC 5 V	
隔离（现场侧与逻辑侧）	AC 500 V，持续 1 min	
隔离组	2	4
滤波时间/ms	0.2、0.4、0.8、1.6、3.2、6.4 和 12.8（可选择 4 个为一组）	
电缆长度/m	500（屏蔽），300（非屏蔽）	

3.4.2 数字信号板

S7-1200 PLC 各种 CPU 的正面都可以增加一块信号板，并且不会增加安装的空间，目前有 4 输入/4 输出、2 输入/2 输出 7 种信号板，具体型号如表 3-7 所示。

表 3-7 数字信号板

型号	订货号
SB 1221 200 kHz，4×24 V DC 输入	6ES7 221-3BD30-0XB0
SB 1221 200 kHz，4×5 V DC 输入	6ES7 221-3AD30-0XB0
SB 1222 200 kHz，4×24 V DC 输出，0.1 A[②]	6ES7 222-1BD30-0XB0
SB 1222 200 kHz，4×5 V DC 输出，0.1 A[②]	6ES7 222-1AD30-0XB0
SB 1223 2×24 V DC 输入/2×24 V DC 输出[①②]	6ES7 223-0BD30-0XB0
SB 1223 200 kHz，2×24 V DC 输入/2×24 V DC 输出，0.1 A[①②]	6ES7 223-3BD30-0XB0
SB 1223 200 kHz，2×5 V DC 输入/2×5 V DC 输出，0.1 A[③]	6ES7 223-3AD30-0XB0

注：①支持源型输入；②支持源型和漏型输出；③支持漏型输入和源型输出。

3.4.3 模拟信号模块

1. 模拟量概述

模拟量是区别于数字量的连续变化的过程量，如温度、压力、流量、转速等，通过变送器可将传感器提供的电量或非电量转换为标准的电流或电压信号，如 4~20 mA、1~5 V、0~10 V 等，然后经过 A/D 转换器将其转换成数字量进行处理。D/A 转换器将数字量转换为模拟电压或电流，再去控制执行机构。模拟量模块的主要任务就是实现 A/D 转换（模拟量输入）和 D/A 转换（模拟量输出）。

变送器分为电压输出型和电流输出型。电压输出型变送器具有恒压源的性质，如果变送器距离 PLC 较远，则通过电路间的分布电容和分布电感感应到的干扰信号，将会在模块上产生较高的干扰电压，所以在远程传送模拟量电压信号时，抗干扰能力很差。电流输出型变送器具有恒流源的性质，不易受到干扰，所以模拟量电流信号适用于远程传送。另外，并非所有模拟量模块都需要专门的变送器。

1）转换分辨率/精度

模拟量转换的二进制位数反映了它们的分辨率，位数越多，分辨率越高。模拟量转换的另一个重要指标是转换的精度（误差），它是 A/D 转换的实际值与真实值的接近程度。除了取决于 A/D 转换的分辨率，还受转换芯片外围电路的影响。在实际应用中，输入的模拟量信号会有波动、噪声和干扰，内部模拟电路也会产生噪声、漂移，这些都会对转换的最后精度造成影响。这些因素造成的误差要大于 A/D 芯片的转换误差，高分辨率不代表高精度，但为达到高精度必须具备一定的分辨率。

S7-1200 PLC 模拟量模块提供的转换分辨率有 13 位（12 位+符号位）和 16 位（15 位+符号位）两种。当分辨率小于 16 位时，模拟值以左侧对齐的方式存储，未使用的低位补 0。13 位分辨率的模块从第四位 bit3 开始变化，其最小变化单位为 $2^3=8$，bit0～bit2 补 0，如表 3-8 所示。

表 3-8 数字化模拟值的数据字格式及示例

分辨率	位															
位	15	14	13	12	11	10	9	8	7	6	5	4	3	2	1	0
位值	2^{15}	2^{14}	2^{13}	2^{12}	2^{11}	2^{10}	2^9	2^8	2^7	2^6	2^5	2^4	2^3	2^2	2^1	2^0
16 位	0	1	0	0	0	1	1	0	0	1	0	1	1	1	1	1
13 位	0	1	0	0	0	1	1	0	0	1	0	1	1	0	0	0

模块分辨率为 13 位（12 位+符号位）时，单极性测量值有 $2^{12}=4096$ 个增量。测量范围为 0～10 V 时，能够达到的上溢值为 11.852 V。0～10 V 的电压测量范围如表 3-9 所示，最小增量值为上溢值 11.852 V/4 096 = 2.89 mV。分辨率每增加 1 位，增量数将增加 1 倍。如果分辨率从 13 位增加到 16 位（15 位+符号位），那么增量数将增加 $2^3=8$ 倍，从 4 096 增加到 32 768，此时最小增量为 11.852 V/32 768 = 0.36 mV。

表 3-9 电压、电流测量范围

增量值	电压测量范围	电流测量范围		说明
十进制	0～10 V	0～20 mA	4～20 mA	范围
32 767	11.852 V	>23.52 mA	>22.81 mA	上溢
32 512	—	—	—	
32 511	11.759 V	23.52 mA	22.81 mA	超出范围
27 649	—	—	—	
27 648	10.0 V	20 mA	20 mA	额定范围
20 736	7.5 V	15 mA	16 mA	
1	361.7 μV	723.4 nA	4 mA+578.7 nA	
0	0 V	0 mA	4 mA	

S7-1200 PLC 的 RTD 模块和热电偶模块与普通模拟量不同，根据接入传感器型号的

不同，测量范围、转换值也不同。

S7-1200 PLC 的热电偶（TC）模块（SB 1231 TC 和 SM 1231 TC）测量连接到模拟量输入的电压值。该值可以是 TC 测出的温度，也可以是电压。

①如果是电压，则额定范围的满量程值将是十进制数 27 648。

②如果是温度，则将温度值乘 10 得到该值（例如，25.3℃将报告为十进制数 253）。

S7-1200 PLC 的 RTD 模块（SB 1231 RTD 和 SM 1231 RTD）测量连接到模拟量输入的电阻值。该值可以是温度，也可以是电阻。

①如果是电阻，则额定范围的满量程值将是十进制数 27 648。

②如果是温度，则将温度值乘 10 得到该值（例如：25.3℃将报告为十进制数 253）。

RTD 模块支持采用 2 线制、3 线制和 4 线制方式连接到传感器电阻进行测量。

模拟量输入模块的转换精度如表 3-10 所示。

表 3-10 模拟量输入模块的转换精度

型号	SM 1231 4×13 位输入	SM 1231 8×13 位输入	SM 1231 4×16 位输入
精度（25°C/0~55°C）	满量程的±0.1%/±0.2%		满量程的±0.1%/±0.3%

2）滤波

在工业现场中，来自控制现场的模拟量信号，常常会因为现场的瞬时干扰而产生较大的波动，使 PLC 所采集到的信号出现不真实情况。如果仅仅用瞬时采样值来进行控制计算，则会产生较大的误差，因此有时需要对输入信号进行数字滤波，来获得一个较为准确的输入值，即在程序设计中利用软件的方法来消除干扰所带来的随机误差。常用的数字滤波方法有惯性滤波法、平均值滤波法、中间值滤波法等。

S7-1200 PLC 通过参数配置可以设置模拟量输入的积分时间、滤波属性等，方便用户对模拟量输入数据的处理，模拟量输入属性配置如图 3-8 所示（其他模拟量属性在后面章节介绍）。

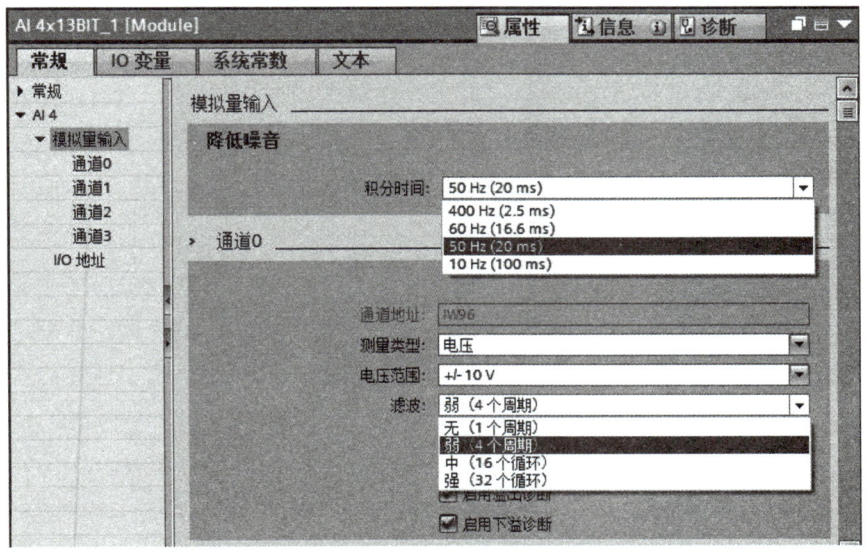

图 3-8 模拟量输入属性配置

（1）积分时间：模拟量输入模块使用干扰频率抑制功能抑制由交流电源频率产生的噪声。交流电源频率可能会对测量值产生不利影响，尤其在低电压测量范围以及使用热电偶的时候。转换时间根据干扰频率抑制的设定不同而变化，设置的频率越高，转换时间越短。

（2）滤波：滤波对于处理变化缓慢的信号非常有用，可以为滤波分配4个级别（无、弱、中、强）。

①无：模拟量输入模块通常会保持4个输入采样值（抑制频率设置为400 Hz时的8输入模拟量模块采样数量为2个），当模拟量输入模块采样到一个新值时，将丢弃最早的采样值，并将新值加上剩下的3个采样值然后计算平均值，得到的结果就是模拟量输入模块输入值。

②弱：当模拟量输入模块采样到一个新值时，将当前采样值的总和减去当前4个采样值的平均值，然后加上新值，之后计算新的平均值作为模拟量输入模块输入值。

例如：当前的4个采样值为0、10、10、10，第5个采样值为10。滤波级别为无时，模拟量输入模块将丢弃最早的采样值0，之后加上新值10，再计算平均值，那么模拟量输入模块输入值将由7.5变为10；滤波级别为弱时，将减去之前4个采样值的平均值7.5，然后加上新值10后再计算平均值，得到的模拟量输入模块输入新值为8.125。

③中、强：与选择滤波级别为弱时的算法类似，区别为选择滤波级别为中时，采样个数为16；选择滤波级别为强时，采样个数为32。滤波级别越高，经滤波处理的模拟值就越稳定，但无法反应快速变化的实际信号。

2. 模拟信号模块

S7-1200 PLC有4输入/8输入模拟量输入模块，2输出/4输出模拟量模块以及4输入/2输出模拟量混合模块，另外还有专门用于温度测量的热电偶（TC）模块和热电阻（RTD）模块，如表3-11所示。

表3-11 模拟量信号模块

型号	订货号
SM 1231 4×13 位模拟量输入	6ES7 231-4HD32-0XB0
SM 1231×13 位模拟量输入	6ES7 231-4HF32-0XB0
SM 1231 4×16 位模拟量输入	6ES7 231-5ND32-0XB0
SM 1231 4×16 位热电阻模拟量输入	6ES7 231-5PD32-0XB0
SM 1231 4×16 位热电偶模拟量输入	6ES7 231-5QD32-0XB0
SM 1231 8×16 位热电阻模拟量输入	6ES7 231-5PF32-0XB0
SM 1231 8×16 位热电偶模拟量输入	6ES7 231-5QF32-0XB0
SM 1232 2×14 位模拟量输出	6ES7 232-4HB32-0XB0
SM 1232 4×14 位模拟量输出	6ES7 232-4HD32-0XB0
SM 234 4×13 位模拟量输入 2×14 位模拟量输出	6ES7 234-4HE32-0XB0

以SM 1231 4×13 位模拟量输入为例，介绍模拟量输入的技术规范，如表3-12所示。

表 3-12 SM 1231 模拟量输入技术规范

型号	SM 1231 4×13 位模拟量输入
订货号	6ES7 231-4HD32-0XB0
功耗/W	2.2
电流消耗（SM 总线）/mA	80
电流消耗（DC 24 V）/mA	45
输入路数	4
类型	电压或电流（差动）：可 2 个选为一组
范围	±10 V、±5 V、±2.5 V 或 0/4~20 mA
满量程范围（数据字）	-27 648~27 648
过冲/下冲范围（数据字）	电压：27 649~32 511/-32 512~-27 649 电流：27 649~32 511/-4 864~0
上溢/下溢（数据字）	电压：32 512~32 767/-32 768~-32 513 电流 0~20 mA：32 512~32 767/-32 768~-4 865； 电流 4~20 mA：32 512~32 767（值小于-4 864 时表示开路）
最大耐压/耐流	±35 V/±40 mA
平滑	无、弱、中或强
噪声抑制	400、60、50 或 10 Hz
阻抗	≥9 MΩ（电压）/250 Ω（电流）
精度（25℃/0~55℃）	满量程的±0.1%/±0.2%
工作信号范围	信号加共模电压必须小于+12 V 且大于-12 V
隔离（现场侧与逻辑侧）	无
电缆长度/m	50（屏蔽双绞线）
诊断	上溢/下溢、DC 24 V 低压、开路诊断（仅限 4~20 mA）

3. 模拟量输入模块的阶跃响应

模拟量输入模块在不同抑制频率和滤波等级下，测量 0~10 V 阶跃信号达到 95% 时所需的时间，如表 3-13 所示。滤波等级越低，抑制频率越高，测量的时间越短。

表 3-13 模拟量输入模块的阶跃响应

平滑化（采样平均）选项	抑制频率（积分时间选项）/ms			
	400 Hz (2.5 ms)	60 Hz (16.6 ms)	50 Hz (20 ms)	10 Hz (100 ms)
无（1 个周期）	4	18	22	100
弱（4 个周期）	9	52	63	320
中（16 个周期）	32	203	241	1200
强（32 个周期）	61	400	483	2410

4. 模拟量输入模块的采样时间和更新时间

模拟量输入模块在不同抑制频率下的采样时间和更新时间如表3-14所示。

表3-14　模拟量输入模块的采样时间和更新时间

抑制频率（积分时间）选项	采样时间/ms	更新时间/ms
400 Hz（2.5 ms）	4通道×13位 SM；0.625 8通道×13位 SM；1.25	4通道；0.625 8通道；1.25
60 Hz（16.6 ms）	4.17	4.17
50 Hz（20 ms）	5	5
10 Hz（100 ms）	25	25

3.4.4　模拟信号板

S7-1200 PLC 有1路模拟量输入以及1路模拟量输出的模拟量信号板，如表3-15所示。

表3-15　模拟信号板

型号	订货号
SB 1231 1×12位模拟量输入	6ES7 231-4HA30-0XB0
SB 1232 1×12位模拟量输出	6ES7 232-4HA30-0XB0

1. 模拟量输入信号板的阶跃响应

模拟量输入信号板在不同抑制频率和滤波等级下，测量0~10 V阶跃信号达到95%时所需的时间，如表3-16所示。

表3-16　模拟量输入信号板的阶跃响应

平滑化（采样平均）选项	抑制频率（积分时间选项）/ms			
	400 Hz（2.5 ms）	60 Hz（16.6 ms）	50 Hz（20 ms）	10 Hz（100 ms）
无（1个周期）	4.5	18.7	22	102
弱（4个周期）	10.6	59.3	70.8	346
中（16个周期）	33	208	250	1 240
强（32个周期）	63	408	490	2 440

2. 模拟量输入信号板的采样时间和更新时间

模拟量输入信号板在不同抑制频率下的采样时间和更新时间如表3-17所示。

表3-17　模拟量输入信号板的采样时间和更新时间

抑制频率（积分时间）选项	采样时间/ms	更新时间/ms
400 Hz（2.5 ms）	0.156	0.156
60 Hz（16.6 ms）	1.042	1.042
50 Hz（20 ms）	1.25	1.25
10 Hz（100 ms）	6.25	6.25

3.5　S7-1200 PLC 系统配置功率预算

在实际应用中，如果 CPU 自身的接口或功能不能满足实际控制系统的要求，则可以通过连接其他模块的方式进行扩展。S7-1200 PLC 主机带扩展模块进行扩展配置时会受到供电能力的限制。

每个 CPU 都提供了 DC 5 V 和 DC 24 V 电源，连接扩展模块时，CPU 会为这些扩展模块提供电源。如果扩展模块的 DC 5 V 功率要求超出 CPU 的功率预算，则必须减少一些扩展模块，直到功率要求在功率预算范围内。

DC 24 V 的电源又称传感器电源，可以为本地输入点或扩展模块上的继电器线圈供电。如果使用 CPU 自带的 DC 24 V 电源供电，则需要对电源进行功率检验。很多情况下也可以由用户在外部提供一个 DC 24 V 电源，此时需要用户手动将外部电源与输入点或继电器线圈进行连接。若超出 CPU 功率预算，将导致无法连接 CPU 所允许的最大数量的模块。

扩展模块总共有以下 3 种类型。

（1）信号模块：安装在 CPU 右侧。在不考虑功率预算的情况下，每个 CPU 可允许的最大信号模块数量如表 3-3 所示。

（2）通信模块：安装在 CPU 左侧。如果不考虑功率预算，则任何 CPU 都允许最多 3 个通信模块。

（3）信号板、通信板和电池板：安装在 CPU 顶部，任何 CPU 最多允许使用 1 个信号板、通信板或电池板。

传感器的内部电源和外部 DC 24 V 电源不能并联，否则会因每个电源都试图建立自己首选的输出电压电平而导致冲突。该冲突可能使其中一个电源或两个电源的寿命缩短或立即出现故障，从而导致 PLC 系统的运行不确定。运行不确定可能导致人身伤亡事故或财产损失等。

传感器内部电源和外部电源应分别给不同的位置供电，允许将多个公共端连接到一个位置。所有非隔离的 M 端子必须连接到同一个外部参考电位。

电源消耗计算实例：某 PLC 控制系统，选用 CPU 1214C AC/DC/Rly、1 块 CM 1242-5PROFIBUS DP 从站通信模块、1 块 SM 1221 16×24 V DC 输入、2 块 SM 1223 16×24 V DC 输入/16×继电器输出、1 块 SM 1231 8×16 位热电阻模拟量输入，通信模块、通信板所消耗的电流如表 3-18 所示。

表 3-18　通信模块、通信板所消耗的电流

设备型号	DC 5 V	DC 24 V
CPU 1241C AC/DC/Rly	提供 1 600 mA	提供 400 mA
	—	14×4 mA = 56 mA
CM 1242-5PROFIBUS DP 从站通信模块	150 mA	—
SM 1221 16×24 V DC 输入	130 mA	16×4 mA = 64 mA

续表

设备型号	DC 5 V	DC 24 V
SM 1223 16×24 V DC 输入/16×继电器输出	2×180 mA = 360 mA	16×4 mA+16×11 mA = 240 mA，2 块 480 mA
SM 1231 8×16 位热电阻模拟量输入	80 mA	40 mA
合计	720 mA	640 mA
结论	小于 1 600 mA，满足	大于 400 mA，需另配 DC 24 V 电源

3.6 接线

3.6.1 CPU 供电电源接线

每种 CPU 都有 DC 24 V 或 AC 120～240 V 两种电源供电模式。分别有 DC/DC/DC、DC/DC/Rly、AC/DC/Rly 3 种具有不同电源电压、输入电压、输出电压的版本。例如，CPU 1214C AC/DC/Rly，其中第 1 个 AC 表示 CPU 电源交流 240 V，第 2 个 DC 表示输入信号控制电压为 DC 24 V，第 3 个 Rly 表示继电器输出，其触点控制的负载既可以为交流也可以为直流。

CPU 1214C AC/DC/Rly 供电电源接线图如图 3-9 所示。

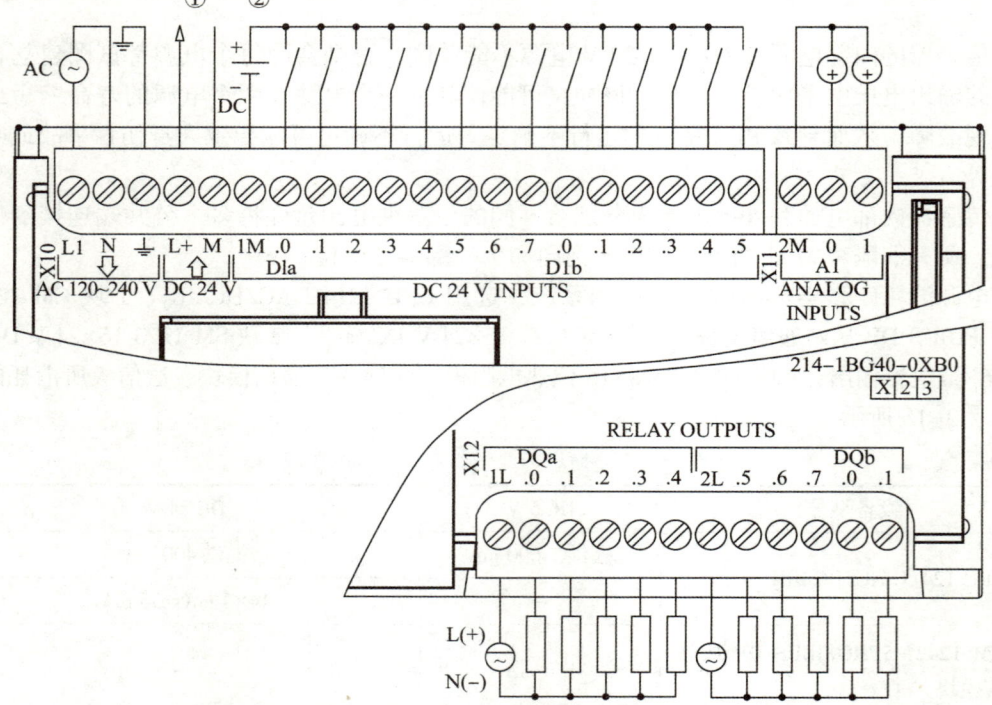

图 3-9　CPU 1214C AC/DC/Rly 供电电源接线图

图 3-9 中：①为 DC 24 V 传感器电源输出。使用传感器电源，也可将"M"连接到机壳接地；②为漏型输入，将"-"连接到"1M"。对于源型输入，将"+"连接到"1M"。

无论哪种电源供电模式，每一个 CPU 单元内部都集成有一个 DC 24 V 传感器电源，它为传感器、本机的输入点、输出线圈或扩展模块提供电源。如果要求的负载电流大于该电源的额定值，则应增加一个 DC 24 V 电源，但集成的 DC 24 V 传感器电源不能与其并联，这种并联可能会使一个或两个电源失效，并使 CPU 产生不正确的操作。CPU 单元还为扩展信号模块（SM）、通信模块（CM）提供 DC 5 V 总线电源，如果扩展模块对电源的需求超过其额定值，则必须更换 CPU 或减少扩展模块。

扩展模块对 DC 24 V 及 DC 5 V 电源的需求可参考 S7-1200 可编程控制器的系统手册或产品样本的模块规范。

3.6.2 传感器与数字量输入接线

S7-1200 PLC 所有型号的直流输入端口既支持源型（SOURCE）输入，又支持漏型（SINK）输入，西门子 PLC 规定，电流从 I/O 点流出为源型，从 I/O 点流入为漏型。

外围输入设备可以是按钮、二线制传感器和三线制传感器。

（1）按钮：公共端 1M 接电源负作为漏型输入，也称共阴极接线，如图 3-9 中②接线方式；也可以公共端 1M 接电源正作为源型输入，也称共阳极接线。

（2）二线制传感器：可以采用共阴极和共阳极接线，需要注意传感器两根线的颜色，一般棕色接电源正，蓝色接电源负。

（3）三线制传感器：分为 PNP 型和 NPN 型，3 根线颜色为棕色、蓝色、黑色，棕色接电源正，蓝色接电源负，黑色是输出，两者区别在于输出是正还是负。

PNP 型传感器动作时，输出为正，为漏型输入，要采用共阴极接线，即棕色接电源正，蓝色接电源负，黑色输出接 PLC 的输入 Ix.x 接线端子，PLC 的 1M 接电源负。电流通过 24 V 的正极进入传感器，从传感器输出再进入 PLC 的 Ix.x 接线端子，经内部电路和 1M 公共端连接，最后流回电源负，形成回路。NPN 型传感器动作时，输出为负，为源型输入，要采用共阳极接线，传感器黑色输出接 PLC 的输入 Ix.x 接线端子，PLC 的 1M 接电源正。

3.6.3 数字量输出接线

1. 直流（晶体管）输出接线

对于 S7-1200 PLC，只有 200 kHz 的信号板既支持源型输出又支持漏型输出，其他信号板、信号模块和 CPU 集成的晶体管输出都只支持源型输出。

2. 继电器输出接线

继电器输出将 PLC 与外部负载实现电路上的完全隔离，每一个继电器通过其机械动合触点实现外部电源对负载供电。因此，继电器输出可以驱动 250 V/2 A 以下交直流负载。如图 3-9 中的 1L 是输出电路若干输出点的公共端。

3.6.4 传感器与模拟量输入接线

1. 传感器与电压电流型模拟量输入接线

以 SM 1231 4×13 位模拟量输入 6ES7 231-4HD32-0XB0 为例，图 3-10 给出了模块电源和其中两路接线。

2. 传感器与热电阻 RTD 模拟量输入接线

以 SM 1231 4×16 位热电阻模拟量输入 6ES7 231-5ND32-0XB0 为例，图 3-11 给出了模块电源和其中短接未使用的输入、三线制、四线制接线。

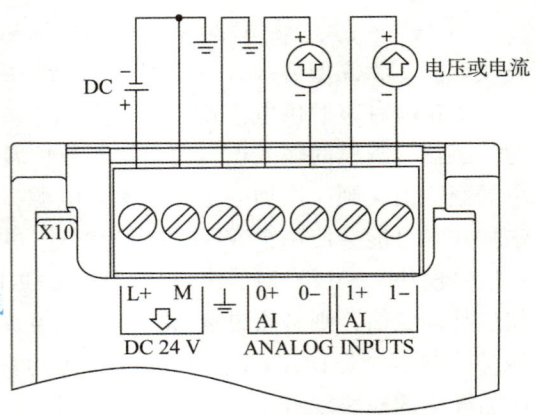

图 3-10 电压电流型模拟量输入接线图

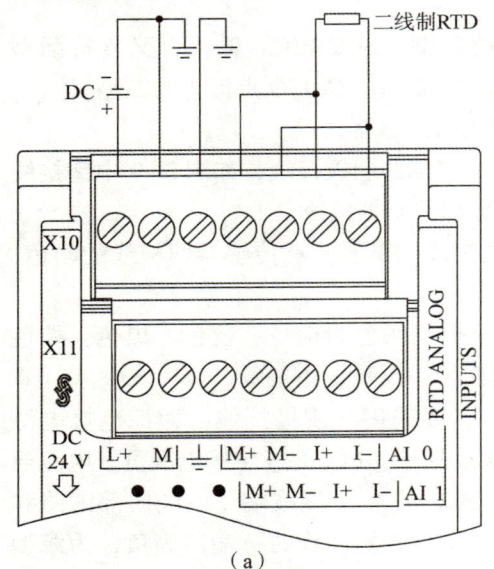

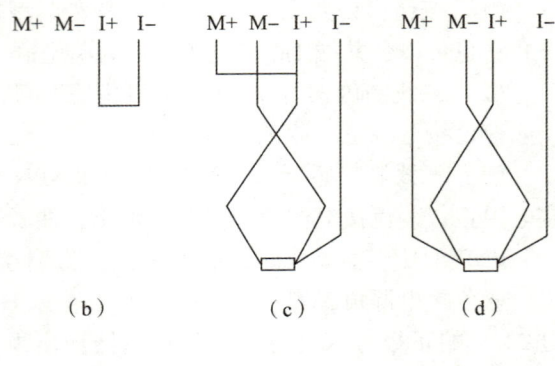

图 3-11 热电阻 RTD 模拟量输入接线图
（a）模块电源；（b）短接未使用的输入；（c）三线制 RTD；（d）四线制 RTD

3. 传感器与热电偶 TC 模拟量输入接线

以 SM 1231 4×16 位热电偶模拟量输入 6ES7 231-5QD32-0XB0 为例，图 3-12 给出了模块电源和其中两路接线。

3.6.5 模拟量输出接线

以 SM 1232 2×14 位模拟量输出 6ES7 232-4HB32-0XB0 为例，图 3-13 给出了模块电源和接线。

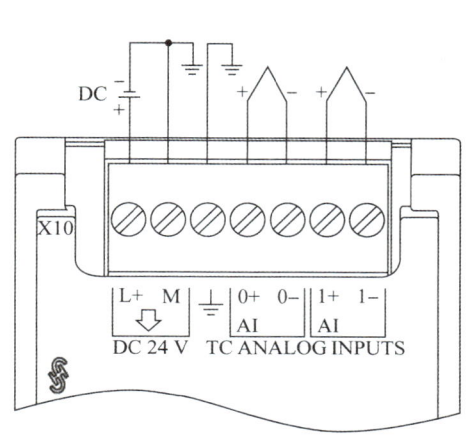
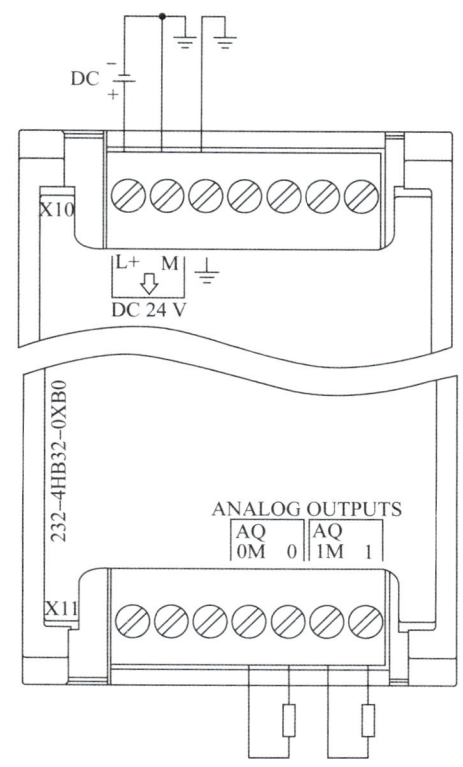

图 3-12　热电偶 TC 模拟量输入接线图　　　　图 3-13　模拟量输出接线图

习　题

1. S7-1200 PLC 的 CPU 模块将_____、_____、_____、内置 PROFINET、高速运动控制 I/O 端口以及板载模拟量输入组合到一个设计紧凑的外壳中。

2. 输入/输出模块简称_____模块，它们是系统的"眼""耳""手""脚"，是联系外围设备和 CPU 模块的桥梁。

3. _____模块用来控制接触器、电磁阀、指示灯、数字显示装置和报警装置等输出设备，_____模块用来控制调节阀、变频器等执行装置。

4. 位于 CPU 1215C 模块中部左侧的 3 个 LED 灯_____、_____、_____用于显示 CPU 所处的运行状态。

5. S7-1200 PLC 模拟量模块提供的转换分辨率有_____和_____两种。

6. 以 CPU 1214C 为例，S7-1200 PLC 的接线方式有两种，分别为_____型和_____型。

7. S7-1200 PLC 的硬件系统主要包括哪些组成部件？

8. 信号模块主要有哪些？

9. 硬件组态主要有哪些？

10. S7-1200 PLC CPU 本体最大 I/O 扩展能力取决于哪些因素？

11. CPU 主机扩展配置时，应考虑哪些因素？I/O 是如何编制的？

12. 总结 S7-1200 PLC 通过信号板和信号模块进行扩展时的区别。

13. 某 PLC 控制系统，经估算需要数字量输入点 20 个；数字量输出点 10 个；模拟量输入通道 5 个；模拟量输出通道 3 个。请选择 S7-200 PLC 的机型及其扩展模块，要求按空间分布位置对主机及各模块的输入、输出点进行编址，并对主机内部的 DC 5 V/DC 24 V 电源的负载能力进行校验。

第 4 章

S7-1200 PLC 的基本组态与调试

学习目标

(1) 了解 S7-1200 PLC 的基本网络和通信功能。
(2) 掌握 TIA 博途软件的安装过程。
(3) 掌握 TIA 博途软件进行项目组态的基本方法，包括创建新项目、添加硬件组态、网络链接、项目下载。
(4) 掌握项目调试的基本步骤和方法。
(5) 掌握仿真软件的使用方法。

问题思考

(1) IP 地址的含义是什么？怎样设置 PLC 的 IP 地址？
(2) PLC 程序下载、调试、仿真的操作过程是什么？

电气控制与PLC应用

思维导图

S7-1200 PLC的基本组态与调试
- TIA博途软件
  - TIA博途软件简介
  - TIA博途软件的安装环境
  - TIA博途软件的安装
- 新建项目和硬件网络组态
  - 新建项目
  - 硬件组态
  - 网络组态
- TIA博途STEP 7与PLC的连接
  - S7-1200 PLC与编程设备通信
  - 下载项目到新出厂的CPU
  - 下载项目的方法
  - 下载时找不到连接的CPU的处理方法
  - 上传设备作为新站
- 用TIA博途STEP 7调试程序
  - 用程序状态监视功能调试程序
  - 用监控与强制表监控变量
  - 用强制表强制变量
- 西门子S7-1200 PLC仿真软件的使用
  - S7-PLCSIM仿真软件的启动
  - 生成仿真表
  - 用仿真表调试程序
- CPU参数属性的设置
  - 常规
  - PROFINET接口
  - 数字量输入DI/数字量输出DQ
  - 模拟量输入AI/模拟量输出AQ
  - 高速计数器（HSC）
  - 脉冲发生器（PTO/PWM）
  - 启动
  - 循环
  - 通信负载
  - 系统和时钟存储器
  - Web服务器
  - 支持多语言
  - 时间
  - 防护与安全
  - 组态控制
  - 连接资源
  - 地址总览
- 扩展模板模块属性的设置
  - I/O扩展模板模块属性的设置
  - 通信模板模块属性的设置

4.1 TIA 博途软件

4.1.1 TIA 博途软件简介

TIA 博途（Totally Integrated Automation Portal）是全集成自动化软件 TIA Portal 的简称，是西门子工业自动化集团发布的一款全新的全集成自动化软件。它是业内首个采用统一的工程组态和软件项目环境的自动化软件，几乎适用于所有自动化任务。借助该全新的工程技术软件平台，用户能够快速、直观地开发和调试自动化系统。

TIA 博途的特性是全面开放，与标准的用户程序结合非常容易，方法简便。在 TIA 博途软件中包含了用于对 PLC 进行编程的 STEP 7、对 HMI 进行组态的 WinCC、对驱动器进行配置的 Startdrive，应用于安全控制器的 Safety 和应用于运动控制的 SCOUT 等软件，如图 4-1 所示，在使用时用户可根据实际的情况进行选择安装。

本课程安装的是 TIA 博途 V16 软件，软件架构主要包含：SIMATIC STEP7 V16、SIMATIC WinCC V16、Startdrive V16、SCOUT TIA V4.5 及全新数字化软件选件等，下面主要介绍前 3 种。

1. TIA 博途 STEP 7

TIA 博途 STEP 7 是用于可编程控制器的编程软件，如图 4-2 所示。TIA 博途中的 STEP 7 产品的版本分为基本版（STEP 7 Basic）和专业版（STEP 7 Professional）两个版本，STEP 7 Basic 基本版用于组态 S7-1200 PLC 控制器，而 STEP 7 Professional 专业版用于组态 S7-1200/1500/300/400 PLC 以及 ET 200 CPU 和 WinAC。

2. TIA 博途 WinCC

TIA 博途 WinCC 是用于 HMI 的组态软件，分为基本版（Basic）、精智版（Comfort）、高级版（Advanced）及专业版（Professional），更高一级版本的软件可以兼容低一级以下的所有版本软件的功能，如图 4-2 所示。不同版本所支持的触摸屏型号各不同，安装时也可根据实际需要进行选择安装。

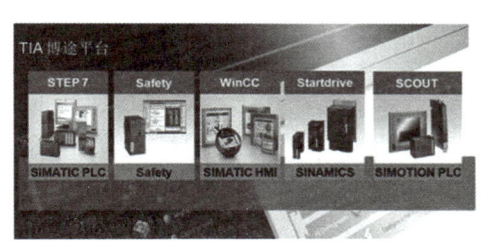

图 4-1　TIA 博途的软件组成

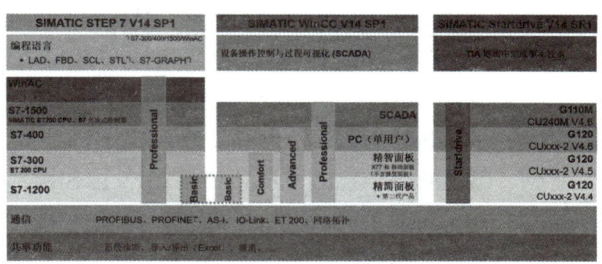

图 4-2　TIA 博途软件下各个产品的版本与功能

在所有的 HMI 设备中，Basic 基本版为精简系列面板，包含在 STEP 7 基本版或 STEP 7 专业版产品中；Comfort 精智版用于组态所有面板（包括精简面板、精智面板和移动面板）；Advanced 高级版用于通过 WinCC Runtime Advanced 高级版可视化软件组态所有面板和个人计算机；Professional 专业版用于组态 SCADA 系统，配套 WinCC Runtime 专业版使用。安装 TIA 博途 STEP 7 产品，会附带安装 TIA 博途 WinCC 产品中的 Basic 版。

3. TIA 博途 Startdrive

Startdrive 是用于配置及优化驱动装置和控制器的工程组态平台，能够直观地将 SINAMICS 变频器集成到自动化环境中。由于具有相同操作概念，消除了接口瓶颈，并且具有较高的用户友好性，即可借助用户友好的向导和屏幕画面进行最佳参数设置；可根据具体任务，实现结构化变频器组态；可对配套 SIMOTICS 电动机进行简便组态。因此可将 SINAMICS 变频器快速集成到自动化环境中，并使用 TIA 博途对它们进行调试。

4.1.2 TIA 博途软件的安装环境

1. 硬件要求

安装 TIA 博途 V16 的计算机配置要求如下。

博途软件安装

(1) 处理器：Core i5-6440EQ 3.4 GHz 或者相当。
(2) 内存：至少 8 GB 或者更多（大型项目，最好 32 GB）。
(3) 硬盘：300 GB SSD，配备至少 50 GB 的存储空间。
(4) 图形分辨率：最小 1 920×1 080。
(5) 显示器：15.6 英寸宽屏显示（1 920×1 080）。

2. 支持的操作系统

TIA 博途 V16 支持的电脑操作系统如下。

1) Windows 7 操作系统（64 位）
(1) MS Windows 7 Home Premium SP1（仅适用于基本版）。
(2) MS Windows 7 Professional SP1。
(3) MS Windows 7 Enterprise SP1。
(4) MS Windows 7 Ultimate SP1。

2) Windows 10 操作系统（64 位）
(1) Windows 10 Home Version 1703（仅适用于基本版）。
(2) Windows 10 Professional Version 1703。
(3) Windows 10 Enterprise Version 1703。
(4) Windows 10 Enterprise 2016 LTSB。
(5) Windows 10 IoT Enterprise 2015 LTSB。
(6) Windows 10 IoT Enterprise 2016 LTSB。

3) Windows Server（64 位）
(1) Windows Server 2012 R2 StDE（完全安装）。
(2) Windows Server 2016 Standard（完全安装）。

安装 TIA 博途 V16 需要管理员权限。

3. 软件安装顺序

(1) 安装 STEP 7 Professional V16。
(2) 安装 WinCC Professional V16。
(3) 安装 SIMATIC STEP 7_PLCSIM V16。
(4) 工具授权。
(5) Startdrive_V16 如果不使用则可以忽略。

4.1.3 TIA 博途软件的安装

本课程主要介绍 S7-1200 PLC 的应用，所以在软件安装中主要选择安装 STEP 7 Professional V16 编程软件和 S7-PLCSIM V16 仿真软件。

1. STEP 7 Professional V16 编程软件安装（以 Windows 10 系统为例）

1）安装前准备

（1）安装前一定要关闭杀毒软件。除西门子软件兼容性列表中兼容的病毒扫描软件外，切记不能打开杀毒软件，否则无法保证安装能够成功，也可能显示安装完成，但不能正常使用。

（2）为了防止计算机反复重启，先删除相应的注册列表信息后再进行安装。

删除注册列表信息方式：在 Windows 10 系统下，按组合键〈WIN + R〉，输入"regedit"，打开"注册表编辑器"窗口，在注册列表编辑器左侧文件夹，按计算机 \ HKEY_LOCAL_MACHINE \ SYSTEM \ CurrentControlSet \ Control \ Session Manager 逐级打开，找到 PendingFileRenameOperations 键，直接删除该键值，如图 4-3 所示。

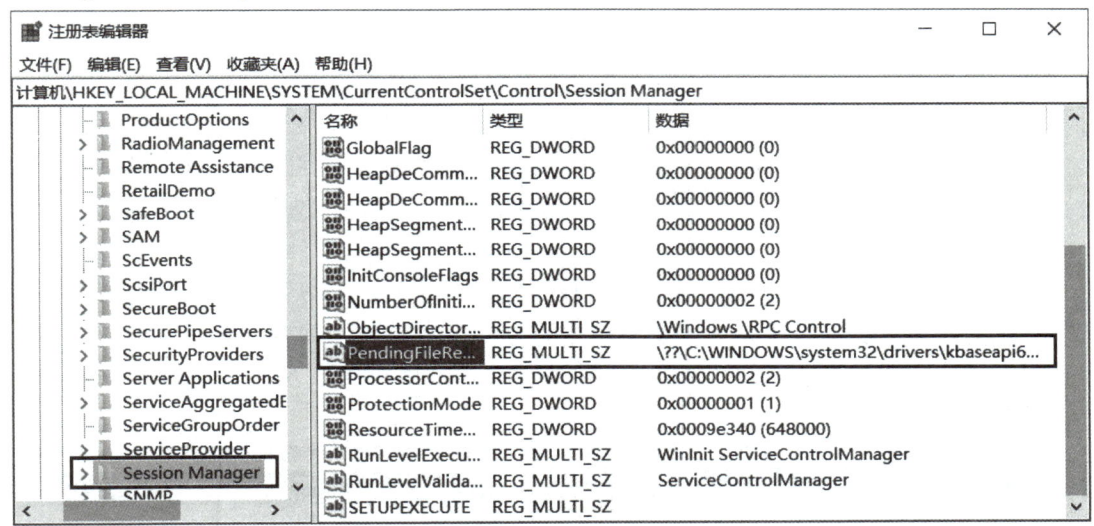

图 4-3　删除注册列表编辑器内容

2）安装软件

（1）打开博途软件安装包，在软件安装包中包含多个文件，可根据需要选择安装，打开安装文件夹，找到"TIA_Portal_STEP7_Prof_Safety_WINCC_Adv_Unified_V16.exe"应用程序，双击开始安装，如图 4-4 所示。

（2）安装程序运行后单击"下一步"按钮，系统初始化，在弹出的"安装语言选择"对话框中选择"简体中文"，单击"下一步"按钮，勾选"解压缩安装程序文件，但不进行安装"复选按钮，解压到指定目录。例如：E:\ WinCC，该目标盘要有足够空间，安装过程中会产生多个临时文件。记住解压路径，以便软件安装完后可删除解压后的文件，解压过程如图 4-5 所示。

电气控制与PLC应用

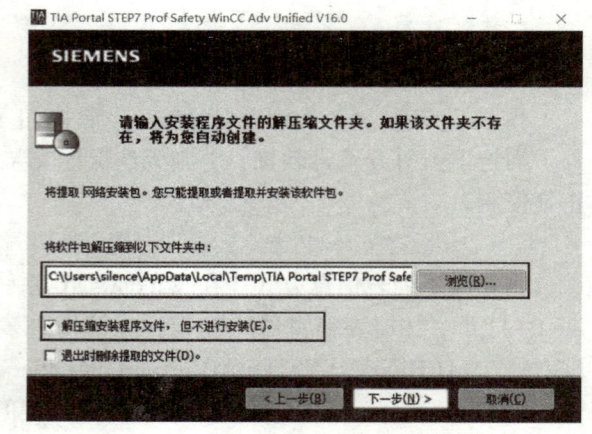

| 图 4-4 安装软件 | 图 4-5 解压过程 |

（3）解压完后，打开解压的文件夹，双击"Start.exe"开始安装流程。首先显示"正在初始化"；初始化后，选择安装语言"中文（默认）"，单击"下一步"按钮，进入安装文件和安装路径选择，选择"典型"安装，如图 4-6 所示。安装文件可根据情况进行选择，安装路径建议安装在 C 盘，一般 C 盘为固态硬盘，这样可缩短 TIA 博途软件的启动时间。

（4）单击"下一步"按钮，进入"授权所有许可证条款"界面，必须勾选所有条款选项，单击"下一步"按钮，进入"安全控制"界面，勾选"我接受此计算机上的安全与权限设置"复选按钮，单击"下一步"按钮，进入安装界面，单击"安装"按钮后开始进行安装，如图 4-7 所示。

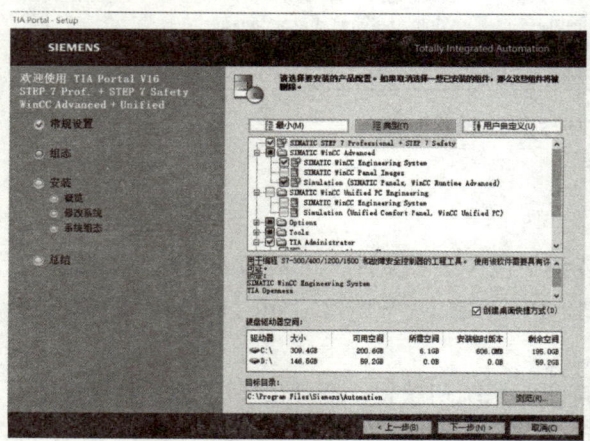
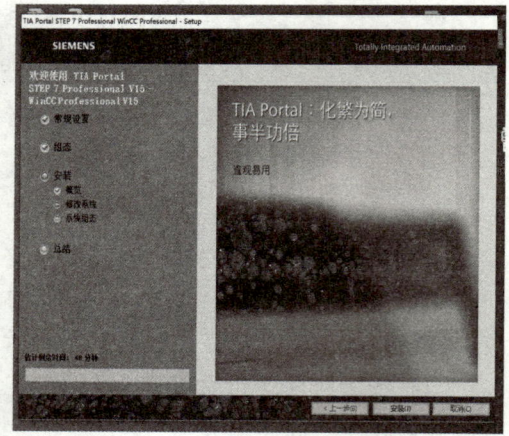

| 图 4-6 安装文件与路径选择 | 图 4-7 等待安装 |

（5）安装完后会提示重启，单击"重启"按钮后，会继续进行安装，安装完后会弹出"许可证传送"界面，在"许可证传送"界面中，单击"跳过许可证传送"按钮，会自动继续进行更新安装，更新安装结束后，会再次提示重启计算机，此时说明软件已经安装完成。

2. S7-PLCSIM V16 仿真软件安装

S7-PLCSIM V16 仿真软件安装方法与上述编程软件安装过程类似。打开"SIMATIC_S7PLCSIM_V16.exe"应用程序，先解压到指定文件夹，双击"Start.exe"进入安装流程。安装过程中，使用默认的"典型"安装，如有特殊需求则可选择"用户自定义"进行安装；勾选"许可协议"复选按钮等继续安装，S7-PLCSIM V16 仿真软件安装完成后，在电脑的桌面上将生成如图 4-8 所示的快捷图标。5 个图标分别为博途软件图标、授权管理器软件图标、仿真软件图标、组态软件图标及用于授权或许可 SIMATIC 产品的处理软件 TIA Administrator 图标。

3. 安装软件授权

首先解压授权文件，双击"Sim_EKB_Install_2019_12_13.exe"应用程序，授权操作如图 4-9 所示。

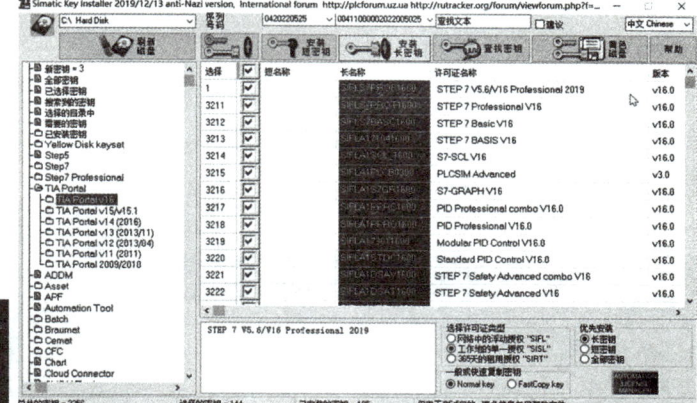

图 4-8　快捷图标　　　　　图 4-9　软件授权

双击"TIA Portal V16"，点选"工作地的单一授权'SISL'""Normal key"和"长密钥"，单击"安装长密钥"按钮，完成授权。

4. TIA 博途安装过程中出现的问题

（1）TIA 博途安装反复要求重新启动计算机。在安装某些西门子软件的时候，可能会多次提示要重启计算机，这个问题多数是由以下原因引起的：一般系统文件无法删除或其他程序正在占用等，系统会把这些文件保存在注册表该键值下面，以便下次重启后直接删除，有时候一些未知的原因导致这些文件在重启后无法删除，这些文件记录还在，西门子软件在安装时若检测到这些文件后则会提示重启计算机。需要手动删除该键值基本就能解决这个问题，如图 4-3 所示。

（2）在 Windows 7 系统上安装前需要安装 KB3033929 安全补丁（该补丁在网上搜索就能下载）。安装完补丁后需要在"控制面板"中安装 IIS 服务：打开"控制面板"，单击"程序和功能"→"打开或关闭 Windows 功能"按钮，然后勾选"Internet 信息服务"复选按钮，单击"确定"按钮即可。

（3）在 Windows 10 系统上安装 TIA 博途软件前需要先安装 NET3.5 SP1，否则会提示"先决条件不满足"。打开计算机"控制面板"，单击"程序"→"程序和功能"→"打开或关闭 Windows 功能"按钮，勾选". NET Framework 3.5"及其下的两个子文件，单击"确定"按钮，即可启用 NET 3.5 SP1。安装过程中如果找不到文件，可以到微软官网下载。

4.2 新建项目和硬件网络组态

4.2.1 新建项目

在桌面上，双击  快捷图标，启动 TIA 博途 V16 编程软件，软件界面包括 Portal 视图和项目视图，两个视图界面都可以新建项目。

新建项目

（1）在 Portal 视图中创建新项目。执行"启动"→"创建新项目"命令，在"创建新项目"界面中输入项目名称、项目存放的路径、作者和项目注释等信息，如图 4-10 所示，然后单击"创建"按钮，即可生成新项目，并跳转到"新手上路"界面，如图 4-11 所示。

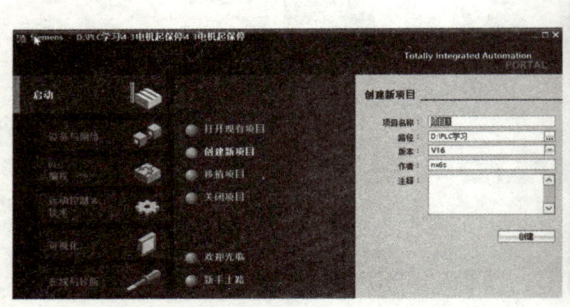

图 4-10 在 Portal 视图中创建新项目

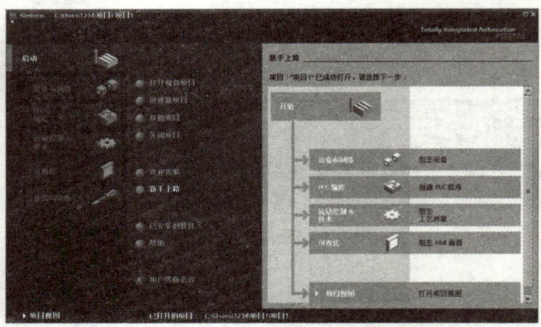

图 4-11 "新手上路"界面

本书安装的版本为 V16，所以创建好的新项目的后缀名与 TIA 博途的版本号相关，新项目的后缀名为 .ap16。可以通过单击"打开现有项目"按钮来打开一个已有项目，单击"关闭项目"按钮可以结束现有项目。

（2）在项目视图中创建新项目。"Portal 视图"和"项目视图"界面可以互相切换，如图 4-11 所示，单击左下角的"项目视图"按钮可以进入"项目视图"界面，单击菜单栏中的"项目"菜单，选择"新建"命令后，弹出"创建新项目"对话框，创建过程与 Portal 视图中创建新项目一致，如图 4-12 所示。单击左下角的"Portal 视图"按钮可以进入"Portal 视图"界面。

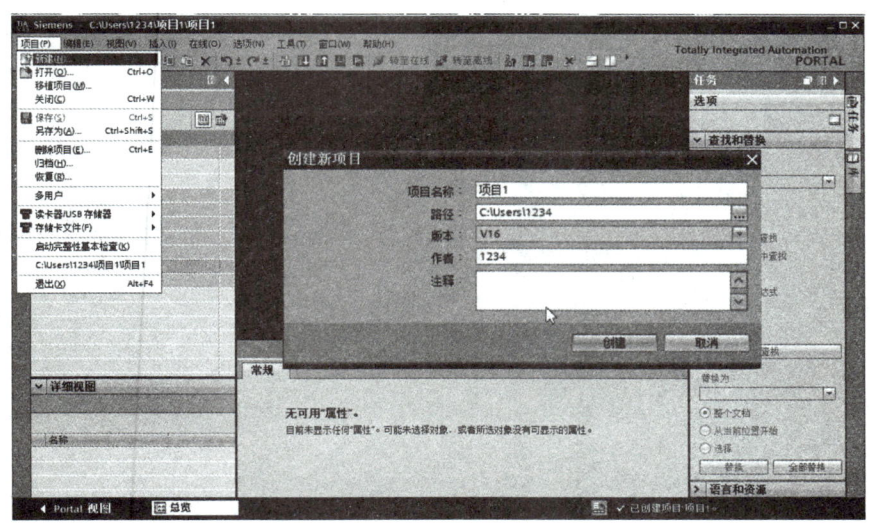

图 4-12　在项目视图中创建新项目

4.2.2　硬件组态

S7-1200 PLC 自动化系统需要对各硬件进行组态、参数设置和通信互联。项目中的组态要与实际系统一致，系统启动时，CPU 会自动监测软件的预设组态与系统实际组态是否一致，如果不一致则会报错，此时 CPU 能否启动取决于启动设置。

下面将介绍在"Portal 视图"中如何进行项目硬件组态，单击图 4-11 中的"组态设备"按钮，弹出"显示所有设备"界面，如图 4-13 所示。

单击"添加新设备"按钮，弹出"添加新设备"界面，如图 4-14 所示。选择"控制器"→"6ES7 215-1BG40-0XB0"，设置设备名称，如 PLC_1，选择 CPU 的版本，如 V4.2，单击"添加"按钮，即可完成新设备添加，进入"硬件和网络编辑器"界面，包括设备视图、巡视窗口和总览窗口，如图 4-15 所示。

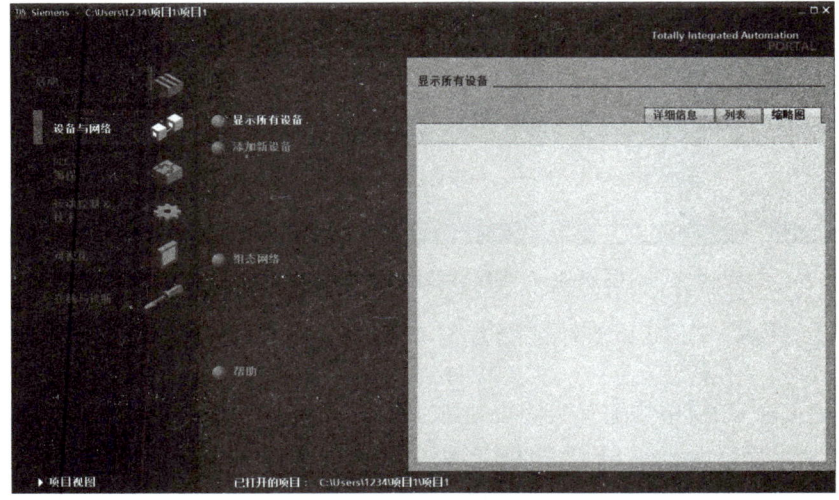

图 4-13　"显示所有设备"界面

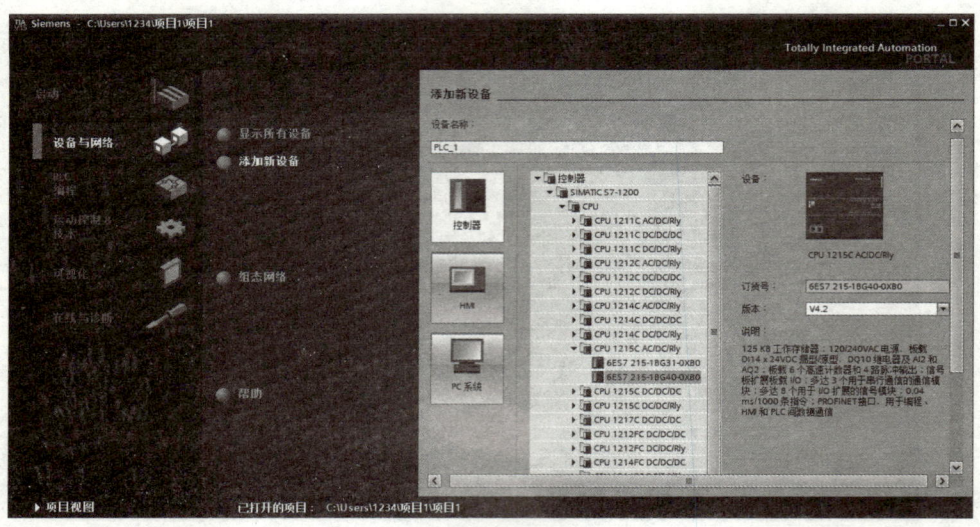

图 4-14 "添加新设备"界面

（1）设备视图。如图 4-15 所示，在组态区域内，可以使用切换开关实现"拓扑视图""网络视图"和"设备视图"的转换，选择"设备视图"，在"设备视图"的图形区域中能够看到 S7-1200 PLC 可以添加的模块数量，在添加完新设备后，生成与设备匹配的机架（Rack_0），CPU 左侧最多可以添加 3 个通信模块，右侧最多可以添加 8 个扩展模块。

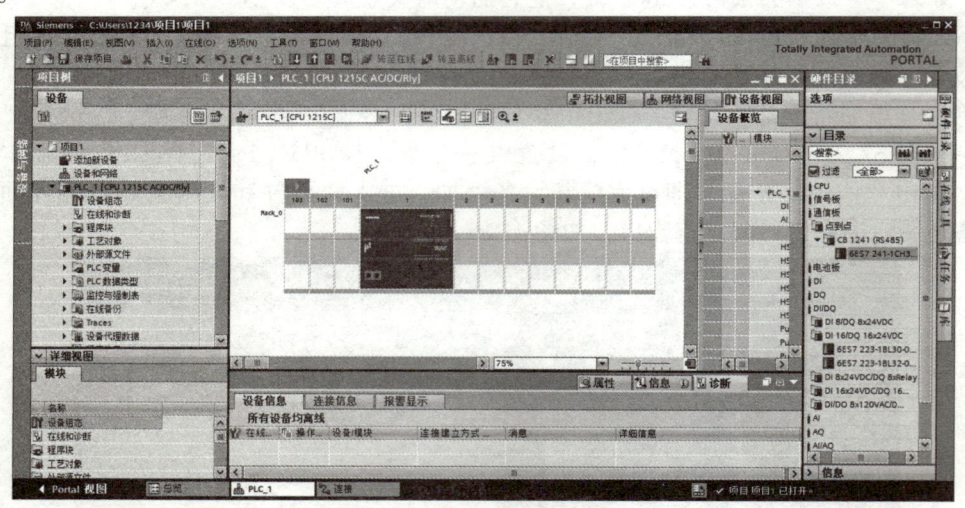

图 4-15 "硬件和网络编辑器"界面

如图 4-16 所示，在 CPU 本体上配置一块 CB 1241，操作步骤如下：在硬件选项中，选择"通信板"→"点到点"→"CB 1241（RS 485）"→"6ES7 241-1CH30-1XB0"；用同样的方法，在 CPU 左侧配置通信模块 CM 1241，选择"通信模块"→"点到点"→"CM 1241（RS 232）"→"6ES7 241-1AH30-0XB0"；在 CPU 右侧配置一块信号模块，选择"DI/DQ"→"DI 16/DQ 16×24 V DC"→"6ES7 223-1BL30-0XB0"。

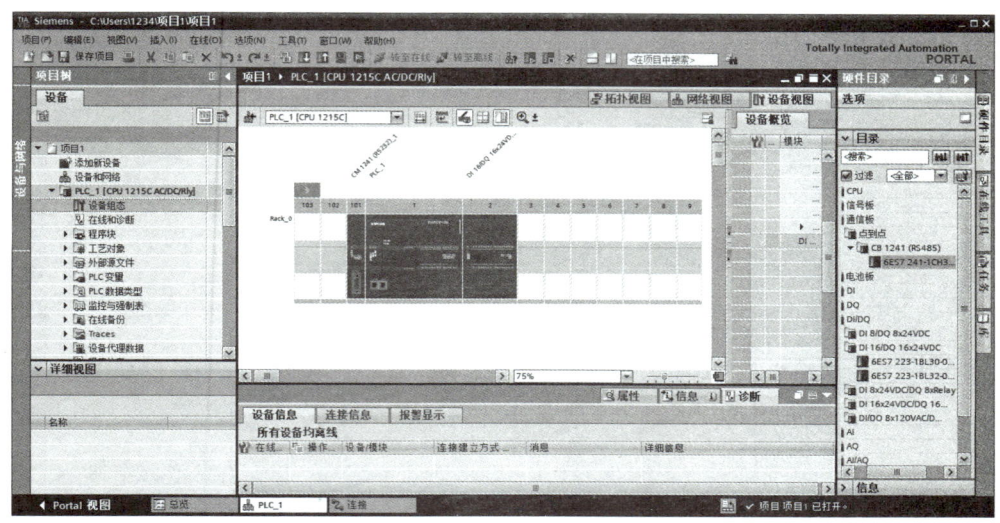

图 4-16 硬件组态

在调试程序时,为了调试方便,可以先将硬件配置好,然后再将模块"拔出",如图 4-17 所示。单击"设备视图"工具栏中的 按钮,选择显示/隐藏"拔出的模块"。有时硬件只有 CPU,缺少其他扩展模块。若按工程实际下载,硬件配置与实际不符时,CPU 会报错。

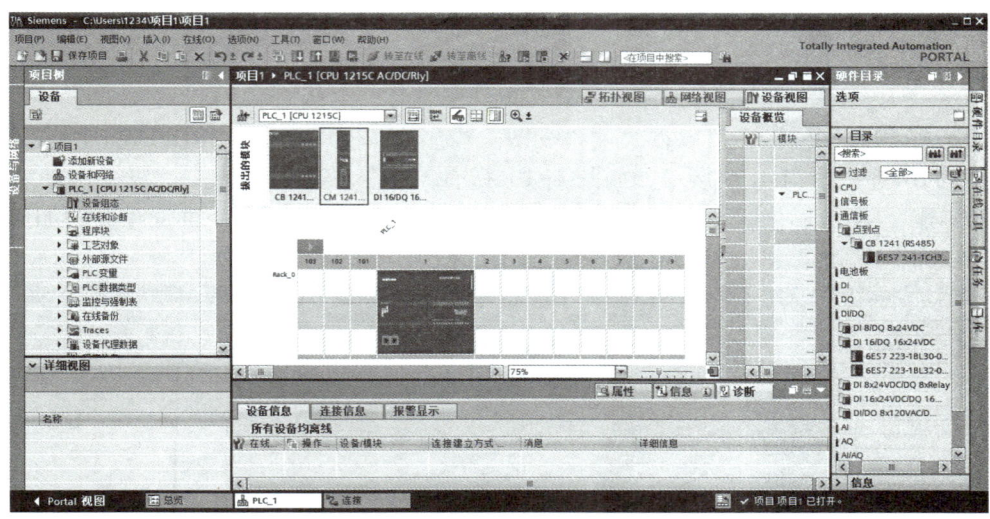

图 4-17 硬件组态—拔出的模块

(2)巡视窗口。巡视窗口有"属性"选项卡、"信息"选项卡和"诊断"选项卡,如图 4-18 下半部分所示。

"属性"选项卡显示所选对象的属性,用户可以在此处更改可编辑的属性。

"信息"选项卡显示有关所选对象的附加信息以及执行操作(如编译)时发出的报警。

"诊断"选项卡中将提供有关系统诊断事件、已组态消息事件以及连接诊断的信息。

电气控制与PLC应用

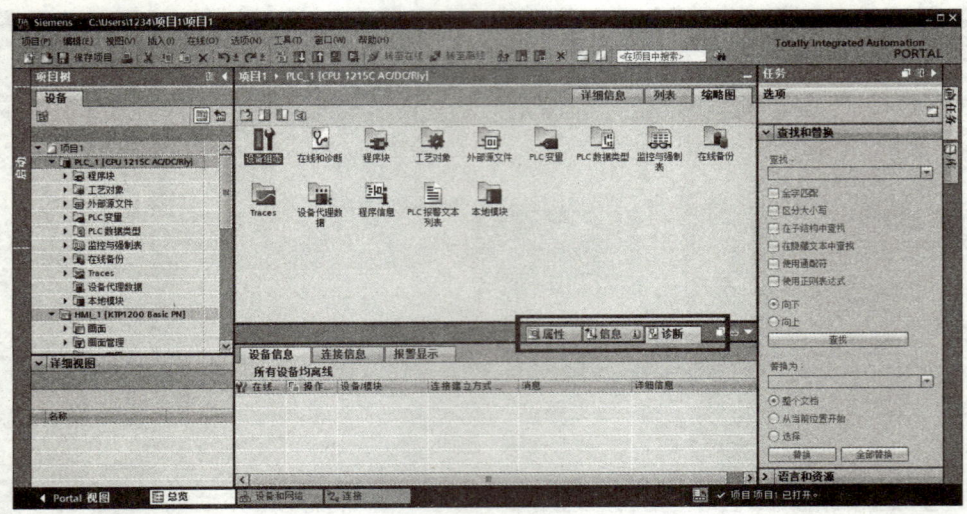

图 4-18 巡视窗口、总览窗口

（3）总览窗口。单击左下角的"总览"按钮可以显示总览内容，总览窗口如图 4-18 上半部分所示。总览窗口有 3 种显示形式，可以使用切换开关实现"详细信息"视图、"列表"视图和"缩略图"视图的转换。在"详细信息"视图中，对象显示在一个含有附件信息的列表中；在"列表"视图中，对象显示在一个简单列表中；在"缩略图"视图中，以图标的形式显示对象。

4.2.3 网络组态

组态好 PLC 硬件后，可以在"网络视图"中组态 PROFIBUS、PROFINET 网络，创建以太网的 S7 连接或 HMI 连接等，如图 4-19 所示。单击"项目树"→"设备和网络"→"网络视图"，在图形化区域内，将具有联网能力的设备进行组网。下面简单介绍如何将一个 S7-1200 PLC 设备和一个 HMI 进行组态网络连接。

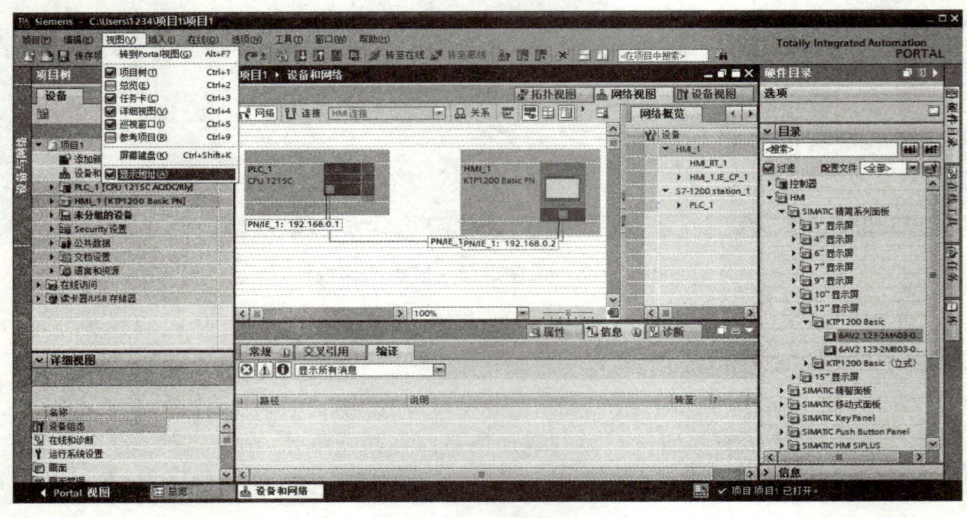

图 4-19 网络组态

首先在图4-17的基础上配置一个HMI，步骤如下：在硬件选项中，选择"HMI"→"SIMATIC 精简系列面板"→"12″显示屏"→"KTP1200 Basic"→"6AV2 123-2MA03-0AX0"，若两台设备的地址相同，将光标放在其中一台设备的网口位置，拖动到其他设备的网口位置上，则会自动分配IP地址。

为了实现HMI和PLC的通信，必须组态HMI和PLC的连接，单击"网络视图"中"连接"按钮 ，由网络页面切换到连接页面，使用鼠标拖曳网口的连线。

如图4-20所示，单击"项目树"→"HMI_1 [KTP1200 Basic PN]"→"HMI 变量"→"连接"，弹出连接表，将"网络视图"中创建的HMI连接，自动添加到该设备的连接表中。

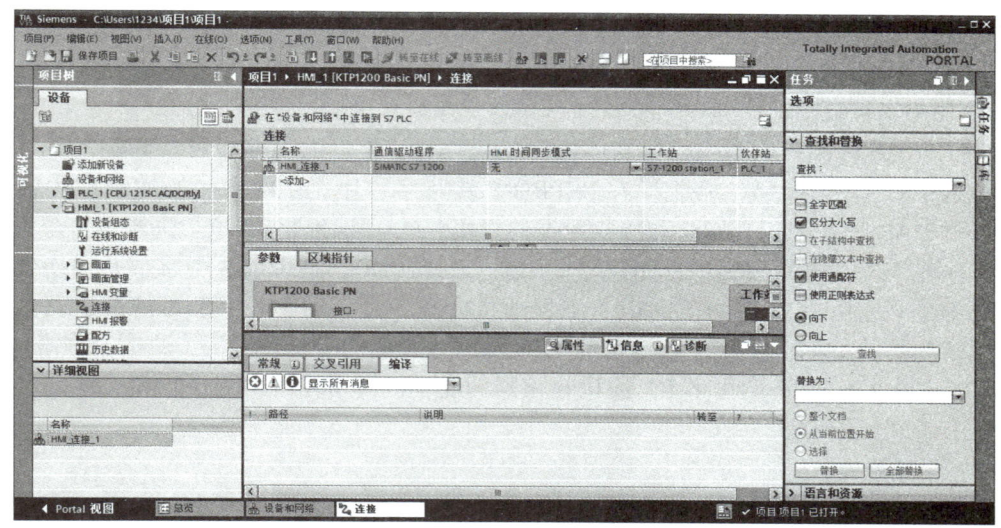

图4-20 网络组态连接表

用同样的方法，多个S7和HMI可以实现互相连接。在"网络视图"的以太网连接中，虽然有多种连接选项，但对于S7-1200 PLC只能在此创建S7或HMI连接，对于其他TCP、UDP、ISO等连接，只能通过编程创建。

4.3 TIA 博途 STEP 7 与 PLC 的连接

4.3.1 S7-1200 PLC 与编程设备通信

S7-1200 PLC CPU集成的以太网接口（PN接口，简称PROFINET）和通信模块CM 1243-5 都支持PG功能，在编程PC上选择适配器、通信处理器或以太网卡，设置PG/PC接口，建立与PLC的连接。

博途与PLC连接

1. 硬件连接

由于S7-1200 PLC CPU内置了自动跨接功能，所以对该接口既可以使用标准以太网电缆，又可以使用跨接以太网电缆。PROFINET接口可在编程设备和S7-1200 PLC CPU之

067

间建立直接物理连接。

首先安装 S7-1200 PLC CPU，将以太网电缆插入 PROFINET 接口中，再将以太网电缆连接到编程设备上，如图 4-21 所示。计算机、PLC、HMI 等的一对一通信不需要交换机，当两台以上的设备进行通信时，需要使用交换机（CPU 1215C 和 CPU 1217C 内置双端口交换机）实现网络连接。可以使用直连也可以使用交叉网线。

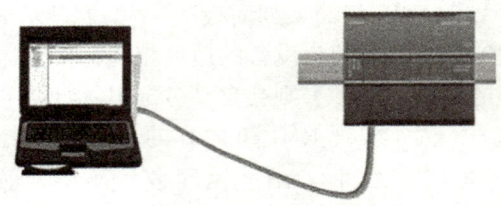

图 4-21　S7-1200 PLC 与编程设备的硬件连接示意

要想实现 S7-1200 PLC CPU 与网络上的 STEP 7 Basic 编程设备进行通信，必须设置或修改以太网通信接口。

2. 以太网设备地址

1）MAC 地址

MAC（Media Access Control，媒体访问控制）地址是以太网接口设备的物理地址，通常由设备生产厂家将 MAC 地址写入 EEPROM 或闪存芯片。在网络底层的物理传输过程中，通过 MAC 地址来识别发送和接收数据的主机。MAC 地址是 48 位二进制数，分为 6 个字节，一般用十六进制数表示，如 00-05-BA-CE-07-0C。其中前 3 个字节是网络硬件制造商的编号，它由 IEEE（电气与电子工程师协会）分配，后 3 个字节是该制造商生产的某个网络产品（如网卡）的序列号。MAC 地址就像我们的身份证号码，具有全球唯一性。

S7-1200 PLC CPU 的每个 PN 接口在出厂时都有一个永久的唯一的 MAC 地址，可以在模块上看到它的地址。

2）IP 地址

为了使信息能在以太网上快捷准确地传送到目的地，连接到以太网的每台计算机必须拥有一个唯一的 IP（Internet Protocol，网际协议）地址。IP 地址由 32 位二进制数（4 字节）组成。IP 地址由两部分组成，第一部分表示网络 ID（正位于什么网络中），第二部分表示主机 ID（对于网络中的每个设备都是唯一的）。在控制系统中，一般使用固定的 IP 地址。IP 地址通常用十进制数表示，用小数点分隔。S7-1200 PLC CPU 默认的 IP 地址为 192.168.0.1。

3）子网掩码

子网是连接在网络上的设备的逻辑组合。同一个子网中的节点彼此之间的物理位置通常相对较近。子网掩码（Subnet Mask）是一个 32 位二进制数，用于将 IP 地址划分为子网地址和子网内节点地址。二进制子网掩码的高位应该是连续的 1，低位应该是连续的 0。以常用的子网掩码 225.255.255.0 为例，其高 24 位二进制数（前 3 个字节）为 1，表示 IP 地址中的子网掩码（类似于长途电话的地区号）为 24 位；低 8 位二进制数（最后一个字节）为 0，表示子网内节点地址（类似于长途电话的电话号）为 8 位。

子网掩码 255.255.255.0 通常适用于小型本地网络，这意味着此网络中的所有 IP 地址的前 3 个 8 位位组（8 位域）应该是相同的，该网络中的各个设备由最后一个 8 位位组来标识。例如：在小型本地网络中，为设备分配子网掩码 255.255.255.0 和 IP 地址 192.168.2.0～192.168.2.255。

4）IP 路由器

IP 路由器用于连接子网，如果 IP 报文发送给别的子网，首先将它发送给路由器。在组态时子网内所有的节点都应输入路由器的地址，路由器通过 IP 地址发送和接收数据包。路由器的子网地址与子网内节点地址相同，其区别仅在于子网内的节点地址不同。

3. 设置计算机网卡的 IP 地址

以 Windows 10 操作系统为例，打开计算机"控制面板"，单击"网络与 Internet"→"查看网络状态和任务"按钮，再单击"更改适配器设置"按钮，选择与 CPU 连接的网卡，右击选择"属性"按钮，打开"本地连接 4 属性"对话框，如图 4-22（a）所示。在"本地连接 4 属性"对话框中，双击"此连接使用下列项目"列表框中的"Internet 协议版本 4（TCP/IPv4）"，打开"Internet 协议版本 4（TCP/IPv4）属性"对话框，点选"使用下面的 IP 地址"单选按钮，在"IP 地址"文本框中输入"192.168.0.11"，如图 4-22（b）所示。IP 地址的第 4 个字节是子网内设备的地址，可以取 0～255 中的某个值，但不能与子网中其他设备的 IP 地址重叠。单击"子网掩码"文本框，自动出现默认的子网掩码"255.255.255.0"。一般不用设置网关的 IP 地址。

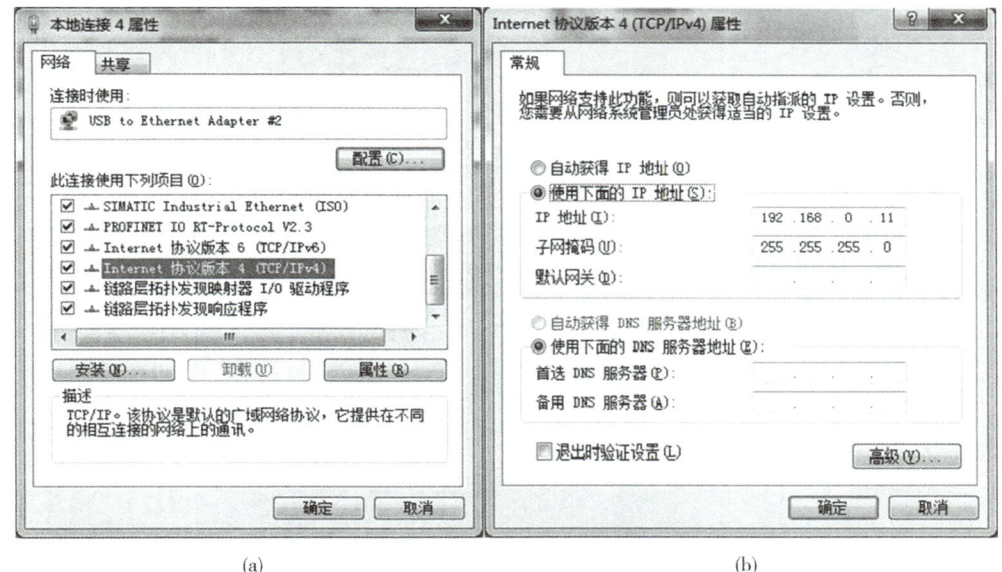

(a)　　　　　　　　　　　　　　　　(b)

图 4-22　设置计算机网卡的 IP 地址
（a）"本地连接 4 属性"对话框；(b) 输入 IP 地址

4. 组态 CPU 的 PROFINET 接口

打开 TIA 博途，生成一个项目，在项目中添加一个 PLC 设备，其 CPU 的型号和订货号应与实际的硬件相同。

双击"项目树"中 PLC 文件夹内的"设备组态"，打开该 PLC 的"设备视图"，双击 CPU 的以太网接口，打开该接口的巡视窗口，选中左栏的"以太网地址"，设置右栏的 IP 地址为"192.168.0.21"和子网掩码"255.255.255.0"，如图 4-23 所示，设置的地址在下载后才起作用。

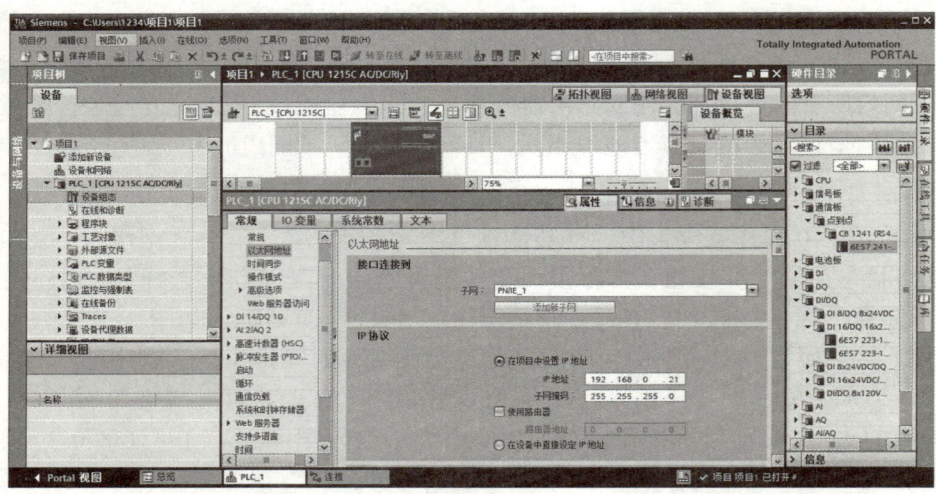

图 4-23 设置 CPU 集成的以太网接口的地址

4.3.2 下载项目到新出厂的 CPU

做好上述的准备工作后，接通 PLC 电源。新出厂的 CPU 还没有 IP 地址，只有厂家设置的 MAC 地址。此时选中"项目树"中的"PLC_1 [CPU 1215C AC/DC/Rly]"，单击工具栏中的"下载"按钮，打开"扩展的下载到设备"对话框，或者单击菜单栏中的"在线"菜单，选择打开"扩展的下载到设备"对话框，如图 4-24 所示。

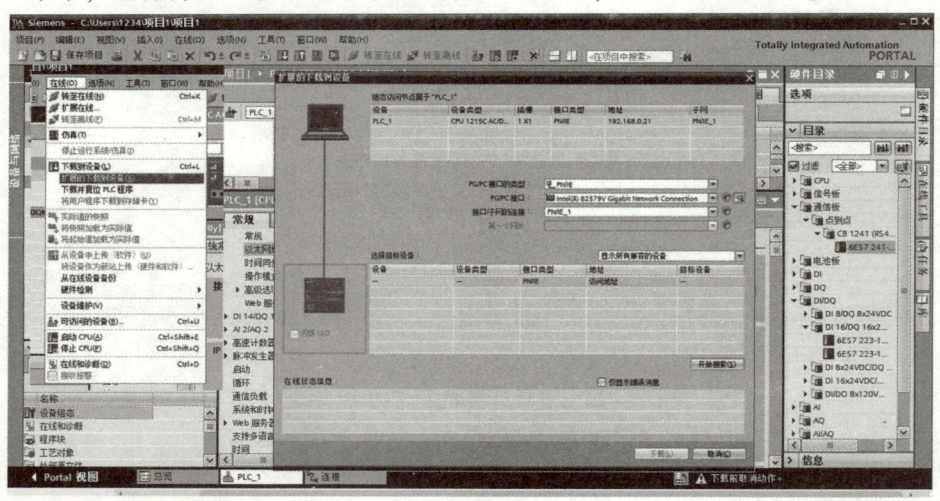

图 4-24 "扩展的下载到设备"对话框—离线状态

有的计算机有多块以太网卡，例如笔记本一般有一块有线网卡和一块无线网卡，可在"PG/PC 接口"下拉列表中选择实际连接到 PLC 的网卡。

如图 4-25 所示，单击"开始搜索"按钮，经过一段时间的搜索后，在"选择目标设备"列表中，出现网络上的 S7-1200 PLC CPU 和它的 MAC 地址，图 4-25 中计算机与 PLC 之间的连线由断开（OFF，灰色）变为接通（ON，绿色），CPU 所在方框的背景颜色也由空框变为实心的橙色，表示 CPU 进入在线状态。

如果网络上有多个 CPU，为了确认设备列表中的 CPU 对应的硬件，选中列表中的某个 CPU，勾选此 CPU 图标下的"闪烁 LED"复选按钮，则对应的 CPU 上的 LED 将会闪烁。

选中列表中对应的硬件，如图 4-25 所示，"下载"按钮上的字符由灰色变为黑色，单击该按钮，弹出"下载预览"对话框。编程软件首先对项目进行编译，编译成功后，单击"装载"按钮，开始下载。下载结束后，弹出"下载结果"对话框，选择"启动模块"，单击"完成"按钮，CPU 切换到 RUN 模式，RUN/STOP LED 变为绿色。

打开以太网接口面板，通信正常时，LINK LED（绿色）亮，Rx/Tx LED（橙色）闪烁。打开"项目树"中的"在线访问"文件夹，如图 4-26 所示，可以看到组态的 IP 地址 192.168.0.21 已经下载给 CPU。

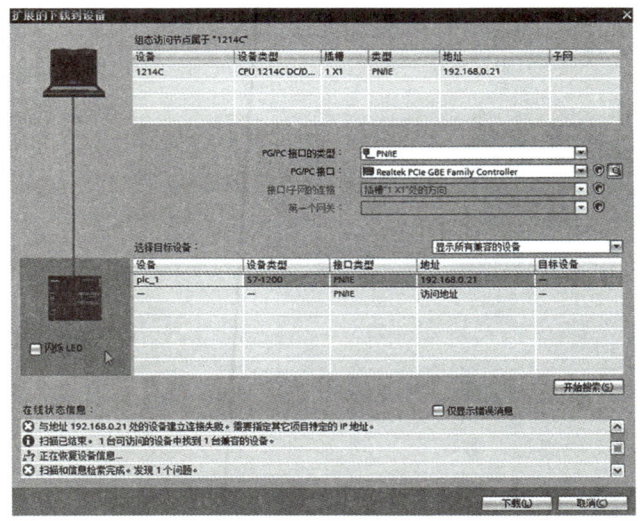

图 4-25 "扩展的下载到设备"对话框—在线状态　　图 4-26 "在线访问"文件夹

4.3.3 下载项目的方法

当项目编译完成且无错误后，可对项目进行下载，可通过以下 3 种方式进行下载。

1. 使用工具栏下载

下面是将 IP 地址下载到 CPU 以后下载项目的过程。选中"项目树"中的"PLC_1 [CPU 1215C AC/DC/Rly]"，单击工具栏上的"下载到设备"按钮 ，可进行程序下载，下载时根据在不同视图中选择的对象，下载项目中的硬件或软件数据到 CPU 中。需要注意的是，若在 TIA 博途软件未与 CPU 建立连接时单击"下载到设备"按钮，则会弹出"扩展的下载到设备"对话框，如图 4-24 所示，在该对话框中需要设置接口类型和接口，然后搜索需要连接的设备。如图 4-25 所示，TIA 博途软件与 CPU 建立连接后，单击"下载"按钮，弹出"下载预览"对话框，单击"装载"按钮，弹出"下载结果"对话框，选择"启动模块"，单击"完成"按钮，下载完成后 CPU 进入 RUN 模式。

2. 通过菜单栏中的"在线"菜单选择下载

在菜单栏中单击"在线"菜单，然后根据用户需要选择下载方式，如图 4-27 所示，在该菜单中有 3 个下载命令供用户选择。

（1）下载到设备：该命令的功能与工具栏中的"下载"按钮具有相同的功能。选中"PLC_1[CPU 1215C AC/DC/Rly]"，执行"在线"→"下载到设备"命令，将已编译的硬件组态数据和程序下载给选中的设备。

（2）扩展的下载到设备：需要重新设置 PC/PG 接口，建立到所选设备的在线连接后，可将选中的对象下载到设备中。执行"在线"→"扩展的下载到设备"命令，弹出"扩展的下载到设备"对话框，将硬件组态数据和程序下载给选中的设备。

（3）下载并复位 PLC 程序：该命令为灰色，为离线状态，若是在线状态则为黑色。下载所有的块，包括未改动的块，并复位 PLC 程序中的所有过程值。

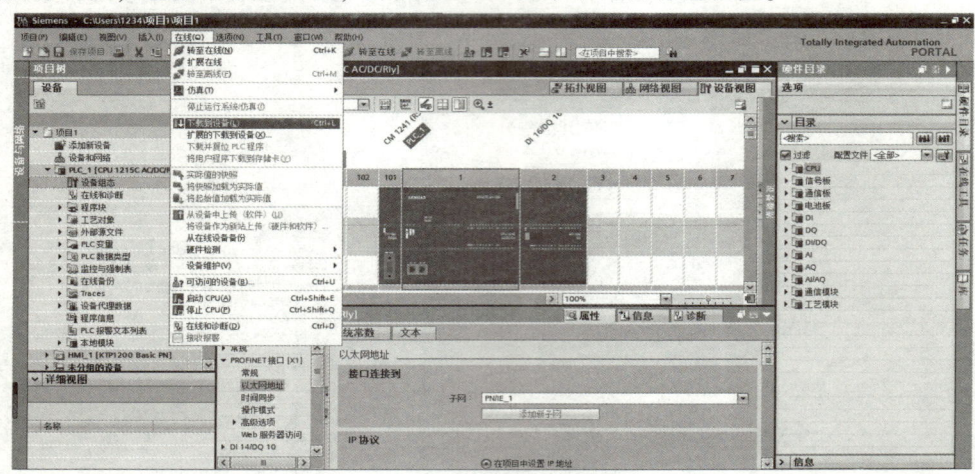

图 4-27　"在线"菜单

3. 通过站点"下载到设备"选择下载

右击"项目树"下的"PLC_1[CPU 1215C AC/DC/Rly]"站点，然后执行"下载到设备"命令，在该命令中有 4 个子命令供用户选择，分别为"硬件和软件（仅更改）""硬件配置""软件（仅更改）"和"软件（全部下载）"，如图 4-28 所示，用户可根据需求选择下载方式。也可以在打开某个代码块时，单击工具栏上的"下载"按钮，下载该代码块。

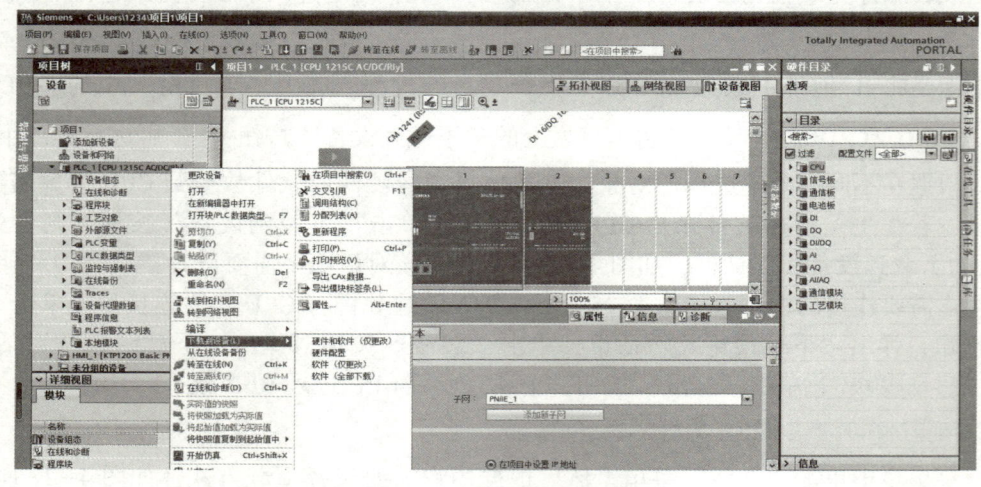

图 4-28　"下载到设备"子菜单

4.3.4　下载时找不到连接的 CPU 的处理方法

假设 CPU 原来的 IP 地址为 192.168.0.1，在组态以太网接口时需将它改为 192.168.0.21。下载时将打开"扩展的下载到设备"对话框，单击"开始搜索"按钮，找不到可访问的设备，不能下载，如图 4-29 所示。此时应选择"显示地址相同的设备"选项，单击"开始搜索"按钮，在"选择目标设备"列表中显示出 IP 地址为 192.168.0.1 的 CPU，选中它以后，单击"下载"按钮，下载后 CPU 的 IP 地址就被修改为 192.168.0.21 了。

4.3.5　上传设备作为新站

CPU 固件版本 V4.0 及以上、TIA 博途 V14 及以上版本新增了"上传设备作为新站"功能。做好计算机与 PLC 通信的准备工作后，首先生成一个新项目，选中"项目树"中的项目名称，执行"在线"→"将设备作为新站上传（硬件和软件）"命令，弹出"将设备上传至 PG/PC"对话框，如图 4-30 所示，在"PG/PC 接口"下拉列表中选择实际使用的网卡。

单击"开始搜索"按钮，经过一段时间的搜索后，在"所选接口的可访问节点"列表中，出现连接的 PLC 和它的 IP 地址，计算机与 PLC 之间的连接由断开变为接通（背景色变为实心橙色），表示 PLC 进入在线状态。

选中"所选接口的可访问节点"列表中的 PLC，单击对话框下面的"从设备上传"按钮，上传成功后，可以获得 PLC 完整的硬件设置和用户程序。

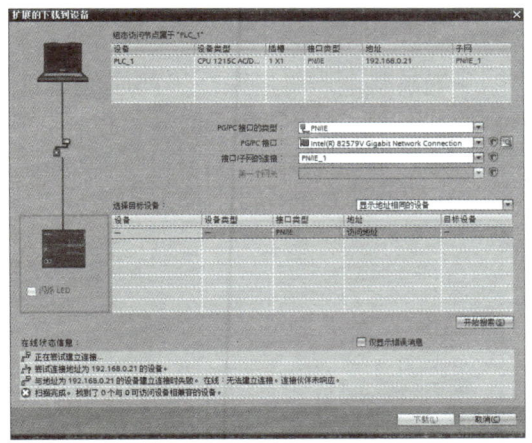
图 4-29　找不到连接的 CPU

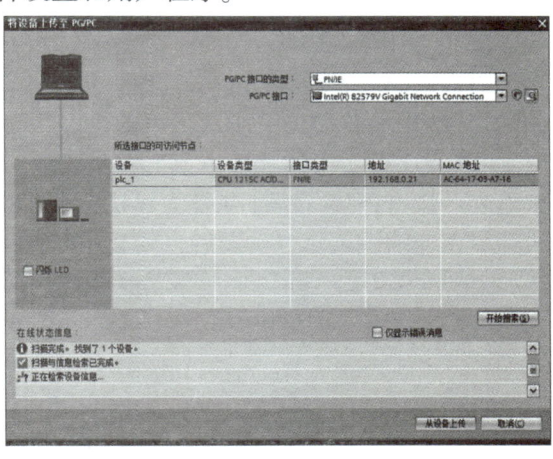
图 4-30　"将设备上传至 PG/PC"对话框

与 S7-300/400 PLC 不同，S7-1200 PLC 在上传设备时可以得到 PLC 变量表和程序中的注释，它们对于程序的阅读非常有用。需要注意的是，若在线 PLC 名称或站名称与正在组态的 PLC 名称或站名称相同，则将出现错误提示。

首先修改 PLC 名称，然后单击"项目树"→"设备和网络"→"网络视图"，选中本地已组态的 PLC，修改名称，使之与上传设备站名称不同。对于初学者，尤其在现场修改调试已运行的系统时，最好首先新建一个项目，然后利用"将设备作为新站上传（硬件和软件）"功能，获得 PLC 完整的硬件配置和用户程序，在备份的基础上进行修改。

4.4 用 TIA 博途 STEP 7 调试程序

对于使用 TIA 博途软件的用户来说，程序的调试比较方便，既可以采用硬件的实物调试，还可以仿真调试。不管是实物调试还是仿真调试，都可以采用 STEP 7 的程序状态监视、监控与强制表调试程序。程序状态监视既可以监视程序的运行，显示程序中操作数的值、程序段的逻辑运算结果，查找用户程序的逻辑错误，还可以修改某些变量的值。

使用监控与强制表可以监视、修改和强制用户程序或 CPU 内的各个变量。可以向某些变量写入需要的数值，来测试程序或硬件。

4.4.1 用程序状态监视功能调试程序

1. 启动程序状态监视

进入程序状态监视之前，梯形图中的线和元件因为状态未知，全部为黑色，如图 4-31 所示。与 PLC 建立好在线连接后，打开需要监视的代码块，单击程序编辑区工具栏上的"启用/禁用监视"按钮，启动程序状态监视功能，程序编辑器最上面的标题栏由黑色变为橘黄色，如图 4-32 所示。如果在线（PLC 中的）程序与离线（计算机中的）程序不一致，则"项目树"中的项目、站点、程序块和有问题的代码块的右边均会出现表示故障的符号，此时需要重新上传或下载有问题的部分，使在线、离线的程序一致。

2. 程序状态显示

启动程序状态监视功能后，梯形图用绿色连续线表示状态满足，即有"能流"流过，如图 4-32 中的程序段 1 所示；用蓝色虚线表示状态不满足，表示没有"能流"流过，如图 4-32 程序段 2 中的"%I0.0"右侧所示。用灰色连续线表示状态未知或程序没有执行，黑色表示没有连接。Bool 变量为 0 状态和 1 状态时，它们的动合触点和线圈分别用蓝色虚线和绿色连续线表示，动断触点的显示与变量状态的关系相反。

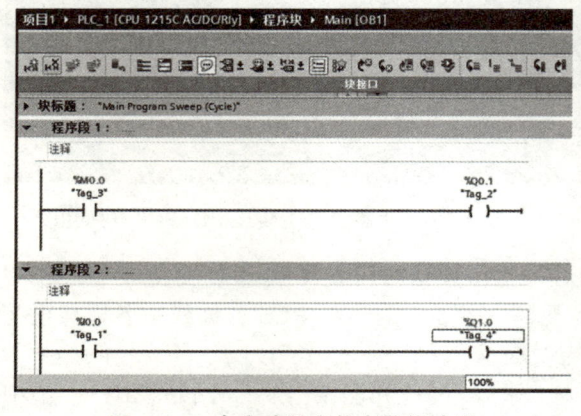

图 4-31 未启动程序状态监视功能

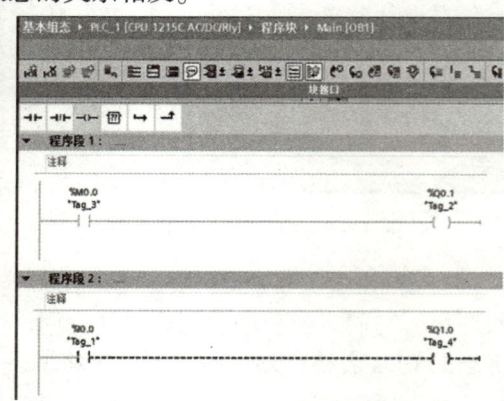

图 4-32 启动程序状态监视功能

启动程序状态监视功能后，梯形图左侧垂直的"电源"线以及与它连接的水平线均为绿色连续线，表示"能流"从"电源"线流出。有"能流"流过的处于闭合状态的触点、指令方框、线圈和"导线"均用绿色连续线表示。

3. 用程序状态监视修改变量的值

右击程序状态监视中的某个变量,执行快捷菜单中的某个命令,可以修改该变量的值。对于 Bool 变量,执行"修改"→"修改为 1"或"修改"→"修改为 0"命令;对于其他数据类型的变量,执行"修改"→"修改值"命令。执行"显示格式"命令,可以修改变量的显示格式。如图 4-33 所示,用程序状态监视修改"% M0.0"的值。

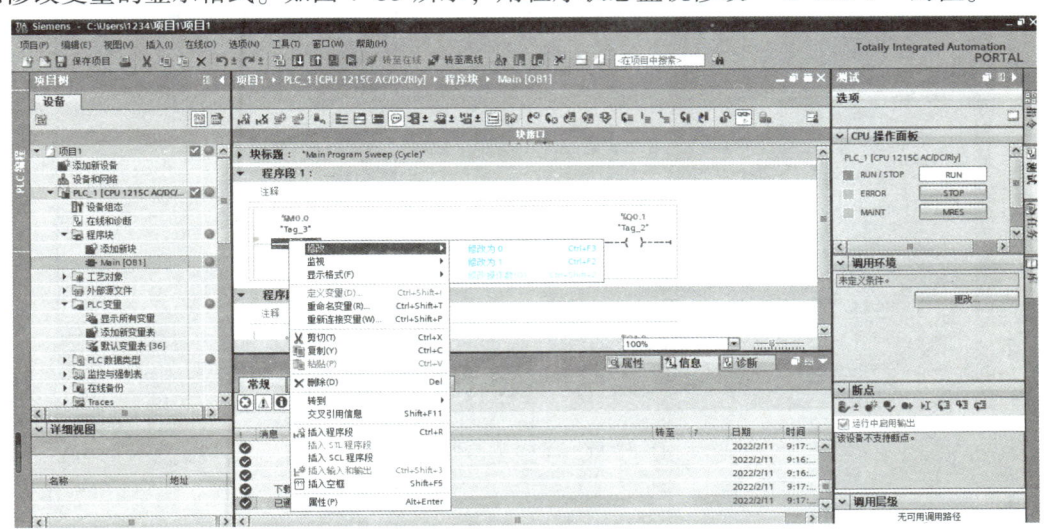

图 4-33 用程序状态监视修改"% M0.0"的值

不能修改连接外部硬件输入电路的过程映像输入(I)的值。如果被修改的变量同时受到程序的控制(如受线圈控制的 Bool 变量),则程序控制的作用优先。

4.4.2 用监控与强制表监控变量

使用程序状态监视功能,可以在程序编辑器中形象直观地监视梯形图程序的执行情况,触点和线圈的状态也可以一目了然。但是程序状态监视功能只能在屏幕上显示一小块程序,调试较大的程序时,往往不能同时看到与某一程序功能有关的全部变量的状态。监控与强制表可以有效地解决上述问题。使用监控与强制表可以在工作区同时监视、修改和强制用户的全部变量。一个项目可以生成多个监控与强制表,以满足不同的调试要求。

监控与强制表(以下简称为监控表)可以赋值或显示的变量包括过程映像(I 和 Q)、外部设备输入(I:P)、外设输出(Q:P)、位储存器(M)和数据块(DB)内的存储单元。

1. 监控表的功能

(1)监视变量:在计算机上显示用户程序或变量的当前值。
(2)修改变量:将固定值分配给用户程序或变量。
(3)对外部设备输出赋值:允许在 STOP 模式下将固定值赋给外设输出点,这一功能可用于硬件调试时检查接线。

2. 生成监控表

如图 4-34 所示,打开"项目树"中"PLC_1[CPU 1215C AC/DC/Rly]"的"监控与

强制表"文件夹，双击其中的"添加新监控表"，生成一个名为"监控表1"的新的监控表，并在工作区自动打开它。根据需求，可以为一台PLC生成多个监控表。为调试方便，一般给监控表命一个能表达其内容或功能的名称，并将有关联的变量放在同一个监控表内。

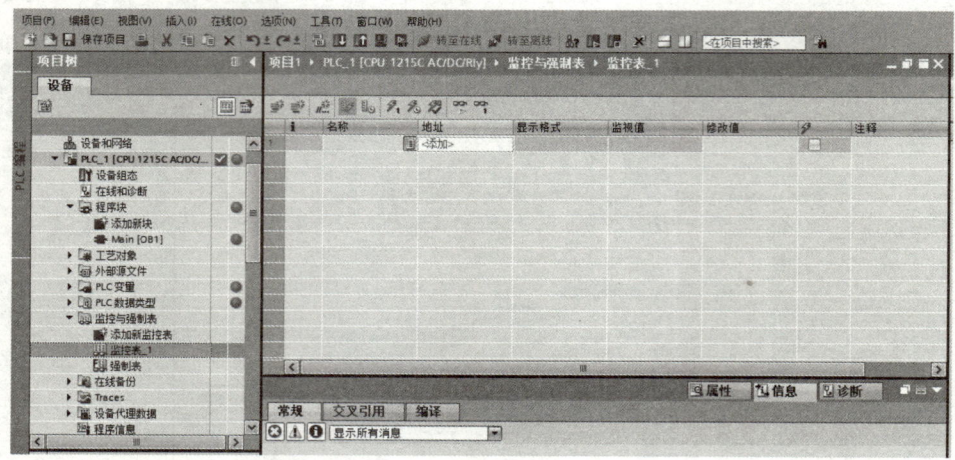

图4-34　生成"监控表1"

3. 在监控表中输入变量

在监控表的"名称"列输入PLC变量表中定义过的变量的名称，"地址"列将会自动出现该变量的地址。在"地址"列输入PLC变量表中定义过的地址，"名称"列也将会自动出现它的名称。如果输入了错误的变量名称或地址，则出错的单元背景会变为提示错误的浅红色，标题为"i"的列出现红色的叉，如图4-35所示。

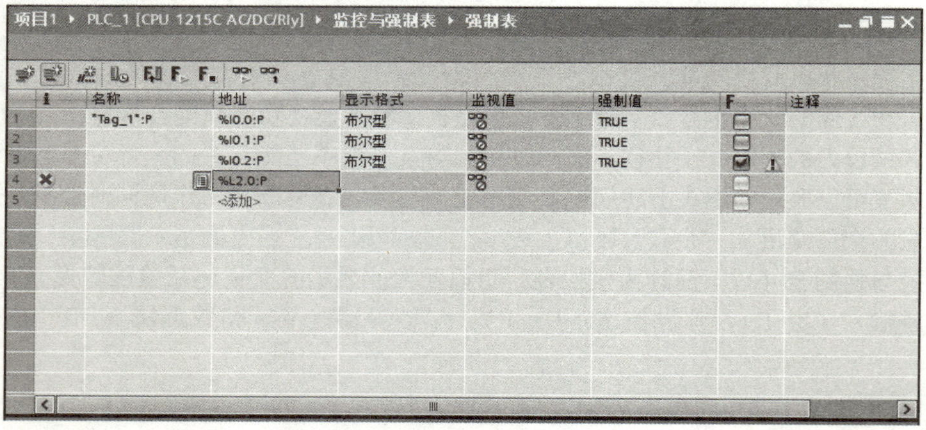

图4-35　变量名称或地址出错

可以使用"显示格式"列默认的显示格式，也可以在列表中选择需要的显示格式。如图4-36所示的监控表用二进制格式显示QB0，可以同时显示和修改Q0.0～Q0.7这8个Bool变量。这一方法也可以用于I、Q和M，可以用字节（8位）、字（16位）或双字（32位）来监视和修改多个Bool变量。复制PLC变量表中的变量名称，然后将它们粘贴到监控表的"名称"列，可以快速生成监控表中的变量。

4. 监控变量

可以用监控表工具栏上的相应按钮来执行各种功能。CPU 在线后，单击工具栏上的"全部监视"按钮 ，启动监视功能，将在"监视值"列连续显示变量的实际动态值，再次单击该按钮，将关闭监视功能。单击工具栏上的"立即一次性监视所有变量"按钮 ，即使没有启动监视功能，也将立即读取一次变量值，"监视值"列变为橙色背景表示在线，几秒后，变为灰色表示离线。

位变量为 TRUE（1 状态）时，"监视值"列的方形指示灯为绿色；位变量为 FALSE（0 状态）时，方形指示灯为灰色，如图 4-36 所示。

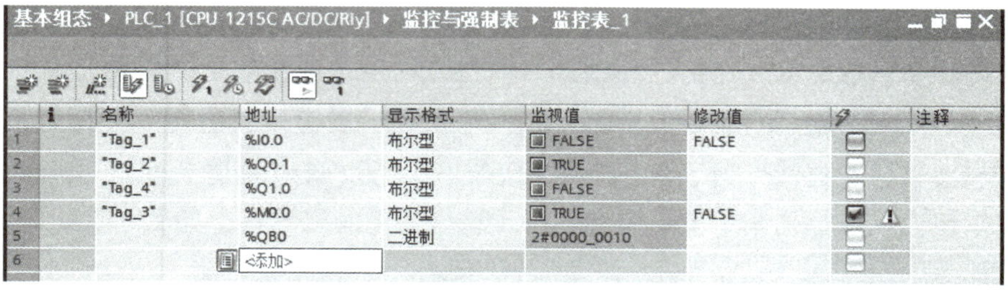

图 4-36　在监控表中监视变量

5. 修改变量

单击工具栏上的"显示/隐藏所有修改列"按钮 ，出现隐藏的"修改值"列，在"修改值"列输入变量的新值，并勾选要修改变量的"修改值"列右边的复选按钮。输入 Bool 变量的修改值为"0"或"1"后，单击监控表其他地方，它们将自动变为"FALSE"（假）或"TRUE"（真）。单击工具栏上的"立即一次性修改所有选定值"按钮，被勾选的"修改值"复选按钮将被立即送入指定的地址。

右击某个位变量，执行"修改"→"修改为 0"或"修改"→"修改为 1"命令，可以将选中的变量修改为"FALSE"或"TRUE"。在 RUN 模式修改变量时，各变量同时又受到用户程序的控制。假设用户程序运行的结果使 Q0.0 的线圈失电，用监控表不可能将 Q0.0 修改和保持为"TRUE"。在 RUN 模式下不能改变 I 区分配给硬件的数字量输入点的状态，因为它们的状态取决于外部输入电路的通/断状态。

6. 在 STOP 模式下改变外设输出的状态

在调试设备时，这一功能可以用来检查输出点连接的过程设备接线是否正确。以 Q1.0 为例，如图 4-37 所示，操作步骤如下。

（1）在监控表中输入外设输出点"Q1.0：P"，勾选该行"修改值"列右边的复选按钮。

（2）将 CPU 切换到 STOP 模式。

（3）单击监控表工具栏上的"显示/隐藏扩展模式列"按钮 ，切换到扩展模式，会出现与"触发器"有关的两列，如图 4-37 所示。

（4）单击工具栏上的"全部监视"按钮 ，启动监视功能。

（5）单击工具栏上的"为启动外围设备输出"按钮 ，出现"启用外围设备输出"对话框，单击"是"按钮确认。

(6) 右击 Q1.0：P 所在的行，执行"修改"→"修改为 1"或"修改"→"修改为 0"命令，CPU 上 Q1.0 对应的 LED 点亮或熄灭。CPU 切换到 RUN 模式后，工具栏上的"为启动外围设备输出"按钮 变为灰色，该功能被禁止，Q1.0 受用户程序的控制。如果有输入点或输出点被强制，则不能使用这一功能。为了在 STOP 模式下允许外设输出，应取消强制功能。

因为 CPU 只能改写，不能读取外设输出变量 Q1.0：P 的值，符号 表示无法监视外部设备输出。

7. 定义监控表的触发器

触发器用来设置扫描循环的哪一点来监视或修改选中的变量。可以选择在扫描循环开始、扫描循环结束或从 RUN 模式切换到 STOP 模式时监视或修改某个变量。单击监控表工具栏上的"显示/隐藏扩宽模式列"按钮 ，切换到扩展模式，出现"使用触发器监视"和"使用触发器进行修改"列，如图 4-37 所示。单击这两列的某个单元，再单击单元右边的下拉按钮，在下拉列表中设置监视和修改该行变量的触发点，如图 4-38 所示。

图 4-37　在 STOP 模式下改变外设输出的状态　　图 4-38　使用触发器监视

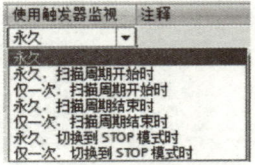

4.4.3　用强制表强制变量

1. 强制的基本概念

可以用强制表给用户程序中的单个变量指定固定的值，这一功能被称为强制（Force），强制应在与 CPU 建立了在线连接时进行。

S7-1200 PLC 只能强制外设输入和外设输出，如强制 I0.0：P。不能强制组态时指定给 HSC（高速计数器）、PWM（脉冲宽度调制）和 PTO（脉冲列输出）的 I/O 点。测试用户程序时，可以通过强制 I/O 点来模拟物理条件，如用来模拟输入信号的变化。

在执行用户程序之前，强制值被用于输入过程映像。在处理程序时，使用的是输入点的强制值。在写外设输出点时，强制值被送给过程映像输出，输出值被强制值覆盖，强制值在外设输出点出现，并且被用于过程。

变量被强制的值不会因为用户程序的执行而改变。被强制的变量只能读取，不能用写访问来改变其强制值。输入、输出点被强制后，即使编程软件被关闭、编程计算机与 CPU 的在线连接断开或 CPU 断电，强制值都被保持在 CPU 中，直到在线时用强制表停止强制功能。

2. 强制变量

双击打开"项目树"中的"强制表"，输入"I0.0"和"Q1.0"，它们后面被自动添加表示外设输入/输出的"：P"。只有在扩展模式下才能监视外设输入的强制值，单击工具栏上的"显示/隐藏扩展模式列"按钮 ![图标]，切换到扩展模式。

同时显示和"%I0.0""%Q1.0"相关程序段和强制表，如图4-39所示，单击程序编辑器工具栏上的"全部监视"按钮 ![图标]，启动程序状态监视功能。

单击强制表工具栏上的"全部监视"按钮 ![图标]，启动监视功能。右击强制表的第一行，执行快捷菜单命令，将I0.0：P强制为TRUE。单击弹出的"强制为1"对话框中的"是"按钮确认。强制表第一行 ![图标] 列出现表示被强制的符号 ![图标]，![图标] 列的复选按钮自动勾选。PLC面板上I0.0对应的LED不亮，梯形图中I0.0的动合触点闭合，出现被强制的符号 ![图标]。由于PLC程序的作用，梯形图中Q1.0的线圈得电，PLC状态LED"MAINT"亮，PLC面板上Q1.0对应的LED亮。

右击强制表的第二行，执行快捷菜单命令，将Q1.0：P强制为FALSE。单击弹出的"强制为0"对话框中的"是"按钮确认。强制表第二行出现表示被强制的符号 ![图标]。梯形图中Q1.0线圈上面出现表示被强制的符号 ![图标]，PLC面板上Q0.0对应的LED熄灭。

3. 停止强制

单击强制表工具栏上的"停止所选地址的强制"按钮 ![图标]，停止对所有地址的强制。被强制的变量最左边和输入点的"监视值"列红色的小方框 ![图标] 消失，表示强制被停止。复选按钮后面的黄色三角形符号重新出现表示该地址被选择强制，但是CPU中的变量没有被强制。梯形图中的符号 ![图标] 也消失了。

为了停止对单个变量的强制，可以清除该变量的 ![图标] 列的复选按钮，然后重新启动强制。

4.5 西门子S7-1200 PLC仿真软件的使用

S7-PLCSIM是西门子S7-1200 PLC的仿真软件，它的快捷图标如图4-40所示，利用仿真软件可以在不使用实际硬件的情况下调试和验证单个PLC的程序。S7-PLCSIM特有的工具包括SIM表和序列编辑器等。S7-PLCSIM允许用户使用所有STEP 7调试工具，其中包括监视表、程序状态、在线与诊断功能以及其他工具。

仿真软件使用

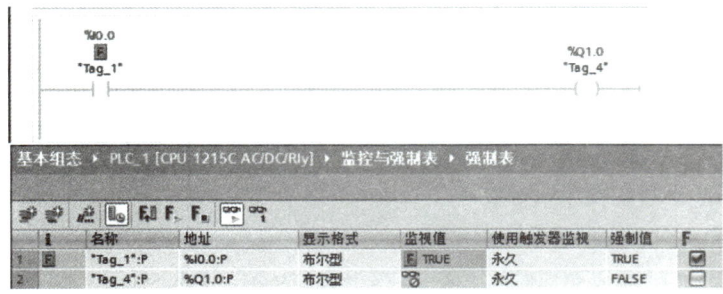

图4-39 用强制表强制外设输入和外设输出点

图4-40 S7-PLCSIM仿真软件的快捷图标

S7-PLCSIM几乎支持仿真的S7-1200 PLC的所有指令（系统函数和系统函数块），支持方式与物理PLC相同，所以在仿真软件上能正常运行的程序，在物理PLC上也能运行。

S7-PLCSIM 还支持 S7-1200 PLC 通信指令，包括 S7、TCP/IP 和 WinCC 以及仿真 HMI 触摸屏等，但不支持工艺模块，如计数、PID 控制和运动控制等。

4.5.1 S7-PLCSIM 仿真软件的启动

如图 4-41 所示，在 TIA 博途 V16 中单击"仿真"按钮，启动 S7-PLCSIM 仿真软件，在弹出的对话框中单击"确定"按钮后，可看到仿真软件对话框的精简视图以及"扩展下载到设备"视图，如图 4-42 所示。

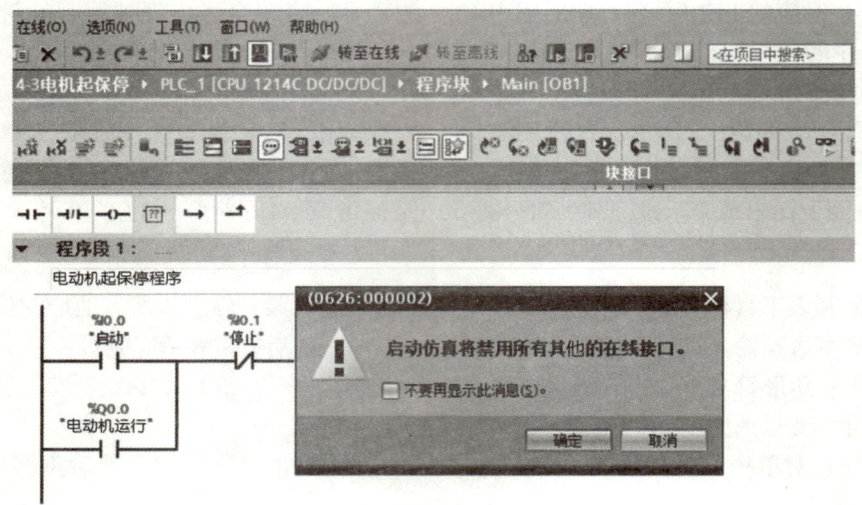

图 4-41 启动 S7-PLCSIM 仿真器

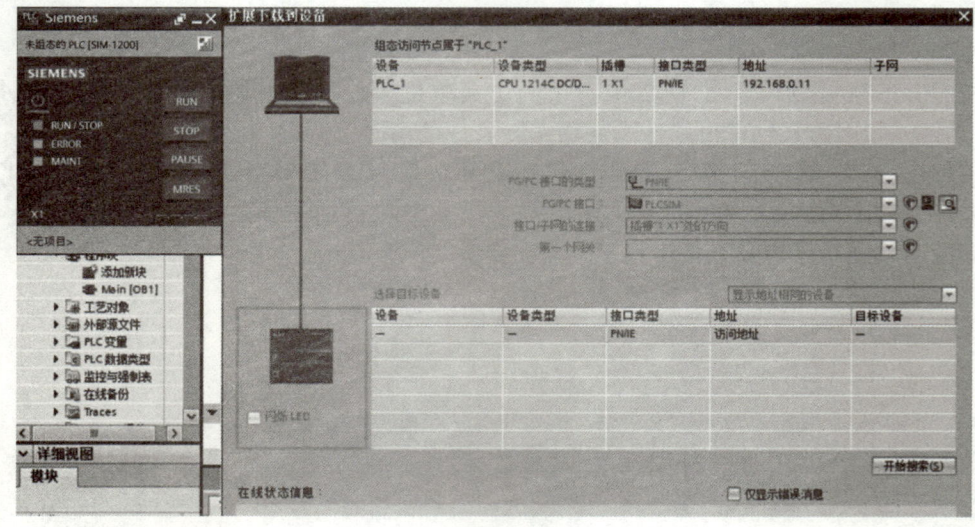

图 4-42 S7-PLCSIM 精简视图以及"扩展下载到设备"视图

在"扩展下载到设备"视图上的 PG/PC 接口的类型和 PG/PC 接口分别自动默认为"PN/IE"和"PLCSIM"，选择接口/子网的链接，单击"开始搜索"按钮，经过一段时间的搜索后，在"选择目标设备"列表中，出现用于仿真的 S7-1200 PLC CPU 和它的 MAC 地址"192.168.0.21"，如图 4-43 所示。计算机与 PLC 之间的连线由断开（灰色）变为接通（绿色），CPU 所在方框的背景颜色也由空框变为实心的橙色，表示 CPU 进入仿真状态。

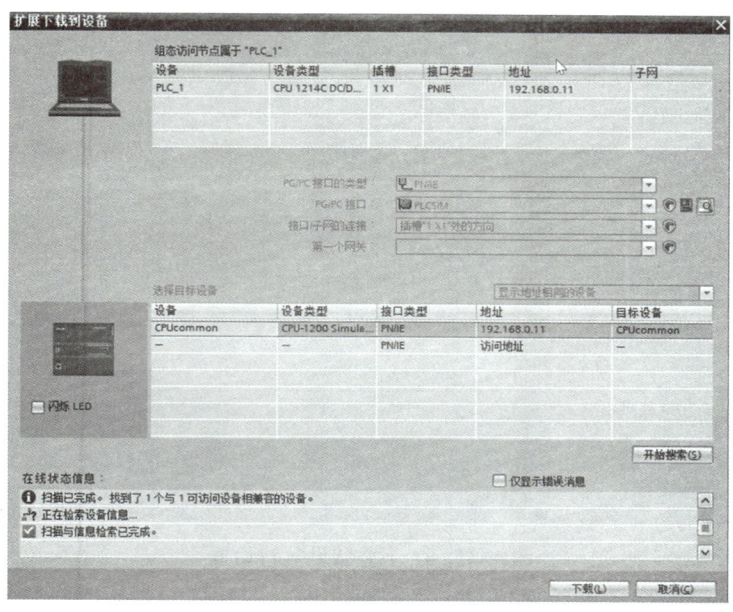

图 4-43　下载用户程序的操作过程

单击"下载"按钮，弹出"下载预览"对话框，如图 4-44 所示。系统会自动进行项目一致性的检查和编译，编译成功后，单击"装载"按钮，开始下载，下载结束后，弹出"下载结果"对话框，如图 4-45 所示。选择"启动模块"，单击"完成"按钮，CPU 切换到 RUN 模式，RUN/STOP LED 变为绿色，如图 4-46 所示，并且可以在 TIA 博途 V16 的"信息"选项卡的"常规"里可以查看之前的操作步骤。

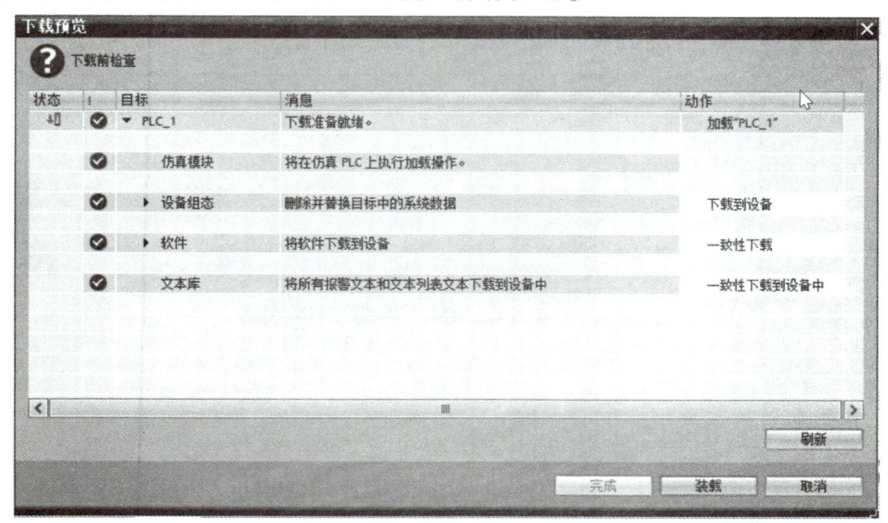

图 4-44　"下载预览"对话框

电气控制与PLC应用

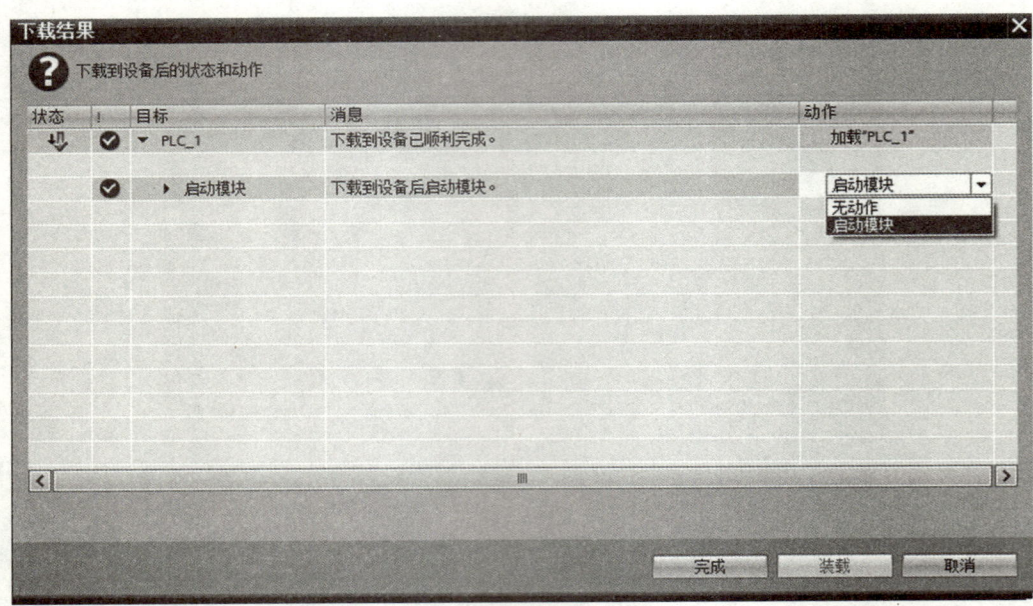

图 4-45 "下载结果"对话框

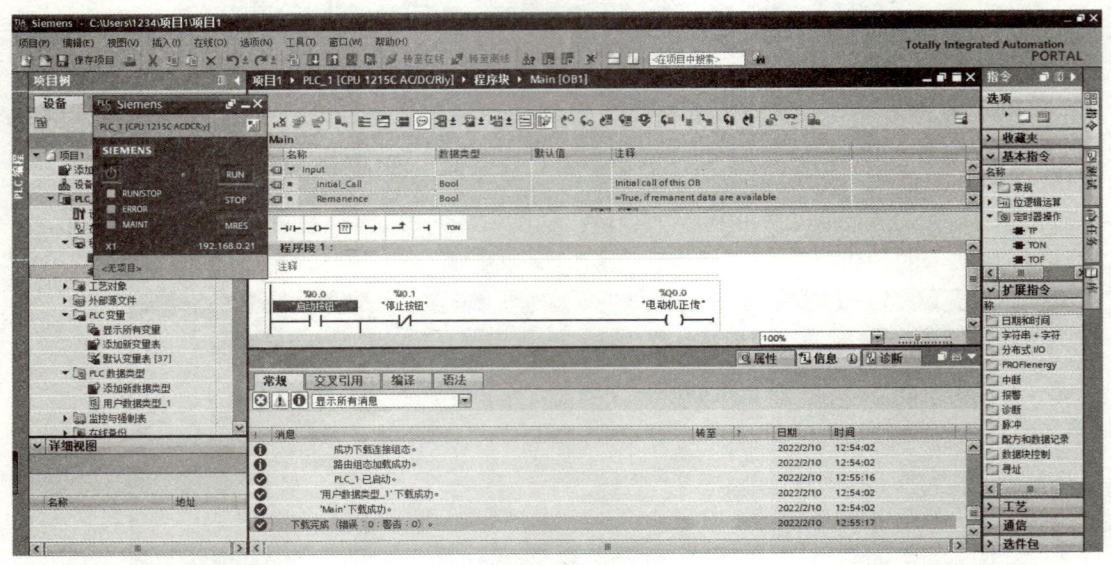

图 4-46 S7-PLCSIM 仿真器 RUN 模式

4.5.2 生成仿真表

单击 S7-PLCSIM 精简图标右上角的"切换到项目视图"按钮，如图 4-47，启动仿真模块。创建一个新仿真项目，如图 4-48 所示，输入项目名称，选择存放文件夹。

S7-1200 PLC 的基本组态与调试 第4章

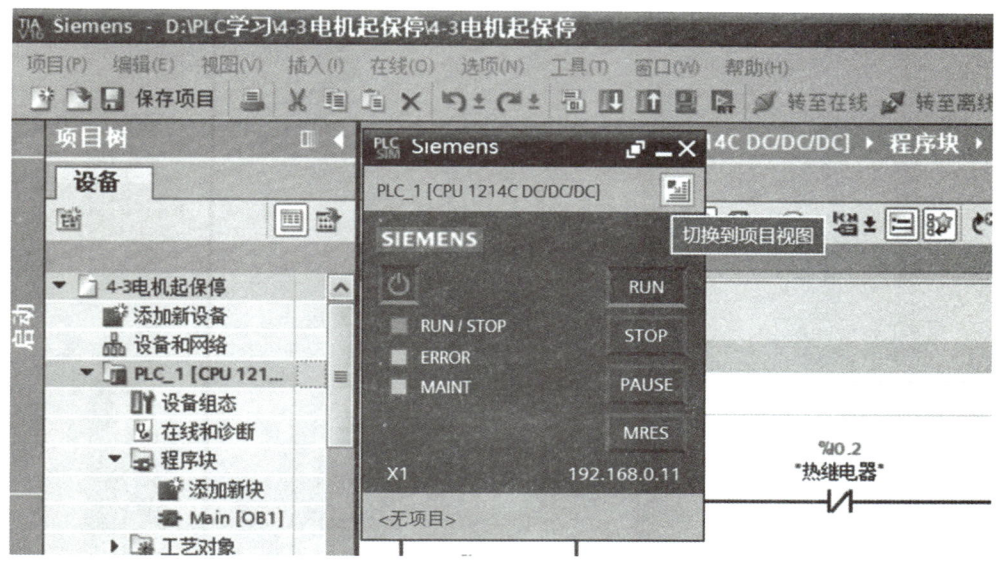

图 4-47 切换到项目视图

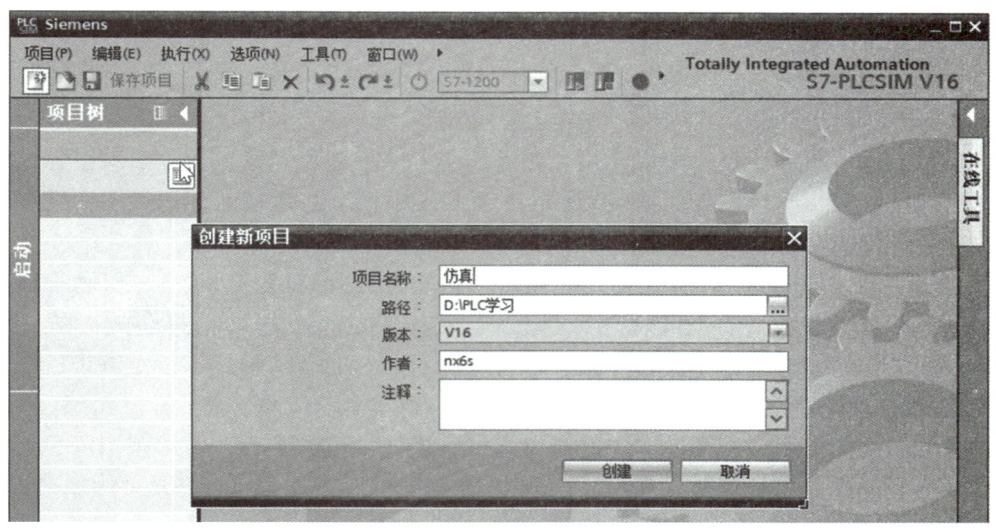

图 4-48 创建新仿真项目

创建仿真项目过程中，会自动连接 STEP 7 中最近下载的项目。项目创建完成后生成了一台"仿真 PLC"，单击工具栏上的 按钮，可以启动/停止仿真 PLC 的电源，用 和 按钮启停 S7-PLCSIM 项目。

双击"项目树"下"SIM 表格"（仿真表）文件夹中的"SIM 表格_1"，打开仿真表，单击"加载项目标签"按钮 ，将加载最近一次 STEP 7 下载的所有变量，将 PLC 变量表内的变量添加进去，也可以单独选择变量添加。在"地址"列再添加"IB0""QB0"，"IB0"可以一行设置和显示 I0.0 ~ I0.7 的状态，"QB0"可以一行显示 Q0.0 ~ Q0.7 的状态，方便操作。生成仿真表如图 4-49 所示。

083

电气控制与PLC应用

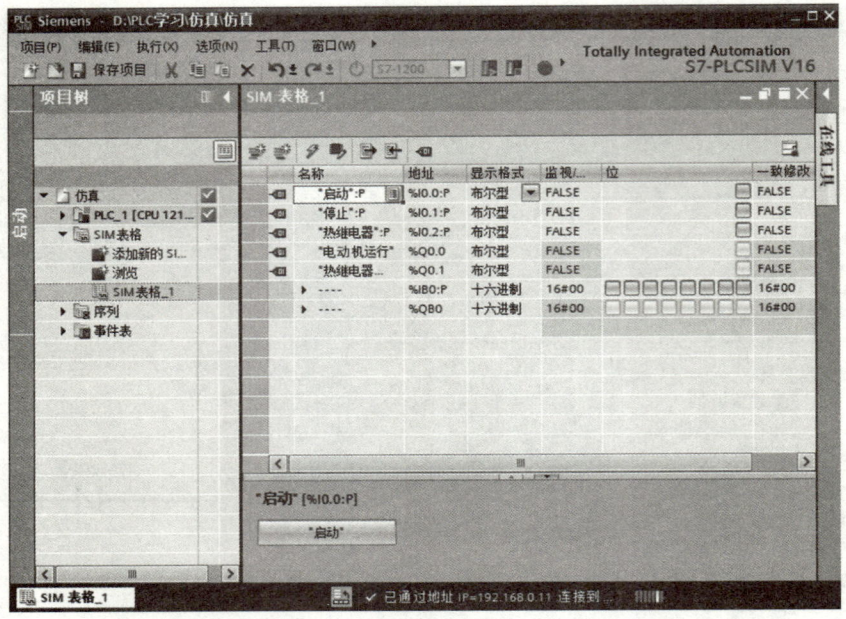

图 4-49 生成仿真表

4.5.3 用仿真表调试程序

电动机启保停程序中有一个启动动合触点，一个停止动断触点，一个热继电器动断触点，一个启动线圈，梯形图如图 4-50 所示。进入程序状态监视之前，梯形图中的线和元件因为状态未知，全部为黑色。

图 4-50 中，单击程序编辑器工具栏上的"启用/禁止监视"按钮，启动程序状态监视后，梯形图左侧垂直的"电源"线以及与它连接的水平线均为绿色连续线，表示"能流"从"电源"线流出。有"能流"流过的处于闭合状态的触点、指令方框、线圈和"导线"均用绿色连续线表示，如图 4-51 所示。

启用程序状态监视后，梯形图中的线由黑色实线变为蓝色虚线，梯形图用灰色连续线表示状态未知或程序没有执行，黑色实线表示 PLC 没有连接，蓝色虚线表示状态不满足，没有"能流"通过，绿色连续线表示状态满足，有"能流"通过。

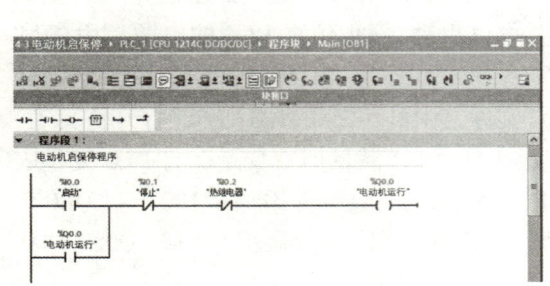

图 4-50 电动机启保停梯形图

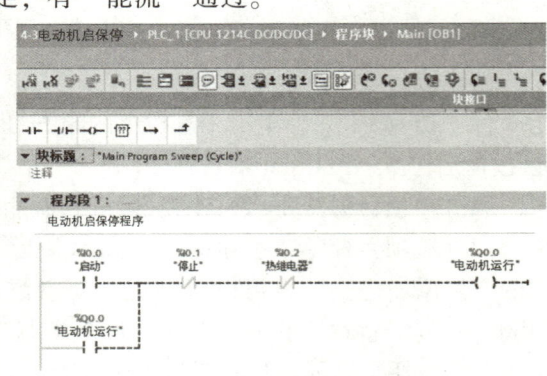

图 4-51 启用监视后的程序

Bool 变量为 0 状态和 1 状态时，它们的动合触点和线圈分别用蓝色虚线和绿色连续线表示，动断触点的显示与变量状态的关系相反。

对应程序段 1 上的变量"%I0.0"，不能通过右击执行"修改"→"修改为 1"命令进行强制的数值修改。

图 4-52 中，选中仿真表中"启动"，单击下面的"启动"按钮，监控程序如图 4-53 所示。I0.0 的变量为 1，监视强制 I0.0 变量后的程序运行结果，梯形图中的线变成绿色连续线，表示状态满足，有"能流"通过，仿真结果显示电动机运行。

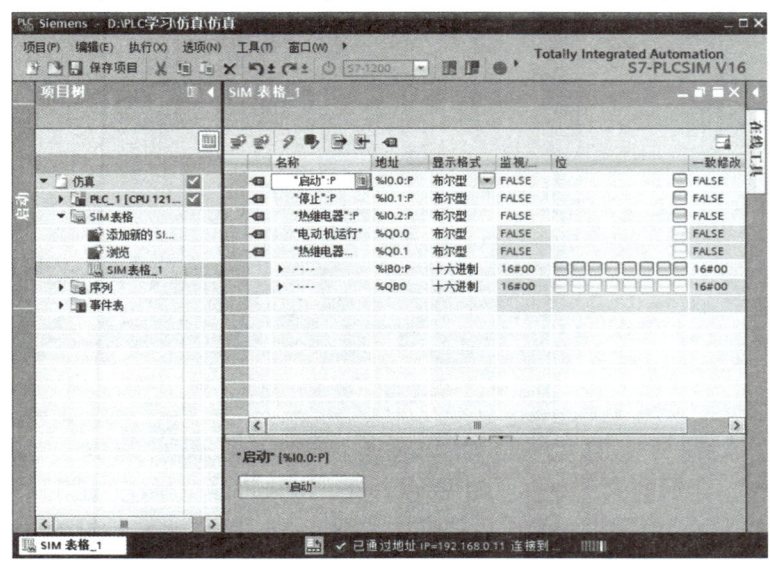

图 4-52 仿真表"启动"操作

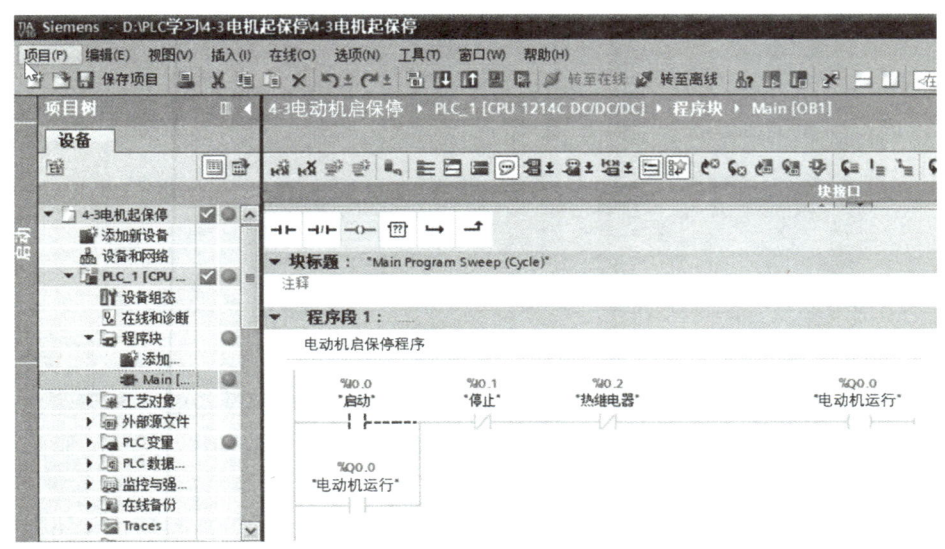

图 4-53 "启动"后的程序结果

图 4-54 中，选中仿真表中"停止"，单击下面的"停止"按钮，如图 4-54 所示，监控程序又回到图 4-50 所示的初始监控状态，仿真结果显示电动机停止。

程序调试过程中，如果发现程序中有问题，则在图 4-53 中单击菜单栏上的"转至离线"按钮，修改程序，再单击 按钮，重新下载程序，继续调试。

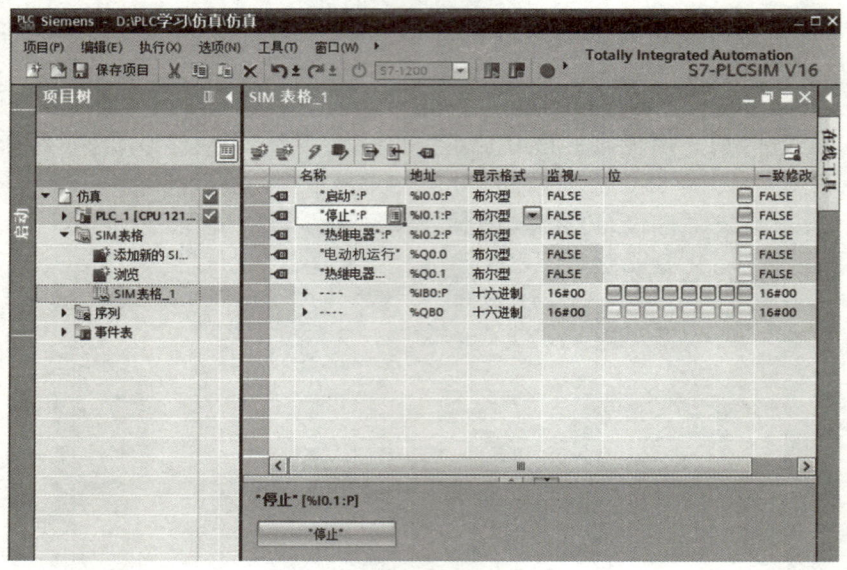

图 4-54 仿真表"停止"操作

仿真表在默认情况下，只允许更改输入 I 区。单击 SIM 表菜单栏的"启动/禁用非输入修改"按钮，非输入变量 Q 区、M 区的变量可以执行修改操作。直接单击 Q0.0 最右侧的小方框，可以启动电动机，操作后仿真表如图 4-55 所示。

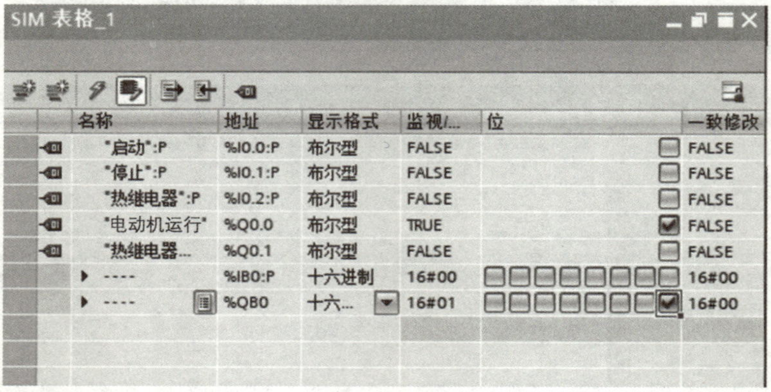

图 4-55 操作 Q0.0 后的仿真表

在通过仿真调试程序过程中，修改变量值，不需要考虑硬件设备的安全问题，可以通过改变变量的值来检测程序中的逻辑错误，但在现场实物程序调试中，变量的修改和强制都要首先考虑设备和人员的安全，以免造成事故。

仿真是软件调试的重要手段，编制任何一段程序，需要反复仿真测试，发现程序中存在的问题，进行优化，最后再下载到具体设备测试。本书后续内容都以仿真为主，实验环节再进行实物在线操作。

4.6 CPU 参数属性的设置

通过参数分配可以设置所有组件的属性，这些参数将装载到 CPU 中，并在 CPU 启动时传送给相应的模板。选中机架上的 CPU，在下方巡视窗口的 CPU 属性中，可以设置 CPU 的各种参数，如 CPU 的 PROFINET 接口、本体的输入/输出、启动特性、保护等。需要注意的是，对初学者而言，一般只需设置 CPU 的 PROFINET 接口 IP 地址、系统和时钟存储器，其他默认，今后需要时再深入学习即可。

下面以 CPU 1215C 为例，介绍 CPU 的参数属性设置。

4.6.1 常规

选择属性视图中的"常规"选项，进行下列参数设置，如图 4-56 所示。

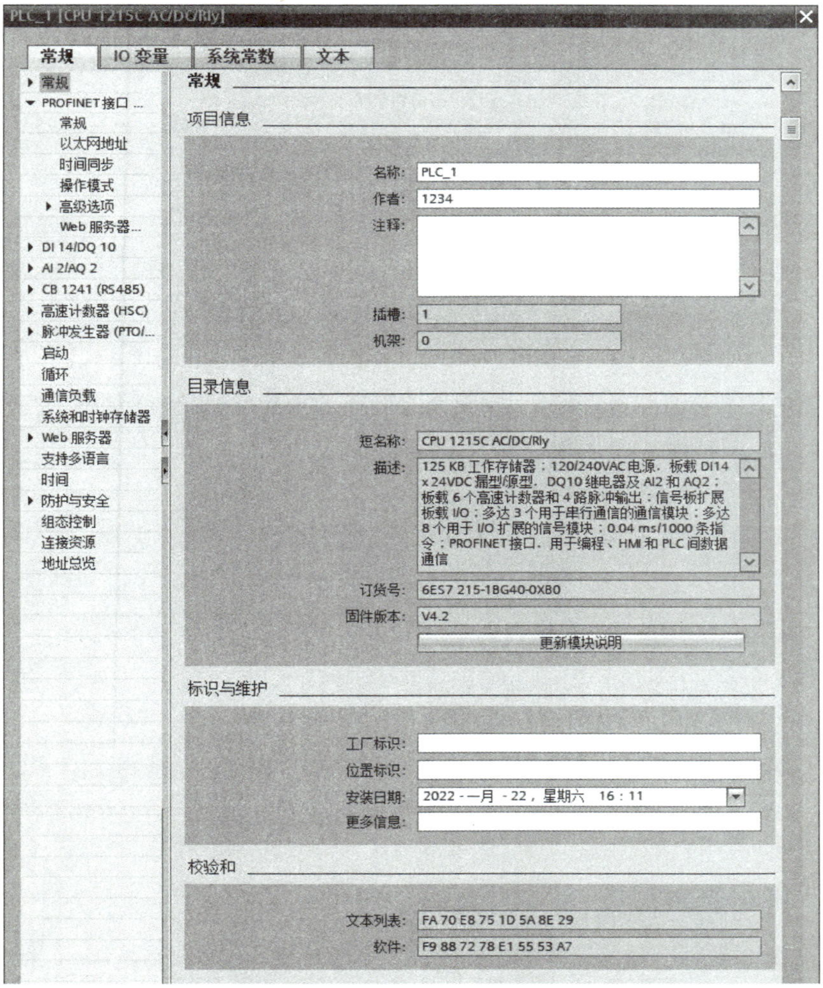

图 4-56 CPU 参数属性设置

（1）"项目信息"区域：可以编辑设备名称、作者及注释等信息。
（2）"目录信息"区域：查看 CPU 短名称、特性描述、订货号、固件版本等信息。
（3）"标识与维护"区域：用于编辑工厂标识、位置标识、安装日期等信息。
（4）"校验和"区域：在编译过程中，系统将通过唯一的校验和来自动识别 PLC 程序。基于该校验和，可快速识别用户程序并判断两个 PLC 程序是否相同。

4.6.2 PROFINET 接口

PROFINET 接口主要设置以太网地址和 Web 服务器访问。勾选"启用使用该接口访问 Web 服务器"复选按钮，则可以通过该接口访问集成在 CPU 内部的 Web 服务器，如图 4-57 所示。

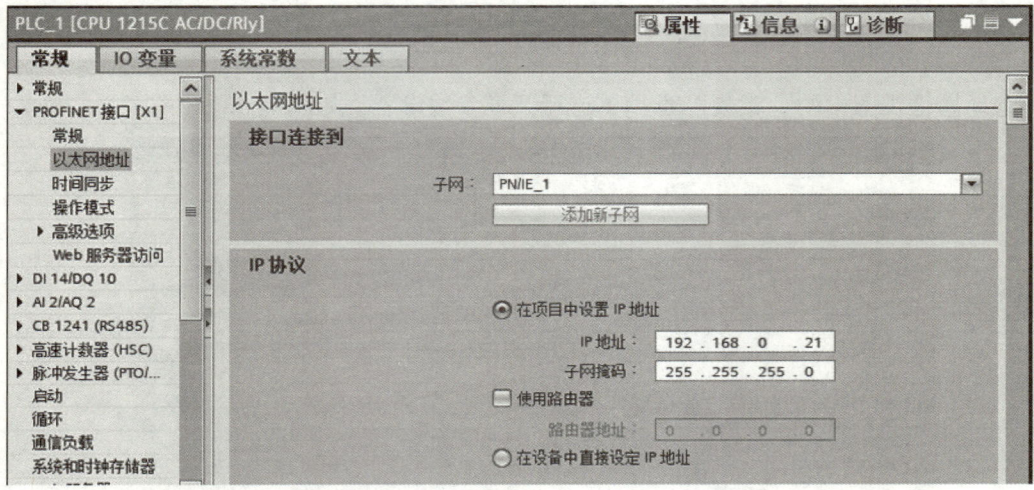

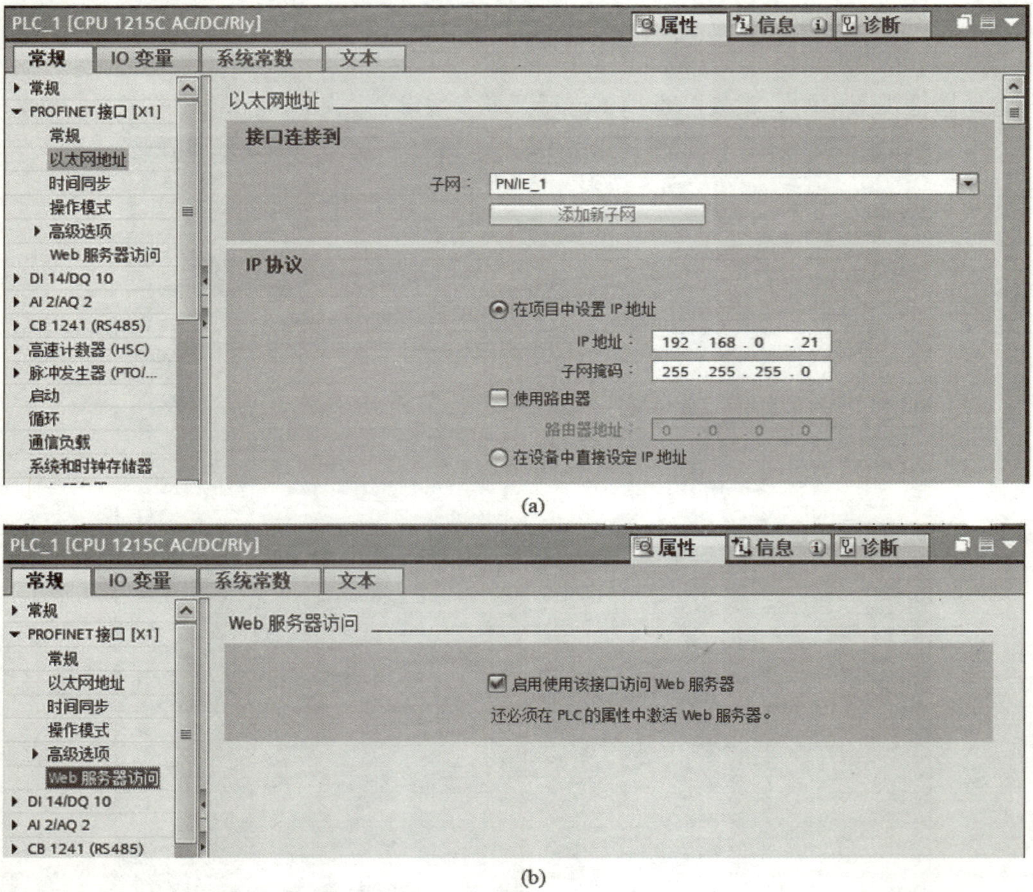

图 4-57 设置以太网地址和 Web 服务器访问
（a）以太网地址设置；（b）Web 服务器访问设置

4.6.3 数字量输入 DI/数字量输出 DQ

（1）数字量输入的设置如图 4-58 所示。
① "通道地址"文本框：输入通道的地址，首地址在"I/O 地址"中设置。
② "输入滤波器"下拉列表：为了抑制寄生干扰，可以设置一个延迟时间，即在这个

时间内的干扰信号都可以得到有效抑制，被系统自动滤除掉，默认的输入滤波时间为 6.4 ms。

③ "启用上升沿或下降沿检测" 复选按钮：勾选该复选按钮，可为每个数字量输入启用上升沿和下降沿检测，在检测到上升沿或下降沿触发过程事件时触发。可在 "事件名称" 文本框中定义该事件名称。当该事件到来时，系统会自动调用所组态的硬件中断组织块一次。如果没有已定义好的硬件中断组织块，可以单击 "硬件中断" 选择框后面的省略按钮并新增硬件中断组织块连接该事件。

④ "启用脉冲捕捉" 复选按钮：根据 CPU 的不同，勾选该复选按钮，可激活各个输入的脉冲捕捉。激活脉冲捕捉后，即使脉冲沿比程序扫描循环时间短，也能将其检测出来。

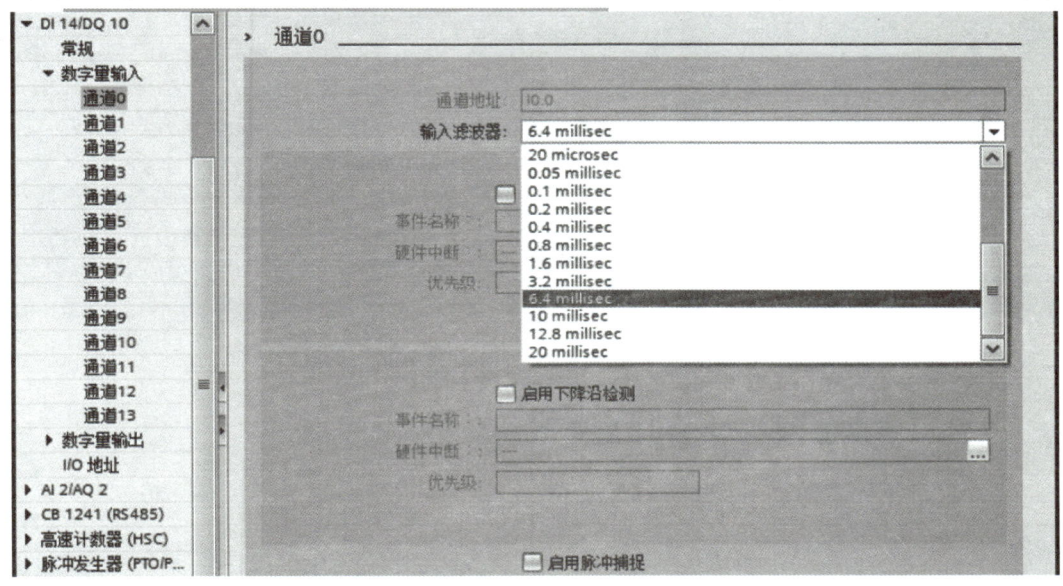

图 4-58　设置数字量输入

（2）数字量输出的设置如图 4-59 所示。

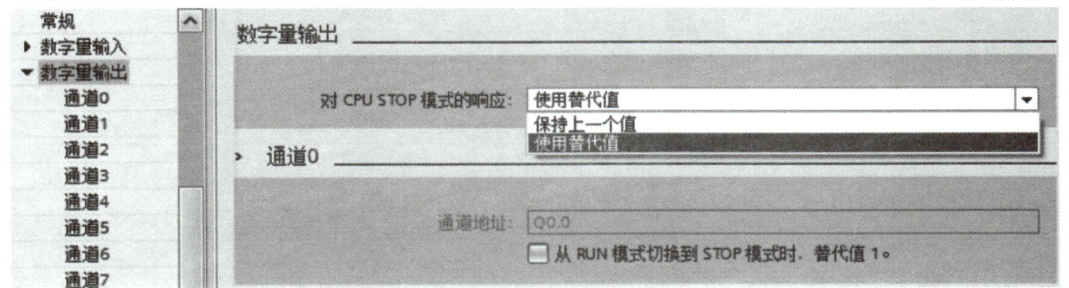

图 4-59　设置数字量输出

① "对 CPU STOP 模式的响应" 下拉列表：设置数字量输出对 CPU 从 RUN 模式切换到 STOP 模式的响应，可以设置为 "保持上一个值" 或者 "使用替代值"。

② "通道地址" 文本框：输出通道的地址，在 "I/O 地址" 中设置首地址。

③ "从 RUN 模式切换到 STOP 模式时，替代值 1" 复选按钮：如果在 "数字量输出" 设置中，选择 "使用替代值"，则此处可以勾选，表示从 RUN 模式切换到 STOP 模式后，

输出使用"替代值1";如果不勾选,则表示输出使用"替代值0"。如果在"数字量输出"设置中,选择了"保持上一个值",则此处为灰色不能勾选。

(3)"I/O 地址"界面:设置"数字量输入""数字量输出"的起始地址,如图 4-60 所示。

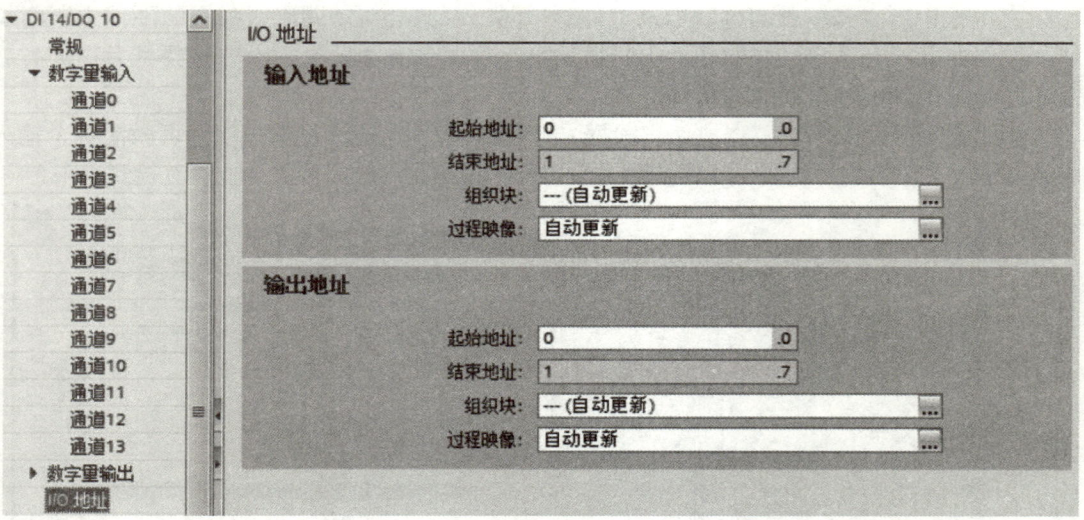

图 4-60 设置"数字量输入""数字量输出"的起始地址

4.6.4 模拟量输入 AI/模拟量输出 AQ

(1)模拟量输入的设置如图 4-61 所示。

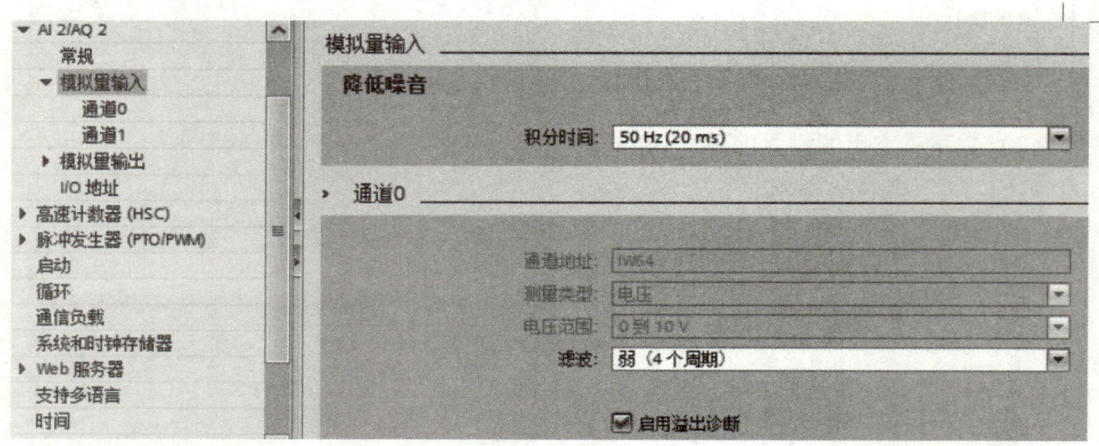

图 4-61 设置模拟量输入

① "积分时间"下拉列表:通过设置积分时间可以抑制指定频率的干扰。
② "通道地址"文本框:在模拟量的"I/O 地址"中设置模拟量输入首地址。
③ "测量类型"下拉列表:本体上的模拟量输入只能测量电压信号,所以该选项为灰,不可设置。
④ "电压范围"下拉列表:测量的电压信号范围为固定的 0~10 V。

⑤"滤波"下拉列表：模拟值滤波可用于减缓测量值变化，提供稳定的模拟信号。模块通过设置滤波等级（无、弱、中、强）计算模拟量平均值来实现平滑化。

⑥"启用溢出诊断"复选按钮：如果勾选，则发生溢出时会生成诊断事件。

（2）模拟量输出的设置如图 4-62 所示。

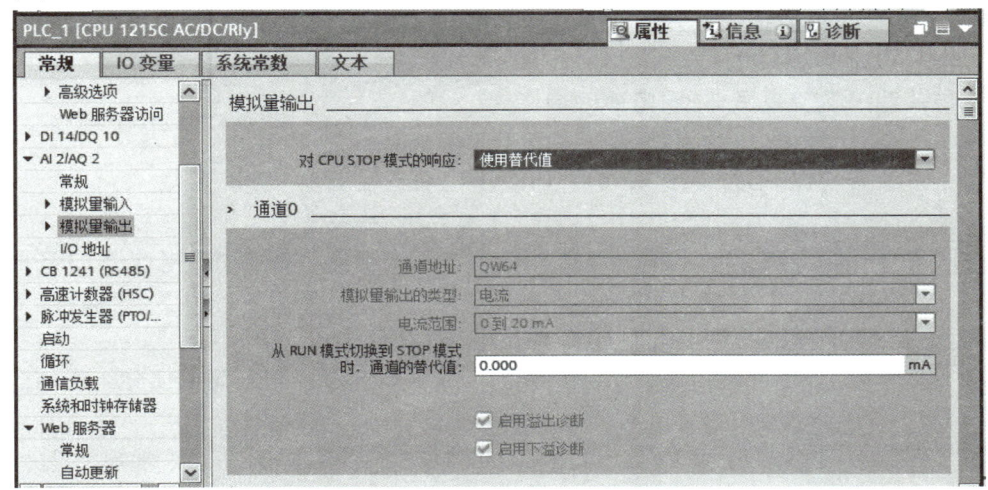

图 4-62　设置模拟量输出

①"对 CPU STOP 模式的响应"下拉列表：设置模拟量输出对 CPU 从 RUN 模式切换到 STOP 模式的响应，可以设置为"保持上一个值"或者"使用替代值"。

②"通道地址"文本框：在模拟量的"I/O 地址"中设置模拟量输出首地址。

③"模拟量输出的类型"下拉列表：本体上的模拟量输出只支持电流信号，所以该选项为灰，不用设置。

④"电流范围"下拉列表：输出的电流信号范围为固定的 0～20 mA。

⑤"从 RUN 模式切换到 STOP 模式时，通道的替代值"文本框：如果在模拟量输出设置中，选择"使用替代值"，则此处可以设置替代的输出值，设置值的范围为 0.0～20.0 mA，表示从 RUN 模式切换到 STOP 模式后，输出使用设置的替代值；如果选择了"保持上一个值"，则此处灰色不能设置。

⑥"启用溢出（上溢）/下溢诊断"复选按钮：勾选"启用溢出诊断"复选按钮，则发生溢出时会生成诊断事件。集成模拟量都是激活的，而扩展模块上的则可以选择是否激活。

（3）"I/O 地址"界面：模拟量 I/O 地址设置与数字量 I/O 地址设置相似。

4.6.5　高速计数器（HSC）

如果要使用高速计数器，则在此处设置中勾选"启用该高速计数器"复选按钮以及设置计数类型、工作模式、输入通道等。

4.6.6　脉冲发生器（PTO/PWM）

如果要使用高速脉冲输出 PTO/PWM 功能，则在此处勾选"启用该脉冲发生器"复选按钮，并设置脉冲参数等。

4.6.7 启动

CPU 启动选项的设置如图 4-63 所示。

（1）"上电后启动"下拉列表：定义了 CPU 上电后的启动特性，共有以下 4 个选项，用户可根据项目的特点及安全性来选择，默认选项为"暖启动-断电前的操作模式"。

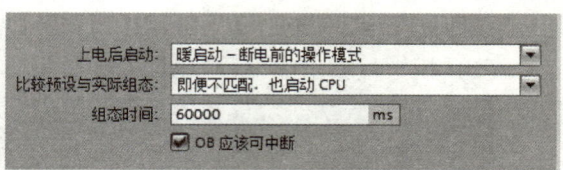

图 4-63 设置 CPU 启动选项

①不重新启（保持为 STOP 模式）：CPU 上电后直接进入 STOP 模式。

②暖启动-RUN 模式：CPU 上电后直接进入 RUN 模式。

③暖启动-断电前的操作模式：选择该选项，CPU 上电后将按照断电前该 CPU 的操作模式启动，即断电前 CPU 处于 RUN 模式，则上电后 CPU 依然处于 RUN 模式；如果断电前 CPU 处于 STOP 状态，则上电后 CPU 切换至 STOP 模式。

（2）"比较预设与实际组态"下拉列表：定义了 S7-1200 PLC 站的实际组态与当前组态不匹配时 CPU 的启动特性，共有以下 4 个选项。

①仅在兼容时，才启动 CPU：所组态的模块与实际模块匹配（兼容）时，才启动 CPU。

②即便不匹配，也启动 CPU：所组态的模块与实际模块不匹配（不兼容）时，也启动 CPU。如果选择了此选项，则此时的用户程序无法正常运行，必须采取相应措施。

③组态时间：在 CPU 启动过程中，为集中式 I/O 和分布式 I/O 分配参数的时间，包括为 CM 和 CP 提供电压和通信参数的时间。如果在设置的"组态时间"内完成了集中式 I/O 和分布式 I/O 的参数分配，则 CPU 立刻启动；如果在设置的"组态时间"内，集中式 I/O 和分布式 I/O 未完成参数分配，则 CPU 将切换到 RUN 模式，但不会启动集中式 I/O 和分布式 I/O。

④OB 应该可中断：选择该选项后，在 OB 运行时，更高优先级的中断可以中断当前 OB，在此 OB 处理完后，会继续处理被中断的 OB。如果不选择"OB 应该可中断"，则优先级大于 2 的任何中断只可以中断循环 OB，但优先级为 2~25 的 OB 不可被更高优先级的 OB 中断。

4.6.8 循环

CPU 循环时间的设置如图 4-64 所示。

（1）"循环周期监视时间"文本框：设置程序最大的循环周期时间，范围为 1~6 000 ms，默认值为 150 ms。超过这个设置时间，CPU 会报故障。超过 2 倍的最大循环周期检测时间，无论是否编程时间错误中断 OB80，CPU 都会停机。在编程时间错误中断 OB80 后，当发生循环超时时，CPU 将响应触发执行 OB80 的用户程序，程序中可使用指令"RE TRIGR"来重新触发 CPU 的循环时间监控，最长可延长到已组态"循环周期监视时间"的 10 倍。

（2）"最小循环时间"文本框：如果勾选了"启用循环 OB 的最小循环时间"复选按钮，当实际程序循环时间小于这个时间时，操作系统会延时新循环的启动，直到达到了最小循环时间。在此等待时间内，将处理新的事件和操作系统服务。

4.6.9 通信负载

通信负载用于设置 CPU 总处理能力中可用于通信过程的百分比，如图 4-65 所示。这部分 CPU 处理能力将始终用于通信，当通信不需要这部分处理能力时，它可用于程序执行。占用"通信负载"的通信包括：TIA 博途软件监控、HMI 连接及 PLC 间的 S7 通信。如果设置的百分比过大，则会延长 CPU 扫描时间。

图 4-64　设置 CPU 循环时间　　　　图 4-65　设置 CPU 通信负载

4.6.10 系统和时钟存储器

系统和时钟存储器用于设置 M 存储器的字节给系统和时钟存储器，然后程序逻辑可以引用它们的各个位用于逻辑编程。

（1）系统存储器位的设置如图 4-66 所示，用户程序可以引用 4 个位：首次循环、诊断状态已更改、始终为 1、始终为 0。

（2）时钟存储器位的设置如图 4-67 所示，组态的时钟存储器的每一个位都是不同频率的时钟方波，可在程序中用于周期性触发动作。

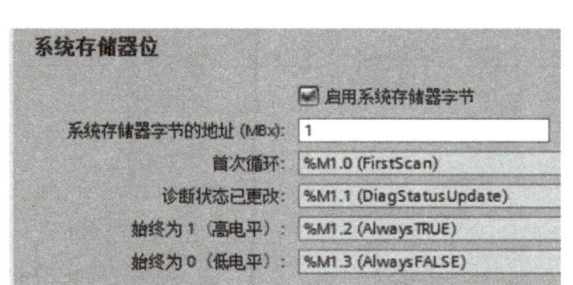
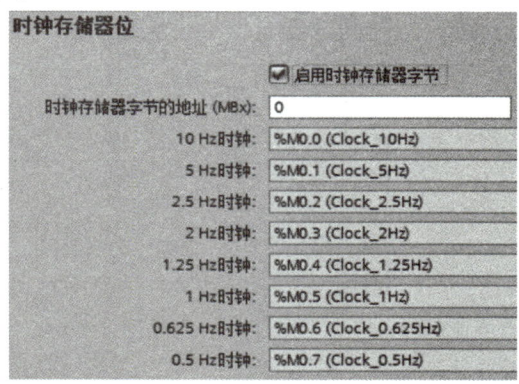

图 4-66　设置系统存储器位　　　　图 4-67　设置时钟存储器位

4.6.11 Web 服务器

S7-1200 PLC 支持 Web 服务器功能，PC 或移动设备可通过 Web 页面访问 CPU 诊断缓冲区、模块信息和变量表等数据。勾选"常规"→"Web 服务器"设置页面上的"在此设备的所有模块上激活 Web 服务器"复选按钮，即可激活 S7-1200 PLC CPU Web 服务器功能，如图 4-68 所示。

CPU 激活 Web 服务器功能后，通过浏览器输入设定的 IP 地址 https：//192.168.0.21，即可访问 CPU Web 服务器内容。如果 CPU 属性中激活了"仅允许通过 HTTPS 访问"功能，则需要在浏览器中输入 https：//192.168.0.21，实现对 Web 服务器的安全访问。

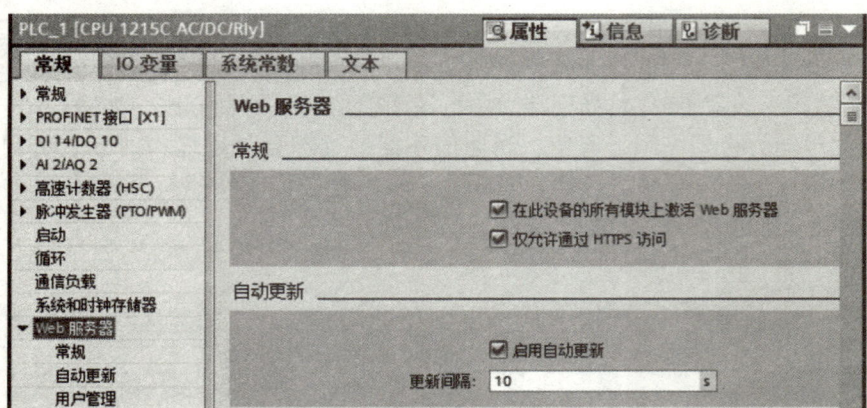

图 4-68　设置 Web 服务器

4.6.12　支持多语言

S7-1200 PLC 可以支持多种语言这些语言可用于在 Web 服务器或 HMI 上显示消息和诊断。在"项目语言"列的下拉列表中选择所使用的语言，如图 4-69 所示。可选择的语言是在"项目树"的"语言与资源"→"项目语言"中启用。

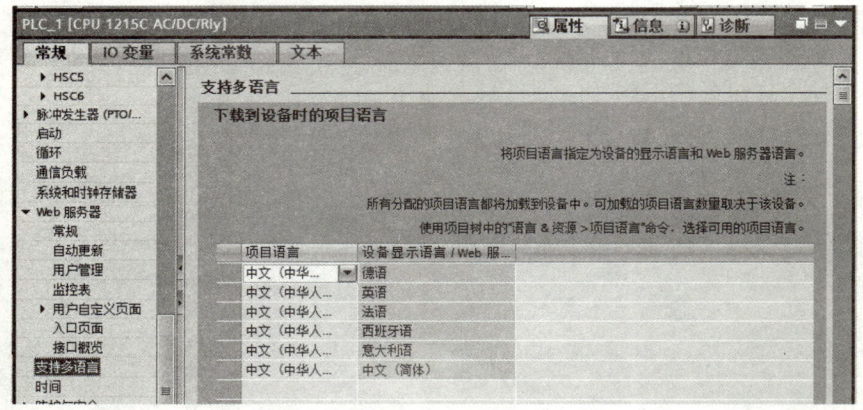

图 4-69　"支持多种语言"界面

4.6.13　时间

为 CPU 设置时区，中国选择东 8 区。

4.6.14　防护与安全

(1)"访问级别"区域：可以设置该 PLC 的访问级别，共可设置 4 个访问级别，如图 4-70 所示。对于"读访问权限""HMI 访问权限""不能访问（完全保护）"这 3 种访问级别都可以设置层级保护密码，设置的密码区分大小写。其中"完全访问权限（无任何保护）"的"密码 1"永远是必填密码，而"读访问权限""HMI 访问权限"为可选密码。可以根据不同的需要将不同的访问级别分配给不同的用户。

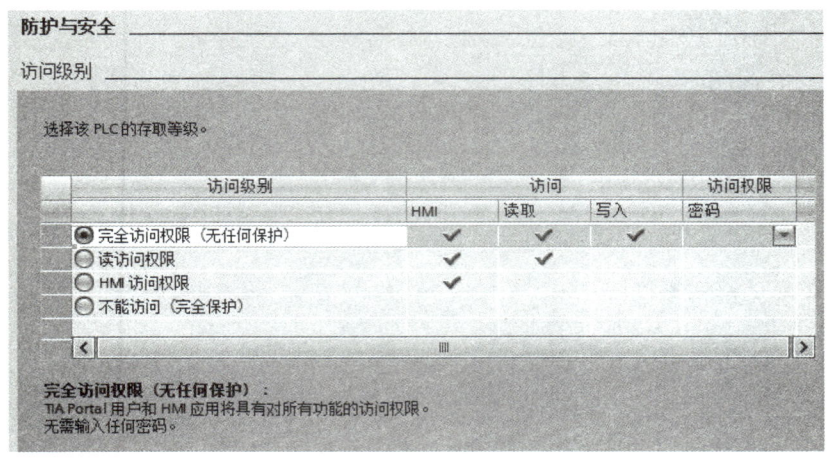

图 4-70 设置访问级别

如果将具有"HMI 访问权限"的组态下载到 CPU 后，可以在无密码的情况下实现 HMI 访问功能。要具有"读访问权限"，用户必须输入"读访问权限"的已组态密码"密码 2"。要具有"完全访问权限（无任何保护）"，用户必须输入"完全访问权限（无任何保护）"的已组态密码"密码 3"。

（2）"连接机制"区域：勾选"允许来自远程对象的 PUT/GET 通信访问"复选按钮后，CPU 才允许与远程设备进行 PUT/GET 通信。

（3）"安全事件"区域：部分安全事件会在诊断缓冲区中生成重复条目，可能会堵塞诊断缓冲区。通过组态时间间隔来汇总安全事件可以抑制循环消息，时间间隔的单位可以设置为秒、分钟或小时，数值范围设置为 1～255，在每个时间间隔内，CPU 仅为每种事件类型生成一个组警报，如图 4-71 所示。

图 4-71 设置安全事件

（4）"外部装载存储器"区域：勾选"禁止从内部装载存储器复制到外部装载存储器"复选按钮，可以防止从 CPU 集成的内部装载存储器到外部装载存储器的复制操作。

4.6.15 组态控制

组态控制可用于组态控制系统的结构，将一系列相似设备单元或设备所需的所有模块都在具有最大组态的主项目（全站组态方式）中进行组态，操作员可通过人机界面等方式，根据现场特定的控制系统轻松地选择某种站组态方式。它们无须修改项目，因此也无须下载修改后的组态，节省了重新开发的很多工作量。

要想使用组态控制，首先要激活"允许通过用户程序重新组态设备"功能，然后创建规定格式的数据块，通过指令 WRREC，将数据记录 196 的值写入 CPU 中，最后通过写数据记录来实现组态控制。

4.6.16 连接资源

连接资源界面显示了CPU连接中的预留资源与动态资源概览，如图4-72所示。

连接资源

	站资源			模块资源
	预留		动态	PLC_1 [CPU 1215C AC/DC/Rly]
最大资源数：		62	6	68
	最大	已组态	已组态	已组态
PG 通信：	4	-	-	-
HMI 通信：	12	0	0	0
S7 通信：	8	0	0	0
开放式用户通...	8	0	0	0
Web 通信：	30	-	-	-
其它通信:	-	-	0	0
使用的总资源：		0	0	0
可用资源：		62	6	68

图4-72 “连接资源”界面

4.6.17 地址总览

地址总览以表格的形式显示已经设置使用的所有输入和输出地址，通过勾选不同的复选按钮，可以设置要在地址总览中显示的对象：输入、输出、地址间隙和插槽。地址总览表格中可以显示地址类型、起始地址、结束地址、字节大小、模块信息、机架、插槽、设备名称、设备编号、归属总线系统（PN、DP）、过程映像分区和组织块等信息，如图4-73所示。

地址总览

过滤器：☑输入 ☑输出 ☐地址间隙 ☑插槽

类型	起始地址 ▲	结束地址	大小	模块	机架	插槽	设备名称	设备编号	主站 / IO 系统	PIP	OB
I	0	1	2字节	DI 14/DQ 10_1	0	1 1	PLC_1 [CPU 1215C AC/DC/Rly]	-	-	自动更新	-
O	0	1	2字节	DI 14/DQ 10_1	0	1 1	PLC_1 [CPU 1215C AC/DC/Rly]	-	-	自动更新	-
I	64	67	4字节	AI 2/AQ 2_1	0	1 2	PLC_1 [CPU 1215C AC/DC/Rly]	-	-	自动更新	-
O	64	67	4字节	AI 2/AQ 2_1	0	1 2	PLC_1 [CPU 1215C AC/DC/Rly]	-	-	自动更新	-
I	1000	1003	4字节	HSC_1	0	1 16	PLC_1 [CPU 1215C AC/DC/Rly]	-	-	自动更新	-
O	1000	1001	2字节	Pulse_1	0	1 32	PLC_1 [CPU 1215C AC/DC/Rly]	-	-	自动更新	-
O	1002	1003	2字节	Pulse_2	0	1 33	PLC_1 [CPU 1215C AC/DC/Rly]	-	-	自动更新	-
I	1004	1007	4字节	HSC_2	0	1 17	PLC_1 [CPU 1215C AC/DC/Rly]	-	-	自动更新	-
O	1004	1005	2字节	Pulse_3	0	1 34	PLC_1 [CPU 1215C AC/DC/Rly]	-	-	自动更新	-
O	1006	1007	2字节	Pulse_4	0	1 35	PLC_1 [CPU 1215C AC/DC/Rly]	-	-	自动更新	-
I	1008	1011	4字节	HSC_3	0	1 18	PLC_1 [CPU 1215C AC/DC/Rly]	-	-	自动更新	-
I	1012	1015	4字节	HSC_4	0	1 19	PLC_1 [CPU 1215C AC/DC/Rly]	-	-	自动更新	-

图4-73 地址总览表格

4.7 扩展模板模块属性的设置

4.7.1 I/O扩展模板模块属性的设置

在TIA博途软件的“设备视图”下，单击要设置参数的模块，在模块属性视图中可设置模板的参数，I/O扩展模板模块属性的设置与CPU本体上的输入/输出的设置基本相似，如图4-74所示为扩展模板模块SM 1223的属性设置。

4.7.2 通信模板模块属性的设置

与 I/O 扩展模板模块属性的设置相似,在"属性"视图中可设置通信模板模块的参数,如图 4-75 所示为通信模板模块 CB 1241 的常规属性设置。

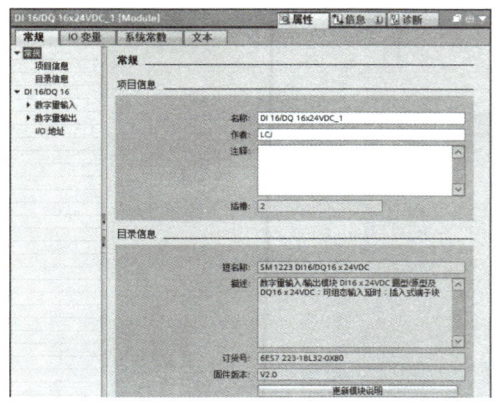

图 4-74 设置扩展模板模块 SM 1223 属性

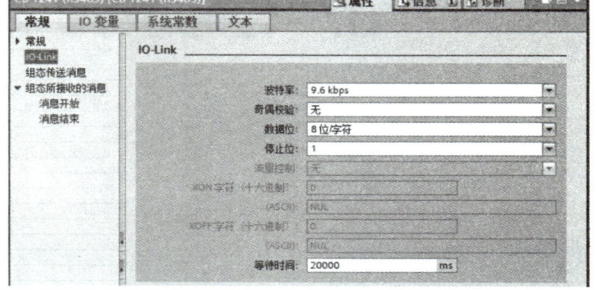

图 4-75 设置通信模板模块 CB 1241 属性

习 题

1. TIA 博途软件简介是什么?它的软件架构主要包含哪些软件?
2. 怎样设置才能在打开 TIA 博途软件时用项目视图打开最近的项目?
3. HMI 的项目库中的类型有哪 3 种?
4. 什么是 MAC 和 IP 地址?子网掩码有什么作用?如何设置 IP 地址、子网掩码?
5. 怎样组态 CPU 的 PROFINET 接口?
6. 下载项目的方法有哪几种?
7. 计算机与 S7-1200 PLC 通信时,怎样设置网卡的 IP 地址和子网掩码?
8. 怎样用程序状态监视功能修改变量的值?
9. 监控表有哪些功能?
10. CPU 的参数属性设置主要包括哪些设置?

第 5 章

S7-1200 PLC 程序设计基础

学习目标

（1）了解 PLC 常用的编程语言，并能用梯形图、功能块图、结构化控制语言进行简单编程。
（2）熟悉 PLC 的基本数据类型。
（3）掌握 S7-1200 PLC CPU 存储空间配置。
（4）掌握用户程序结构的基础知识。

问题思考

（1）S7-1200 PLC 如何编写用户程序？
（2）S7-1200 PLC 的程序结构和编程的一般规则是什么？

思维导图

S7-1200 PLC 程序设计基础
- PLC 的编程语言
  - 梯形图
  - 功能块图
  - 结构化控制语言
- 数据类型
  - 数制
  - 基本数据类型
  - 复杂数据类型
  - Variant 指针
  - 系统数据类型
  - 硬件数据类型
  - 数据类型转换
- S7-1200 PLC CPU 的数据访问
  - 物理存储器
  - 系统存储区
  - 数据存储及内存区域寻址
- 用户程序结构
  - 程序结构简介
  - 组织块
  - 数据块
  - 函数
  - 函数块

5.1 PLC 的编程语言

PLC 从本质上讲是计算机系统，因此需要编写用户程序来实现控制任务。PLC 的编程语言与一般的计算机语言相比，具有明显的特点。既不同于高级语言，也不同于一般的汇编语言，既要满足易于编写又要满足易于调试的要求。

IEC 61131 是 IEC（国际电工委员会）制定的 PLC 标准，第三部分 IEC 61131-3 是关于 PLC 编程语言的标准。目前，越来越多的 PLC 生产厂家提供符合 IEC 61131-3 标准的产品。该标准也成为各种工控产品的软件标准。

IEC 61131-3 标准详细说明了句法、语义和下述 5 种编程语言，既有图形化编程语言也有文本化编程语言。

（1）指令表（Instruction List，IL），西门子 PLC 称为语句表（Standard Template Library，STL）。STL 语言是一种汇编语言，是面向机器底层的语言，可以直接操作寄存器，可读性不强。

（2）结构化文本（Structured Text，ST），西门子 PLC 称为结构化控制语言（Structured Control Language，SCL）。

（3）梯形图（LadderLogic Diagram，LAD）。

（4）功能块图（Function Block Diagrsm，FBD）。

（5）顺序功能图（Sequential Function Chart，SFC），对应于西门子的 S7-Graph。

在 PLC 控制系统设计中，不同的 PLC 编程软件对以上 5 种编程语言的支持种类是不同的。S7-1200 PLC 使用梯形图（LAD）、功能块图（FBD）和结构化控制语言（SCL）这 3 种编程语言。

5.1.1 梯形图

梯形图编程语言是从继电器-接触器控制系统电气原理图的基础上演变而来的，其基本思想是一致的，只是在使用符号和表达方式上有一定区别。作为首先在 PLC 中使用的编程语言，梯形图保留了继电器-接触器电气原理图的风格和习惯，成为广大电气技术人员最容易接受和广泛使用的编程语言。

梯形图由触点、线圈和用方框表示的指令框组成。在梯形图中，触点从左母线开始进行逻辑连接，代表逻辑输入条件，通常是外部的开关及内部条件；线圈通常代表逻辑运算的结果，用来控制外部负载或内部标志位；指令框也可以作为逻辑的输出，用来表示定时器、计数器或数学运算指令。

分析和编写梯形图程序的关键是梯形图的逻辑解算。根据梯形图中各触点的状态和逻辑关系，求出与图中各线圈对应编程元件的状态，称为梯形图的逻辑解算。梯形图中逻辑解算是按从左至右、从上到下的顺序进行。解算的结果马上可以被后面的逻辑解算所利用。逻辑解算是根据输入映像寄存器中的值，而不是根据解算瞬时外部输入触点的状态来进行的。

解算时，可假想有一个"概念电流"或"能流"，"能流"可以通过被激励（ON）的动合触点和未被激励（OFF）的动断触点从左向右流。"能流"在任何时候都不会通过触点从右向左流。如图 5-1 所示，当"start"与"stop"触点同时接通或者"motor"与"stop"触点同时接通时，"能流"流过"motor"线圈，线圈通电（被激励），只要其中一个触点不接通，线圈就会断电。若程序中无跳转指令，则程序执行到最后，下一次扫描循环又从程序段 1 开始执行。

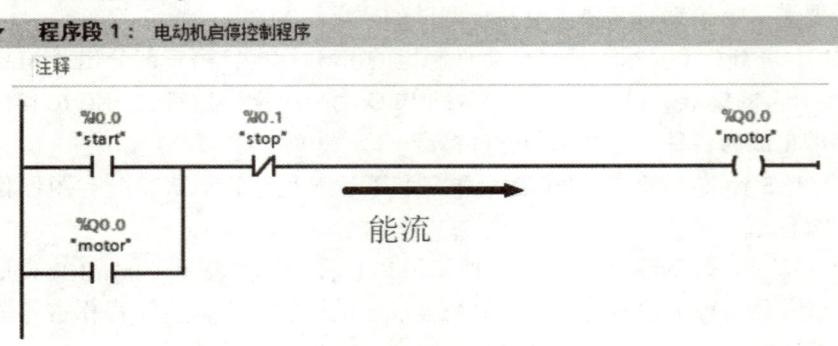

图 5-1　电动机启停控制电路的梯形图

梯形图具有形象、直观、简单明了、易于理解的特点，特别适用于开关量逻辑控制，是所有编程语言的首选。

5.1.2　功能块图

功能块图是一种类似于数字逻辑门电路的编程语言。该编程语言用类似"与门""或门"的方框来表示逻辑运算关系，方框的左侧为逻辑运算的输入变量，右侧为输出变量，输入、输出端的小圆圈表示"非"运算，方框被"导线"连接在一起，信号从左向右传输。如图 5-2 所示为功能块图示例，它与图 5-1 所示梯形图的控制逻辑相同。

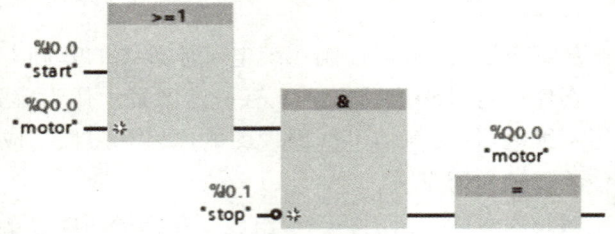

图 5-2　电动机启停控制电路的功能块图

SCL 语言学习资料

5.1.3　结构化控制语言

结构化控制语言是一种基于 Pascal 的高级编程语言，这种语言基于 IEC 1131-3 标准。结构化控制语言除了包含 PLC 的典型元素（如输入、输出、定时器或存储器）外，还包含高级编程语言中的表达式、赋值运算和运算符。结构化控制语言提供了简便的指令进行程序控制，如创建程序分支、循环或跳转。结构化控制语言尤其适用于数据管理、过程优化、配方管理和数学计算、统计等应用领域。

如果想要在 TIA 博途编程环境切换编程语言，可以打开"项目树"中 PLC 的"程序块"文件，选中其中的某一个代码块，打开程序编辑器后，在"属性"选项卡的"语言"下拉列表中进行语言选择与切换。梯形图和功能块图语言可以相互切换。而结构化控制语言只能在"添加新块"对话框中选择，如图 5-3 所示。

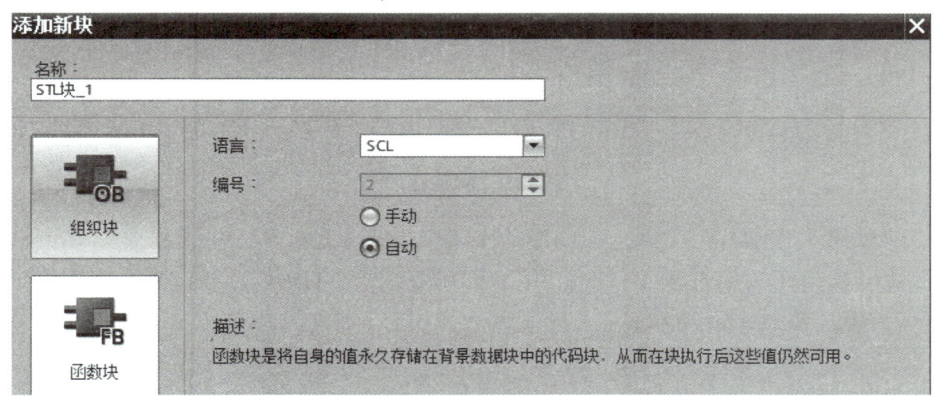

图 5-3 选择编程语言

例如：根据输入信号的选择，决定输出数据，设计 3 个动合输入触点，一个数据输出点，触点 1 闭合输出"10"，触点 2 闭合输出"20"，触点 3 闭合输出"30"。单击"添加新块"编制程序，输入程序，如图 5-4 所示。新建"FB"程序块，同时左边的"项目树"中会出现一个"DB"数据块。

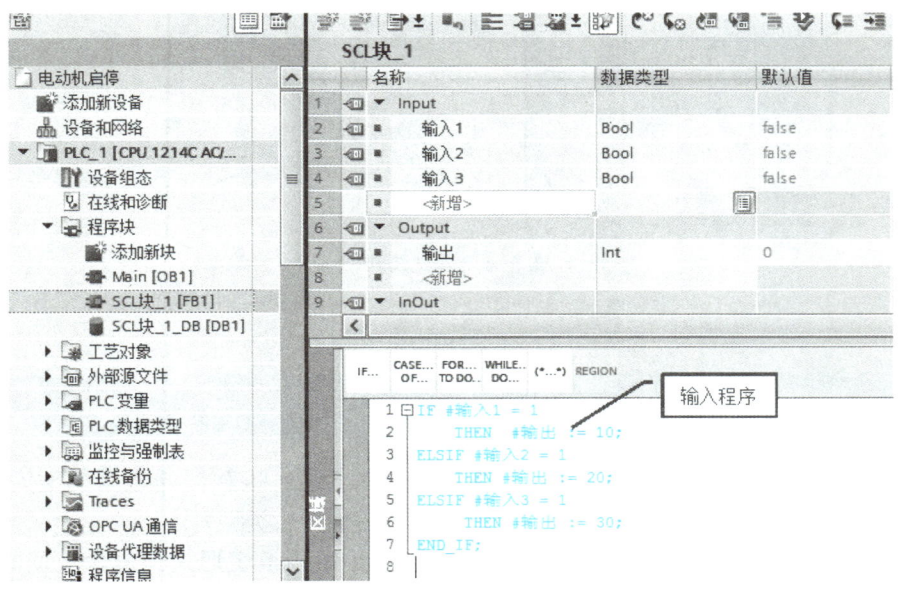

图 5-4 编程过程

拖动"项目树"中的"SCL 块_1[FB1]"程序块到需要编程的程序段，如图 5-5 所示，可以实现程序的调用，在 PLC 变量表中添加相应变量，M2.0、M2.1、M2.2 分别接入"输入 1""输入 2""输入 3"端，MW10 接入"输出"端。

101

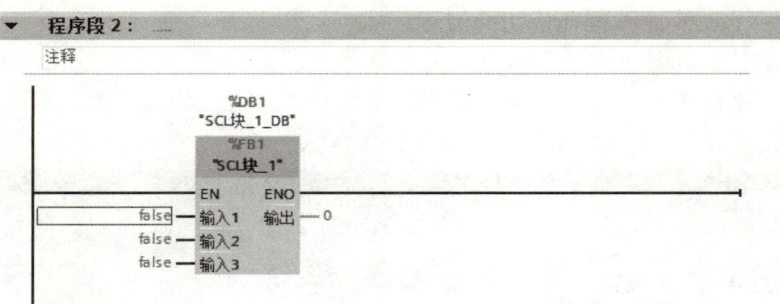

图 5-5 调用程序

在"项目树"中单击"PLC_1[CPU 1214C AC/DC/Rly]",编译程序,单击"仿真"按钮,启动仿真,在"监控表 1"中,给 M2.0 赋新值"TRUE",监控 SCL_1 块"输出"即%MW10=10,如图 5-6 所示。

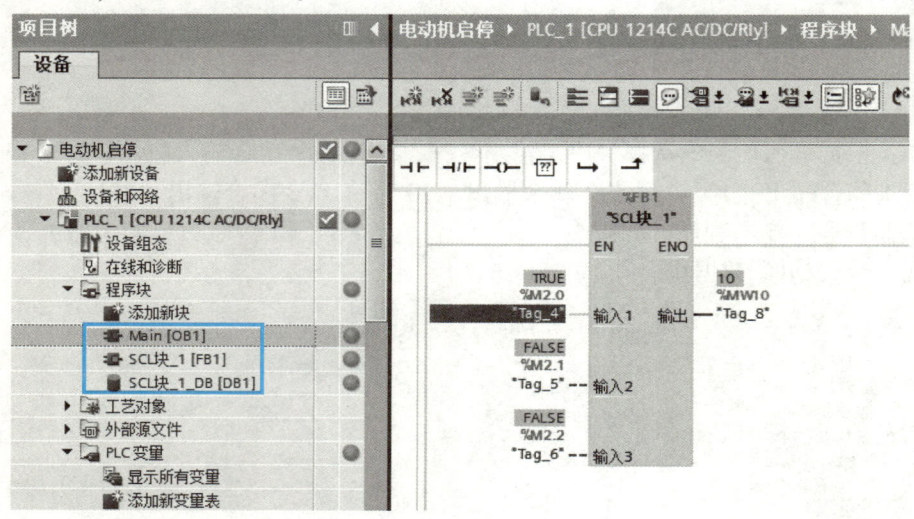

图 5-6 调试仿真

5.2 数据类型

在变量的生成与修改中,选择设置了按钮、热继电器、接触器的数据类型为"Bool"型,那么定时器是什么类型?房间的温度值 23.4℃又是什么类型?

数据类型(Data Type)是数据在 PLC(计算机)中的组织形式,包含数据的长度及数据所支持的操作方式(支持哪些指令)。编程时给变量(Variable)指定数据类型后,编译器会给该变量分配一定长度的内存并明确该变量的操作方式。透彻理解数据类型是程序设计的基本要求。

S7-1200 PLC 的数据类型分为以下几种:基本数据类型、复杂数据类型、PLC 数据类型(UDT)、Variant、系统数据类型、硬件数据类型。此外,当指令要求的数据类型与实际操作数的数据类型不同时,还可以根据数据类型的转换功能来实现操作数的输入。

5.2.1 数制

1. 二进制数

计算机内部的数据都以二进制数存储，二进制数的1位（bit）只有1和0两种取值，可以用来表示开关量（或数字量）的两种不同状态，如触点的接通和断开、线圈的通电和断电等。如果二进制位值为1，则表示梯形图中动合触点的位状态为1、动断触点的位状态为0；反之，如果二进制位值为0，则表示梯形图中动合触点的位状态为0、动断触点的位状态为1。

二进制数的运算规则为"逢2进1"。可以用多位二进制数来表示大于1的数，每一位都有一个固定的权值，从右向左的第 n 位（最低位为第0位）的权值为 2^n，第3位至第0位的权值分别为8、4、2、1，所以二进制数又称8421码。

PLC用2#表示二进制常数，如2#0001010000101011就是16位二进制常数，对应的十进制数为 $2^{12}+2^{10}+2^5+2^3+2^1+2^0=5\ 163$。

2. 十六进制数

十六进制数使用10个数字0~9和6个字母A~F（对应十进制的10~15）表示。PLC用16#表示十六进制常数。4位二进制数对应1位十六进制数，如二进制常数2#1001111000101011对应的十六进制数为16#9E2B。

十六进制数的运算规则为"逢16进1"，从右向左的第 n 位（最低位为第0位）的权值为 16^n，16#1A对应的十进制数为 $1\times16^1+10\times16^0=26$。

3. BCD码

BCD（Binary Coded Decimal）码用4位二进制数（或者1位十六进制数）表示1位十进制数。十进制数0~9的BCD码为0000~1001。BCD码不能使用十六进制的A~F（2#1010~2#1111）这6个数字。BCD码本质上是十进制数，因此相邻两位"逢10进1"。以BCD码1001001001100100为例，对应的十进制数为9 264。BCD码没有单独的表示方法，而是借用了十六进制的表示方法，如12位二进制数2#100000100011对应的BCD码为16#823。

5.2.2 基本数据类型

基本数据类型是具有确定长度的数据类型。表5-1给出了基本数据类型的属性。

表5-1 基本数据类型

变量类型	符号	位数	取值范围	说明
位	Bool	1	1，0	位变量，I0.1，DB1.DBX2.2
位序列	Byte	8	16#00 ~ 16#FF	占1个字节，16#12，MB0，DB1.DBB2
	Word	16	16#0000 ~ 16#FFFF	16#ABCD，MW0，DB1.DBW2
	DWord	32	16#00000000 ~ 16#FFFFFFFF	16#02468ACE，DB1.DBD2

续表

变量类型	符号	位数	取值范围	说明
整数	SInt	8	−128 ~ 127	占 1 个字节
	Int	16	−32 768 ~ 32 767	占 2 个字节
	DInt	32	−2 147 483 648 ~ 2 147 483 647	占 4 个字节
	USInt	8	0 ~ 255	占 1 个字节
	UInt	16	0 ~ 65 535	占 2 个字节
	UDInt	32	0 ~ 4 294 967 295	占 4 个字节
浮点数	Real	32	$\pm1.175\ 495\times10^{-38} \sim \pm3.402\ 823\times10^{38}$	占 4 个字节，有 6 个有效数字
	LReal	64	$\pm2.225\ 073\ 858\ 507\ 202\ 0\times10^{-308} \sim$ $\pm1.797\ 693\ 134\ 862\ 315\ 7\times10^{308}$	占 8 个字节，最多有 15 个有效数字
日期和时间	Time	32	t#−24d_20h_31m_23s_648ms ~ t#24d_20h_31m_23s_648ms	占 4 个字节，时基为 ms 表示的有符号双整数时间
	Date	16	0 ~ 65535 对应 D#1990-01-01 ~ D#2169-06-06	占 2 个字节，将日期作为无符号整数保存
	TOD (Time_Of_Day)	32	TOD#00:00.000 ~ TOD#23:59.999	占 4 个字节，指定从 00:00.000 开始的毫秒数
字符	Char	8	ASCII 编码 16#00 ~ 16#7F	占 1 个字节，'A' 't' '@'
	WChar	16	Unicode 编码 16#0000 ~ 16#D7FF	占 2 个字节，支持汉字，'中'

1. 位

位数据的数据类型为 Bool（布尔）型，长度为 1 位，两个取值为 TURE/FALSE（真/假），对应二进制数中的"1"和"0"，用来表示数字量（开关量）的两种不同的状态，如触点的接通和断开、线圈的通电和断电等，在编程软件中，Bool 变量的值为 2#1 和 2#0。

位存储单元的地址由字节地址和位地址组成。例如，地址 I3.2 中的区域标识符"I"代表输入寄存器区（Input），字节地址为 3，位地址为 2，如图 5-7 所示。

这种存取方式称为"字节.位"寻址。

2. 位序列

数据类型 Byte、Word、DWord 统称为位序列。它们占用内存空间的大小不同，其常数通常用十六进制数表示。

（1）字节（Byte）。八位二进制数组成一个字节，其中第 0 位为最低位，第 7 位为最高位。例如 I3.0 ~ I3.7 构成字节 IB3；M100.0 ~ M100.7 构成字节 MB100，其中 B 代表 Byte，如图 5-8（a）所示。

（2）字（Word）。两个相邻字节组成一个字，其中第 0 位为最低位，第 15 位为最高位。字地址命名以较小存储字节号命名。例如字 MW100 由字节 MB100 和 MB101 组成，如图 5-8（b）所示。MW100 中的 M 是存储区标识符，W 代表 Word。应用字存储区时注意地址号不要冲突重叠使用。如果使用了 MW100，就不可以再使用 MW101（由 MB101 和

MB102 组成），因为两个存储区中 MB101 是重叠的。

（3）双字（DWord）。两个相邻的字组成一个双字，其中第 0 位为最低位，第 31 位为最高位（即连续 4 个字节）。双字 MD100 由字节 MB100、MB101、MB102 和 MB103 组成，或由 MW100 和 MW102 组成，如图 5-8（c）所示。使用双字也要注意地址重叠问题，使用 MD100 后，下一个地址可以使用 MD104，其命名原则也是按照组成字节的最小字节号命名的。

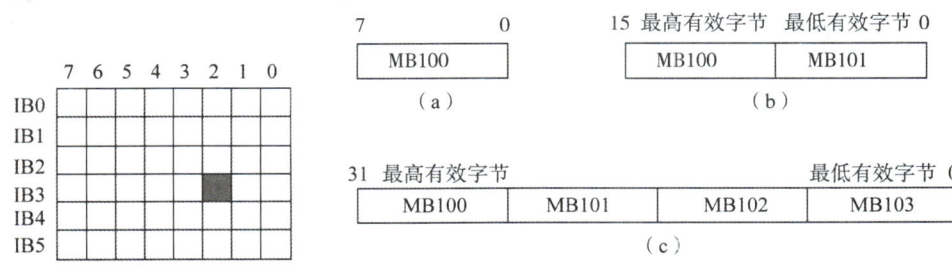

图 5-7 字节与位图

图 5-8 字节、字和双字
（a）MB100；（b）MW100；（c）MD100

3. 整数

整数（Int）数据类型长度有 8、16、32 位，又可分为有符号整数和无符号整数两种。S7-1200 PLC 有 6 种整数类型供用户使用，如表 5-1 所示，所有整数的符号中均有 Int。符号中带 S 的为 8 位整数（短整数），带 D 的为 32 位整数（双整数），不带 S、D 的为 16 位整数。带有 U 标识的为无符号整数。有符号整数最高位为符号位，1 代表负数，0 代表正数。有符号整数用补码表示，正数的补码是其本身，将一个正数对应的二进制数求反码后加 1，可得到绝对值与它相同的负数的补码。

4. 浮点数

浮点数（Float）又称实数（Real），分为 32 位和 64 位。浮点数的优点是用很少的储存空间表示极大和极小的数。PLC 输入和输出大多为整数，如模拟量输入和输出值。用浮点数来处理这些数据需要进行数据类型的转换，浮点数的运算速度要比整数慢一些。

在编程软件中，用十进制小数来表示浮点数。例如 50 是整数，50.0 为浮点数。

5. 日期和时间

S7-1200 PLC 的时间（Time）采用 IEC 格式，它是有符号双整数，其单位为 ms，取值范围及输入方式为 t#-24d_20h_31m_23s_648ms ~ t#-24d_20h_31m_23s_647ms。其中 d、h、m、s、ms 分别为天、小时、分钟、秒和毫秒。编辑时可以有选择地使用日期（d）、小时（h）、分钟（m）、秒（s）和毫秒（ms）作为单位，不需要指定全部时间单位。例如，t#5h_10s 和 t#500h 均有效。所有指定单位值的组合值不能超过以 ms 表示的时间日期类型的上限或下限。

将日期（Date）作为无符号整数保存，占 2 个字节，0 ~ 65535 对应 D#1990-01-01 ~ #2169-06-06。

TOD（Time_Of_Day），占 4 个字节，TOD#00:00.000 ~ TOD#23:59.999 指定从 00:00.000 开始的毫秒数。

日期时间（Date_And_LTime，DTL）表示由日期和时间定义的时间点，它由 12 个字节组成。可以在全局数据块或块的接口区中定义。12 个字节分别为年（占 2 个字节）、月、日、星期代码、小时、分、秒（各占 1 个字节）和纳秒（占 4 个字节），均为 BCD 码。星期日至星期六代码为 1~7。日期时间最小值为 DTL#1970-01-01-00：00：0.0，最大值为 DTL#2262-04-11-23：47：16.854 775 807，该格式中不包括星期。

6. 字符

每个字符（Char）占用一个字节，以 ASCII 码格式存储。字符常量用英文加单引号表示，例如'A''t'。每个宽字符（WChar）占用 2 个字节，以 Unicode 格式存储，支持汉字。

5.2.3 复杂数据类型

1. 数组

数组类型（Array）是由固定数目的同一种数据类型元素组成的数据结构。可以创建包含多个相同数据类型元素的数组，可为数组命名并选择数据类型"Array[lo..hi] of type"。lo_为数组的起始（最低）下标；hi_为数组的结束（最高）下标；type-为数据类型之一，例如 Bool、Sint、Udint。允许使用除 Array、Variant 类型之外的所有数据类型作为数组的元素，数组维数最多为 6 维。数组元素通过下标进行寻址。

示例：数组声明。

Array[1..20] of Real：一维，20 个实数元素。

Array[-5..5] of Int：一维，11 个整数元素。

Array[1..2, 3..4] of Char：二维，4 个字符元素。

例如：存储电动机电流，两台电动机，每台存 A、B、C 三相电流，可以定义一个名为"电动机电流"的二维数组 Array[1..2, 1..3] of Byte，如图 5-9 所示。它一共有 6 个字节型元素，第一维的下标 1、2 是电动机编号，第二维的编号 1、2、3 是三相电流的序号。例如，数组元素"电动机电流[1,2]"是 1 号电动机的第 2 相电流。

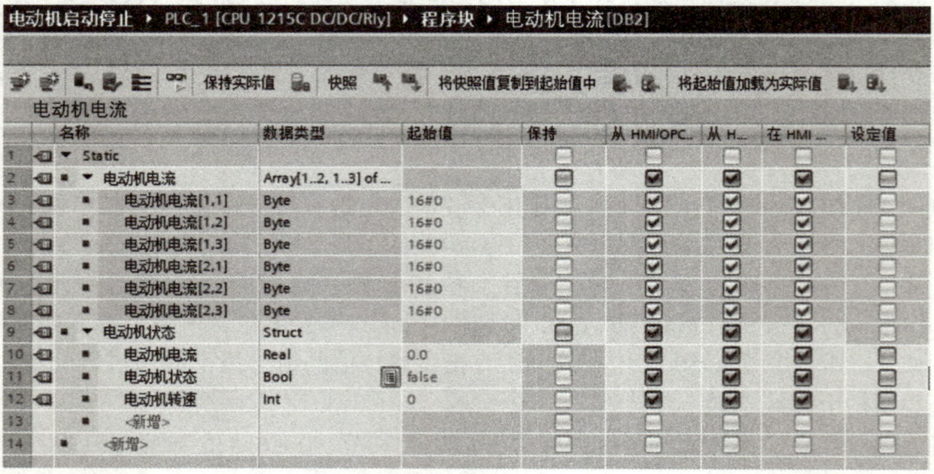

图 5-9 数据块中创建二维数组及结构

在用户程序中，可以用符号地址"数据块_1".电动机电流[1,2]进行访问。关于数据块的内容将在后续章节进行介绍。

2. 字符串

字符串型（Sring）是由字符组成的一维数组，每个字节存放 1 个字符。第 1 个字节是字符串的最大字符长度，第 2 个字节是字符串当前有效字符的个数，字符从第 3 个字节开始存放，一个字符中最多存放 254 个字符。用单引号表示字符串常数，如'ASDFGHU'是有 7 个字符的字符串常数。

数据类型 WString（宽字符串）存放多个数据类型为 WChar 的 Unicode 字符（长度为 16 位的宽字符，包括汉字）；宽字符前面需加前缀 WString#，在西门子编程环境中自动添加，例如 WString#'西门子'。

3. 结构

结构（Struct）是由固定数目的不同数据类型的元素组成的数据结构。结构的元素可以是数组和结构，嵌套深度限制为 8 级（与 CPU 型号相关）。用户可以把过程控制中有关的数据统一组织在一个结构中，作为一个数据单元来使用，为统一调用和处理提供方便。

在图 5-9 中，数据块_1 的第 9 行创建了一个名为"电动机状态"的结构，数据类型为 Struct。在第 10～12 行依次生成了 3 个数据元素（电动机电流、电动机状态、电动机转速）。若引用该数据结构元素，则格式为"数据块_1".电动机数据.电动机状态。

5.2.4　Variant 指针

Variant 类型的参数是一个可以指向不同数据类型变量（而不是实例）的指针。Variant 可以是一个元素数据类型的对象，如 Int 或 Real；也可以是一个 String、DTL、Struct、数组、UDT 或 UDT 数组。Variant 指针可以识别结构，并指向各个结构元素。Variant 数据类型的操作数在背景 DB 或 L 堆栈中不占用任何空间，但是将占用 CPU 的存储空间。

Variant 类型的变量不是一个对象，而是对另一个对象的引用。Variant 类型的各元素只能在函数块的接口中声明。因此，不能在数据块或函数块的块接口静态部分中声明。例如，因为各元素的大小未知，所引用对象的大小可以更改。

Variant 数据类型只能在块接口的形式参数中定义。Variant 数据类型具体使用方法请参考帮助文件。

5.2.5　系统数据类型

系统数据类型（System Data Types，SDT）如表 5-2 所示，由系统提供具有预定义的结构，由固定数目的具有各种数据类型的元素构成，不能更改结构。系统数据类型只能用于特定指令。表中的部分数据类型还可以在新建 DB 时，直接创建系统数据类型的 DB。

表 5-2　系统数据类型

系统数据类型	字节数	说明
IEC_TIMER	16	定时器结构。此数据类型可用于"TP""TOF""TON""TONR"指令
IEC_SCOUNTER	3	计数值为 SInt 数据类型的计数器结构。此数据类型用于"CTU""CTD"和"CTUD"指令

续表

系统数据类型	字节数	说明
IEC_USCOUNTER	3	计数值为 USInt 数据类型的计数器结构。此数据类型用于"CTU""CTD"和"CTUD"指令
IEC_COUNTER	6	计数值为 Int 数据类型的计数器结构。此数据类型用于"CTU""CTD"和"CTUD"指令
IEC_UCOUNTER	6	计数值为 UInt 数据类型的计数器结构。此数据类型用于"CTU""CTD"和"CTUD"指令
IEC_DCOUNTER	12	计数值为 DInt 数据类型的计数器结构。此数据类型用于"CTU""CTD"和"CTUD"指令
IEC_UDCOUNTER	12	计数值为 UDInt 数据类型的计数器结构。此数据类型用于"CTU""CTD"和"CTUD"指令
ERROR_STRUCT	28	编程错误信息或 I/O 访问错误信息的结构。此数据类型用于"GET_ERROR"指令
CREF	8	数据类型 ERROR_STRUCT 的组成,在其中保存有关块地址的信息
NREF	8	数据类型 ERROR_STRUCT 的组成,在其中保存有关操作数的信息
VREF	12	用于存储 Variant 指针。此数据类型用于在运动控制工艺对象块中
CONDITIONS	52	用户自定义的数据结构,定义数据接收的开始和结束条件。此数据类型用于"RCV_CFG"指令
TADDR_Param	8	存储通过 UDP 连接说明的数据块结构。此数据类型用于"TUSEND"和"TURCV"指令
TCON_param	64	存储实现开放用户通信的连接说明的数据块结构。此数据类型用于"TSEND"和"TRCV"指令
HSC_Period	12	使用扩展的高速计数器,指定时间段测量的数据块结构。此数据类型用于"CTRL_HSC_EXT"指令

5.2.6 硬件数据类型

硬件数据类型由 CPU 提供,可用的硬件数据类型个数与 CPU 型号有关。TIA 博途根据硬件组态时设置的模块,存储特定硬件数据类型的常量。它们用于识别硬件组件、事件和中断 OB 等与硬件有关的对象。用户程序使用控制或激活已组态模块的指令时,用硬件数据类型的常数来作指令的参数。PLC 变量表的"系统变量"选项卡中列出了 PLC 已组态模块的硬件数据类型变量的值,即硬件组件的标识符。可通过 TIA 博途环境的帮助,查看硬件数据类型的详细情况。

5.2.7 数据类型转换

1. 显式转换

显式转换是通过现有的转换指令实现不同数据类型的转换,指令包括 CONV、T_

CONV、S_CONV。这些转换指令包含非常多数据类型的转换，如 INT_TO_DINT、DINT_TO_TIME、CHAR_TO_STRING 等。

2. 隐式转换

隐式转换是执行指令时，当指令形式参数与实际参数的数据类型不同时，程序自动进行的转换。如果形式参数与实际参数的数据类型兼容，则自动执行隐式转换。可根据调用指令的 FC/FB/OB 是否启用 IEC 检查，决定隐式转换条件是否严格。通过"FC/FB/OB"→右击"属性"→"常规"→"属性"设置该块内部是否启用 IEC 检查。默认不设置 IEC 检查，转换条件宽松，除 Bool 以外的所有基本数据类型以及字符串数据类型都可以隐式转换。若设置 IEC 检查，转换条件严格，Byte、Word、SInt、Int、DInt、USInt、UInt、UDInt、Real、Char、WChar 等数据类型可以隐式转换。

需要注意的是，源数据类型的位长度不能超过目标数据类型的位长度。例如，不能将 DWord 数据类型的操作数声明给 Word 数据类型的参数。

5.3 S7-1200 PLC CPU 的数据访问

5.3.1 物理存储器

1. PLC 使用的物理存储器

（1）随机存取存储器。CPU 可读出随机存取存储器（Random Access Memory，RAM）中的数据，也可以将数据写入 RAM。断电后，RAM 中的数据将丢失。RAM 工作速度快、价格便宜、改写方便，在关断 PLC 电源后，可以用锂电池保存 RAM 中的用户程序和数据。

（2）只读存储器。只读存储器（Read-Only Memory，ROM）的内容只能读出不能写入。它是非易失的存储器，断电后，仍能保存数据，一般用来存放 PLC 的操作系统。

（3）快闪存储器和电可擦除可编程序只读存储器。快闪存储器（Flash EPROM）简称 FEPROM，电可擦除可编程序只读存储器简称 EEPROM。它们是非易失性的存储器，可以用编程装置对其编程，兼有 ROM 和 RAM 的优点，但是信息写入过程较慢，用来存储用户程序和断电时需要保持的重要数据。

2. 存储卡

SIMATIC 存储卡基于 FEPROM，是预先格式化的 SD 存储卡，且有保持功能，用于存储用户程序和某些数据。通常存储卡用作装载存储器或便携式媒体。

3. S7-1200 PLC CPU 存储器

（1）装载存储器（Load Memory）。装载存储器是非易失性的存储器，可以用来存储用户程序、数据及组态。当一个项目被下载到 CPU，它首先被存储在装载存储器中。当电源消失时，此存储器内容可以保持。

S7-1200 PLC CPU 集成了装载存储器（如 CPU 1214C 集成的装载存储器容量为 2 MB），用户也可以通过存储卡来扩展装载存储器的容量。装载存储器类似于计算机硬盘，工作存储器类似于计算机内存条。

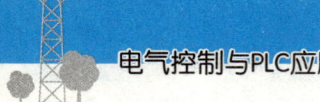

（2）工作存储器 RAM（Work Memory RAM）。工作存储器是集成在 CPU 中的高速存取 RAM。当 CPU 上电时，用户程序将从装载存储器被复制到工作存储器中运行。当 CPU 断电后，工作存储器中的内容将消失。

（3）保持存储器（Retentive Memory）。保持存储器是工作存储器中的非易失部分存储器。它可以在 CPU 断电时保存用户指定区域的数据。例如 CPU 1214C 集成了 2 048 B 的保持存储器。

4. 查看存储器的使用情况

单击"项目树"中的某个 PLC，再单击工具栏中的"工具"按钮，在下拉列表中选择"资源"命令，可以查看当前项目的存储器使用情况。

与 PLC 联机后双击"项目树"中的 PLC 文件夹内的"在线和诊断"，单击工作区左边窗口"诊断"文件夹中的"存储器"，可以查看 PLC 运行时存储器的使用情况。

5.3.2 系统存储区

1. 过程映像输入/输出

过程映像输入在用户程序中的标识符为 I，它是 PLC 接收外部输入数字量信号的窗口。输入端可以外接动合或动断触点，也可以接由多个触点组成的串/并联电路。在每次扫描循环开始时，CPU 读取数字量输入模块的外部输入电路状态，并将它们存入过程映像输入区，如表 5-3 所示。

表 5-3　系统存储区

存储区	描述	强制	保持
过程映像输入（I）	在扫描循环开始时，从物理输入复制到过程映像输入表	Yes	No
物理输入（I_：P）	通过该区域立即读取物理输入	No	No
过程映像输出（Q）	在扫描循环开始时，将过程映像输出表中的值写入输出模块	Yes	No
物理输出（Q_：P）	通过该区域立即写物理输出	No	No
位存储器（M）	用于存储用户程序的中间运算结果或标志位	No	Yes
临时局部存储器（L）	块的临时局部数据，只能供块内部使用	No	No
数据块（DB）	数据存储器与 FB 的参数存储器	No	Yes

过程映像输出在用户程序中的标识符为 Q，每次循环周期开始时，CPU 将过程映像输出区的数据传送给输出模块，再由后者驱动外部负载。用户程序访问 PLC 的输入和输出地址区域时，不是去读、写数字量模块中的信号状态，而是访问 CPU 的过程映像区。在扫描循环中，用户程序计算输出值，并将它们存入过程映像输出区。在下一次循环扫描开始时，将过程映像输出区的内容写到数字量输出模块。

I 和 Q 均可以按位、字节、字和双字进行访问，如 I0.0、IB0、QW0 和 QD0。

2. 外设输入/输出

在 I/O 点的地址或符号地址的后面附加"：P"，可以立即访问外设输入或外设输出（也称物理输入/输出）。通过给输入点的地址附加"：P"，如"I0.3：P"或者"start：

P",可以立即读取 CPU、信号板和信号模块的数字量输入和模拟输入。因为数据从物理信号源直接读取,而不是从最后一次刷新的过程映像输入中复制,因此这种访问被称为"立即读"访问,且该访问是只读的。

由于外设输入点从直接连接在该点的现场设备接收数据值,因此写外设输入是禁止的。用"I_:P"访问外设不会影响存储在过程映像输入区的对应值。

通过给输出点的地址附加":P",如"Q0.1:P"或者"run:P",可以立即写 CPU、信号板和信号模块的数字量输出和模拟输出。因为数据被立即写入目标点,而不是从最后一次刷新的过程映像输出传送给目标地址,因此这种访问被称为"立即写"访问,且该访问是只写的。

由于外设输出点直接控制与该点连接的现场设备,因此读外设输出点是被禁止的。用"Q_:P"访问外设同时会影响外设输出点和存储在过程映像输出区的对应值。

3. 位存储区

位存储区(M 存储区)用来存储运算的中间操作状态或其他控制信息,简称 M 区。M 区使用频率很高,能够以位、字节、字、双字的形式进行访问,程序运行时需要的很多中间变量都存放在 M 区。M 区的数据可以在全局范围内进行访问,不会因为数据块调用结束而被系统收回。但要注意默认情况下,M 区的数据在断电后无法保存,若需要保存该数据,则需将该数据设置成断电保持,此时系统会在电压降低时自动将其保存到保持存储区。

4. 数据块

数据块用来存储程序的各种数据,包括中间操作状态或者 FB(功能块)的其他控制信息参数,以及某些指令(如定时器、计数器指令)需要的数据结构。

数据块可以按位(如 DB1.DBX3.5)、字节(如 DB1.DBB2)、字(如 DB1.DBW4)或双字(如 DB1.DBD10)进行访问。在访问数据块中的数据时,要指明数据块的名称,如 DB1.DBW20 中 DB1 为数据块的名称。

如果启用了块属性"优化的块访问",不能用绝对地址访问数据块和代码块接口区中的临时局部数据。

5. 临时存储器

临时存储器用于存储代码块被处理时使用的临时数据。临时存储器类似于 M 存储器,两者的区别在于 M 存储器是全局的,而临时存储器是局部的。

临时存储器主要存放 FB 或 FC 运行过程中的临时变量,它只在 FB 或 FC 被调用的过程中有效,调用结束后该变量的存储区将被操作系统收回。临时数据存储区的数据是局部有效的,也称局部变量,它只能被调用的 FB 访问。临时变量不能被保存到保持存储区。

5.3.3 数据存储及内存区域寻址

为了存储数据,S7-1200 PLC CPU 提供了如下选项。

(1)输入/输出过程映像区。用户可以在程序中通过访问此区域来读取输入/输出。

(2)物理输入/输出区域。相对于输入/输出过程映像区,用户可以通过在输入/输出过程映像区地址后增加":P"的格式来直接访问物理输入/输出区域。

(3)数据块。数据块可以分为全局数据块(Global DB),用来存储所有块都需要访问的数据;背景数据块(Instance DB),用来存储某个 FB 的结构与参数。

(4) 临时存储区。此区域用来存储临时数据。当程序块执行完毕，此临时存储区被系统释放。地址访问包括以下格式。

① 位寻址，如 I0.0，M0.0，DB1.DBX0.0。

② 字节寻址，如 IB0，MB0，DB1.DBB0。

③ 字寻址，如 IW0，MW0，DB1.DBW0。

④ 双字寻址，如 ID0，MD0，DB1.DBD0。

⑤ 符号寻址，如"START""STOP"。

5.4 用户程序结构

5.4.1 程序结构简介

S7-1200 PLC 与 S7-300/400 PLC 的用户程序结构基本上相同，相对于 S7-200 PLC 灵活得多。

1. 代码块的种类

S7-1200 PLC 可采用模块化编程，将复杂的自动化任务划分为对应于生产过程功能较低的子任务，每个子任务对应一个称为"块"的子程序，可以通过块与块之间的相互调用来组织程序。这样的程序易于修改、查错和调试。块结构显著地增加了 PLC 程序的组织透明性、可理解性和易维护性。各种块的简要说明如表 5-4 所示，其中 OB、FB、FC 都包含代码，统称为代码（Code）块。

表 5-4 用户程序中的块

块	简要描述
组织块（OB）	操作系统与用户系统的接口，决定用户程序的结构
功能块（FB）	用户编写的包含经常使用的功能的子程序，有专用的背景数据块
功能（FC）	用户编写的包含经常使用的功能的子程序，没有专用的背景数据块
背景数据块（Instance DB）	用于保存 FB 的输入变量、输出变量和静态变量，其数据在编译时自动生成
全局数据块（Global DB）	存储用户数据的数据区域，供所有的代码块共享

2. 用户程序结构

创建用于自动化任务的用户程序时，需要将程序的指令插入下列代码块中。

（1）组织块（OB）：用于 CPU 中的特定事件，可中断用户程序的运行。其中 OB1 为执行用户程序默认的组织块，是用户必需的代码块，一般用户程序和调用程序块都在 OB1 中完成。如果程序中包括其他的 OB，那么当特定事件（启动任务、硬件中断事件等）触发这些 OB 时，OB1 的执行会被中断。特定事件处理完毕后，会恢复 OB1 的执行。

（2）功能块（FB）：也称函数块，相当于带背景块的子程序，用户在 FB 中编写子程序，然后在 OB 块或 FB、FC 中去调用它。调用 FB 时，需要将相应的参数传递到 FB，并指明其背景 DB，背景 DB 用来保存该 FB 执行期间的值状态，该值在 FB 执行完也不会丢失，程序中的其他块可以使用这些值状态。通过更改背景 DB 可使一个 FB 被调用多次。例如，借用包含每个泵或变频器的特定运行参数的不同背景 DB，同一个 FB 可以控制多个泵或变频器的运行。

（3）功能（FC）：也称函数，相当于不带背景块的子程序，用户在 FC 中编写子程序，然后在 OB 块或 FB、FC 中去调用它。调用块将参数传递给 FC，FC 执行程序。函数是快速执行的代码块，用于完成标准的和可重复使用的操作（如算术运算等）。FC 中的输出值必须写入存储器地址或全局 DB 中。

用户可根据实际要求，选择线性结构或模块化结构创建用户程序，如图 5-10 所示。

线性程序按照顺序逐条执行用于自动化任务的所有指令。通常线性程序将所有指令代码都放入循环执行程序的 OB（如 OB1）中。模块化程序则调用可执行特定任务的代码块（如 FB、FC）。要创建模块化结构，需要将复杂的自动化任务分解为更小的次级任务，每个代码块都为每个次级任务提供相应的程序代码段，通过从另一个块中调用其中的一个代码块来构建程序。

被调用的代码块又可以调用别的代码块，这种调用称为嵌套调用，如图 5-11 所示。从程序循环 OB 或启动 OB 开始，S7-1200 PLC 的嵌套深度为 16；从中断 OB 开始，S7-1200 PLC 的嵌套深度为 6。在块的嵌套调用中，调用者可以是各种代码块，被调用的块是 OB 之外的代码块。调用 FB 时需要为它指定一个背景数据块。

当一个代码块调用另一个代码块时，CPU 会执行被调用块中的程序代码。执行完被调用块后，CPU 会继续执行该块调用之后的指令。

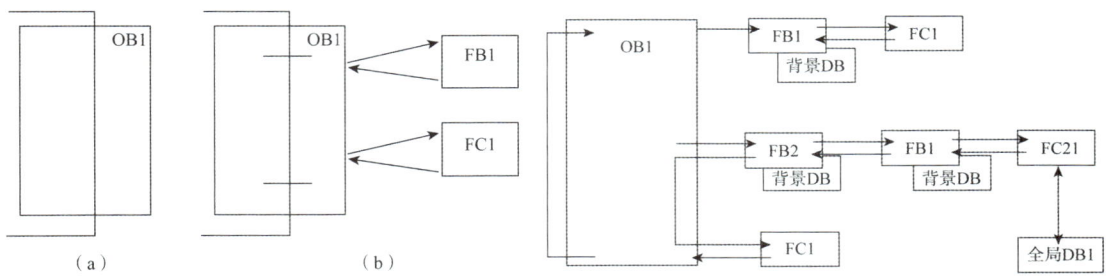

图 5-10　用户程序的结构
（a）线性结构；（b）模块化结构

图 5-11　块的嵌套调用

5.4.2　组织块

组织块（Organization Block，OB）是操作系统和用户程序之间的接口，由操作系统进行调用。组织块中除了可以用来实现 PLC 扫描循环控制以来，还可以完成 PLC 的启动、中断程序的执行和错误处理等功能。熟悉各类组织块的使用对于提高编程效率和程序的执行速率有很大的帮助。本节主要介绍几种主要组织块，其余组织块可以通过查阅西门子 PLC 编程手册来了解。

1. 事件和组织块

事件是 S7-1200 PLC 操作系统的基础，有能够启动 OB 和无法启动 OB 两种类型事件。能够启动 OB 的事件会调用已经分配给该事件的 OB 或按照事件的优先级将其输入队列，如果没有为该事件分配 OB，则会触发默认系统响应。无法启动 OB 的事件会触发相关事件类别的默认事件响应。因此，用户程序循环取决于事件和给这些事件分配的 OB，以及包含在 OB 中的程序代码或在 OB 中调用的程序代码。

表 5-5 为能够启动 OB 的事件，其中包括相关的事件类型。无法启动 OB 的事件如表 5-6 所示，其中包括操作系统的相应响应。

表 5-5 能够启动 OB 的事件

事件类型	OB 编号	OB 个数	启动事件	队列深度	OB 优先级	优先级组
程序循环	1 或 ≥123	≥1	启动或结束前一循环 OB	1	1	1
启动	100 或 ≥123	≥0	从 STOP 模式切换到 RUN	1	1	
时间延迟	≥123	≤4	延迟时间到	8	3	
循环中断	≥123	≤4	固定的循环时间到	8	4	
硬件中断	≥123	≤50	上升沿（≤16 个）、下降沿（≤16 个）	32	5	2
			HSC 计数值=设定值，计数方向编号，外部复位	16	6	
诊断错误	82	0 或 1	模块检测到错误	8	9	
时间错误	80	0 或 1	超过最大循环时间，调用的 OB 正在执行，队列溢出，因为中断负荷过高丢失中断	8	26	3

表 5-6 无法启动 OB 的事件

事件级别	事件	事件优先级	系统反应
插入/拔出	插入/拔出模块	21	STOP
访问错误	刷新过程映像的 I/O 访问错误	22	忽略
编程错误	块内的编程错误	23	STOP
I/O 访问错误	块内的 I/O 访问错误	24	STOP
超过最大循环时间的两倍	超过最大循环时间的两倍	27	STOP

当前的 OB 执行完，CPU 将执行队列中最高优先级的事件 OB，优先级相同的事件按"先来先服务"的原则处理。如果高优先级组中没有排队的事件，则 CPU 将返回较低的优先级组中被中断的 OB，从被中断的地方开始继续处理。

2. 程序循环组织块

需要连续执行的程序应放在主程序 OB1 中，CPU 在 RUN 模式时循环执行 OB1，可以在 OB1 中调用 FC 和 FB。

如果用户程序生成了其他程序循环 OB，则 CPU 将按 OB 的编号顺序执行它们。首先执行主程序 OB1，然后执行编号大于等于 123 的程序循环 OB。一般只需要一个程序循环 OB。

S7-1200 PLC 允许使用多个程序循环 OB，并按 OB 的编号顺序执行。OB1 是默认设置，其他程序循环 OB 的编号必须大于或等于 123。程序循环 OB 的优先级为 1，可被高优先级的 OB 中断；程序循环执行一次需要的时间即为程序的循环扫描周期。最长循环时间默认设置为 150 ms。如果用户程序超过了最长循环时间，则操作系统将调用 OB80（时间故障 OB）；如果 OB80 不存在，则 CPU 停机。

在"电动机启停控制"程序中，打开"项目树"中的文件夹"\ PLC_1 [CPU 1214C AC/DC/Rly] \ 程序块"，双击其中的"添加新块"按钮，单击打开的"添加新块"对话框中的"组织块"按钮，如图 5-12 所示，选中列表中的"Program cycle"，生成一个程序循环组织块，OB 默认编号为 123。块的名称默认为 Main_1。

在新生成的 OB123 中输入一条简单的程序，将它们下载到 CPU，将 CPU 切换到 RUN 模式后进行调试，可以发现 OB1 和 OB123 中的程序均被循环执行。

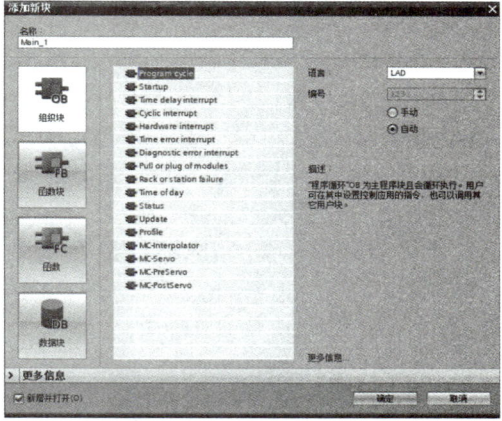

图 5-12　生成程序循环组织块

3. 启动组织块

启动（Startup）OB 用于初始化，CPU 从 STOP 模式切换到 RUN 模式时，执行一次启动 OB。执行完后，开始执行程序循环 OB1。允许生成多个启动 OB，默认的是 OB100，其他的启动 OB 的编号应大于等于 123。一般只需要一个启动 OB 或者不用。

4. 延时中断组织块

延时中断 OB 在一段可设置的延时时间后启动。S7-1200 PLC 最多支持 4 个延时中断 OB，"SRT_DINT"扩展指令用于启动延时中断，该中断在超过参数指定的延时时间后调用延时中断 OB。延时时间范围为 1~6 000 ms，精度为 1 ms。"CAN_DINT"扩展指令用于取消启动的延时中断。"QRY_DINT"扩展指令用于查询延时中断的状态。延时中断 OB 的编号必须为 20~23，或大于等于 123。

5. 循环中断组织块

循环中断（Cyclic Interrupt）OB 按设定的时间间隔循环执行。例如，如果时间间隔为 100 ms，则在程序执行期间会每隔 100 ms 调用该 OB 一次。S7-1200 PLC 用户程序中最多可使用 4 个循环中断 OB 或延时中断 OB。例如，如果已使用 2 个延时中断 OB，则在用户程序中最多可以再插入 2 个循环中断 OB。

在 CPU 运行期间，可以使用"SET_CINT"扩展指令重新设置循环中断的间隔时间、相移时间；同时还可以使用"QRY_CINT"扩展指令查询循环中断的状态。循环中断 OB 的编号必须为 30~38，或大于等于 123。

6. 硬件中断组织块

硬件中断（Hardware Interrupt）OB 在发生相关硬件事件时执行，可以快速地响应并执行硬件中断 OB 中的程序（如立即停止某些关键设备）。硬件中断事件包括内置数字输入端的上升沿和下降沿事件以及 HSC（高速计数器）事件时。当发生硬件中断事件时，硬件中断 OB 将中断正常的循环程序而优先执行。

S7-1200 PLC 可以在硬件配置的属性中预先定义硬件中断事件，一个硬件中断事件只允许对应一个硬件中断 OB，而一个硬件中断 OB 可以分配给多个硬件中断事件。在 CPU 运行期间，可使用"ATTACH"指令和"DETACH"分离指令对中断事件重新分配。硬件中断 OB 的编号必须为 40~47，或大于等于 123。

硬件中断事件组态示例：首先按照前述方法生成硬件中断组织块 OB40，名称为 Hardware interrupt。

双击"项目树"的文件夹"PLC_1[CPU 1214C AC/DC/Rly]"中的"设备组态"，打开"设备视图"，选中 CPU，在"属性"选项卡的"常规"中，选择"数字量输入"→"通道 0"，即 I0.0，在其界面中勾选"启用上升沿检测"复选按钮，激活"启用上升沿检测"功能，如图 5-13 所示。

单击"硬件中断"选择框最右边的省略按钮，在弹出的对话框的 OB 列表中选择"Hardware interrupt[OB40]"，便将 OB40 指定给 I0.0 的上升沿中断事件。出现该中断时将会调用 OB40，并执行其中的用户程序。

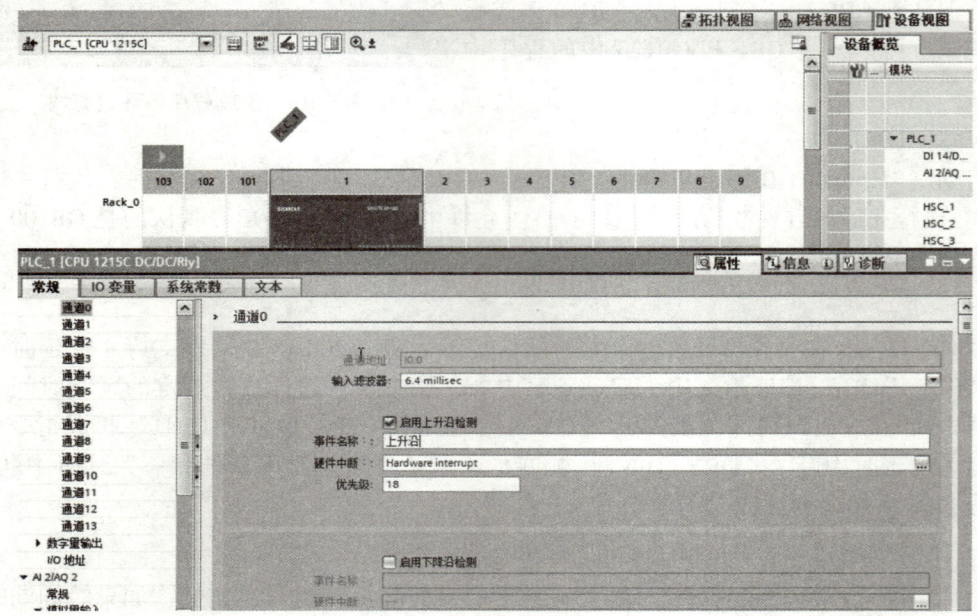

图 5-13 激活"启用上升沿检测"功能

7. 时间错误中断组织块

时间错误中断（Time Error Interrupt）OB80。当 CPU 中的程序执行时间超过最大循环时间或者发生时间错误事件时，如循环中断 OB 仍在执行前一次调用时，该循环中断 OB 的启动事件再次发生，将触发时间错误中断优先执行 OB80。由于 OB80 的优先级最高，故它将中断所有正常循环程序或其他所有 OB 事件的执行而优先执行。

8. 诊断错误中断组织块

诊断错误中断（Diagnostic Error Interrupt）OB82。S7-1200 PLC 支持诊断错误中断，可以为具有诊断功能的模块启用此功能来检测模块状态。

OB82 是唯一支持诊断错误事件的 OB，出现故障（进入事件）、故障解除（离开事件）均会触发诊断中断 OB82。当模块检测到故障并且在软件中发生了诊断错误中断时，操作系统将启动诊断错误中断，OB82 将中断正常的循环程序优先执行。此时无论程序中有没有诊断错误中断 OB82，CPU 都会保持 RUN 模式，同时 CPU 的 ERROR 指示灯闪烁。

5.4.3 数据块

数据块是用于存放执行代码块时所需数据的区域。与代码块不同，数据块没有指令，Step7 按数据生成顺序自动为数据块中的变量分配地址。有以下两种类型的数据块。

全局数据块：存储供所有代码块使用的数据，所有的 OB、FB 和 FC 都可以访问。

背景数据块：存储供特定 FB 使用的数据，即对应 FB 的输入、输出参数和局部静态变量。FB 的临时数据（Temp）不是用背景数据块保存的。

1. 全局数据块的生成与使用

下面用加法指令（整数加法和实数加法）介绍全局数据块的生成和使用方法。

新建一个项目，命名为“全局数据块使用”，CPU 选择 1215C。打开“项目树”中文件夹“\ PLC_1[CPU 1214C AC/DC/Rly]\ 程序块”，双击其中的“添加新块”按钮，在打开的“添加新块”对话框中单击“数据块”按钮，在右侧“类型”下拉列表中选择“全局 DB”（默认），如图 5-14 所示。

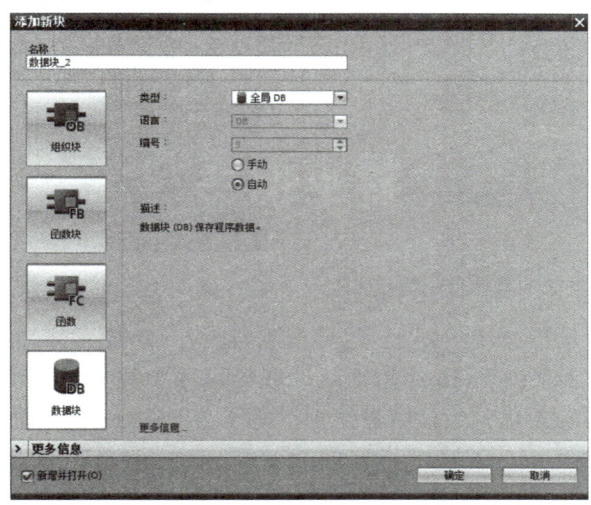

图 5-14　生成全局数据块

全局数据块默认名称为“数据块_2”，也可以手动修改，数据块编号为 DB1。在打开的“数据块_2”视图中可以新建各种类型的变量，在这里我们建立 SB1（Bool）、SB2（Bool）、SUM1（Int）以及 SUM2（Real）4 个变量，如图 5-15 所示。

数据块_2

	名称	数据类型	起始值	保持	从 HMI/OPC...	从 H...	在 HMI ...	设定值	注释
1	▼ Static								
2	SB1	Bool	false	☐	☑	☑	☑	☐	
3	SB2	Bool	false	☐	☑	☑	☑	☐	
4	SUM1	Int	0	☐	☑	☑	☑	☐	
5	SUM2	Real	0.0	☐	☑	☑	☑	☐	
6	<新增>								

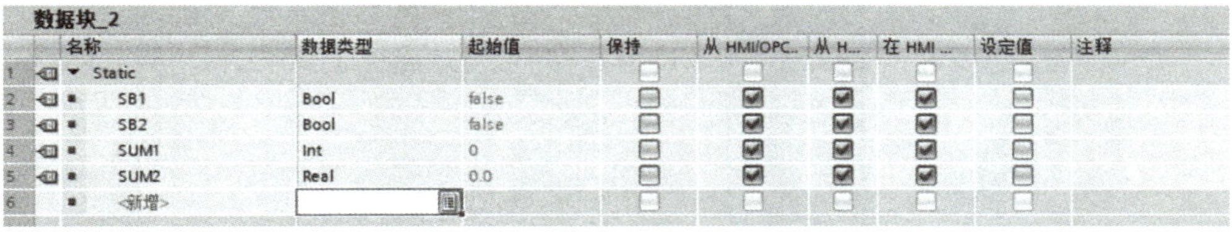

图 5-15　在全局数据块中建立变量

在 OB1 中编写的程序如图 5-16 所示，下载并在线监控，为了调试方便，程序段 1 用 I0.0 和 I0.1 分别为“数据块_2”．SB1 和“数据块_2”．SB2 赋值。按下 SB1，执行整数加法，将和写入“数据块_2”．SUM1；按下 SB2，执行实数加法，将和写入“数据块_2”

SUM2 中。图 5-16 为全局数据块的具体使用程序。

思考：请读者自己实验，如果程序段 2 不用沿指令运行，结果应该是什么？

2. 背景数据块的生成与使用

下面用增减计数器指令介绍背景数据块的使用方法。

在"全局数据块使用"项目中，打开 OB1，用鼠标将常用指令下"计数器操作"中的 CTUD 拖曳至程序段，此时自动跳出背景数据块编辑界面，如图 5-17 所示。将名称改为"C1"，背景数据块采用自动编号。

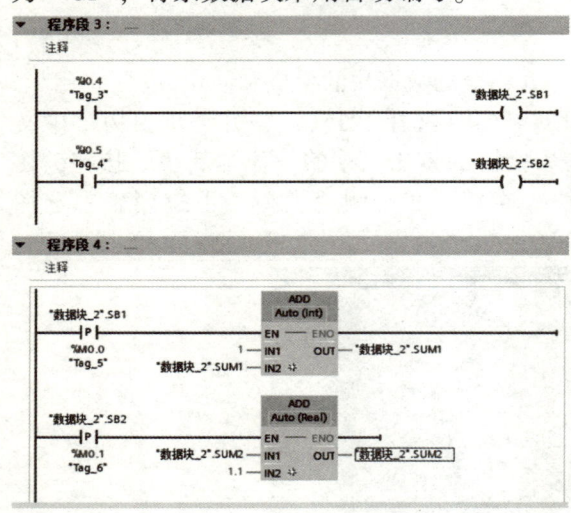

图 5-16　全局数据块的具体使用程序　　图 5-17　增减计数器的背景数据块生成

编写如图 5-18 所示增减计数器程序，下载、运行并启用程序监视功能，手动重复修改 M4.0 为 1 再为 0，观察图 5-18 所示增减计数器程序中的"%DB1"和图 5-19 所示的背景数据块 C1 中数据的变化，当计数器值大于等于 3 时，Q0.0 接通。

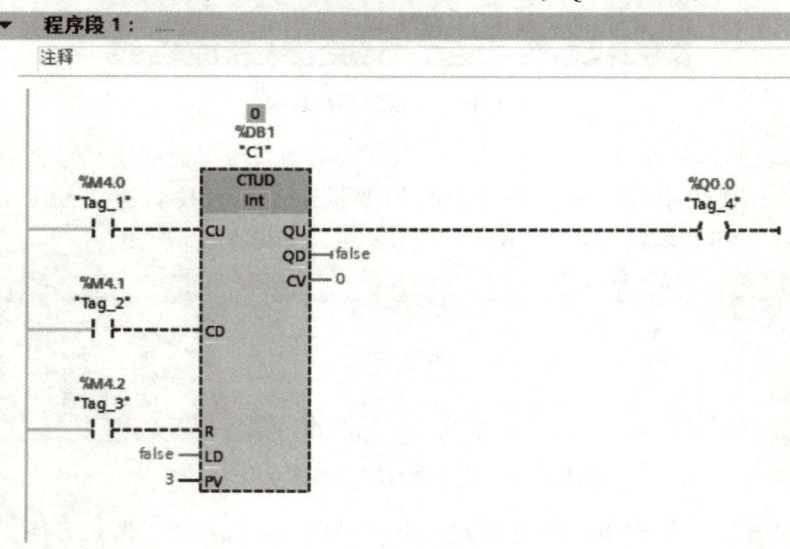

图 5-18　执行增减计数器程序

118

S7-1200 PLC程序设计基础 第5章

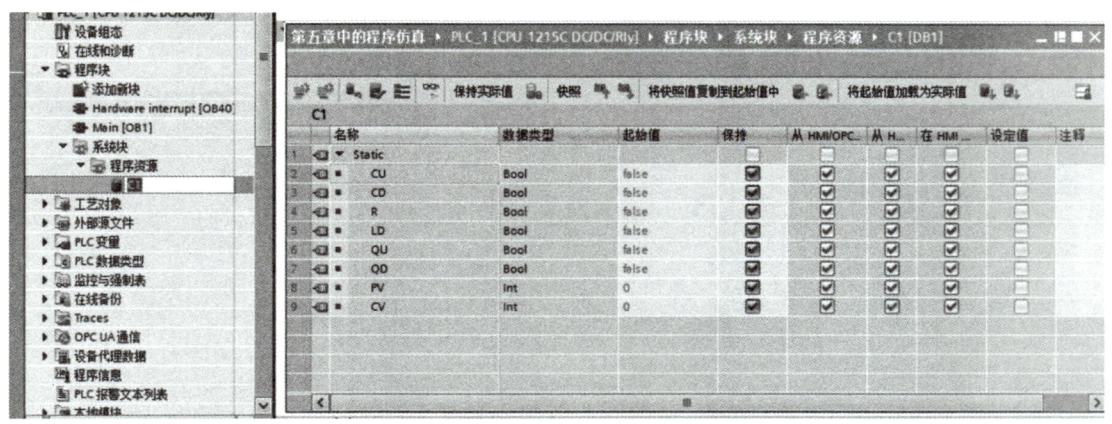

图 5-19 在线的背景数据块

5.4.4 函数

函数是用户编写的子程序,又称功能,它包含完成特定任务的代码和参数。FC 和 FB 有与调用它的块共享的输入和输出参数。执行完 FC 和 FB 后,返回调用它的代码块。

函数是快速执行的代码块,用于完成标准的和可重复使用的操作,如算术运算;用于完成技术功能,如使用位逻辑运算的控制。

可以在程序的不同位置多次调用同一个 FC,这可以简化重复执行任务的编程。

函数没有固定的存储区,执行结束后,其临时变量中的数据就丢失了。可以用全局数据块或 M 存储区来存储那些在函数执行结束后需要保存的数据。

1. 生成 FC

例如:温度变送器测量温度为 0～100℃,经过 A/D 转换,数据为 0～27 648,采集的实际温度值:实际值=输入值*限值/27 648。

新建一个项目计算温度实际值,命名"FC-FB 实例"。CPU 的型号选择为"CPU 1214C AC/DC/Rly"打开"项目树"中的文件夹"\ PLC_1[CPU 1214C AC/DC/Rly] \ 程序块",双击其中的"添加新块"按钮,单击"函数"按钮,FC 默认编号为"自动",编程语言为 LAD。设置函数的名称为"FC 块_1",如图 5-20 所示,勾选左下角的"新增并打开"复选按钮,单击"确定"按钮返回。

2. 生成 FC 的局部变量

生成 FC 后,可以在"项目树"的文件夹"\ PLC_1[CPU 1214C AC/DC/Rly] \ 程序块"中看到新生成的"FC 块_1[FC1]",如图 5-21 所示。双击"FC 块_1[FC1]",在右侧打开的视图中编辑 FC1 的局部变量。首先将函数的接口区打开,并拉动分隔条将接口区拖曳至合适的位置,接口区下面是程序编辑区,可以通过单击块接口区和程序编辑区之间的▲和▼隐藏或显示接口区。

电气控制与PLC应用

图 5-20　生成 FC

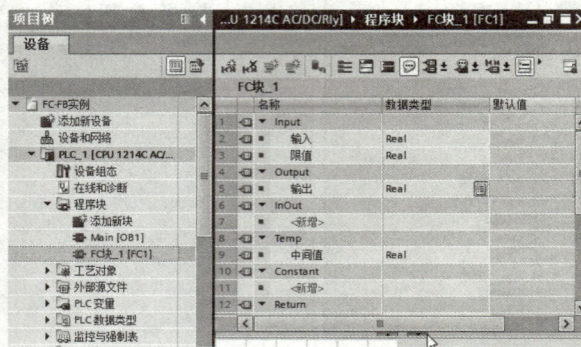

图 5-21　生成 FC1 的局部变量

在接口区可以生成局部变量,但是这些局部变量只能在它所在的块中使用,且均为符号访问寻址。块的局部变量名称由字符(可为汉字)、下划线和数字组成。在编程时引用局部变量,系统自动在局部变量名前面加上"#"标识符(全局变量使用双引号,绝对地址前加"%")。

FC 主要使用以下 5 种局部变量。

(1) Input(输入参数):由调用它的块提供输入数据。

(2) Output(输出参数):返回给调用它的块程序执行结果。

(3) InOut(输入-输出参数):初值由调用它的块提供,执行完成后将它的返回值返回给调用它的块。

(4) Temp(临时数据):暂时保存在局部数据堆栈中的数据。只是在执行块时使用临时数据,执行完后,不再保存临时数据的值,它可能被别的块的临时数据所覆盖。

(5) Return 中的 Ret_Val(返回值),属于输出参数。

本实例中在 FC1 中实现实际压力计算,FC 局部变量设置如下。

(1) Input 生成变量:

① "输入" 数据类型选择 Int;

② "限值" 数据类型选择 Real。

(2) InOut 生成变量 "输出",数据类型选择 Real。

(3) Temp 生成变量 "中间值",数据类型选择 Real。

生成局部变量时,不需要指定存储器地址,根据各变量的类型,程序编辑器会自动为所有变量指定存储器地址。

返回值 Ret_Val 属于输出参数,默认的数据类型为 Void,该数据类型不保存数据,用于功能不需要返回值的情况,在调用 FC1 时,看不到 Ret_Val。

如果将它设置为 Void 之外的数据类型,则在 FC1 内部编程时可以使用该变量,调用 FC1 时可以在方框的右边看到作为输出参数的 Ret_Val。

3. 编写 FC 程序

在 FC1 的程序编辑区按控制要求输入用户程序,选择变量时可以单击相应按钮,在下拉列表中选择变量。FC 中的局部变量又称形式参数,简称形参。调用时,需要将实际参数（实参）赋值给形参才能完成控制逻辑。

输入的子程序如图 5-22 所示。"CONV"将采集来的 Int 型数据转换成 Real 型中间值，"MUL"中间值与限值（100）相乘，"DIV"中间值除以 27 648，得到实际温度。

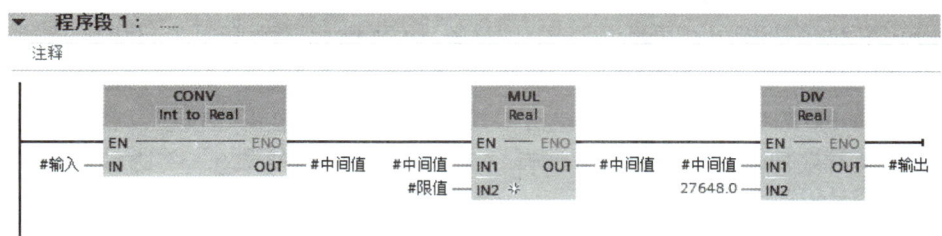

图 5-22　FC1 中的程序

4. 在 OB 中调用 FC1

在"项目树"中添加 PLC 全局变量，如图 5-23 所示。

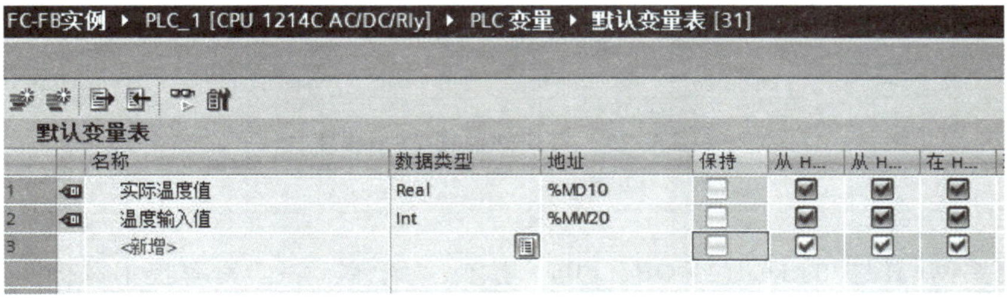

图 5-23　全局变量的建立

双击打开 Main [OB1]程序编辑视窗，将"项目树"中的"FC 块_1[FC1]"用鼠标拖曳至程序段 1 的水平线上。接下来将实参赋值给 FC1 的形参，对于输入赋值，既可以采用触点形式，也可以直接输入地址，如图 5-24 所示。赋值给形参时，可以采用变量表和全局数据块中定义的符号地址或绝对地址，也可以调用 FC1 的块的局部变量。

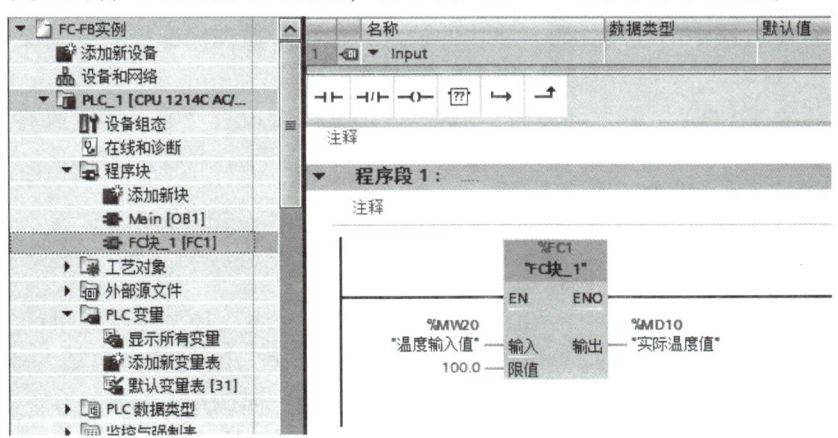

图 5-24　在 OB1 中调用 FC1

此外，在 FC1 中也可以使用绝对地址或符号地址进行编程，即在 FC1 中不使用局部变量，从而程序的可移植性将大大降低。

通常，使用形参编程比较灵活、方便，特别对于重复功能的编程来说，仅需要在调用时改变实参即可，便于用户阅读及程序维护，而且能实现模块化编程。

5. 调试 FC

将项目下载到目标 PLC，并将 CPU 切换至 RUN 模式。单击"项目树"→"监控与强制表"，添加监控表 1，将温度输入值设为"12345"，右击，在下拉列表中选择"修改"，再打开 OB1 的程序编辑视窗，单击工具栏上的"全部监视"按钮，启用状态监视功能。右击 FC1 程序块，在下拉列表中选择"打开并监视"，如图 5-25 所示，监视当前调用的 FC 的执行情况。

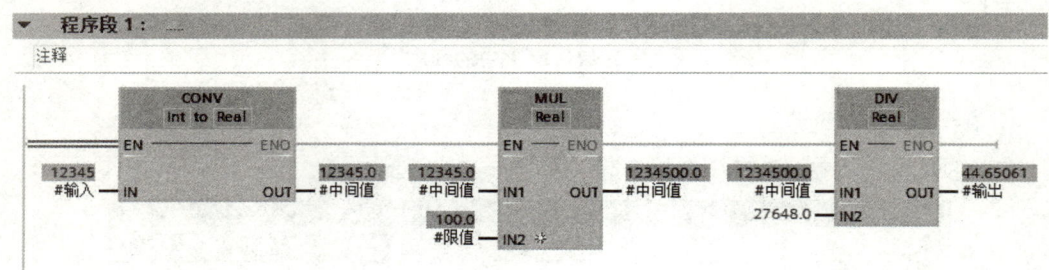

图 5-25　打开并监视 FC1 程序

6. 为 FC 加密

选中需要密码保护的 FC（或 OB、FB），执行"编辑"→"专有技术保护"→"定义"命令，在打开的对话框中输入新密码并确认密码。此时，被加密后的 FC 只能看到接口区的变量，无法看到内部程序。只有输入正确的密码才能看到 FC 的程序代码。

5.4.5　函数块

函数块是用户编写的子程序，又称功能块。函数块的典型应用是执行不能在一个扫描周期结束的操作。调用函数块时，需要指定背景数据块，背景数据块是函数块专用的存储区。CPU 执行函数块中的程序代码，将块的输入、输出参数和局部静态变量保存在背景数据块中，函数块执行完毕后背景数据块中的数据不会丢失。

在博途环境或 STEP 7 开发环境中，函数块（FB）接口有"Static"。所有在"Static"栏内定义的变量都将会被存放到背景数据块中。在 FB 运行结束后，"Static"中定义的变量不会被释放，这种变量称为静态变量。

函数块的生成、变量设置、程序设计、调用、仿真等操作过程与 FC 基本相同。

FC 与 FB 的主要区别有以下 5 点。

（1）调用 FB 时，需分配一个（DB），称为背景数据块。其与系统提供的"定时器操作"中的"TON"块一样，系统提供的数据块在"系统块"的"程序资源"中，FB 的数据块放在"程序块"中，每次调用都会产生一个数据块；而调用 FC 时，不需要分配。

（2）FB 接口区中的"Static"静态变量具有存储过程值的功能，并保存到了对应的背景数据块地址中，其他程序可以直接对背景数据块中的变量进行读写；而 FC 临时变量 Temp 不能被其他程序读写。

（3）FC 没有静态变量，FB 有保存在背景数据块中的静态变量。FC 如果有执行完后需要保存的数据，只能存放在全局变量中（如全局数据块和 M 存储区），但这样会影响 FC 的可移植性。

（4）调用 FB 后，它的形参不需要分配实参；而调用 FC 后，它的每一个形参都需要分配实参，否则会报错。

（5）FC 中的 RETURN 形参可以把 FC 执行的状态或错误信息，比较明确地返回给实参；当然 FB 中也可以通过在 OUT 中创建一个 RETURN（命名别的名称也可以），实现相同的功能。

在许多场合中，用 FC、FB 作为子程序都可以实现对项目的编程控制，没有很严格的划分，根据使用情况趋向于如下选择。

（1）当形参数量不多时，偏向于使用 FC，因为 FC 不占用 DB。

（2）当形参数量较多时，偏向于使用 FB，因为在满足功能的情况下使用 FB 有一部分形参可以不赋实参，而 FC 则需要每一个形参引脚都要赋值。

（3）当程序中要求"Static"静态变量的功能比较多时，偏向于使用 FB。

实际应用中，建议选用 FC，可以添加相应数据块，供其他程序调用，从而实现 FB 的功能。

习 题

1. IEC 61131-3 标准说明了 5 种编程语言，分别是_____、_____、_____、_____、_____。
2. 梯形图中逻辑运算是按_____、_____的顺序进行的。
3. 变量表用来表示_____、_____变量。
4. 在"地址"列输入绝对地址时，按照 IEC 标准，将为变量添加_____符号。
5. Q3.5 是输出字节_____的第_____位。
6. 数据可以按_____、_____、_____或_____进行访问。
7. S7-1200 PLC 可以使用哪些编程语言？
8. S7-1200 PLC 有哪几种代码块？各有什么特点？
9. 梯形图在使用时有哪些规则？
10. FC 和 FB 有哪些区别？
11. 利用一个接通延时定时器控制灯点亮 5 s 后熄灭，试画出梯形图。
12. 设计一个闪烁电路，要求 Q0.1 为 ON 的时间为 10 s，Q0.1 为 OFF 的时间为 5 s。
13. 编写程序，在 I0.0 的上升沿将 MW40～MW60 清零。

电气控制与PLC应用

第 6 章

基本指令

学习目标

(1) 掌握 S7-1200 PLC 的基本逻辑指令、定时器指令、计数器指令及其使用方法。
(2) 掌握基本逻辑指令的使用方法和实际编程时的顺序步骤。
(3) 了解任务控制要求、外部接线、PLC 变量编辑和 PLC 程序编写全过程。
(4) 掌握各种指令的使用方法，特别是基本逻辑指令。
(5) 深入了解各种指令的执行过程，并能根据需要，对简单的项目进行程序设计。

问题思考

(1) 基本指令的综合使用方法和具体应用有哪些？
(2) 常见的有左转灯的十字路口交通灯的设计实现过程如何？

思维导图

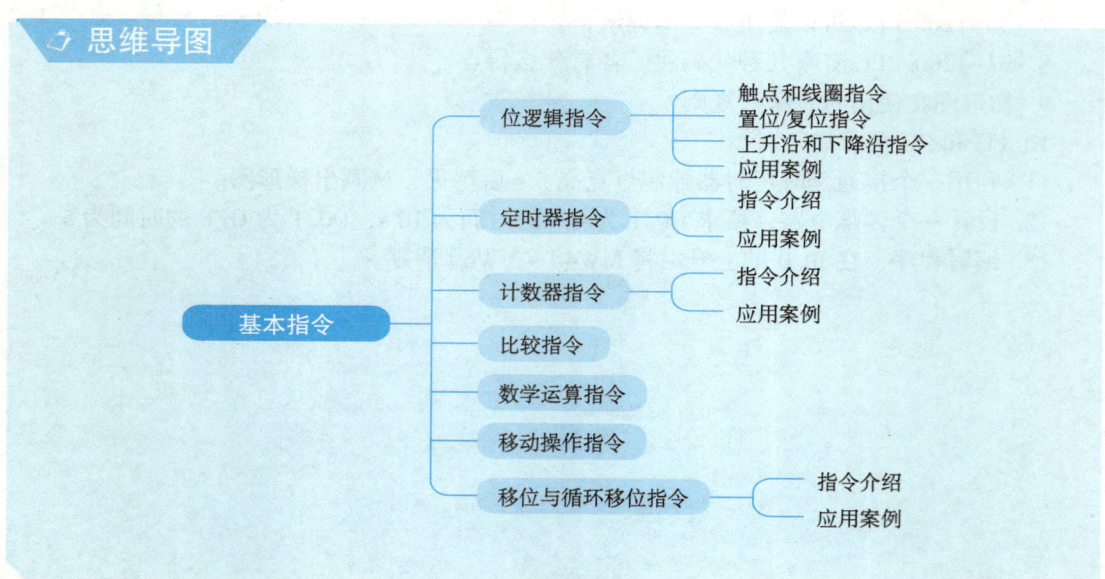

6.1 位逻辑指令

通过 PLC 实现电气系统的基本控制功能，需要编制简单的梯形图程序，最常用的就是位操作指令。位操作指令是以"位"为操作数地址的 PLC 常用的基本指令，主要包含触点指令和线圈指令。触点又分为动合触点和动断触点两种形式，语句表指令有与、或、输出取反等逻辑关系。位操作指令能够实现基本的位逻辑运算和控制。

常用的基本逻辑指令如表 6-1 所示。编制程序时使用 LAD 和 FBD 处理布尔逻辑非常高效。

表 6-1 常用的基本逻辑指令

指令名称	LAD	FBD	说明
动合触点	"IN" ⊣⊢	无	动合触点和动断触点：可将触点相互连接并创建用户自己的组合逻辑
动断触点	"IN" ⊣/⊢	无	
与（AND）	无	"IN1" "IN2" &	AND 功能框的所有输入必须都为"真"，输出才为"真"
或（OR）	无	"IN1" "IN2" >=1	OR 功能框只要有一个输入为"真"，输出就为"真"
异或（XOR）	无	"IN1" "IN2" X	XOR 功能框必须有奇数个输入为"真"，输出才为"真"
取反（NOT）	⊣NOT⊢	"IN1" "IN2" & ；"IN1" "IN2" &	LAD NOT 触点取反指"能流"输入的逻辑状态。如果没有"能流"流入 NOT 触点，则有"能流"流出；如果有"能流"流入 NOT 触点，则没有"能流"流出
输出	"OUT" ⊣ ⊢	"OUT" =	在 FBD 编程中，LAD 线圈变为分配（"="和"/="）功能框，可在其中为功能框输出指定位地址；功能框输入和输出可连接到其他功能框逻辑，用户也可以输入位地址
输出取反	"OUT" ⊣/⊢	"OUT" /= ；"OUT" =	

注："IN"的数据类型为 Bool 变量。

6.1.1 触点和线圈指令

1. 动合触点和动断触点

动合触点在指定的位，如图6-1（a）中"%I0.0"的状态为"1"时闭合，为"0"时断开。动断触点在指定的位，如图6-1（a）中"%I0.1"的状态为"1"时断开，为"0"时闭合。将两个触点串联进行"与"运算，将两个触点并联进行"或"运算，如图6-1（b）所示。后面章节为了简洁，文字描述中将"%"省去。

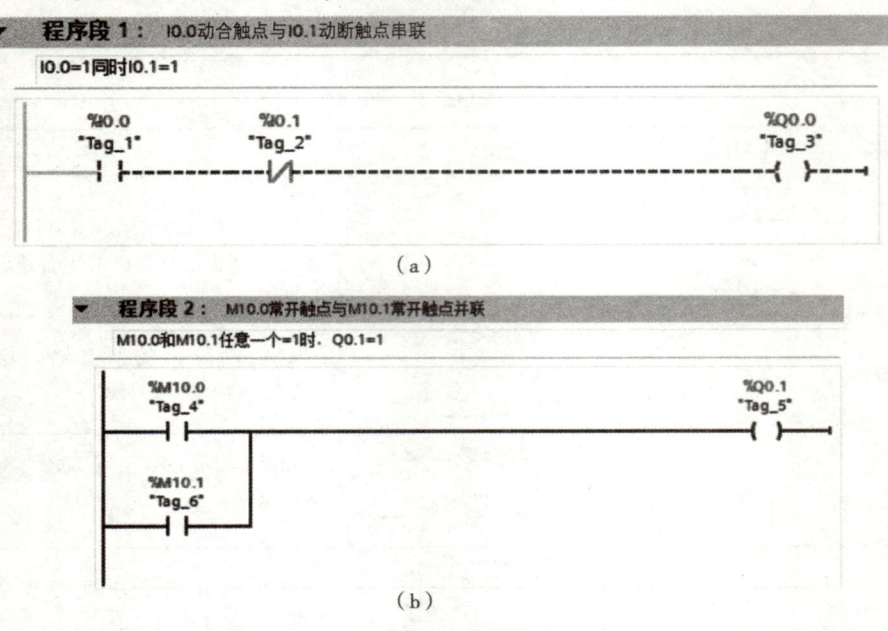

图6-1 动合触点与动断触点
（a）串联；（b）并联

2. 取反 RLO 触点

RLO 是逻辑运算结果（Result Of Logic Operation）的简称。状态字的第一位称为逻辑运算结果，该位用来存储执行位逻辑指令或比较指令的结果，RLO 的状态为"1"，表示有"能流"流到梯形图中的运算点处，状态为"0"则表示无"能流"流到该点处。图6-2中有"NOT"的触点为取反 RLO 触点，它用来转换能流输入的逻辑状态。如果没有"能流"流入取反 RLO 触点，则有"能流"流出。如图6-2（a）所示，I0.2=0，即 I0.2 没有信号输入时，Q0.3 是有"能流"流出的。如果有"能流"流入取反 RLO 触点，则没有"能流"流出。如图6-2（b）所示，I0.2=1，即 I0.2 有信号输入时，因为有取反指令 NOT，故 Q0.3 是没有"能流"流出的。具体输出的通断情况如图6-2（c）所示的时序图。

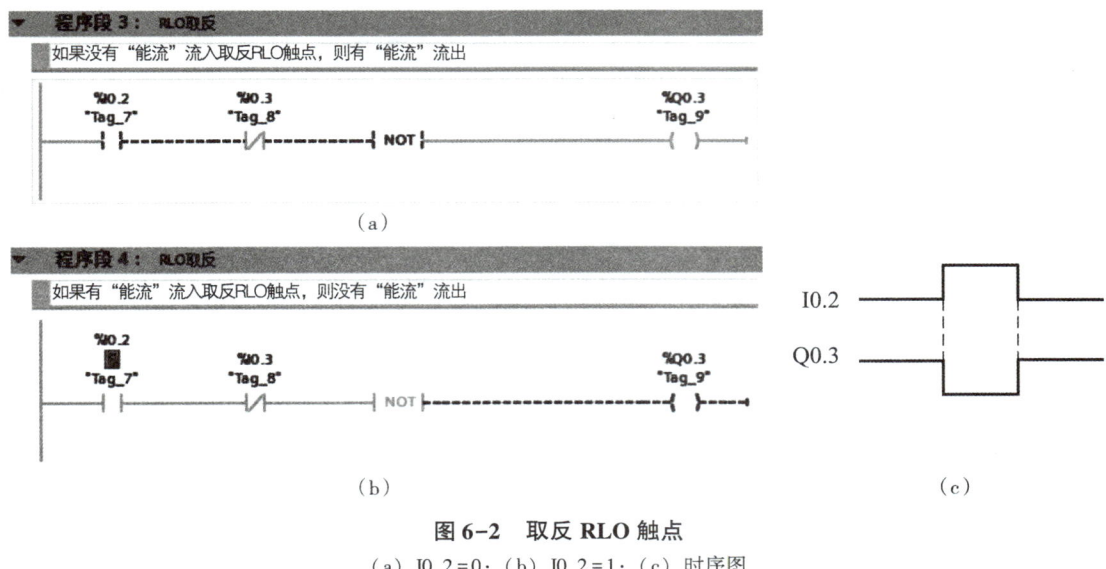

图 6-2 取反 RLO 触点

(a) I0.2=0；(b) I0.2=1；(c) 时序图

3. 线圈

线圈对应于赋值指令，该指令将输入的逻辑运算结果（RLO）的信号状态写入指定的地址，线圈得电（RLO 的状态为"1"）时写入"1"，失电时写入"0"。如图 6-3 所示，取反输出线圈 M4.1 中有"/"符号，如果有"能流"流过 M4.1 的取反线圈，则 M4.1 状态为"0"，其动合触点断开；反之 M4.1 状态为"1"，其动合触点闭合。可以用 Q0.0：P 的线圈将位数据值写入过程映像输出 Q0.0，同时立即写给对应的物理输出点。

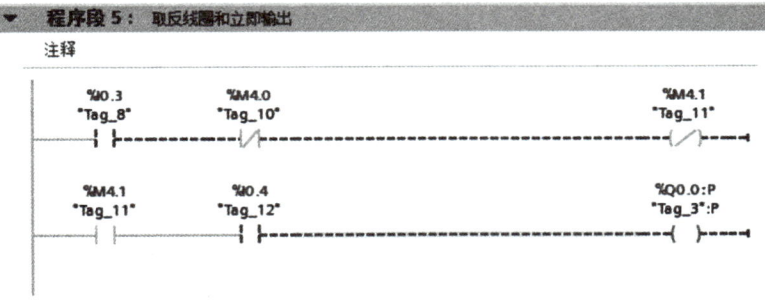

图 6-3 取反线圈和立即输出

6.1.2 置位/复位指令

S7-1200 PLC 中的置位指令和复位指令如表 6-2 所示。

表 6-2 S7-1200 PLC 中的置位指令和复位指令

指令名称	LAD	FBD	说明
单一置位	"OUT"─(S)	"OUT" "IN" S	S（置位）被激活时，OUT 地址处的数据值设置为 1。S 未被激活时，OUT 不变

续表

指令名称	LAD	FBD	说明
单一复位	"OUT"—(R)	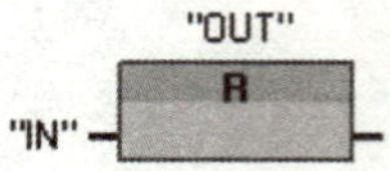 "OUT" R "IN"	R（复位）被激活时，OUT 地址处的数据值设置为 0。R 未被激活时，OUT 不变
置位位域	"OUT"—(SET_BF)—"n"	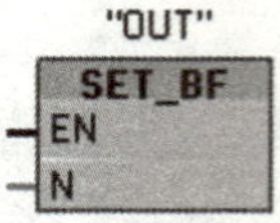 "OUT" SET_BF EN N	SET_BF 被激活时，为从寻址变量 OUT 处开始的"n"位分配数据值 1。SET_BF 未被激活时，OUT 不变
复位位域	"OUT"—(RESET_BF)—"n"	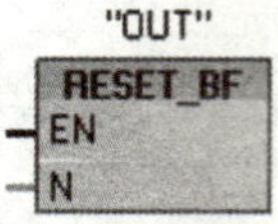 "OUT" RESET_BF EN N	RESET_BF 被激活时，为从寻址变量 OUT 处开始的"n"位写入数据值 0。RESET_BF 未被激活时，OUT 不变
置位/复位触发器	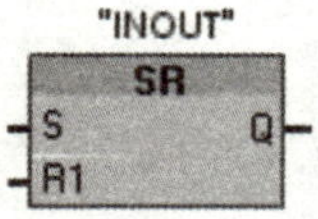	"INOUT" SR S Q R1	SR 是复位优先锁存，其中复位优先。如果置位（S）和复位（R1）信号都为真，则地址 INOUT 的值将为 0
复位/置位触发器	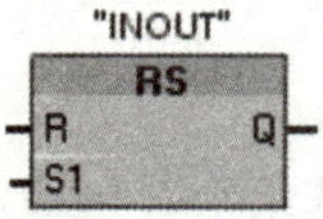	"INOUT" RS R Q S1	RS 是置位优先锁存，其中置位优先。如果置位（S1）和复位（R）信号都为真，则地址 INOUT 的值将为 1

1. 单一置位/复位指令

置位指令（S）：将指定的位操作数置位并保持（变为 1 状态并保持）。

复位指令（R）：将指定的位操作数复位并保持（变为 0 状态并保持）。当使用复位指令时，如果是对定时器（T）位或计数器（C）位进行复位，则定时器位或计数器位被复位，同时定时器或计数器的当前值被清零。

置位指令（S）和复位指令（R）最主要的特点是具有保持功能。如果图 6-4 中的 I0.3 的动合触点闭合，则 Q0.4 状态为"1"并保持该状态；即使 I0.3 的动合触点断开，Q0.4 也仍然保持 1 状态。

在程序状态中，Q0.4 的置位和复位线圈用连续的绿色圆弧和绿色的字母表示 Q0.4 为 1 状态，用间断的蓝色圆弧和蓝色的字母表示 0 状态。图 6-4 中当 I0.3 有信号输入时，Q0.4 为 1 状态并保持。只有当 I0.4 动合触点闭合时，Q0.4 的状态才由"1"变为"0"并一直保持，即使 I0.4 的动合触点断开，Q0.4 也仍然保持为 0 状态。

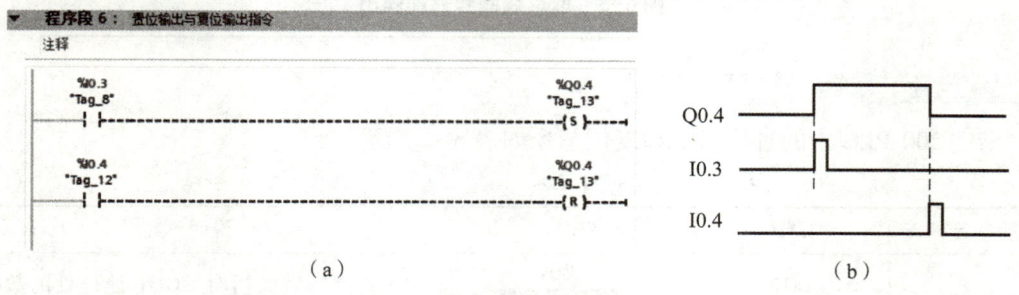

图 6-4 单一置位/复位指令的使用
(a) 程序；(b) 时序图

置位即置 1，复位即置 0。单一置位/复位指令参数的数据类型如表 6-3 所示。

表 6-3 单一置位/复位指令参数的数据类型

参数	数据类型	说明
IN（或连接到触点/门逻辑）	Bool	要监视位置的位变量
OUT	Bool	要置位或复位位置的位变量

2. 置位/复位位域指令

置位位域指令 SET_BF 将指定地址开始的连续的若干个位地址置位（变为 1 并保持）。如图 6-5 所示，当 I0.0 动合触点闭合时，从 M5.0 开始的 4 个连续的位为 1 状态并保持。

复位位域指令 RESET_BF 将指定地址开始的连续的若干个位地址复位（变为 0 状态并保持）。如图 6-5 所示，I0.1 的动合触点闭合时，从 M6.0 开始的 8 个连续位为 0 状态并保持。

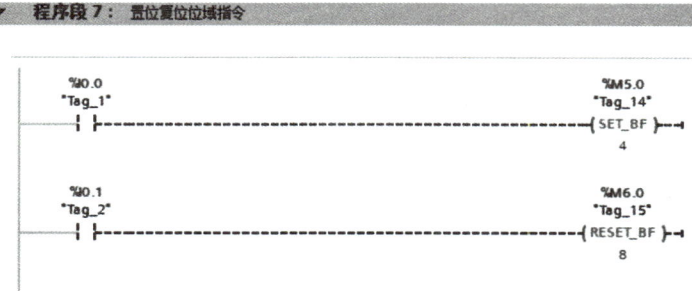

图 6-5 置位/复位位域指令

置位/复位位域指令参数的数据类型如表 6-4 所示。

表 6-4 置位/复位位域指令参数的数据类型

参数	数据类型	说明
OUT	Bool	要置位或复位的位域的起始元素（如#MyArray[3]）
n	常数（UInt）	要写入的位数

图 6-6 所示为置位/复位位域指令示例，其时序图如图 6-7 所示。

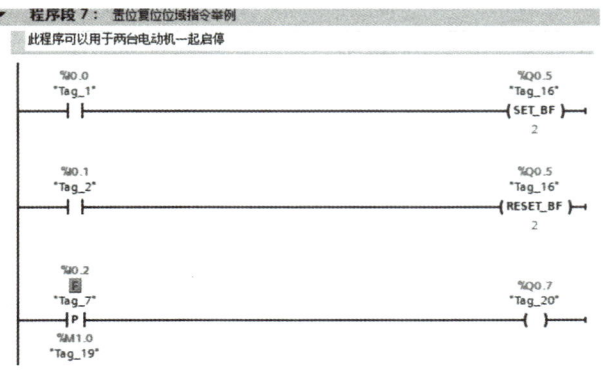

图 6-6 置位/复位位域指令示例

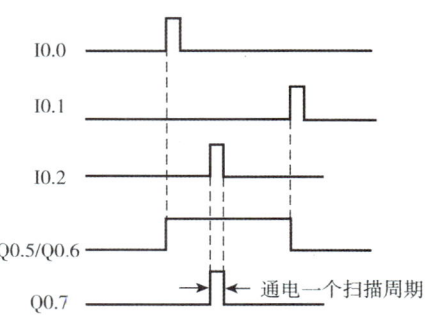

图 6-7 置位/复位位域指令时序图

3. 置位/复位（SR）触发器与复位/置位（RS）触发器

图 6-8 为 SR 触发器和 RS 触发器，其输入/输出关系如表 6-5 所示。两种触发器的区别仅在于全为 1 时，SR 触发器是复位优先锁存触发器，其中复位优先。如果置位（S）和复位（R1）信号同时为 1，则地址 INOUT 的值将为 0。图 6-8 中，如果 M3.0 和 M3.1 同时为 1，则 M5.0 被复位为 0，输出 Q0.0 反映了 M5.0 的状态。

RS 触发器是置位优先锁存触发器，其中置位优先。如果置位（S1）和复位（R）信号都为 1，则地址 INOUT 的值将为 1。图 6-8 中，如果 M4.0 和 M4.1 同时为 1，则 M5.1 被置位为 1，Q0.1 反映了 M5.1 的状态。

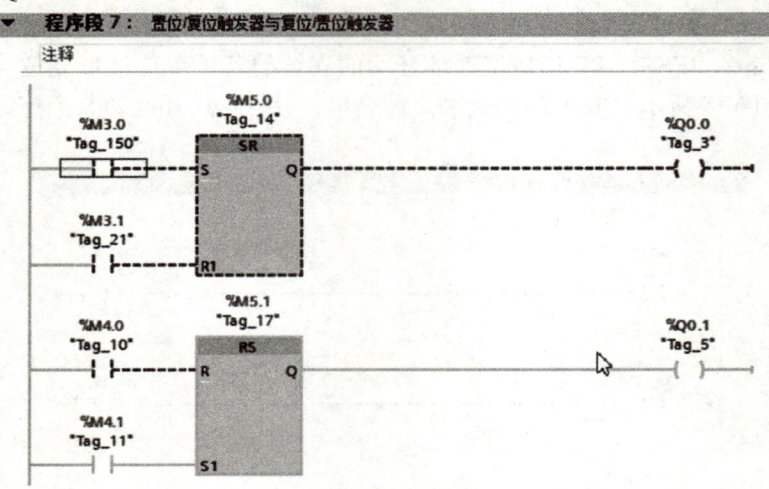

图 6-8 SR 触发器和 RS 触发器

表 6-5 SR 触发器和 RS 触发器指令真值表

指令名称	输入		输出
	S	R1	输出/bit
复位优先 SR 触发器	0	0	保持前一状态
	0	1	0
	1	0	1
	1	1	0
	S1	R	输出/bit
置位优先 RS 触发器	0	0	保持前一状态
	0	1	0
	1	0	1
	1	1	1

SR 和 RS 指令参数的数据类型如表 6-6 所示。

表 6-6　SR 和 RS 指令参数的数据类型

参数	数据类型	说明
S，S1	Bool	置位输入；1 表示优先
R，R1	Bool	复位输入；1 表示优先
INOUT	Bool	分配的位变量 "INOUT"
Q	Bool	遵循 "INOUT" 位的状态

6.1.3　上升沿和下降沿指令

在西门子 S7-1200 PLC 中对上升沿和下降沿指令有更多、更详细的区分。上升沿和下降沿相关指令如表 6-7 所示。

表 6-7　上升沿和下降沿相关指令

指令名称	LAD	FBD	说明
上升沿（输入端）	—|P|—　"IN" / "M_BIT"	P　"IN" / "M_BIT"	扫描操作数的信号上升沿
下降沿（输入端）	—|N|—　"IN" / "M_BIT"	N　"IN" / "M_BIT"	扫描操作数的信号下降沿
上升沿（输出端）	—(P)—　"OUT" / "M_BIT"	P=　"OUT" / "M_BIT"	在信号上升沿置位操作数
下降沿（输出端）	—(N)—　"OUT" / "M_BIT"	N=　"OUT" / "M_BIT"	在信号下降沿置位操作数
扫描 RLO 的信号上升沿	P_TRIG　CLK　Q　"M_BIT"		扫描 RLO 的信号上升沿
扫描 RLO 的信号下降沿	N_TRIG　CLK　Q　"M_BIT"		扫描 RLO 的信号下降沿
检测信号上升沿	"R_TRIG_DB"　R_TRIG　EN　ENO　CLK　Q		在信号上升沿置位变量
检测信号下降沿	"F_TRIG_DB_1"　F_TRIG　EN　ENO　CLK　Q		在信号下降沿置位变量

1. 扫描操作数信号边沿指令

扫描操作数信号边沿指令中包含输入端上升沿指令和输入端下降沿指令。在这两个指令中，"IN"表示边沿检测的触点（即 IN 从 OFF 状态到 ON 状态表示一个上升沿）。"M_BIT"为边沿存储位，用来储存上一次扫描循环时"IN"的状态。通过比较"IN"的当前状态和上一次扫描循环的状态来检测信号的边沿。值得注意的是，边沿存储位的地址只能在程序中使用一次，它的状态不能在其他地方被改写。只能用 M、DB 和 FB 的局部静态变量（Static）来作为边沿存储位，不能用块的局部临时数据或 I/O 变量来作为边沿存储位。

图 6-9 中有"P"的触点指令名称为输入端上升沿指令，也称"扫描操作数的信号上升沿"指令，如果该触点上的输入信号 I0.4 由 0 状态变为 1 状态（即输入信号 I0.4 的上升沿），则该触点接通一个扫描周期。输入端上升沿触点不能放在电路结束处。图 6-9 中有"N"的触点指令名称为输入端下降沿指令，也称"扫描操作数的信号下降沿"指令，如果该触点上的输入信号 I0.5 由 1 状态变为 0 状态（即 I0.5 的下降沿），则该触点接通一个扫描周期。该触点下面的 M6.2 为边沿存储位。

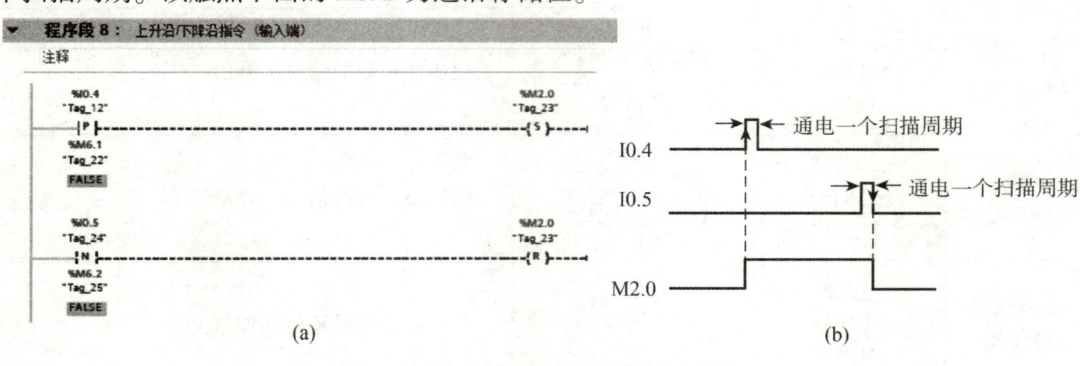

图 6-9　上升沿/下降沿指令及时序图
（a）上升沿/下降沿指令；（b）时序图

2. 输出端上升沿/下降沿指令

输出端上升沿/下降沿指令也称"在信号上升沿/下降沿置位操作数"。该指令可以放置在程序段的任何位置。

图 6-10 中有"P"的线圈是在信号上升沿置位操作数指令，仅在流进该线圈能流的上升沿（线圈由失电变为得电），该指令的输出位 M7.1 为 1 状态，其他情况下 M7.1 均为 0 状态，M7.2 为保存 P 线圈输入端 RLO 的边沿存储位。

图 6-10 中有"N"的线圈是在信号下降沿置位操作数指令，仅在流进该线圈能流的下降沿（线圈由得电变为失电），该指令的输出位 M7.3 为 1 状态，其他情况下 M7.3 均为 0 状态，M7.4 为边沿存储位。

上述两条线圈格式的指令不会影响逻辑运算结果，它们对能流是畅通无阻的，其输入端的逻辑运算结果被立即送给它的输出端。这两条指令既可以放置在程序段的中间也可以放在程序段的最后。

当 I1.1 由 0 状态变为 1 状态时，即 I1.1 的动合触点闭合，能流经 P 线圈和 N 线圈流过 M7.5 的线圈。在 I1.1 的上升沿，M7.1 的动合触点闭合，接通一个扫描周期，使 M7.6 置位。在 I1.1 的下降沿，M7.3 的动合触点闭合，接通一个扫描周期，使 M7.6 复位。

3. 扫描 RLO 的信号上升沿/下降沿指令

在流进扫描 RLO 的信号上升沿指令（P_TRIG）的 CLK 输入端 I1.2 和 I1.3 动合触点串联结果的能流的上升沿（能流刚流进），Q 端输出脉冲宽度为一个扫描周期的能流，使 M8.0 置位。指令方框下面的 M7.7 是脉冲存储位，如图 6-11 所示。

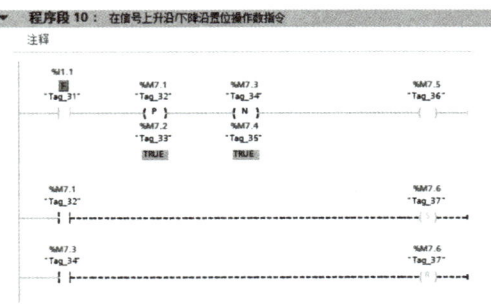

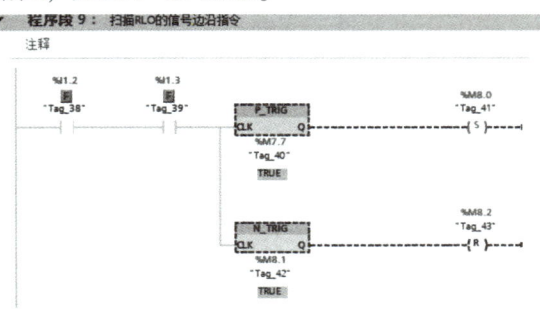

图 6-10 输出端上升沿/下降沿指令

图 6-11 扫描 RLO 的信号边沿指令

在流进扫描 RLO 的信号下降沿指令（N_TRIG）的 CLK 输入端的 CLK 输入端 I1.2 和 I1.3 动合触点串联结果能流下降沿（能流刚消失），Q 端输出脉冲宽度为一个扫描周期的"能流"，使 M8.2 复位。指令方框下面的 M8.1 是脉冲存储位。P_TRIG 指令和 N_TRIG 指令不能放在电路的开始处和结束处。

4. 检测信号上升沿/下降沿指令

图 6-12 中的 R_TRIG 是检测信号上升沿指令，F_TRIG 是检测信号下降沿指令。该指令将输入 CLK 的当前状态与背景数据块中的边沿存储位保存的上一个扫描周期的 CLK 状态进行比较。如果指令检测到的 CLK 的上升沿或下降沿，将会通过 Q 端输出一个扫描周期的脉冲。

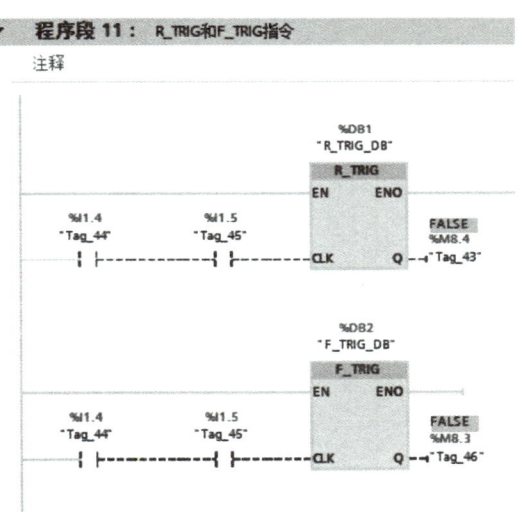

图 6-12 R_TRIG 和 F_TRIG 指令

5. 边沿指令的区别

4 种边沿指令的对照如表 6-8 所示。

表 6-8 边沿指令对照表

指令	说明
—|P|— —|N|—	用于检测单个变量的沿，指令上方的操作数为待检测的变量，指令下方的操作数为上一个扫描周期结果，指令右方为沿输出 "沿条件" "沿输出" —| P |—( )— "上周期结果"

133

续表

指令	说明
P_TRIG N_TRIG	用于检测指令前的能流结果的沿，指令下方的操作数为上一扫描周期结果，指令右方为沿输出。和–|P|–不同的是，其可以检测多个变量与/或/非的结果的沿 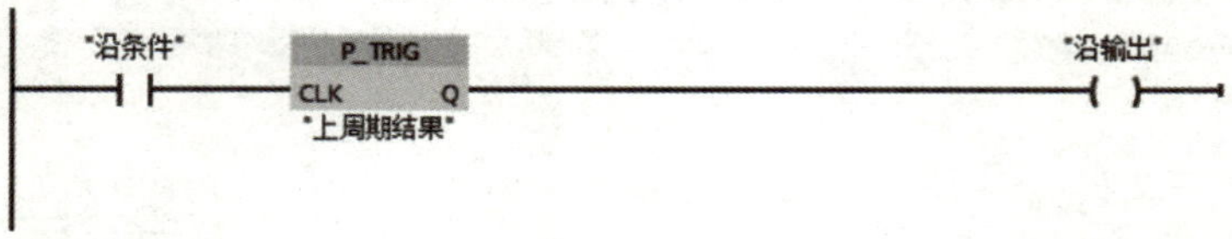
–(P)– –(N)–	用于检测指令前能流结果的沿，指令上方的操作数为沿输出，指令下方的操作数为上一扫描周期的结果，指令前后的能流保持不变 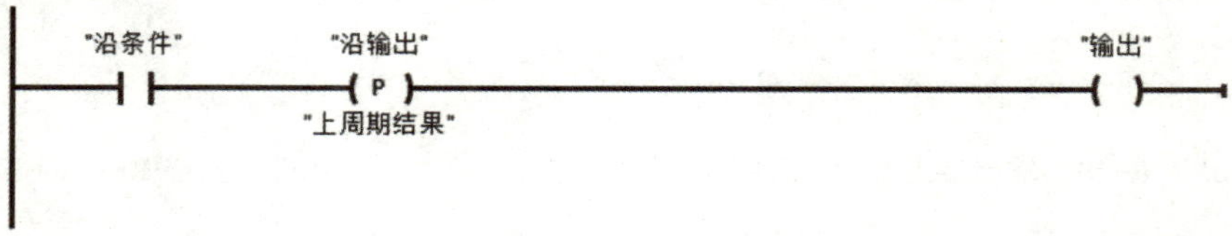 等价于 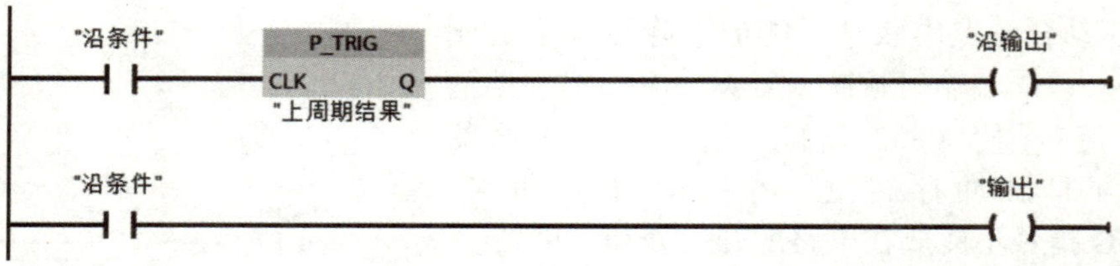
R_TRIG F_TRIG	相当于 FB，并且是唯一可以在 SCL 中使用的指令，所以主要用在 FB 的多重背景或者 SCL 中，CLK 为待检测的变量或能流，Q 为沿输出，上一扫描周期结果位于背景数据块中 

（1）在–|P|–触点上面地址的上升沿，该触点接通一个扫描周期，因此 P 触点用于检测触点地址的上升沿，并且直接输出上升沿脉冲，其他 3 种指令都是用来检测 RLO（流入它们的能流）的上升沿。

（2）在流过–|P|–线圈的能流的上升沿，线圈上面的地址在一个扫描周期为 1 状态，因此 P 线圈用于检测能流的上升沿，并用线圈上面的地址来输出上升沿脉冲。其他 3 种指令都是直接输出检测结果。

（3）P_TRIG 指令和 R_TRIG 指令都是用于检测流入它们的 CLK 端的能流的上升沿，并直接输出检测结果。其区别在于 R_TRIG 指令用背景数据块保存上一次扫描循环 CLK 端信号的状态，而 P_TRIG 指令用边沿存储位来保存。如果 P_TRIG 指令与 R_TRIG 指令的 CLK 电路只有某地址的动合触点，则可以用该地址的–|P|–触点来代替它的动合触点和这两条指令之一的串联电路。

134

6. 位指令应用举例

控制要求：编写故障报警程序，从故障信号 I0.0 的上升沿开始，由 Q0.0 控制的指示灯以 1 Hz 的频率闪烁。按下复位按钮 I0.1 后，如果故障已经消失，则指示灯熄灭；如果故障没有消失，则指示灯转为常亮，直至故障消失。

此程序需要用到 1 Hz 时钟，需要在设置 CPU 的属性时，将 MB0 设为时钟存储器字节，参见第 4 章中时钟存储器设置，其中的 M0.5 为周期为 1 s 的时钟脉冲。当出现故障输入时，置位故障记忆，故障记忆的动合触点与 1 Hz 脉冲的动合触点串联电路使故障指示输出控制的指示灯以 1 Hz 的频率闪烁。按下复位按钮，故障记忆被复位。如果这时故障输入已经消失，则指示灯熄灭；如果没有消失，则由故障记忆的动断触点与故障输入的动合触点组成的串联电路使指示灯转为常亮，直至故障消失，指示灯熄灭，程序如图 6-13 所示。

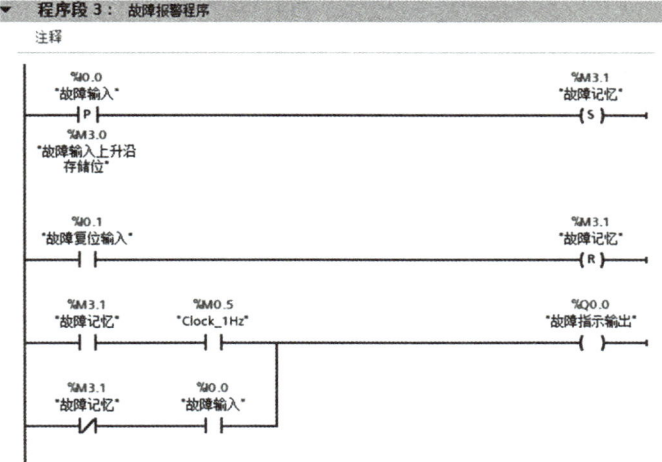

图 6-13　故障报警程序

6.1.4　应用案例

1. 照明灯的 PLC 控制

1）控制要求

使用 S7-1200 PLC 实现 3 个开关 SB1、SB2、SB3 控制一盏照明灯。任何一个开关都可以控制照明灯的亮和灭。

基本指令应用

2）实施步骤

（1）分析控制要求，制订 I/O 表格。

根据控制要求，首先确定 I/O 点个数，进行 I/O 地址分配，输入/输出地址分配如表 6-9 所示。

表 6-9　照明灯的 PLC 控制 I/O 分配表

输入			输出		
符号	地址	功能	符号	地址	功能
SB1	I0.0	开关 1	EL	Q0.0	照明灯
SB2	I0.1	开关 2			
SB3	I0.2	开关 3			

（2）根据控制要求，设计出电气原理图，如图 6-14 所示。图中输入端采用 PLC 内部 24 V 电源，输出端由于选择的照明灯为 DC 24 V，故采用的是 DC 24 V 的外接电源。

在设计电气原理图时需要注意的是，电源要根据 PLC、控制对象的不同，选择不同的供电方式。本例中，PLC 选用的 CPU 为 1214C AC/DC/Rly（AC：PLC 的电源是 AC 220 V；DC：PLC 的输入端是 DC 24 V；Rly：继电器输出），PLC 输入端为接入触点，无功率要求，可采用 PLC 内部的 DC 24 V 电源供电，输出端为继电器输出，可能带有指示灯、接触器和中间继电器等元器件。为了减轻 PLC 负荷，故一般采用外接电源，根据器件选型，可用 DC 24 V、AC 220 V 等。

照明灯 PLC 控制实物接线图如图 6-15 所示。

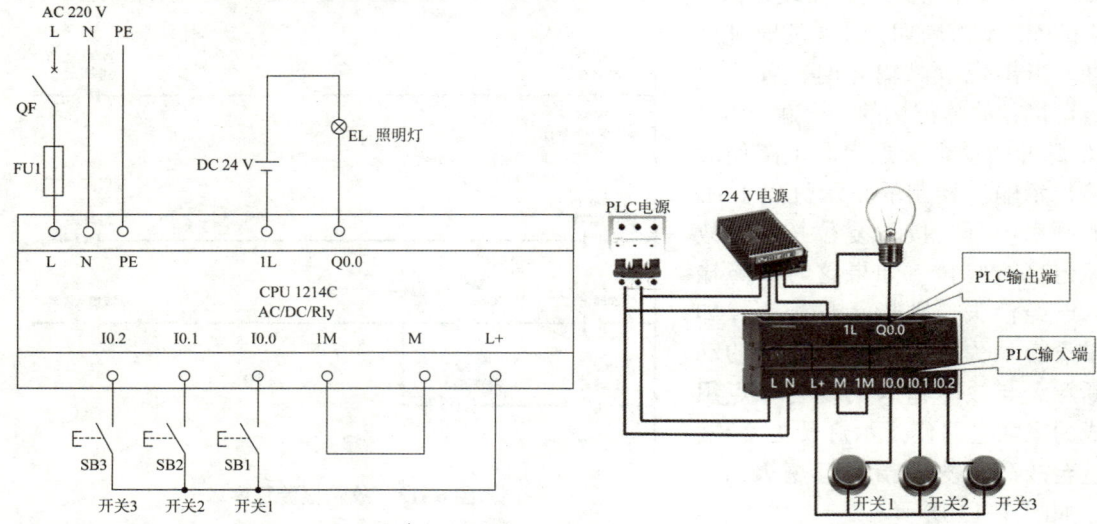

图 6-14　照明灯的 PLC 控制电气原理图　　　　图 6-15　照明灯的 PLC 控制实物接线图

（3）程序设计。根据控制电路要求，在计算机中编写程序，具体步骤如下。

①创建工程项目：双击桌面上的"TIA Portal V16"快捷图标，打开 TIA 博途编程软件，在"Portal 视图"中单击"创建新项目"按钮，在弹出的"创建新项目"界面中输入项目名称"LED_PLC control"，选择项目保存路径，单击"创建"按钮完成项目创建，并进行项目的硬件组态。

②编辑变量表：根据数据类型，添加 PLC 变量，如图 6-16 所示。

③编写程序：根据控制逻辑，编写梯形图程序，如图 6-17 所示。

④编译程序。

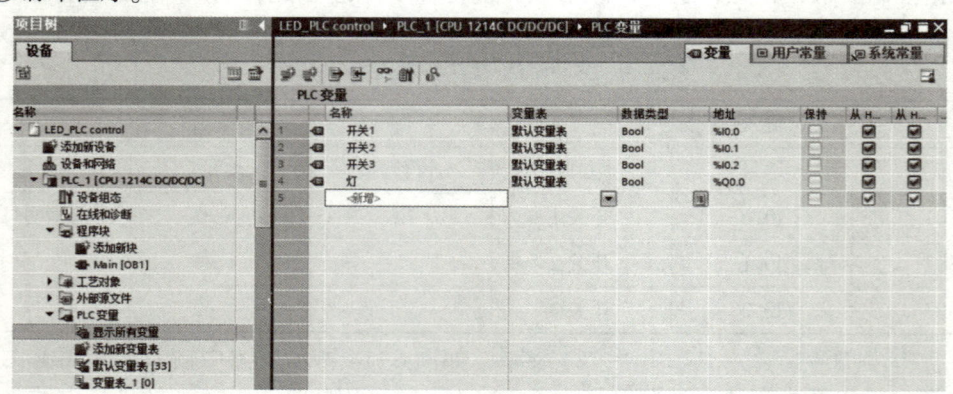

图 6-16　照明灯的 PLC 控制变量表

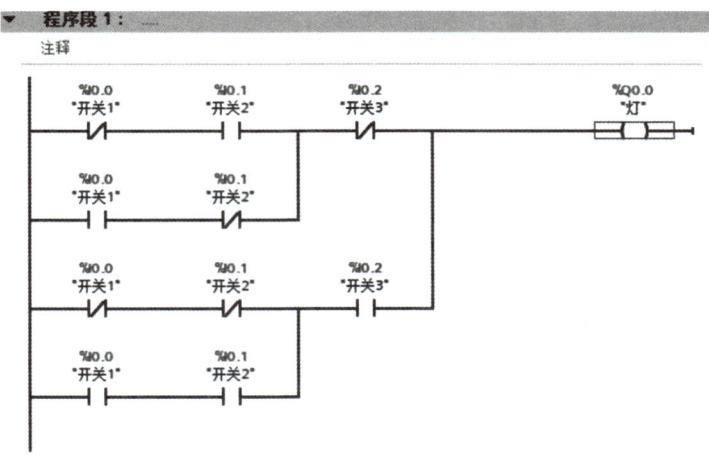

图 6-17 照明灯的 PLC 控制程序

（4）下载程序。把编译好的程序下载到 PLC 中。

（5）程序调试。调试程序可以采用仿真调试和现场调试两种方式。程序调试一般先进行仿真调试，分析逻辑关系，修改优化程序，再进行现场调试。

注意在现场调试时，首先需要在断电状态下，连接好通信电缆，然后打开 PLC 的前盖，将运行模式开关拨到"STOP"位置，此时 PLC 处于停止状态，或者单击工具栏中的"STOP"按钮，进行程序下载，下载完成后将运行模式开关拨到"RUN"位置。

（6）任务拓展。采用 PLC 控制方式，用 4 个开关 SB1、SB2、SB3、SB4 控制一盏照明灯，任何一个开关都可以控制照明灯的亮和灭。根据控制要求编写 PLC 控制程序并调试程序。

2. 抢答器的自动控制

1）控制要求

三人任意抢答，谁先按下按钮，谁的指示灯就先亮，且只能亮一盏灯；进行下一问题抢答前，主持人需按下复位按钮，抢答重新开始。

2）实施步骤

（1）分析控制要求，制订 I/O 表格。

根据控制要求，需要用到 PLC 的 4 个输入点，定义为 I0.0、I0.1、I0.2、I0.3；用到的输出点有 3 个，定义为 Q0.0、Q0.1、Q0.2。由此制订本例的 I/O 分配表，如表 6-10 所示。

表 6-10 抢答器自动控制的 I/O 分配表

输入			输出		
符号	地址	功能	符号	地址	功能
SB1	I0.0	复位	EL1	Q0.0	1#指示灯
SB2	I0.1	1#抢答按钮	EL2	Q0.1	2#指示灯
SB3	I0.2	2#抢答按钮	EL3	Q0.2	3#指示灯
SB4	I0.3	3#抢答按钮			

（2）抢答器的 PLC 控制 I/O 电气原理图如图 6-18 所示。

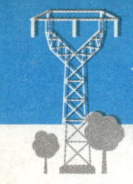

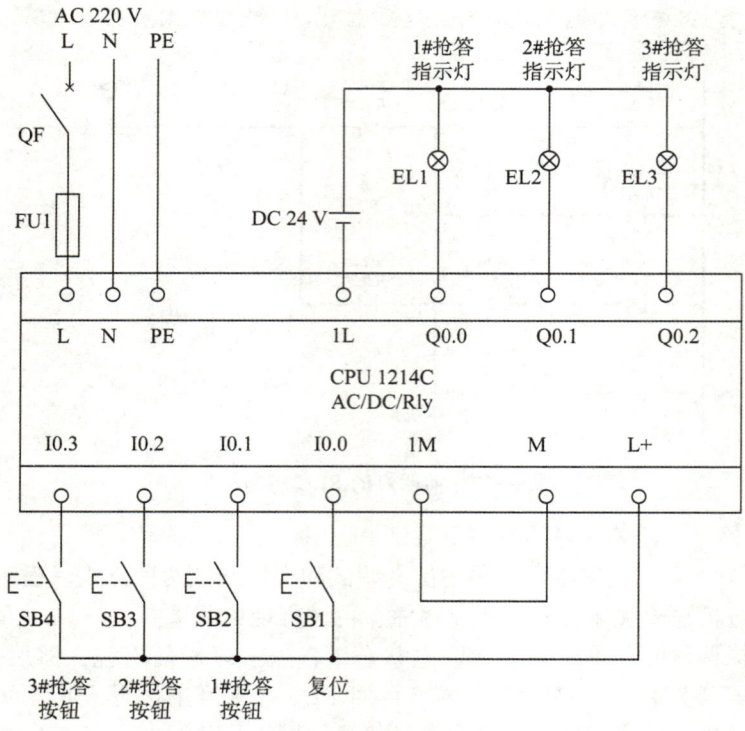

图 6-18　抢答器的 PLC 控制电气原理图

（3）程序设计。根据数据类型，添加 PLC 变量表，如图 6-19 所示，梯形图程序如图 6-20 所示。

（4）完成程序后，进行编译、下载、调试运行。

（5）任务拓展。4 个人任意抢答，谁先按下按钮谁的指示灯就先亮，且只能亮一盏灯；进行下一个问题抢答前，主持人需按下复位按钮，抢答器重新开始。请结合以上控制要求，完成抢答器的 PLC 控制程序并完成调试。

抢答器的PLC控制 ▸ PLC_1 [CPU 1214C DC/DC/DC] ▸ PLC 变量

PLC 变量

	名称	变量表	数据类型	地址	保持	从 H...	从 H...	在 H...	注释
1	SB1-复位	默认变量表	Bool	%I0.0	☐	☑	☑	☑	
2	SB2-1#抢答器	默认变量表	Bool	%I0.1	☐	☑	☑	☑	
3	SB3-2#抢答器	默认变量表	Bool	%I0.2	☐	☑	☑	☑	
4	SB3-3#抢答器	默认变量表	Bool	%I0.3	☐	☑	☑	☑	
5	EL1	默认变量表	Bool	%Q0.0	☐	☑	☑	☑	
6	EL2	默认变量表	Bool	%Q0.1	☐	☑	☑	☑	
7	EL3	默认变量表	Bool	%Q0.2	☐	☑	☑	☑	
8	Tag_1	默认变量表	Bool	%M0.0	☐	☑	☑	☑	
9	Tag_2	默认变量表	Bool	%M0.1	☐	☑	☑	☑	
10	Tag_3	默认变量表	Bool	%M0.2	☐	☑	☑	☑	
11	<新增>				☐	☑	☑	☑	

图 6-19　抢答器的 PLC 控制变量表

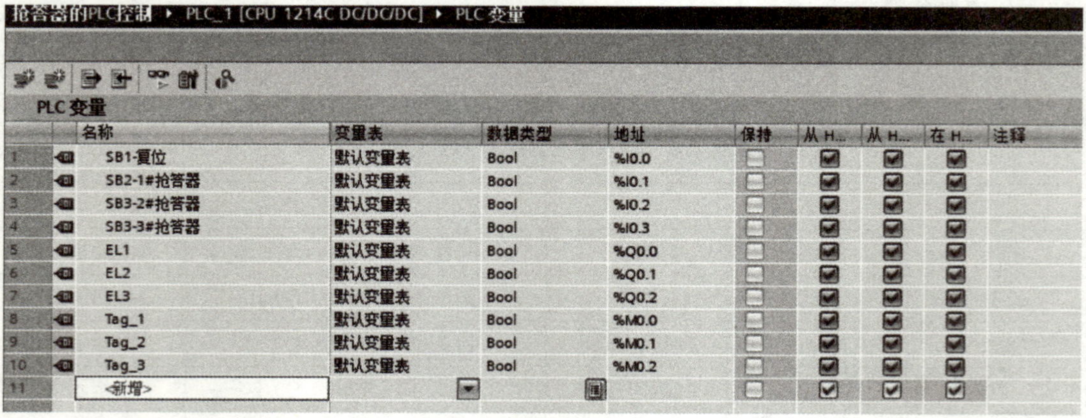

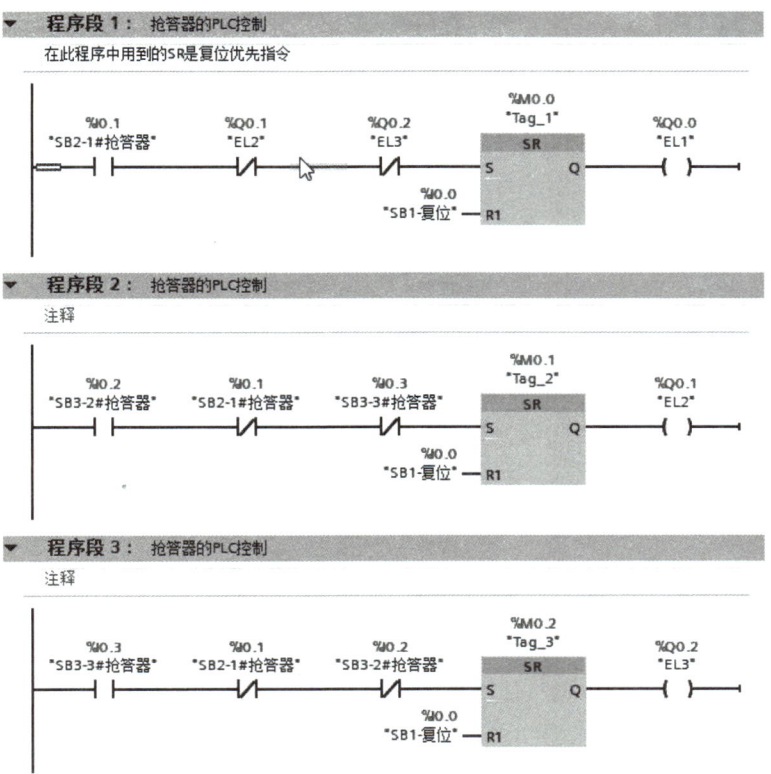

图 6-20 抢答器的 PLC 控制程序

6.2 定时器指令

  S7-1200 PLC 的定时器为 IEC 定时器，使用定时器需要使用其相关的背景数据块或者数据类型为 IEC_TIMER 的 DB 变量。S7-1200 PLC 有 4 种定时器：脉冲定时器、接通延时定时器、关断延时定时器及时间累加器（即保持型接通延时定时器），此外还有复位定时器和预设定时器。常用定时器指令如表 6-11 所示。

表 6-11 常用定时器指令

名称	LAD	LAD/FBD	说明
脉冲定时器（TP）	TP_DB —(TP)— "PRESET_Tag"	IEC_Timer_0 TP Time —IN Q— —PT ET—	TP 定时器可生成具有预设宽度时间的脉冲
接通延时定时器（TON）	TON_DB —(TON)— "PRESET_Tag"	IEC_Timer_1 TON Time —IN Q— —PT ET—	TON 定时器在预设的延时过后将输出 Q 设置为 ON

续表

名称	LAD	LAD/FBD	说明
关断延时定时器（TOF）	TOF_DB —(TOF)— "PRESET_Tag"	IEC_Timer_2 TOF Time IN Q PT ET	TOF 定时器在预设的延时过后将输出 Q 重置为 OFF
保持型接通延时定时器（TONR）	TONR_DB —(TONR)— "PRESET_Tag"	IEC_Timer_3 TONR Time IN Q R ET PT	TONR 定时器在预设的延时过后将输出 Q 设置为 ON。在使用 R 输入重置经过的时间之前，会跨越多个定时时段，一直累加经过的时间
复位定时器（RT）	TON_DB —(RT)—	仅 FBD RT	RT 定时器会复位指定的 IEC_Timer
预设定时器（PT）	TON_DB —(PT)— "PRESET_Tag"	仅 FBD PT PT	PT 定时器会在指定的 IEC_Timer 中装载新的 PRESET 时间值

6.2.1 指令介绍

1. 脉冲定时器（TP）

定时器和计数器指令的数据保存在背景数据块中，调用时需要指定配套的背景数据块。打开指令列表窗口，将"定时器操作"文件夹中的定时器指令拖曳至梯形图中适当的位置。出现"调用选项"对话框，如图 6-21 所示。

在对话框中可以修改默认的背景数据块的名称。IEC 定时器没有编号，可以采用背景数据块的名称，如 "TP1" 或 "某设备延时" 来作定时器的标识符，单击"确定"按钮，在"目录树"→"程序块"→"系统块"→"系统资源"中自动生成背景数据块，如图 6-22 所示。脉冲定时器如图 6-23 所示。

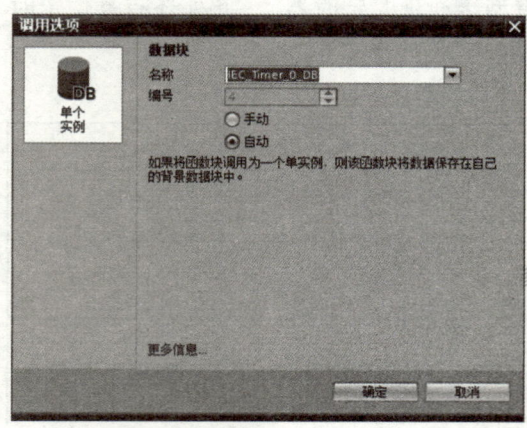

图 6-21　"调用选项"对话框 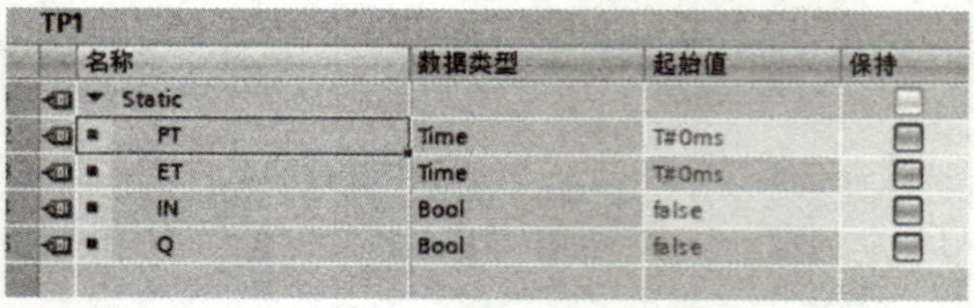　　　　图 6-22　定时器的背景数据块

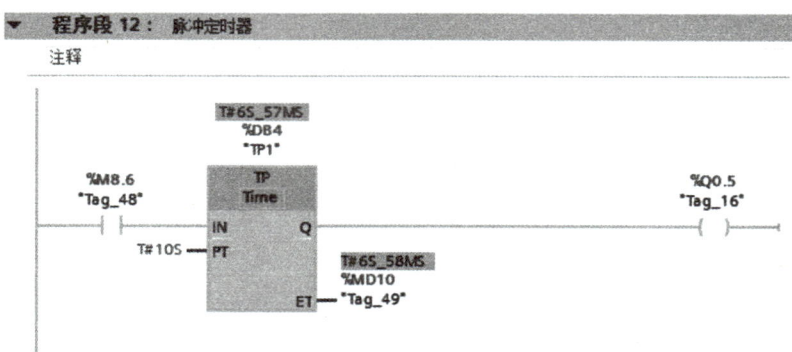

图 6-23 脉冲定时器

定时器的输入 IN 为启动输入端,在输入 IN 的上升沿(从 0 状态变为 1 状态),TP、TON 和 TONR 开始定时,在输入 IN 的下降沿,TOF 开始定时。

PT(Preset Time)为预设时间值,ET(Elapsed Time)为定时开始后经过的时间,称为当前时间值,它们的数据类型为 32 位的 Time,单位为 ms,最大定时时间为 T#24d_20h_31m_23s_647ms,Q 为定时器的位输出。各参数均可以使用 I(仅用于 IN)、Q、M、D、L 存储区,PT 可以使用常量。定时器指令可以放在程序段的中间或结束处。可以不给输出 Q 和 ET 指定地址。

脉冲定时器(TP)的指令名称为"生成脉冲",用于将输出 Q 置位为 PT 预设的一段时间。用程序状态功能可以观察当前时间值的变化情况,如图 6-23 所示。在 IN 输入信号的上升沿启动该定时器,Q 输出变为 1 状态,开始输出脉冲。定时开始后,当前时间 ET 从 0 ms 开始不断增加,达到 PT 预设的时间时,Q 输出变为 0 状态。如果 IN 输入信号一直为 1 状态,则当前时间值保持不变;如果 IN 输入信号为 0 状态,则当前时间变为 0 ms。

IN 输入的脉冲宽度可以小于预设值,在脉冲输出期间,即使 IN 输入出现下降沿和上升沿,也不会影响脉冲的输出。

2. 接通延时定时器(TON)

接通延时定时器用于将 Q 输出的置位操作延时 PT 指定的一段时间。IN 输入电路由断开变为接通时开始定时,定时时间大于等于 PT 的设定值时,输出 Q 变为 1 状态,当前时间值 ET 保持不变,如图 6-24 所示。

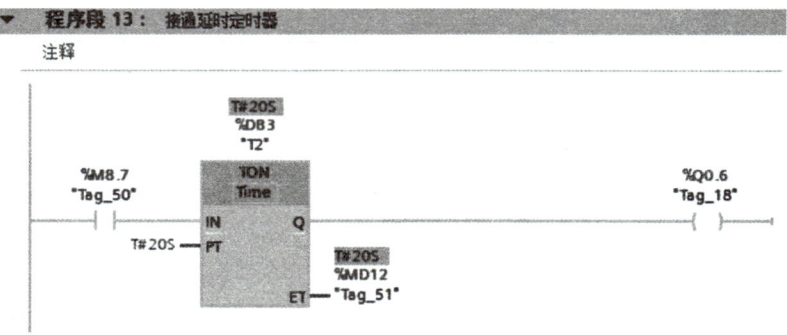

图 6-24 接通延时定时器

IN 输入电路断开时,定时器复位,当前时间被清零,输出 Q 变为 0 状态。CPU 第一次扫描时,定时器输出 Q 被清零。

3. 关断延时定时器 (TOF)

关断延时定时器用于将 Q 输出的复位操作延时 PT 指定的一段时间。其 IN 输入电路接通时,输出 Q 为 1 状态,当前时间被清零。IN 输入电路由接通变为断开时(输入 IN 的下降沿)开始定时,当前时间从 0 逐渐增大,如图 6-25 所示。当前时间等于预设值时,输出 Q 变为 0 状态,当前时间保持不变,直到 IN 输入电路接通。关断延时定时器可以用于设备停机后延时,如加热炉与循环风的延时控制。

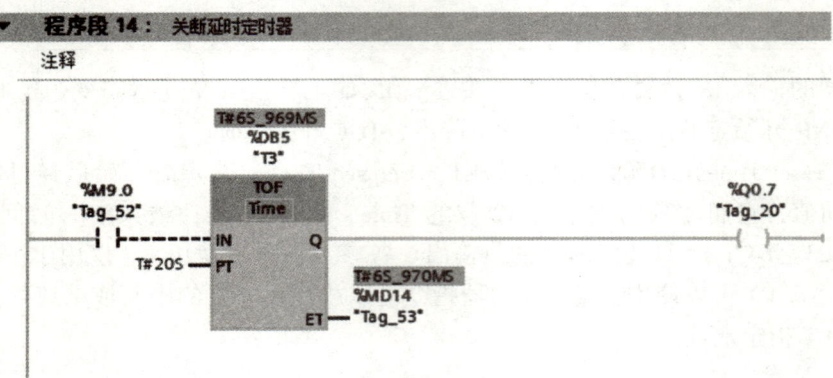

图 6-25 关断延时定时器

如果当前时间未达到 PT 预设的值,则 IN 输入信号就变为 1 状态,当前时间被清零,输出 Q 将保持 1 状态不变。

4. 保持型接通延时定时器 (TONR)

保持型接通延时定时器也称时间累加器。IN 输入电路接通时开始定时,IN 输入电路断开时,累计的当前时间值保持不变,如图 6-26 所示。可以用 TONR 来累计输入电路接通的若干个时间段,累计时间等于预设值 PT 时,Q 输出变为 1 状态。

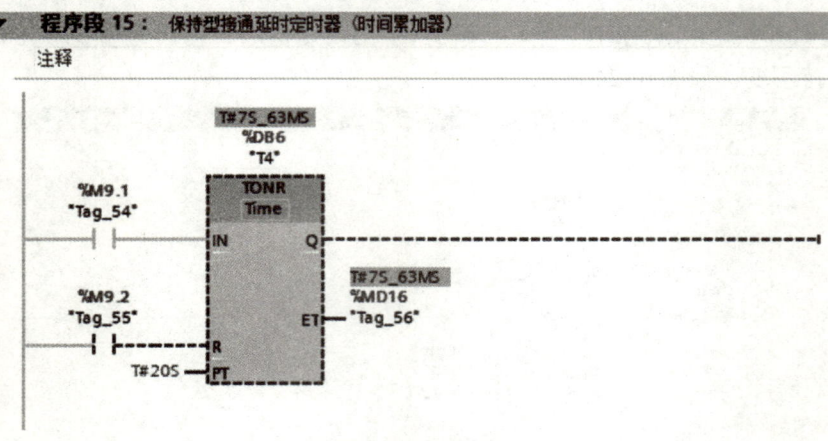

图 6-26 保持型接通延时定时器

5. 复位定时器（RT）

使用复位定时器指令，可将 IEC 定时器复位为 0 状态。仅当线圈输入的逻辑运算结果（RLO）为 1 状态时，才执行该指令。如果电流流向线圈（RLO 为 1 状态），则指定数据块中的定时器结构组件将复位为 0 状态。如果该指令输入的 RLO 为 0 状态，则该定时器保持不变。可以为已在程序中声明的 IEC 定时器分配"复位定时器"指令。图 6-27 为复位图 6-24 中的接通延时定时器 TON。

图 6-27 复位定时器/加载持续时间

6. 预设定时器（PT）

可以使用预设定时器指令为 IEC 定时器设置时间。如果该指令输入逻辑运算结果（RLO）的信号状态为 1，则每个周期都执行该指令。该指令将指定时间写入 IEC 定时器的结构中，为已在程序中声明的 IEC 定时器赋给"加载持续时间"指令。图 6-27 中将 PT 线圈项目指定的时间预设值 T#15S（即持续时间）写入定时器名为"T3"的背景数据块 DB5 中的静态变量 PT，将它作为 T3 的输入参数 PT 的实参。

如果在指令执行时指定 IEC 定时器正在计时，指令将覆盖该 IEC 定时器的当前值，这将更改 IEC 定时器的定时器状态。

7. 定时器线圈指令

中间标有 TP、TON、TOF 和 TONR 的线圈是定时器线圈指令。将"指令"列表中"基本指令"选项板的"定时器操作"文件夹中的"TON"线圈指令拖曳至程序编辑区。它的上面可以是类型为 IEC_TIMER 的背景数据块，也可以是数据块中数据类型为 IEC_TIMER 的变量；它的下面是时间预设值。定时器线圈通电时被启动，其功能与对应的 TON 方框定时器指令相同。

8. 定时器应用举例

控制要求：开机时，按下启动按钮 I2.0，风机 Q1.0 开始运行，30 s 后加热 Q1.1 自动启动。停机时，按下停止按钮 I2.1 后，立即停止加热，2 min 后风机自动停止，并统计风机日运行时间。

在本例中使用 3 个定时器。3 种定时器分别采用 T5 为 TON 型，定时时间为 30 s；T6 为 TOF 型，定时时间为 2 min；T7 为 TONR 型，定时时间为 24 h。在本例中采用两种编程方法，第一种是普通定时器调用的方法，程序如图 6-28 所示；第二种采用多重背景数据的方式，可以建立一个 DB 风机加热用定时器模块，此模块中包含 T5、T6、T7 三个定时器，在编程时直接调用即可。背景数据块设置如图 6-29 所示。控制程序如图 6-30 和图 6-31 所示。

TON（T5）的输出 Q 控制的"加热"在"启动按钮"按下后 30 s 变为 1 状态，在"停止按钮"按下时马上变为 0 状态。由 TOF（T6）的输出 Q 控制的"风机运行"在"启动按钮"按下后马上变为 1 状态，在"停止按钮"按下 2 min 后变为 0 状态。"风机运行"只要为 1 状态，就统计风机的运行时间，风机停止后时间值保持，直到按下"复位按钮"，将定时器复位和赋值。

9. 定时器不计时的原因

定时器的输入位需要有电平信号跳变，定时器才会计时。如果以保持不变的信号作为输入位是不会开始计时的。TP、TON、TONR 需要 IN 从 0 变为 1 时启动，TOF 需要从 1 变为 0 时启动。

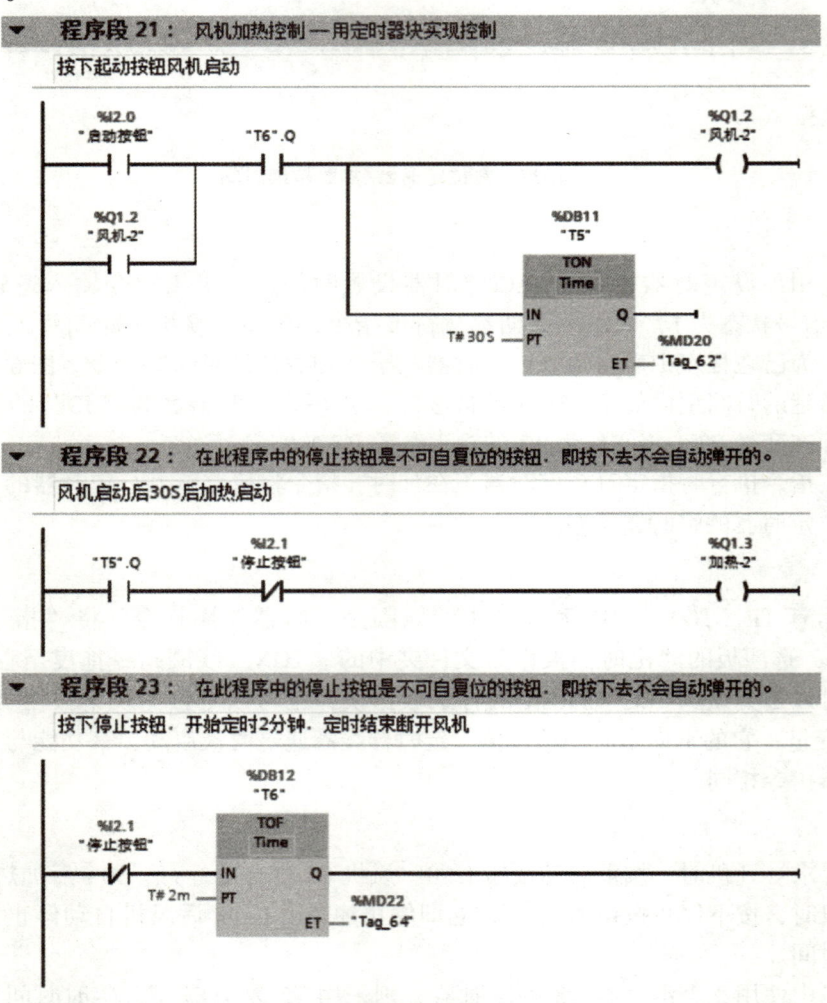

图 6-28　用普通的定时器实现风机控制

风机加热用定时器

	名称	数据类型	起始值	保持
1	▼ Static			
2	▼ T5	IEC_TIMER		☐
3	PT	Time	T#30s	☐
4	ET	Time	T#0ms	☐
5	IN	Bool	false	☐
6	Q	Bool	false	☐
7	▼ T6	IEC_TIMER		☐
8	PT	Time	T#2M	☐
9	ET	Time	T#0ms	☐
10	IN	Bool	false	☐
11	Q	Bool	false	☐
12	▼ T7	IEC_TIMER		☐
13	PT	Time	T#24h	☐
14	ET	Time	T#0ms	☐
15	IN	Bool	false	☐
16	Q	Bool	false	☐

图 6-29　用数据类型为 IEC_TIMER 的变量为定时器提供背景数据

程序段 17：　风机加热控制——用背景数据块和定时器线圈控制
注释

```
    %I2.0       %I2.1                                %M1.1
   "启动按钮"   "停止按钮"                            "Tag_59"
─────┬─┤ ├──────┤/├──────┬──────────────────────────( )──────
     │                   │
     │  %M1.1            │                       "风机加热用定时
     └──┤ ├──────────────┤                        器".T5
        "Tag_59"         │                        (TON)
                         │                         Time
                         │                         T#30s
                         │
                         │                       "风机加热用定时
                         │                        器".T6
                         └─────────────────────── (TOF)
                                                   Time
                                                   T#2M
```

程序段 18：　风机运行——用背景数据块和定时器线圈控制
注释

```
   "风机加热用定时                                   %Q1.0
    器".T6.Q                                       "风机运行"
─────┤ ├────────────────────────────────────────────( )──────
```

程序段 19：　加热——用背景数据块和定时器线圈控制
注释

```
   "风机加热用定时                                   %Q1.1
    器".T5.Q                                        "加热"
─────┤ ├────────────────────────────────────────────( )──────
```

图 6-30　定时器线圈指令示例

电气控制与PLC应用

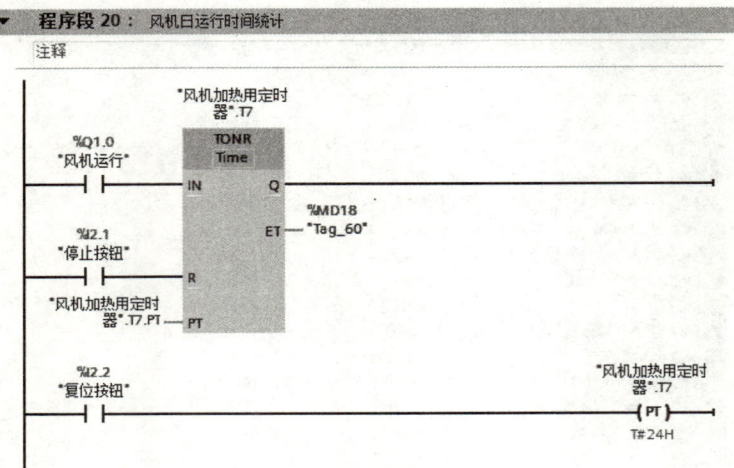

图 6-31 风机运行时间统计

6.2.2 应用案例

下面以运料小车的 PLC 控制为例来介绍定时器指令的应用。

1. 控制要求

定时器应用

针对工业控制企业生产线上运输工程的需要，设计自动生产线上运料小车的自动控制系统的工作过程。一小车运行过程如图 6-32 所示，小车原位在后退终端，当小车压下后限位开关 SQ1 时，按下启动按钮 SB0，小车前进，当运行至料斗下方时，前限位开关 SQ2 动作，此时打开料斗门给小车加料，延时 7 s 后关闭料斗门，小车后退返回，SQ1 动作时，打开小车底门卸料，5 s 后结束，完成一次动作。如此循环 4 次后系统停止。

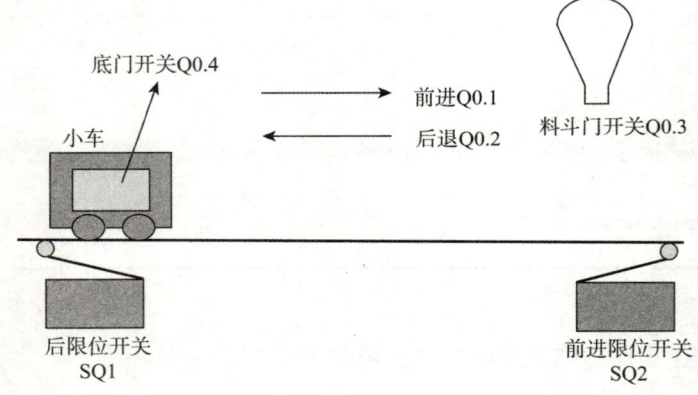

图 6-32 小车运行过程

2. 实施步骤

（1）分析控制要求，制订 I/O 表格。

由上述控制要求可知，初始状态小车停在左侧，左限位开关接通。小车的左、右行走由电动机正、反转控制电路实现，小车底门和料斗翻门的电磁阀用中间继电器控制。小车右行的启动条件为左限位开关接通和按下启动按钮,停止条件为右限位开关接通。料斗翻门的打开条件为右限位开关接通,关闭的条件为定时器 DB1 的延时 (7 s) 时间到。小车左行的启动条件为定时器 DB1 的延时时间 (7 s) 时间到,停止条件为左限位开关接通。小车底门的打开条件为左限位开关接通,停止条件为定时器 DB2 的延时 (5 s) 时间到。小车左、右行走应有互锁控制功能,电动机应设置过载保护装置。通过计数器计数循环 4 次,系统停止。

通过以上分析,在本例中 PLC 的输入点有 4 个,分别定义为 I0.0、I0.1、I0.2、I0.3;输出点有 4 个,分别定义为 Q0.1、Q0.2、Q0.3、Q0.4。由此我们得出本例的 I/O 分配,如表 6-12 所示。

表 6-12 运料小车的 PLC 控制 I/O 分配表

输入			输出		
符号	地址	功能	符号	地址	功能
SQ1	I0.0	左限位开关	KM1	Q0.1	小车右行接触器
SQ2	I0.1	右限位开关	KM2	Q0.2	下车左行接触器
SB0	I0.2	启动按钮	KA1	Q0.3	料斗翻门继电器
FR	I0.3	热继电器	KA2	Q0.4	小车底门继电器

(2)运料小车的 PLC 控制电气原理图如图 6-33 所示,在本例中 KM1 和 KM2 采用了互锁控制。

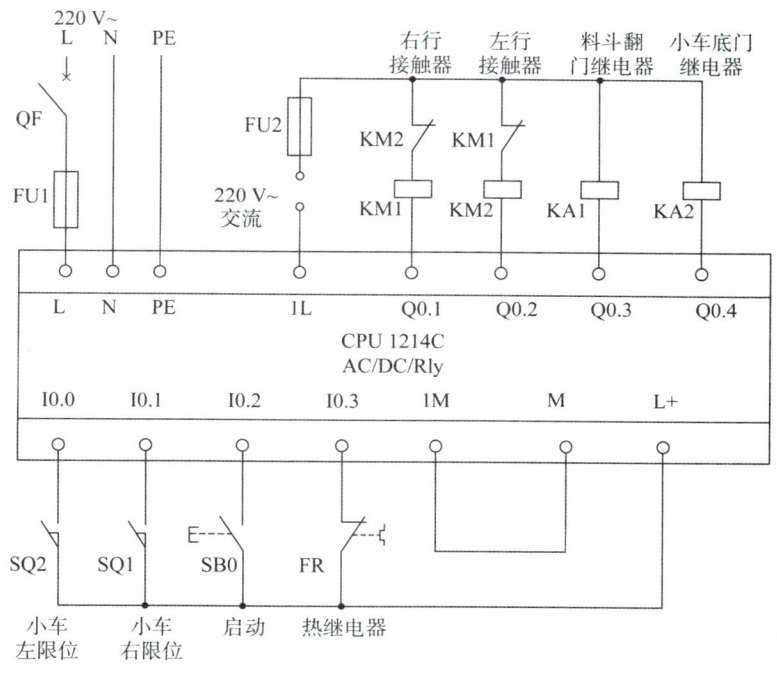

图 6-33 运料小车的 PLC 控制电气原理图

(3)程序设计。根据控制要求,在计算机中编写程序。根据数据类型,添加 PLC 变量表,如图 6-34 所示,在这里我们用到了两个 TON 定时器和一个 CTU 计数器,定时器和计数器的变量在"程序资源"文件夹中显示,并不显示在变量表中,如图 6-35 所示;梯形图程序如图 6-36~图 6-38 所示。

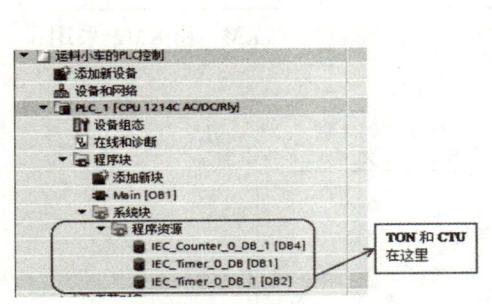

图 6-34 运料小车的 PLC 控制变量表

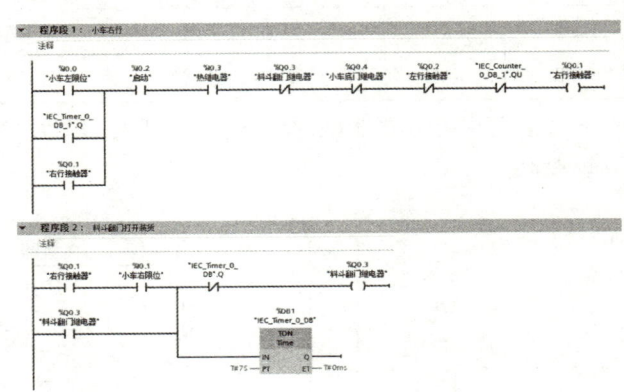

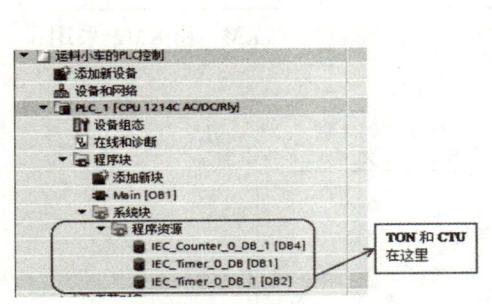

图 6-35 运料小车控制中的 TON 和 CTU

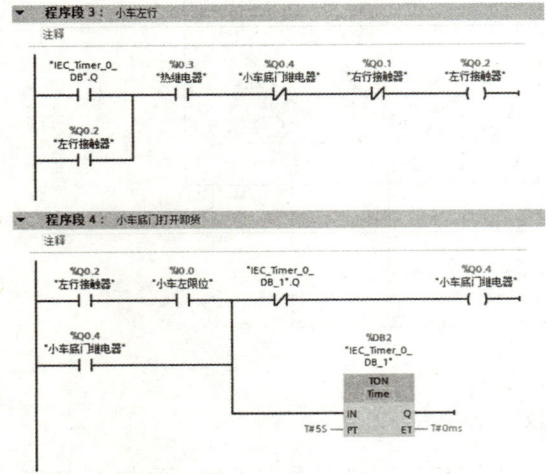

图 6-37 运料小车的 PLC 控制程序 2

图 6-36 运料小车的 PLC 控制程序 1

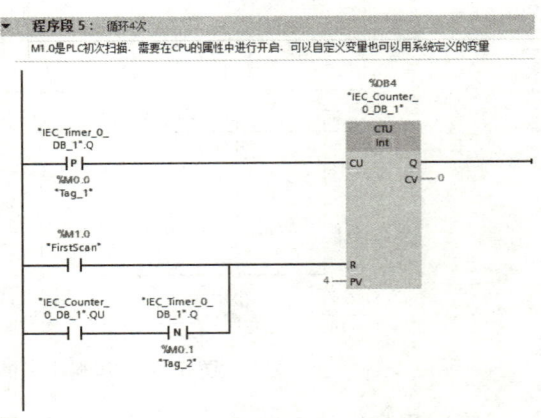

图 6-38 运料小车的 PLC 控制程序 3

（4）完成程序后，进行编译、下载、调试运行。

（5）任务拓展。试用置位和复位指令编辑本例运料小车的 PLC 控制，编写出程序并完成调试。

6.3 计数器指令

计数器指令用来累计输入脉冲的次数，在实际应用中经常用来对产品进行计数或完成一些复杂的逻辑控制。计数器与定时器的结构和使用基本相似，编程时输入它的预设值 PV（计数的次数），计数器累计它的脉冲输入端上升沿（正跳变）个数，当计数值 CV 达到预设值 PV 时，计数器动作，以便完成相应的处理。

S7-1200 PLC 有 3 种 IEC 计数器：加计数器（CTU）、减计数器（CTD）、加减计数器（CTUD）。对于每种计数器，计数值可以是任何整数数据类型。IEC 计数器指令是函数块，调用它们时，需生成保存计数器数据的背景数据块来存储计数器数据。3 种计数器指令如表 6-13 所示。

此三种计数器属于软件计数器，其最大计数频率受到 OB1 扫描周期的限制。如果需要频率更高的计数器，可以使用 CPU 内置的高速计数器。

表 6-13 计数器指令

指令名称	LAD/FBD	说明
加计数器（CTU）	"IEC_Counter_0_DB" CTU Int — CU Q — — R CV — — PV	可使用计数器指令对内部程序事件和外部过程事件进行计数。每个计数器都使用数据块中存储的结构来保存计数器数据。用户在编辑器中放置计数器指令时分配相应的数据块
减计数器（CTD）	"IEC_Counter_name" CTD Int — CD Q — — LD CV — — PV	
加减计数器（CTUD）	"IEC_Counter_name" CTUD Int — CU QU — — CD QD — — R CV — — LD — — PV	

6.3.1 指令介绍

1. 计数器指令结构

指令中 CU 和 CD 分别是加计数器输入和减计数器输入，在 CU 或 CD 由 0 状态变为 1 状态时（信号的上升沿），当前计数器值 CV 被加 1 或减 1。PV 为预设值，Q 为布尔输出，R 为复位输入，CU、CD、R 和 Q 均为 Bool 变量。

计数器指令的数据保存在背景数据块中，调用时需要指令配套的背景数据块。打开“指令”列表窗口，双击“计数器操作”文件夹中的“加计数”，弹出如图 6-39 所示对话框。

在对话框中可以修改默认背景数据块的名称。IEC 计数器没有编号，可以用背景数据块的名称，如“C1”或“某某计数”来作计数器的标识符。单击“确定”按钮，自动生成的背景数据块如图 6-40 所示。可以根据实际需要更改 CTU 下计数值的数据类型，图 6-40 中的计数值为无符号整数。

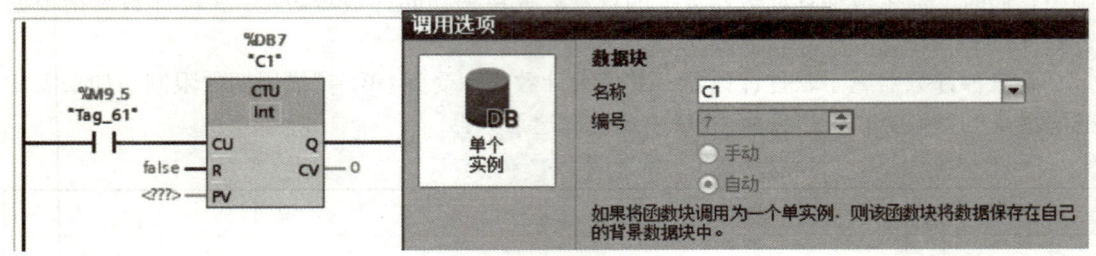

图 6-39 “调用选项”对话框

C1

	名称	数据类型	起始值	保持
1	▼ Static			☐
2	■ CU	Bool	false	☑
3	■ CD	Bool	false	☑
4	■ R	Bool	false	☑
5	■ LD	Bool	false	☑
6	■ QU	Bool	false	☑
7	■ QD	Bool	false	☑
8	■ PV	Int	0	☑
9	■ CV	Int	0	☑

图 6-40 计数器的背景数据块

2. 加计数器

每当 CU 从 0 状态变为 1 状态，CV 加 1；当 CV=PV 时，Q 输出 1，此后 CU 从 0 状态变为 1 状态，Q 保持输出 1，CV 继续加 1 直到达到计数器指定的整数类型的最大值。在任意时刻，只要 R 为 1，Q 输出为 0，CV 立即停止计数并清零，如图 6-41 所示。图 6-42 所示为 PV=3 的加计数器时序图。

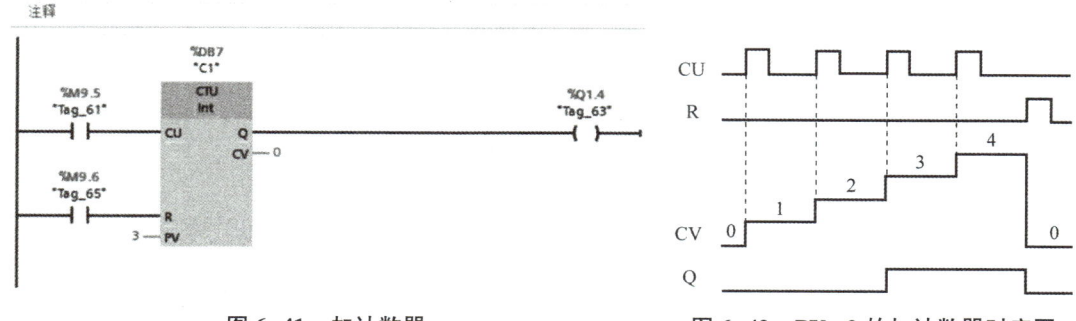

图 6-41　加计数器　　　　　　　图 6-42　PV=3 的加计数器时序图

3. 减计数器

每当 CD 从 0 状态变为 1 状态，CV 减 1；当 CV=0 时，Q 输出 1，此后 CD 从 0 状态变为 1 状态，Q 保持输出 1，CV 继续减 1 直到达到计数器指定的整数类型的最小值。在任意时刻，只要 LD 为 1，Q 输出为 0，CV 立即停止计数并回到 PV 值，如图 6-43 所示。图 6-44 所示为 PV=3 的减计数器时序图。

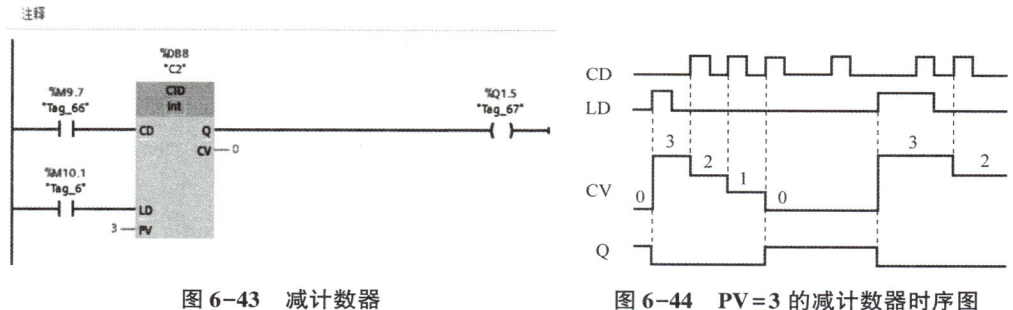

图 6-43　减计数器　　　　　　　图 6-44　PV=3 的减计数器时序图

4. 加减计数器

每当 CU 从 0 状态变为 1 状态，CV 加 1，每当 CD 从 0 状态变为 1 状态，CV 减 1；当 CV≥PV 时，QU 输出为 1，当 CV<PV 时，QU 输出为 0。当 CV≤0 时，QD 输出为 1；当 CV>0 时，QD 输出为 0。CV 的上、下限取决于计数器指定的整数类型的最大值与最小值。

在任意时刻，CV 立即停止计数并回到 PV 值，如图 6-45 所示。图 6-46 所示为 PV=4 的加减计数器的时序图。

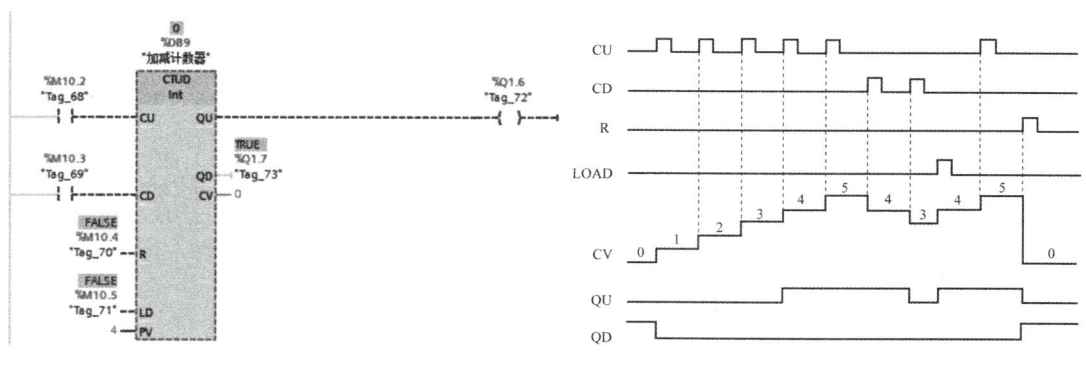

图 6-45　加减计数器　　　　　　图 6-46　PV=4 的加减计数器时序图

6.3.2 应用案例

下面以十字路口交通灯的 PLC 控制为例介绍计数器指令的应用。

1. 控制要求

图 6-47 所示是十字路口交通灯示意,控制要求如下。

(1) 按下启动按钮后,信号灯开始工作,南北红灯、东西绿灯同时亮。

(2) 东西绿灯亮 25 s 后,闪烁 3 次(1 s/次),接着东西黄灯亮,2 s 后东西红灯亮,30 s 后东西绿灯又亮,如此不断循环,直至停止工作。

(3) 南北红灯亮 30 s 后,南北绿灯亮,25 s 后南北绿灯闪烁 3 次(1 s/次),接着南北黄灯亮,2 s 后南北红灯又亮,如此不断循环,直至停止工作。

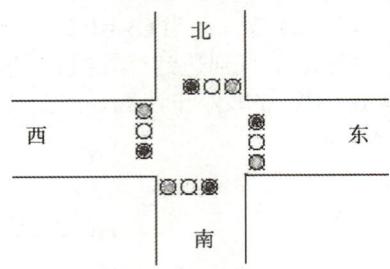

图 6-47 十字路口交通灯示意

2. 实施步骤

(1) 分析控制要求,制订 I/O 表格。

根据控制要求对系统输入/输出进行地址分配。十字路口交通灯的 PLC 控制 I/O 分配表如表 6-14 所示。

表 6-14 十字路口交通灯的 PLC 控制 I/O 分配表

输入			输出		
符号	地址	功能	符号	地址	功能
SB1	I0.0	启动按钮	HL1、HL2	Q0.0	南北红灯
SB2	I0.1	停止按钮	HL3、HL4	Q0.4	南北绿灯
			HL5、HL6	Q0.5	南北黄灯
			HL7、HL8	Q0.3	东西红灯
			HL9、HL10	Q0.1	东西绿灯
			HL11、HL12	Q0.2	东西黄灯

(2) 电气原理图如图 6-48 所示,将南北红灯 HL1、HL2,南北绿灯 HL3、HL4,南北黄灯 HL5、HL6,东西红灯 HL7、HL8,东西绿灯 HL9、HL10,东西黄灯 HL11、HL12 均并联后共用一个输出点,接 DC 24 V 外接电源。

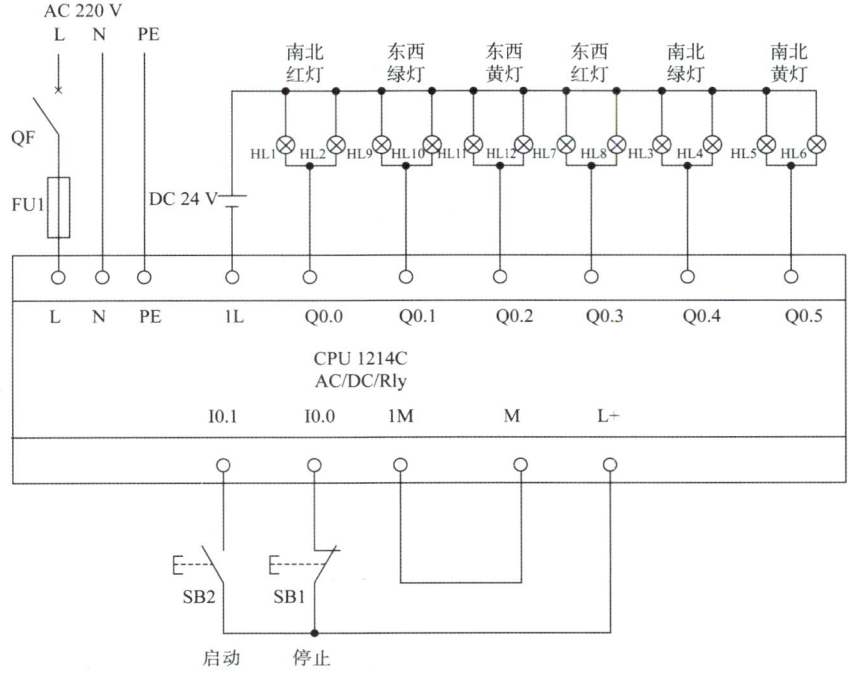

图 6-48 十字路口交通灯的 PLC 控制电气原理图

（3）程序设计。由于本例比较复杂，故需要先根据控制要求，做出顺序流程图，如图 6-49 所示；添加 PLC 变量表，如图 6-50 所示；编写程序如图 6-51～图 6-54 所示。

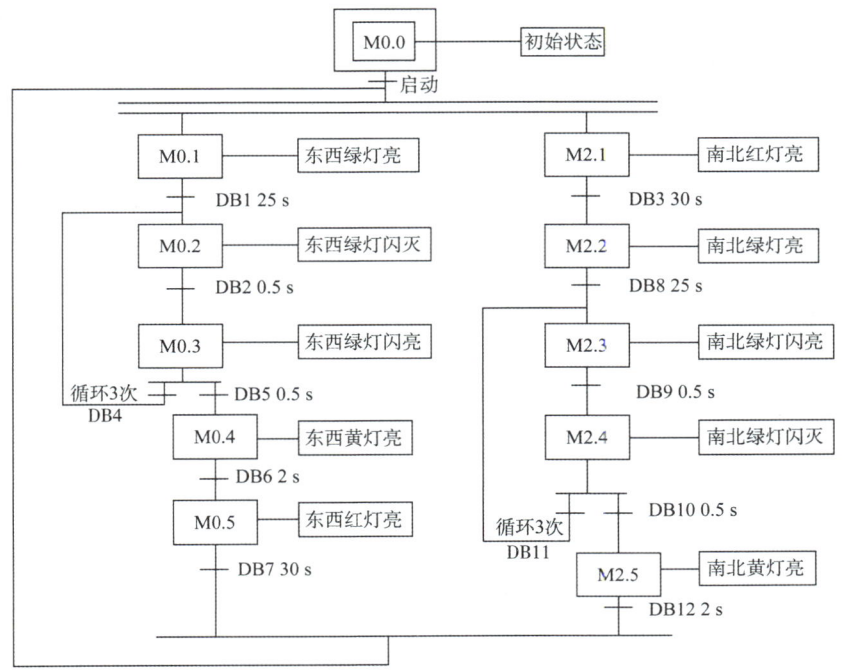

图 6-49 十字路口交通灯的 PLC 控制顺序流程图

电气控制与PLC应用

		名称	变量表	数据类型	地址	保持	从H...	从H...	在H...
1		System_Byte	默认变量表	Byte	%MB1		✓	✓	✓
2		FirstScan	默认变量表	Bool	%M1.0		✓	✓	✓
3		DiagStatusUpdate	默认变量表	Bool	%M1.1		✓	✓	✓
4		AlwaysTRUE	默认变量表	Bool	%M1.2		✓	✓	✓
5		AlwaysFALSE	默认变量表	Bool	%M1.3		✓	✓	✓
6		南北红灯	默认变量表	Bool	%Q0.0		✓	✓	✓
7		东西绿灯	默认变量表	Bool	%Q0.1		✓	✓	✓
8		东西黄灯	默认变量表	Bool	%Q0.2		✓	✓	✓
9		东西红灯	默认变量表	Bool	%Q0.3		✓	✓	✓
10		南北绿灯	默认变量表	Bool	%Q0.4		✓	✓	✓
11		南北黄灯	默认变量表	Bool	%Q0.5		✓	✓	✓
12		程序初始	默认变量表	Bool	%M0.0		✓	✓	✓
13		启动	默认变量表	Bool	%I0.1		✓	✓	✓
14		东西绿25s	默认变量表	Bool	%M0.1		✓	✓	✓
15		南北红30s	默认变量表	Bool	%M2.1		✓	✓	✓
16		东西绿闪灭	默认变量表	Bool	%M0.2		✓	✓	✓
17		东西绿闪亮	默认变量表	Bool	%M0.3		✓	✓	✓
18		东西黄2s	默认变量表	Bool	%M0.4		✓	✓	✓
19		东西红30s	默认变量表	Bool	%M0.5		✓	✓	✓
20		南北绿25s	默认变量表	Bool	%M2.2		✓	✓	✓
21		南北绿灯闪亮0.5s(1)	默认变量表	Bool	%M2.3		✓	✓	✓
22		南北绿灯闪灭0.5s	默认变量表	Bool	%M2.4		✓	✓	✓
23		南北黄灯2s	默认变量表	Bool	%M2.5		✓	✓	✓
24		停止	默认变量表	Bool	%I0.2		✓	✓	✓
25		<新增>					✓	✓	✓

图 6-50　十字路口交通灯的 PLC 控制变量表

程序段 1：初始状态

注释

```
  %Q0.0      %Q0.1      %Q0.2      %Q0.3      %Q0.4      %Q0.5           %M0.0
"南北红灯"  "东西绿灯"  "东西黄灯"  "东西红灯"  "南北绿灯"  "南北黄灯"     "程序初始"
───┤/├──────┤/├────────┤/├────────┤/├────────┤/├────────┤/├─────────────( S )
```

程序段 2：东西路灯开始亮

注释

```
  %M0.0      %I0.1                          %M0.1
"程序初始"  "启动"                        "东西绿25s"
───┤ ├──────┤ ├─────────────┬─────────────( S )
                            │
                            │                %M2.1
                            │              "南北红30s"
                            ├─────────────( S )
                            │
                            │                %M0.0
                            │              "程序初始"
                            └─────────────( R )
```

图 6-51　十字路口交通灯的 PLC 控制程序 1

154

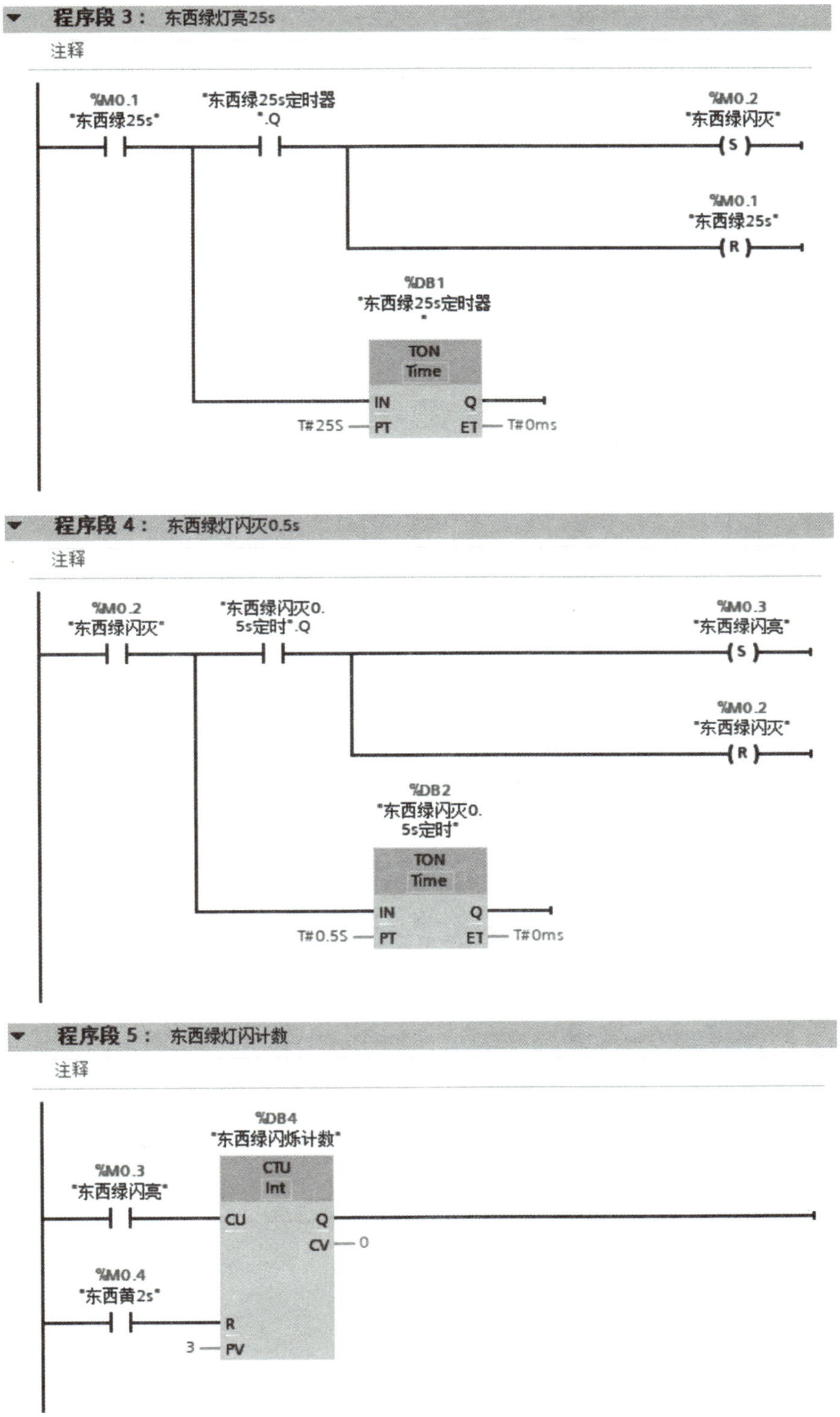

程序段 3： 东西绿灯亮25s

注释

```
   %M0.1      "东西绿25s定时器"                                    %M0.2
 "东西绿25s"        ".Q"                                       "东西绿闪灭"
   ──┤├──────────┤├──────────────────────────────────────────( S )──

                                                              %M0.1
                                                            "东西绿25s"
                                                             ──( R )──

                              %DB1
                         "东西绿25s定时器"
                              TON
                              Time
                          ──IN    Q──
                    T#25S──PT    ET──T#0ms
```

程序段 4： 东西绿灯闪灭0.5s

注释

```
   %M0.2      "东西绿闪灭0.                                        %M0.3
 "东西绿闪灭"    5s定时".Q                                       "东西绿闪亮"
   ──┤├──────────┤├──────────────────────────────────────────( S )──

                                                              %M0.2
                                                            "东西绿闪灭"
                                                             ──( R )──

                              %DB2
                         "东西绿闪灭0.
                            5s定时"
                              TON
                              Time
                          ──IN    Q──
                   T#0.5S──PT    ET──T#0ms
```

程序段 5： 东西绿灯闪计数

注释

```
                    %DB4
                "东西绿闪烁计数"
   %M0.3            CTU
 "东西绿闪亮"         Int
   ──┤├──────────CU      Q──
                           CV──0
   %M0.4
  "东西黄2s"
   ──┤├──────────R
                3──PV
```

图 6-52　十字路口交通灯的 PLC 控制程序 2

电气控制与PLC应用

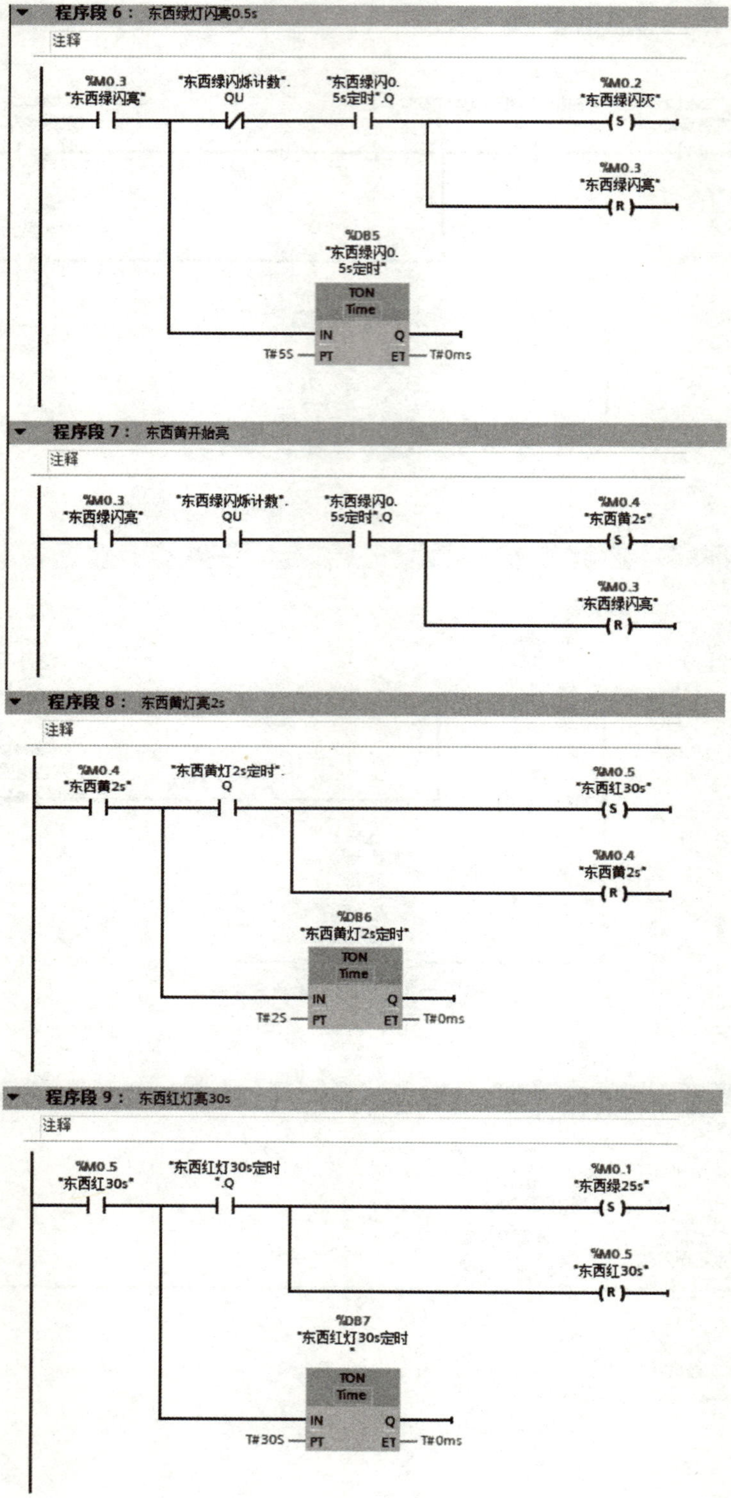

图 6-53 十字路口交通灯的 PLC 控制程序 3

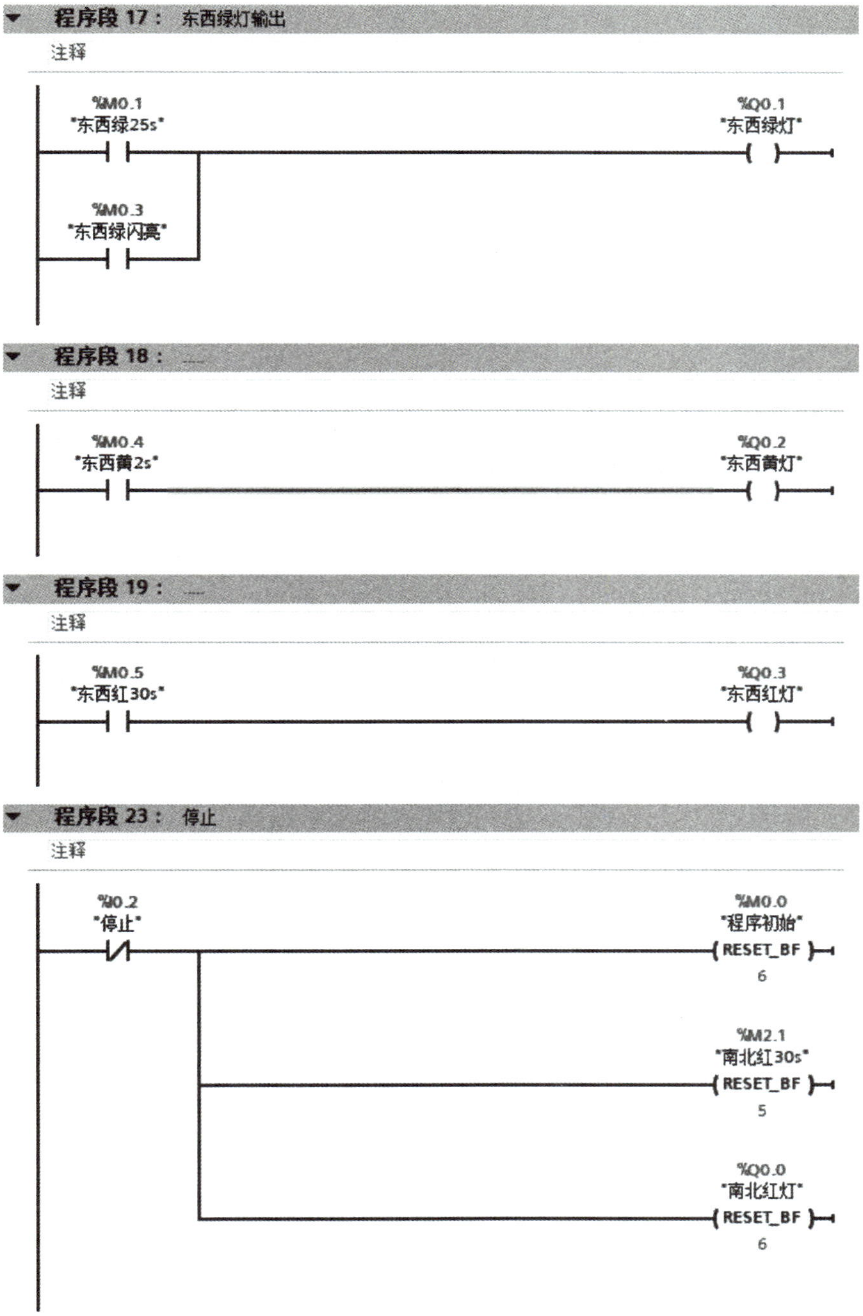

程序段 17：东西绿灯输出
　　注释

```
    %M0.1                                                %Q0.1
  "东西绿25s"                                            "东西绿灯"
─────┤ ├─────┬──────────────────────────────────────────( )─────
             │
    %M0.3    │
  "东西绿闪亮"│
─────┤ ├─────┘
```

程序段 18：
　　注释

```
    %M0.4                                                %Q0.2
  "东西黄2s"                                             "东西黄灯"
─────┤ ├──────────────────────────────────────────────( )─────
```

程序段 19：
　　注释

```
    %M0.5                                                %Q0.3
  "东西红30s"                                            "东西红灯"
─────┤ ├──────────────────────────────────────────────( )─────
```

程序段 23：停止
　　注释

```
    %I0.2                                                %M0.0
    "停止"                                              "程序初始"
─────┤/├─────┬────────────────────────────────────( RESET_BF )─
             │                                              6
             │                                            %M2.1
             │                                          "南北红30s"
             ├────────────────────────────────────( RESET_BF )─
             │                                              5
             │                                            %Q0.0
             │                                          "南北红灯"
             └────────────────────────────────────( RESET_BF )─
                                                              6
```

图 6-54　十字路口交通灯的 PLC 控制程序 4

（4）完成程序后，进行编译、下载、调试运行。

（5）任务拓展。在以上程序中只做出了东西红绿灯的程序，请把南北红绿灯的程序按照流程图补充完整并完成调试。

6.4 比较指令

比较指令主要用于数值的比较以及数据类型的比较,如表6-15所示。

表6-15 比较指令

指令名称	LAD	FBD	说明
比较指令	─┤ "IN1" == Byte "IN2" ├─	== Byte "IN1" — IN1 "IN2" — IN2	比较数据类型相同的两个值。该 LAD 触点比较结果为 TRUE 时,则该触点会被激活。如果该 FBD 功能框比较结果为 TRUE,则功能框输出为 TRUE

1. 比较指令

比较指令用来比较数据类型相同的两个数 IN1 和 IN2 的大小,如图 6-55 所示,IN1 和 IN2 分别在触点的上面和下面,操作数可以是 I、Q、M、L、D 存储区中的变量或常数。比较两个字符是否相等时,实际上比较的是它们各自对应字符 ASCII 码值的大小,第一个不相同的字符决定了比较的结束。

可以将比较指令视为一个等效的触点,比较符号可以是"="(等于)、"<>"(不等于)、">"(大于)、">="(大于等于)、"<"(小于)、和"<="(小于等于)。满足比较关系式给出的条件时,等效触点接通。例如,当 MD28 的值 134.5>123.45 时,图 6-55 第一行中间的比较触点接通。

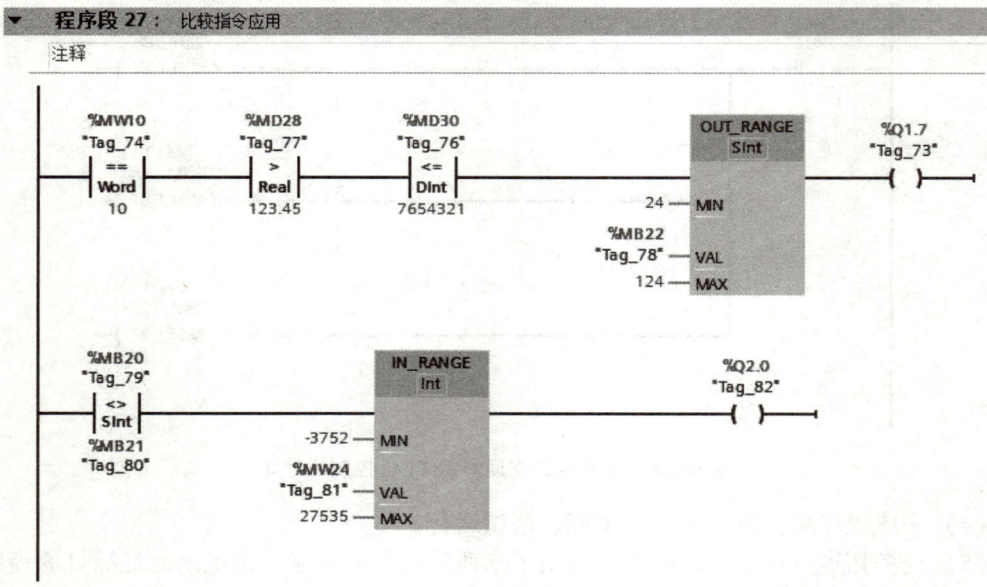

图 6-55 比较指令

生成比较指令后,双击触点中间比较符号下面的问号,单击▼按钮,在下拉列表中设置要比较的数的数据类型。数据类型可以是位字符、整数、浮点数、字符串、Time、Date、TOD 和 DLT 等。比较指令的比较符号也可以修改，双击比较符号，单击出现的▼按钮，同样可以在下拉列表中进行修改。

2. 值在范围内与值超出范围指令

值在范围内指令 IN_RANGE 与值超出范围指令 OUT_RANGE 也可以视为一个等效触点。如果有"能流"流入指令方框，则执行比较，反之不执行比较。图 6-55 中 IN_RANGE 指令的参数 VAL 不满足 MIN ≤ VAL ≤ MAX 时，等效触点断开，功能框为蓝色的虚线。OUT_RANGE 指令的参数 VAL 满足 VAL<MIN 或 VAL>MAX 时，等效触点闭合，功能框为绿色。

这两条指令的 MIN、VAL 和 MAX 的数据类型必须相同，可以是整数和实数，也可以是 I、Q、M、D 存储区中的变量或常数。

3. 检查有效性与检查无效性指令

检查有效性指令和检查无效性指令用来检测输入数据是否为有效的实数（即浮点数）。如果是有效性的实数，则 OK 触点接通，反之 NOT_OK 触点接通。触点上面的变量数据类型为 Real。

执行图 6-56 中的乘法指令 MUL 之前，首先用 OK 指令检查 MUL 指令的两个操作数是否是实数，如果不是，则 OK 触点断开，没有"能流"流入 MUL 指令的使能输入端 EN，从而不会执行乘法指令。

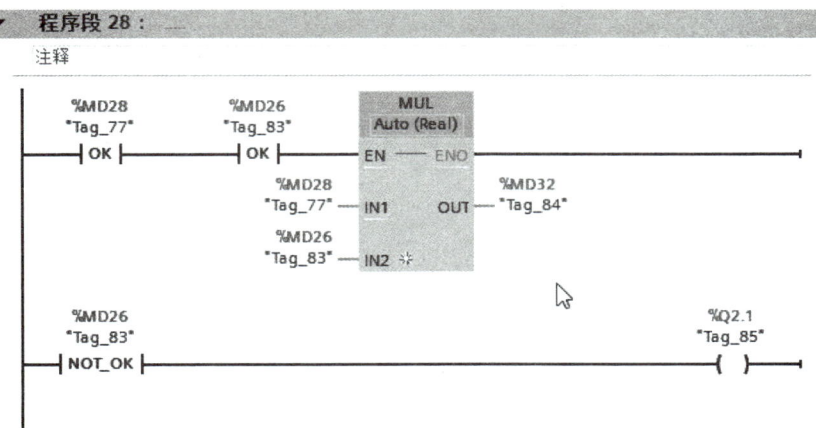

图 6-56　OK 指令与 NOT_OK 指令

6.5　数学运算指令

数学运算指令包含一般的数学函数指令和字逻辑运算指令。数学函数指令用于实现基本的加减乘除、指数、三角函数等功能。字逻辑运算指令主要用于实现位序列的与、或、异或等功能。

1. 四则运算指令

ADD、SUB、MUL 和 DIV 分别是加、减、乘、除指令，它们统称为四则运算指令。它们执行的操作数据类型可以是整数（SInt、Int、Dint、USInt、UInt）和浮点数（Real），IN1 和 IN2 可以是常数。但 IN1、IN2 和 OUT 的数据类型应相同。

DIV 指令将得到的商取整后，作为整数格式的输出 OUT。

ADD 和 MUL 指令允许有多个输入，单击功能框中参数 IN2 后面的 ✱，将会增加输入 IN3，以后增加输入的编号依次递增。

2. 四则运算指令应用举例

四则运算指令示例如图 6-57 所示。

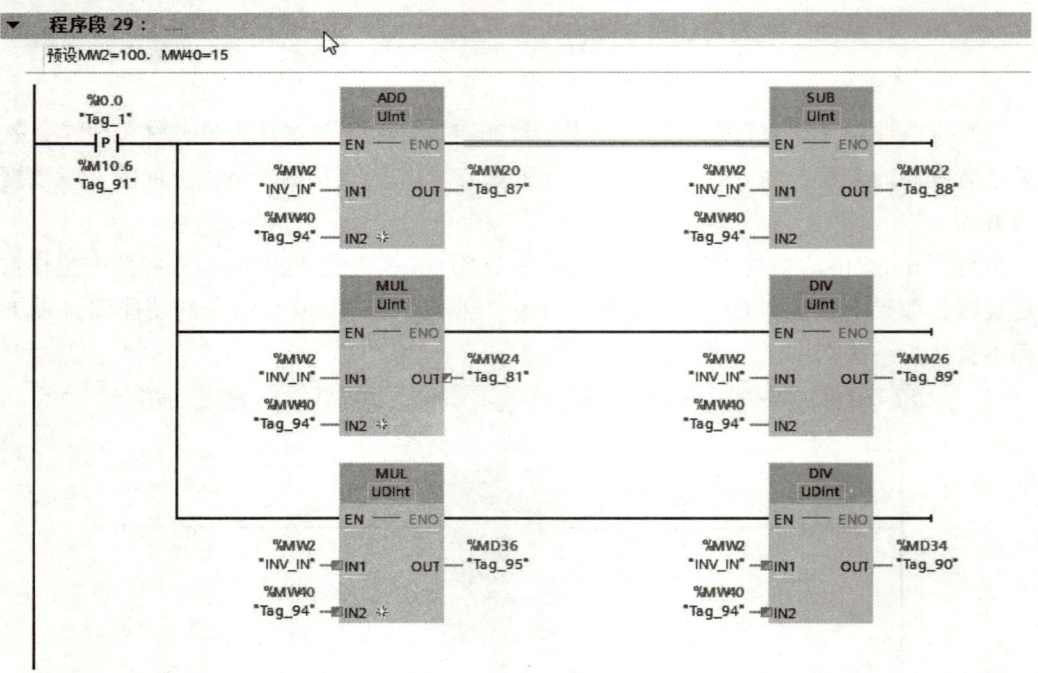

图 6-57　四则运算指令示例

本例中 MW2 = 100，MW40 = 15，则执行完该段程序后，各存储单元的数值：MW20 = 115，MW22 = 85，MW24 = 1 500，MW26 = 6，MD36 = 1 500，MD34 = 6。

3. CALCULATE 指令

可以使用计算指令 CALCULATE 定义和执行数学表达式，根据所选的数据类型计算复杂的数学运算或逻辑运算。CALCULATE 指令对话框给出了所选数据类型可以使用的指令，在该对话框中输入待计算的表达式，即（IN1+IN2）*IN3/IN4，如图 6-58 所示，该表达式可以包含输入参数的名称（INn）和运算符，不能指定功能框外的地址和常数。

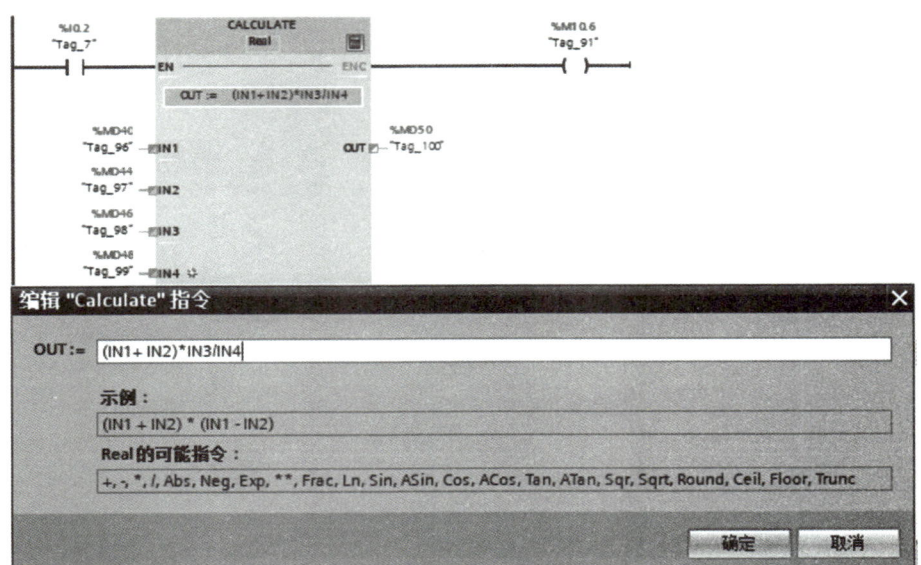

图 6-58 CALCULATE 指令

在初始状态下，功能框只有两个输入 IN1 和 IN2。单击功能框左下角的 ※，可以增加输入参数的个数。功能框按升序对插入的输入编号，表达式可以不使用所有已定义的输入。运行时使用功能框外输入的值执行指定表达式的运算，运算结果传送到 OUT。

6.6 移动操作指令

移动操作指令主要用于各种数据的移动、相同数据不同排列的转换，以及实现 S7-1200 PLC 间接寻址功能部分的移动操作。移动操作指令内容较多，下面只介绍几种常用的移动操作指令，详细内容请参考 TIA 博途软件在线帮助或西门子官网资料。

1. 移动值指令

移动值指令 MOVE 用于将输入 IN 的源数据传送给输出 OUT 的目的地址，并且转换为 OUT 允许的数据类型，源数据保持不变。IN 和 OUT 的数据类型可以是位字符串、数、浮点数、定时器、日期时间、Char、WChar、Struct、Array、IEC 定时器/计数器数据类型、PLC 数据类型，其中 IN 的数据类型还可以是常数。MOVE 指令允许有多个输出，程序状态监控可以更改变量的显示格式，如图 6-59 所示，OUT1 显示十进制数 12 345，OUT2 显示十六进制 16#3039。

2. 交换指令

IN 和 OUT 为数据类型 Word 时，交换指令 SWAP 交换输入 IN 的高、低字节后，保存到 OUT 指定的地址。IN 和 OUT 的数据类型为 DWord 时，交换 4 个字节中数据的顺序，交换后保存到 OUT 指定的地址，如图 6-59 所示。

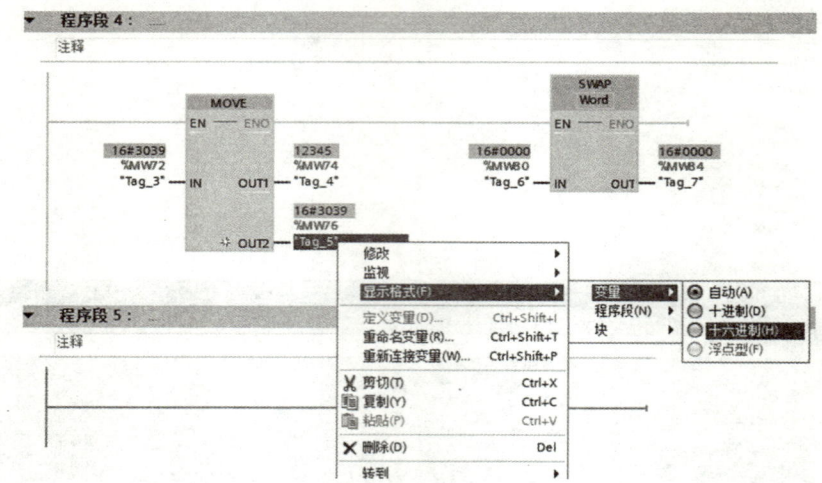

图 6-59 MOVE 指令和 SWAP 指令

3. 填充储存区指令

填充存储区指令 FILL_BLK 将输入 IN 设置的值填充到输出 OUT 指定起始地址的目标数据区，COUNT 为填充的数组元素的个数，源区域和目标区域的数据类型应相同。

不可中断的存储区填充指令 UFILL_BLK 与 FILL_BLK 指令的功能相同，区别在于前者的填充操作不会被其他操作系统的任务打断。FILL_BLK 与 UFILL_BLK 指令如图 6-60 所示。

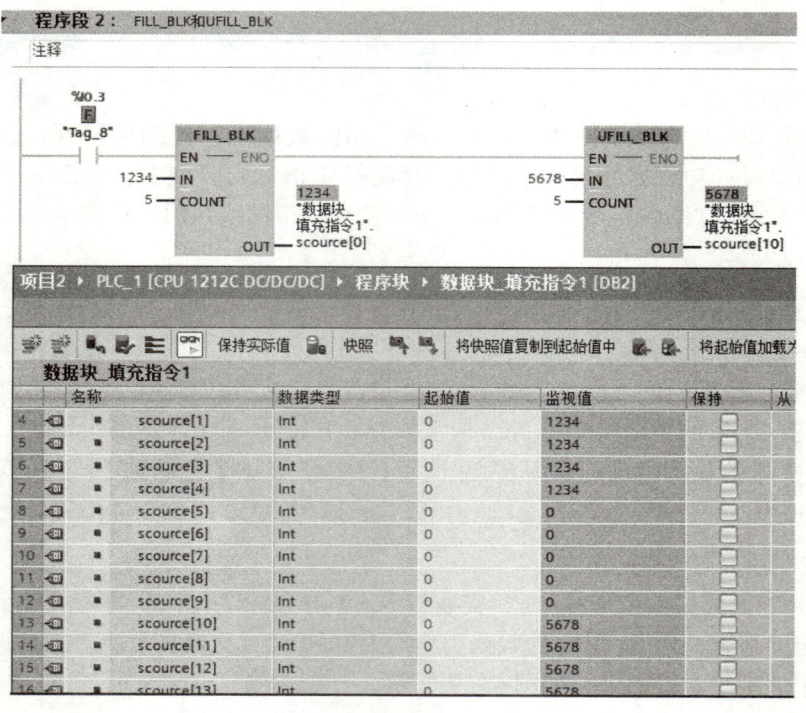

图 6-60 FILL_BLK 与 UFILL_BLK 指令

4. 存储区移动指令

存储区移动指令 MOVE_BLK 用于将源存储区的数据移动到目标存储区。IN 和 OUT 是待复制的源区域和目标区域中的首个元素。

图 6-61 中的动合触点接通时，数据块_1 中的数组 Scource 从 0 号元素开始的 5 个 Int 元素的值，被复制给数据块_2 的数组 Distin 从 0 号元素开始的 5 个元素。COUNT 为要传送数组元素的个数，复制操作按地址增大的方向进行。源区域和目标区域的数据类型应相同。

除了 IN 不能取常数外，MOVE_BLK 指令和 FILL_BLK 指令的参数的数据类型和存储区基本相同。不可中断的存储区移动指令 UMOVE_BLK 与 MOVE_BLK 指令的功能基本相同，区别在于前者的复制操作不会被操作系统的其他任务打断。执行该指令时，CPU 的报警响应时间将会变长。

移动块指令 MOVE_BLK_VARIANT 将一个存储区（源区域）的数据移动到另一个存储区（目标区域）。可以将一个完整的数组或数组的元素复制到另一个相同数据类型的数组中，源数组和目标数组的大小（元素个数）可能会不同，还可以复制一个数组内的多个或单个元素。

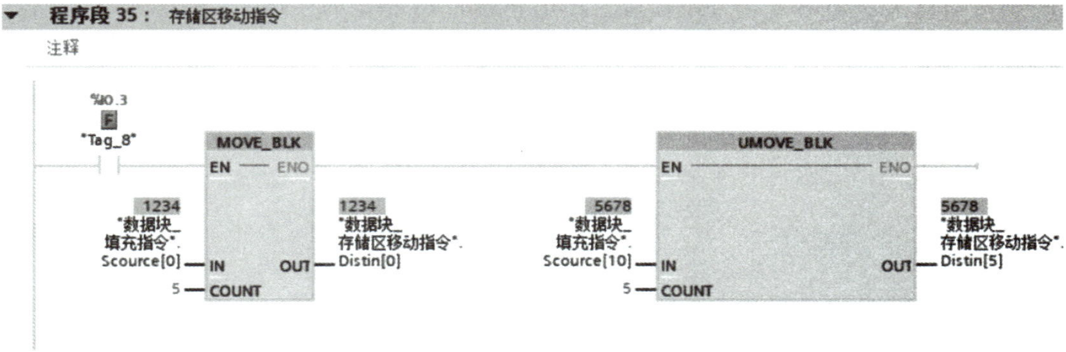

图 6-61 存储区移动指令

具体的详细案例请参考本书 6.7.2 小节。

6.7 移位与循环移位指令

移位和循环指令主要用于实现位序列的左、右移动或者循环移动等功能。

6.7.1 指令介绍

1. 移位指令

右移指令 SHR 和左移指令 SHL 将输入 IN 指定的存储单元的整个内容逐位右移或左移若干位，移位的位数用输入 N 来定义，移位的结果保存在输出 OUT 指定的地址中。

如果移位后的数据要送回原地址，则应用移位信号上升沿指令，否则只要移位信号

M24.0 为 1 状态，每个扫描周期都要移位一次。

右移 n 位相当于除以 2n，将十进制数-400 右移两位，相当于除以 4，右移结果为-100。左移 n 位相当于乘以 2n，将十进制数 200 左移两位，相当于乘以 4，左移结果为 800，如图 6-62 所示。

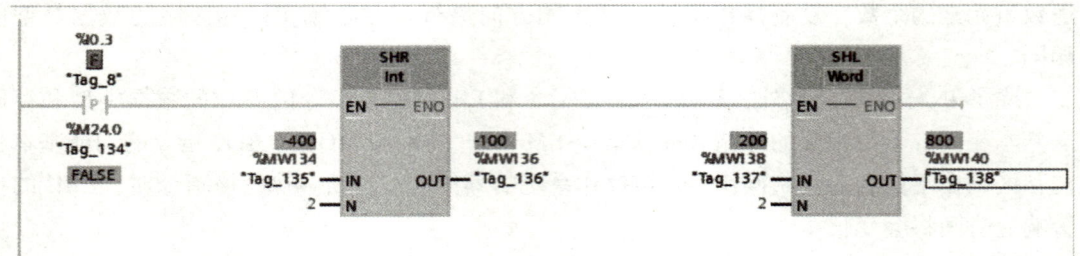

图 6-62 移位指令

2. 循环移位指令

循环右移指令 ROR 和循环左移指令 ROL 将输入 IN 指定的存储单元的整个内容逐位循环右移或循环左移若干位，即移出来的位又送回到存储单元另一端空出来的位，原始的位不会丢失。N 为移位的位数，移位的结果保存在输出 OUT 指定的地址。N 为 0 时不会移位，但是 IN 指定的输入值将复制给 OUT 指定的地址。移位位数 N 可以大于被移位存储单元的位数。

6.7.2 应用案例

下面以彩灯的 PLC 控制为例介绍移位与循环移位指令的应用。

1. 控制要求

位移与循环位移应用

广告灯的控制有多种方式。PLC 控制的彩灯具有良好的稳定性，并且更改彩灯控制方式也非常容易，因此广告灯 PLC 控制方式得到广泛应用。要求按下启动按钮 SB1 时，默认彩灯以第一种频率 1 Hz 逐个点亮和熄灭。8 盏彩灯间隔 1 s 依次点亮。直到第 8 盏彩灯点亮，然后循环；按钮 SB2 为停止按钮，按下后所有彩灯熄灭。另外，还可以选择不同间隔时间模式，分别为 1 s、2 s 和 3 s。

2. 实施步骤

（1）分析控制要求、制订 I/O 表格。

此例用到的 PLC 输入、输出点较为简单，输入点有 2 个，一个是启动，一个是停止，分别定义为 I0.1 和 I0.2；输出点为 8 个彩灯，分别定义为 Q0.0 ~ Q0.7，具体的 I/O 分配如表 6-16 所示。

表 6-16 彩灯的 PLC 控制 I/O 分配表

输入			输出		
符号	地址	功能	符号	地址	功能
SB1	I0.1	启动	HL1	Q0.0	彩灯 1
SB2	I0.2	停止	HL2	Q0.1	彩灯 2
			HL3	Q0.2	彩灯 3
			HL4	Q0.3	彩灯 4
			HL5	Q0.4	彩灯 5
			HL6	Q0.5	彩灯 6
			HL7	Q0.6	彩灯 7
			HL8	Q0.7	彩灯 8

（2）彩灯的 PLC 控制电气原理图如图 6-63 所示。

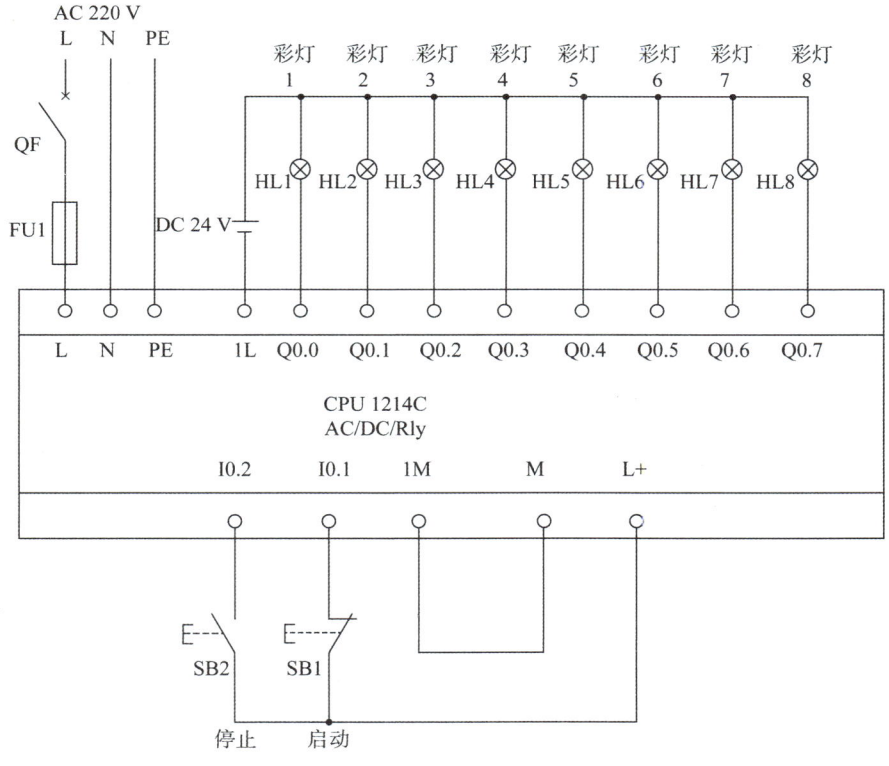

图 6-63 彩灯的 PLC 控制电气原理图

（3）程序设计。打开 TIA 博途编程软件，在"Portal 视图"中单击"创建新项目"按钮，在弹出的"创建新项目"界面中输入项目名称"彩灯_PLC control"，选择项目保存路径，单击"创建"按钮完成项目创建，并进行项目的硬件组态。彩灯的 PLC 控制变量表如图 6-64 所示；程序如图 6-65 ~ 图 6-67 所示。

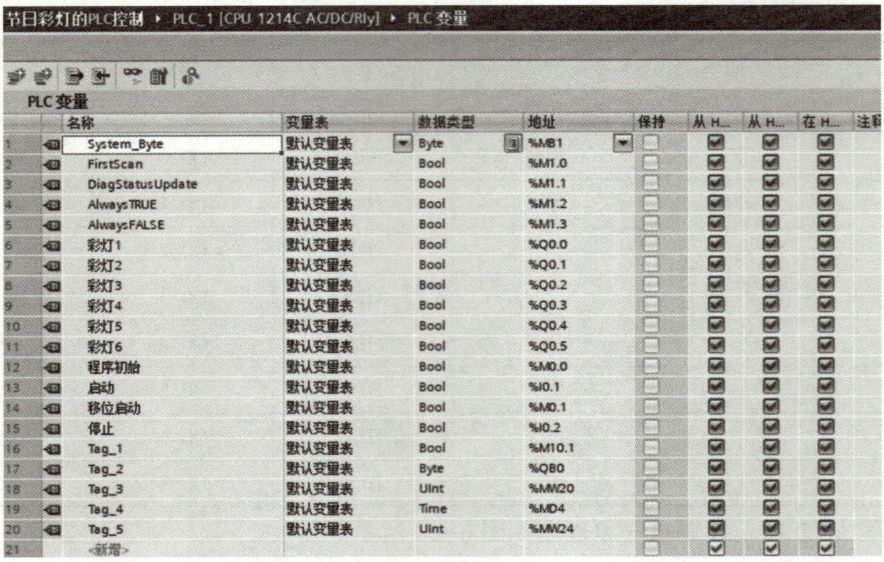

节日彩灯的PLC控制 ▸ PLC_1 [CPU 1214C AC/DC/Rly] ▸ PLC 变量

PLC 变量

	名称	变量表	数据类型	地址	保持	从 H...	从 H...	在 H...	注释
1	System_Byte	默认变量表	Byte	%MB1	☐	☑	☑	☑	
2	FirstScan	默认变量表	Bool	%M1.0	☐	☑	☑	☑	
3	DiagStatusUpdate	默认变量表	Bool	%M1.1	☐	☑	☑	☑	
4	AlwaysTRUE	默认变量表	Bool	%M1.2	☐	☑	☑	☑	
5	AlwaysFALSE	默认变量表	Bool	%M1.3	☐	☑	☑	☑	
6	彩灯1	默认变量表	Bool	%Q0.0	☐	☑	☑	☑	
7	彩灯2	默认变量表	Bool	%Q0.1	☐	☑	☑	☑	
8	彩灯3	默认变量表	Bool	%Q0.2	☐	☑	☑	☑	
9	彩灯4	默认变量表	Bool	%Q0.3	☐	☑	☑	☑	
10	彩灯5	默认变量表	Bool	%Q0.4	☐	☑	☑	☑	
11	彩灯6	默认变量表	Bool	%Q0.5	☐	☑	☑	☑	
12	程序初始	默认变量表	Bool	%M0.0	☐	☑	☑	☑	
13	启动	默认变量表	Bool	%I0.1	☐	☑	☑	☑	
14	移位启动	默认变量表	Bool	%M0.1	☐	☑	☑	☑	
15	停止	默认变量表	Bool	%I0.2	☐	☑	☑	☑	
16	Tag_1	默认变量表	Bool	%M10.1	☐	☑	☑	☑	
17	Tag_2	默认变量表	Byte	%QB0	☐	☑	☑	☑	
18	Tag_3	默认变量表	UInt	%MW20	☐	☑	☑	☑	
19	Tag_4	默认变量表	Time	%MD4	☐	☑	☑	☑	
20	Tag_5	默认变量表	UInt	%MW24	☐	☑	☑	☑	
21	<新增>				☐	☑	☑	☑	

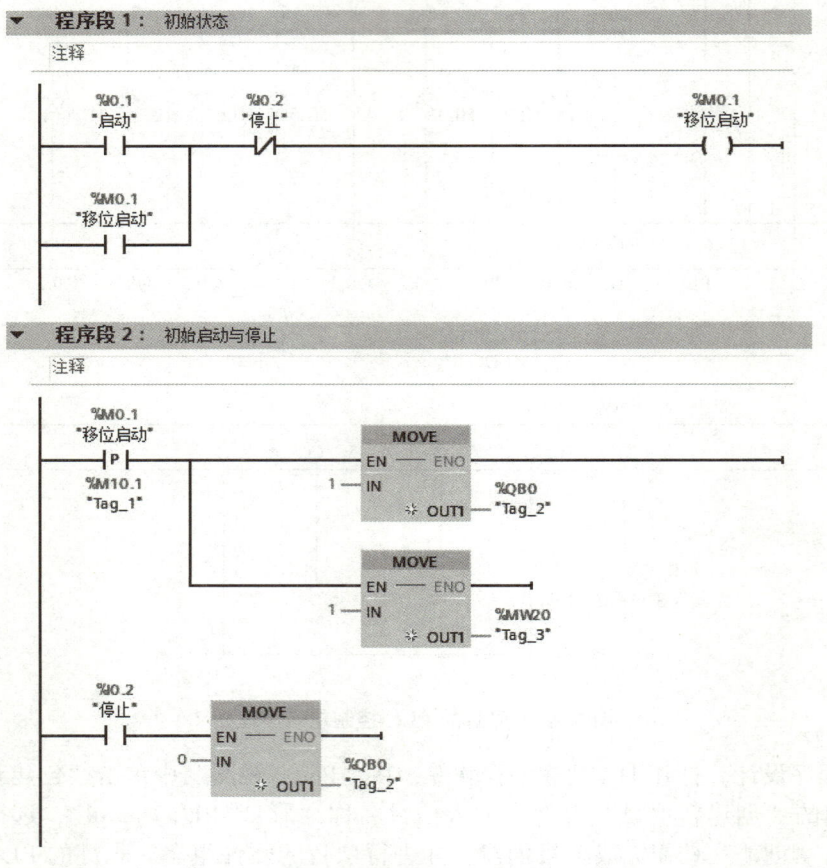

图 6-64　彩灯的 PLC 控制变量表

图 6-65　彩灯的 PLC 控制程序 1

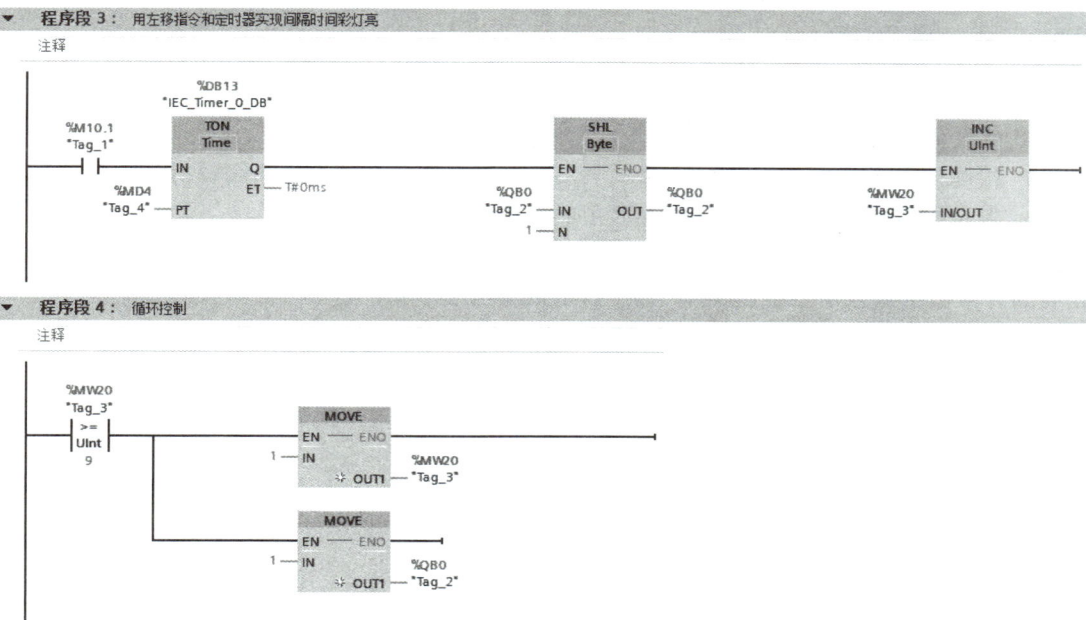

图 6-66 彩灯的 PLC 控制程序 2

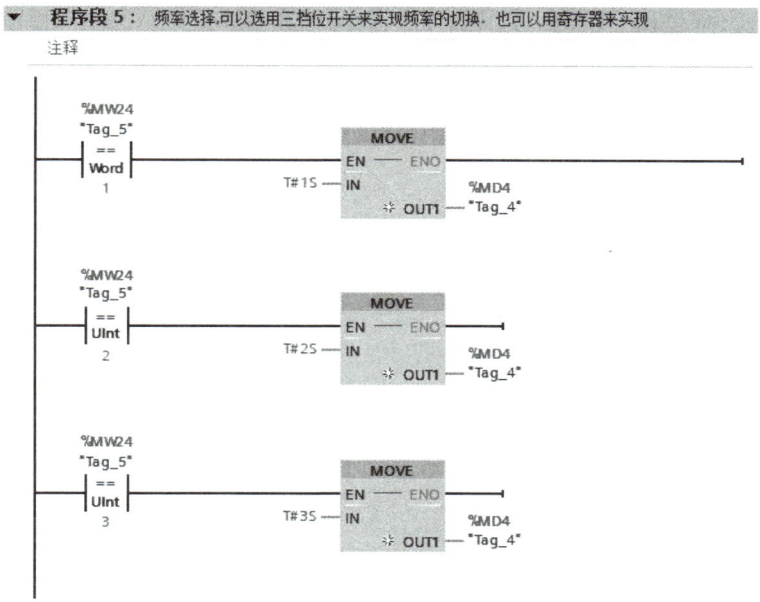

图 6-67 彩灯的 PLC 控制程序 3

（4）完成程序后，进行编译、下载、调试运行。

（5）任务拓展。以上程序是用比较和移位指令实现的彩灯的 PLC 控制，请用其他指令来实现上述控制要求并进行调试。

习 题

1. S7-1200 PLC 的指令包括_____、_____、_____和_____。
2. 动合触点的指令符号为_____，动断触点的指令符号为_____。
3. 检测信号上升沿的指令符号为_____，检测信号下降沿的指令符号为_____。
4. 置位指令 S 与复位指令 R 最主要的特点是有_____功能。
5. S7-1200 PLC 的定时器为_____，有_____种定时器，使用时需要使用定时器相关的背景数据块或者数据类型为 IEC_TIMER 的 DB 变量。
6. 定时器的 PT 为_____值，ET 为定时开始后经过的时间，称为_____值，它们的数据类型为_____位的_____，单位为_____。
7. 接通延时定时器用于将_____操作延时 PT 指定的一段时间；关断延时定时器用于将_____操作延时 PT 指定的一段时间。
8. S7-1200 PLC 有 3 种 IEC 计数器：_____、_____和_____。
9. CU 和 CD 分别是_____输入和_____输入，在 CU 或 CD 由_____状态变为_____状态时，当前计数器值 CV 被加 1 或减 1。
10. 检查有效性指令和检查无效性指令用来检测输入数据是否是有效的_____。
11. 请编写一段占空比为 0.5 的脉冲程序。
12. 请编写一段计数值为 50000 的计数器程序。
13. 用置位、复位指令编写一段电动机的启停控制程序。

第7章

扩展指令和工艺指令

学习目标

(1) 掌握日期、时间、字符串+字符扩展指令的使用方法。
(2) 了解编码器、高速计数器工艺指令的作用。
(3) 要求会用 PID_Compact 工艺指令，通过连续输入变量和输出变量，实现对温度、压力、流量等进行 PID 控制。
(4) 掌握 PID_Compact 工艺指令的组态、调试、模拟仿真的过程。
(5) 了解 PID 参数的含义。

问题思考

(1) 高速计数器可以应用到哪些控制系统？
(2) 如何用 PID_3Step 指令实现电动阀门的控制？
(3) 如何用 PID_Temp 指令实现温度控制？

思维导图

扩展指令和工艺指令
- 扩展指令
  - 日期和时间指令
  - 字符串+字符指令
- 工艺指令
  - 编码器
  - 高速计数器
  - PID指令
  - PID应用案例与仿真

7.1 扩展指令

扩展指令涵盖日期和时间、字符串+字符、分布式 I/O、PROFIenergy、中断、报警、诊断、脉冲、配方和数记录、数据块控制、寻址等指令。下面只简单介绍日期和时间指令及字符串+字符指令。其他指令请参考 TIA 博途软件在线帮助或 S7-1200 的系统手册。

7.1.1 日期和时间指令

日期和时间指令主要用于实现读取和设定时间以及时间的转换与运算功能。

打开"在线和诊断"视图，可以设置实时时钟的时间值，如图 7-1 所示，单击"应用"按钮，CPU 模块时间将改写为编程计算机的时间，也可以用日期和时间指令来读、写实时时钟。下面简单介绍读取实时时钟指令及应用举例。

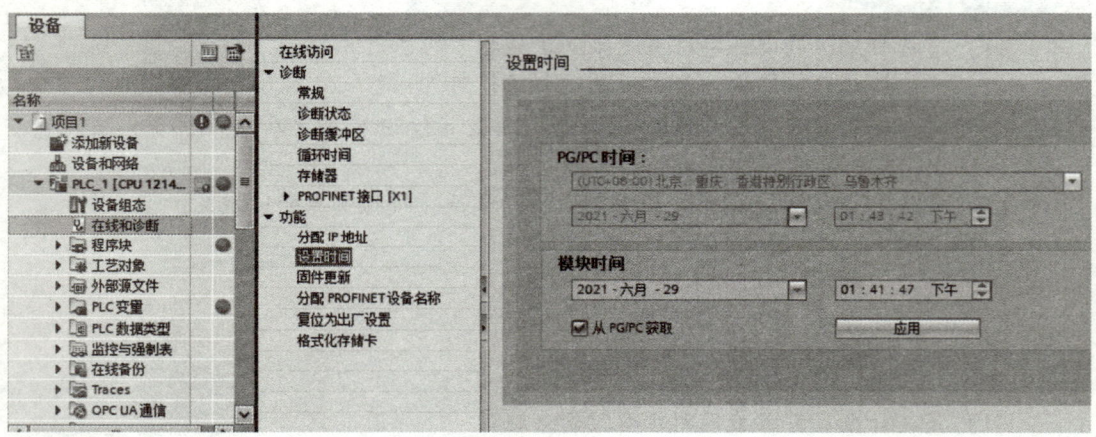

图 7-1 使用在线和诊断功能设置时间值

1. 时钟功能指令

系统时间是格林尼治标准时间，本地时间是根据当地时区设置的本地标准时间。北京时间比系统时间早 8 个小时。

读取系统时间指令 RD_SYS_T 将读取的 PLC 时钟当前日期和系统时间保存在输出 OUT 中。

读取本地时间指令 RD_LOC_T 将读取的 PLC 时钟当前日期和本地时间保存在输出 OUT 中。为了保证能读取到正确的时间，在组态 CPU 的属性设置时，应将实时时间的时区设置为北京，不使用夏令时。

图 7-2 给出了同时读出的本地时间 DT1 和系统时间 DT2 的实例程序。

第7章 扩展指令和工艺指令

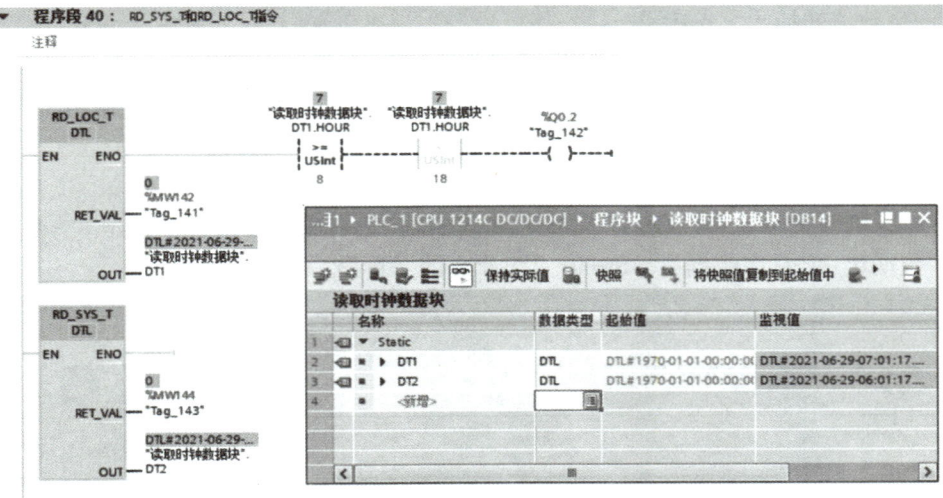

图 7-2 RD_SYS_T 和 RD_LOC_T 指令

2. 时钟功能指令应用举例

控制要求：车间操作工位照明要求 8：00 上班自动打开，18：00 自动关闭。

完成上述控制要求有如下两种方法。

（1）生成全局数据块"数据块_1"，生成数据类型为 DTL 的变量 DT1。用 RD_LOC_T 指令读取本地时间，保存在"数据块_1"中的 DT1 变量中，比较变量"数据块_1. DT1. HOUR"的值，并用输出 Q0.0 来控制工位照明。图 7-2 所示为当本地时间为 8：02：00 时，工位照明已关闭。

（2）若只需完成上述控制要求，也可以不生成全局数据块"数据块_1"，只在 OB1 的接口区定义数据类型为"DTL"的临时局部变量，如 Temp1，比较"Temp1. HOUR"的值即可。

7.1.2 字符串+字符指令

字符串+字符指令主要用于实现字符串的转换、编辑等功能。

1. 转换字符串指令 S_CONV

转换字符串指令 S_CONV 用于将输入的字符串转换为对应的数值，或者将数值转换为对应的字符串。该指令没有输出格式选项，因此需要设置的参数很少，但是没有 STRG_VAL 指令和 VAL_STRG 指令那样灵活。首先需要在功能框中设置转换前后操作数 IN 和 OUT 的数据类型，如图 7-3 所示。

1）将字符串转换为数值

使用 S_CONV 指令将字符串转换为整数或浮点数时，允许转换的字符包括 0~9、加减号和小数点对应的字符。转换后的数值用参数 OUT 指定的地址保存。如果输出的数值超过 OUT 的数据类型允许范围，则 OUT 为 0，ENO 被置为 0 状态。转换浮点数时不能使用指数记数法（带"e"或"E"）。图 7-2 中 I0.3 的动合触点闭合时，左边的 S_CONV 指令将字符串常量'12345.6'转换为双整数 12 345，小数部分被截尾取整。

171

2）将数值转换为字符串

可以用 S_CONV 指令将参数 IN 指定的整数、无符号整数或浮点数转换为输出 OUT 指定的字符串。根据参数 IN 的数据类型，转换后的字符串长度是固定的，输出字符串中的值为右对齐，且值的前面用空格字符填充，正数字符串不带符号。

图 7-3 中右边的 S_CONV 指令的参数 OUT 的实参为字符串“数据块_字符串转换. String_2”。I0. 3 的动合触点闭合时，S_CONV 指令将-4 321 转换为字符串‘-4321’，替换了“数据块_字符串数据块. String_2”原有的字符串，如图 7-4 所示。

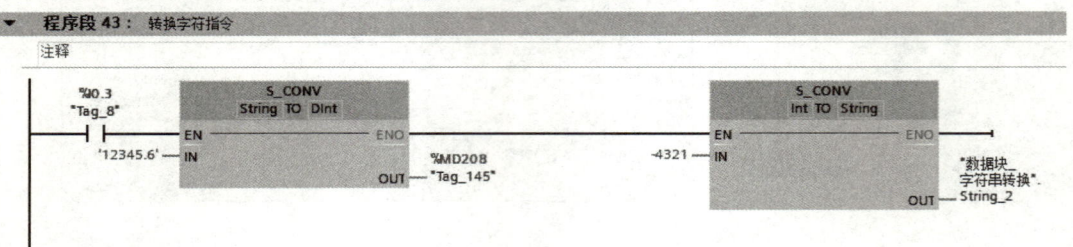

图 7-3　转换字符串指令 S_CONV

数据块_字符串转换

	名称	数据类型	起始值	监视值
1	▼ Static			
2	■ String_1	String	''	''
3	■ String_2	String	-4321	'-4321'
4	■ String_3	String	''	''

图 7-4　数据块中的字符串变量

3）复制字符串

如果 S_CONV 指令输入、输出的数据类型均为 String，则输入 IN 指定的字符串将复制到输出 OUT 指定的地址中。

2. 将字符串转换为数值指令 STRG_VAL

将字符串转换为数值指令 STRG_VAL 用于将数值字符串转换为对应的整数或浮点数。从参数 IN 指定的字符串第 P 个字符开始转换，直到字符串结束，允许转换的字符包括数字 0~9、加减号、句号、逗号、e 和 E，转换后的数值保存在参数 OUT 指定的存储单元中。如图 7-5 所示，在线修改 DB1. String_2 为 13 579，输出 OUT 变为 13 579。

输入参数 P 是要转换的第一个字符的编号，数据类型为 UInt。P=1 时，从字符串的第一个字符开始转换。图 7-5 中，若将左侧 P 在线修改为 2，则输出 OUT 将变为 3 579。

参数 FORMAT 是输出格式选项，数据类型为 Word，输出格式可以设置为小数表示法或指数表示法，以及是否用英语句号或英语逗号作十进制数的小数点。

3. 将数值转换为字符串指令 VAL_STRG

将数值转换为字符串指令 VAL_STRG 用于将输入参数 IN 中的数字，转换为输出参数 OUT 中对应的字符串。参数 IN 的数据类型可以是整数和实数。

被转换的字符串将取代 OUT 字符串，从参数 P 提供的字符偏移量开始、到参数 SIZE 指定的字符数结束的字符。参数 FORMAT 数据类型与 STRG_VAL 指令基本相同，此外增加是否同时使用符号字符"+"和"-",还是仅使用符号字符"-"。

参数 PREC 用来设置精度或字符串小数部分的位数。如果参数 IN 的值为整数,则 PREC 指定小数点的位置。如图 7-5 所示 IN 的数据值为 -2 468,PREC 为 2,FORMAT 为 5 时,转换结果为字符串 '-24, 68'。Real 数据类型支持最高精度为 7 位的有效数字。

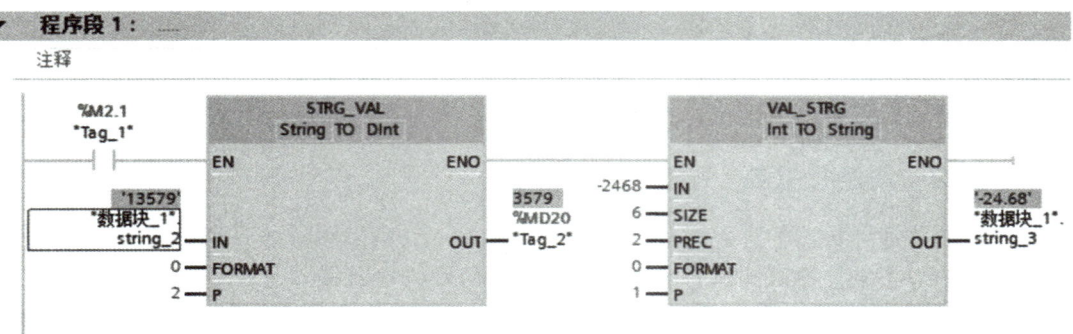

图 7-5 STRG_VAL 和 VAL_STRG 指令

其他字符串转换指令,请参考 TIA 博途软件在线帮助或 S7-1200 的系统手册。

7.2 工艺指令

7.2.1 编码器

在生产实践中,经常需要检测高频脉冲,如检测步进电动机的运动距离,而 PLC 中的普通计数器受限于扫描周期的影响,无法计量频率较高的脉冲信号。S7-1200 PLC 提供高速计数器,用来实现高频脉冲计数功能,而高速计数器一般与增量式编码器一起使用,后者每转一圈发出一定数量的计数脉冲和一个复位脉冲,作为高速计数器的输入。

常用的编码器有以下两种类型。

1. 光电增量编码器

光电增量编码器的码盘上有均匀刻制的光栅,码盘旋转时,输出与转角的增量成正比的脉冲,需要计数器来计脉冲数。有以下 3 种增量式编码器。

(1) 单通道增量式编码器,内部只有一对光耦合器,只能产生一个脉冲列。

(2) 双通道增量式编码器,又称 A/B 相型编码器,内部只有两对光耦合器,输出相位差为 90°的两组独立脉冲列。正转和反转时两路脉冲的超前、滞后关系相反,如图 7-6 所示,如果使用 A/B 相型编码器,则 PLC 可以识别转轴旋转的方向。

图 7-6 A/B 相型编码器的输出波形图
(a) 正转;(b) 反转

(3) 三通道增量式编码器，内部除了有双通道增量式编码器的两对光耦合器外，在脉冲码盘的另外一个通道内还有一个透光段，每转一圈输出一个脉冲，该脉冲称为 Z 相零位脉冲，用于系统清零信号，或作为坐标的原点，以减少测量的累计误差。

2. 绝对值编码器

N 位绝对值编码器有 N 个码道，最外层的码道对应编码的最低位。每一个码道有一个光耦合器，用来读取该码道的 0、1 数据。绝对值编码器输出的 N 位二进制数反映了运动物体所处的绝对位置，根据位置的变化情况，可以判别出转轴旋转的方向。

7.2.2 高速计数器

PLC 的普通计数器的计数过程与扫描方式有关，CPU 采用通过一个扫描周期读取一次被测信号的方法来捕捉被测信号的上升沿，被测信号的频率较高时，会丢失计数脉冲，因此普通计数器的最高工作频率一般仅有几十赫兹，而高速计数器能对数千赫兹的频率脉冲进行计数。

S7-1200 PLC 最多提供 6 个高速计数器（High Speed Counter, HSC），其独立于 CPU 的扫描周期进行计算，可测量的单向脉冲频率最高达 100 kHz，双相或 A/B 相频率最高为 30 kHz。高速计数器可用于连接增量式旋转编码器，通过对硬件组态和调用相关指令来使用此功能。

1. 高速计数器的工作模式

S7-1200 PLC 高速计数器定义的工作模式有以下 5 种。

(1) 单相计数器，外部方向控制，如图 7-7 所示。

(2) 单相计数器，内部方向控制，如图 7-7 所示。

(3) 双相加/减计数器，双脉冲输入，如图 7-8 所示。

(4) A/B 相正交脉冲输入，图 7-9 为 1 倍速模式 A/B 相正交计数器的工作原理，此外还有 4 倍速模式 A/B 相正交计数器。2 倍速模式 A/B 相正交计数器在时钟脉冲的每一个周期计 1 次数，4 倍数模式 A/B 相正交计数器在时钟脉冲的每一个周期计 4 次数，使用 4 倍数模式 A/B 相正交计数器则计数更为准确。

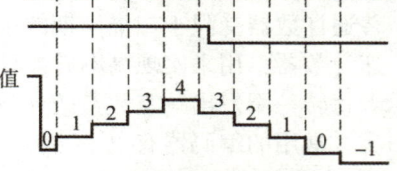

图 7-7 单相计数器的工作原理

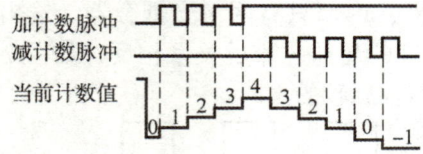

图 7-8 双相加/减计数器的工作原理

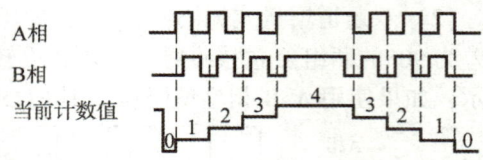

图 7-9 1 倍速模式 A/B 相正交计数器的工作原理

高速计数器的具体工作模式和硬件输入定义可查阅 S7-1200 的控制功能手册。

(5) 监控高速脉冲 PTO 输出，即能监控到高速脉冲输出序列的个数。

每种高速计数器都有外部复位和内部复位两种工作状态。所有的计数器无须启动条件设置，在硬件中设置完成后下载到 CPU 中即可启动高速计数器。

并非所有的 CPU 都可以使用 6 个高速计数器，例如 1211C 只有 6 个集成输入点，所以最多只能支持 4 个（使用信号板的情况下）高速计数器。

由于不同计数器在不同模式下，同一物理点会有不同的定义，故在使用多个高速计数器时需要注意，不是所有的计数器都可以同时定义为任意工作模式。高速计数器的输入使用的是和普通数字量输入相同的地址，当某个输入点已定义为高速计数器输入点时，就不能再应用于其他功能，但在某个模式下，没有用到的高速计数器的输入点可以用于其他功能。

监控 PTO 的模式只有 HSC1 和 HSC2 支持。使用此模式时，不需要外部接线，CPU 在内部已做了硬件连接，可直接检测通过 PTO 功能所发出的脉冲。

2. 高速计数器指令

1）控制高速计数器（CTRL_HSC）指令

CTRI_HSC 指令用于高速计数器的参数配置，如表 7-1 所示。指令添加一个新的 DB，命名为"DB HSC reait"，并且创建一个 DInt 数据元素，命名为"HSC_?"（如 HSC_1），用于保存高速计数器的值。

只要在硬件配置里使能并组态了高速计数器，不使用 CTRL_HSC 指令，高速计数器就可以常计数。CTRL_HSC 指令只是完成参数写入的功能。

表 7-1　CTRI_HSC 指令

LAD/FBD	数据类型	功能
<???> CTRL_HSC EN　　　ENO ―HSC　　BUSY― ―DIR　　STATUS― ―CV ―RV ―PERIOD ―NEW_DIR ―NEW_CV ―NEW_RV ―NEW_PERIOD	HSC：HW_HSC DIR：Bool CV：Bool RV：Bool PERIOD：Bool NEW_DIR：Int NEW_CV：DInt NEW_RV：DInt	用于高速计数器的参数配置

在 CTRL_HSC 参数中没有提供当前计数值。在高速计数器硬件的组态期间分配存储当前计数值的过程映像地址。

可以使用程序逻辑直接读取计数值。返回给程序的值将是读取计数器瞬间的正确计数，但计数器仍将继续对高速事件计数。因此，程序使用旧的计数值完成处理前，实际计数值可能会更改。

2）控制高速计数器（扩展）（CTRI_HSC_EXT）指令

利用 CTRI_HSC_EXT 指令，程序可以按指定时间周期访问指定高速计数器的输入脉冲数量。该指令使程序可以纳米级精度确定输入脉冲之间的时间长度，如表 7-2 所示。

表 7-2　CTRL_HSC_EXT 指令

LAD/FBD	数据类型	功能
%DB1 "CTRL_HSC_EXT_DB" CTRL_HSC_EXT — EN ENO — — HSC DONE — — CTRL BUSY — ERROR — STATUS —	HSC：HW_HSC CTRL：HSC_Period DONE：Bool BUSY：Bool ERROR：Bool STATUS：Word	按指定时间周期访问指定高速计数器的输入脉冲数量

要使用 CTRL_HSC_EXT 指令，请按下列步骤操作。

（1）为 Period 模式组态相关的高速计数器选择所需要的运行阶段。如果选择内部方向控制，则可以释放用于其他用途的方向输入。

（2）将 CTRL_HSC_EXT 拖放至梯形图程序中，该操作会同时创建一个背景数据块 CTRL_HSC_EXT_DB。

（3）创建一个 User Global_DB＝Ex：" MYDB"（CTRL_HSC_EXT 的输入参数）。该数据块含有该 SFB 所需要的信息。

（4）在 MYDB 中，找到一个空行，并添加变量 Name＝Ex：" MyPeriod"。

（5）输入"HSC_Period"并按〈Enter〉键以添加数据类型（下拉控件目前没有该选项）。必须由用户正确地输入该名称。

（6）检查"MyPeriod"变量现在是否是一个可以扩展的通信数据结构。

（7）在梯形图指令 CTRL_HSC_EXT：" CTRL"控点上附加背景数据块变量" MYDB".MyPeriod。

3. 高速计数器的组态

（1）打开 PLC 的"设备视图"，选中其中的 CPU。

（2）选中巡视窗口的"属性"选项卡左边的"常规"，单击"高速计数器（HSC）"→"HSC1"→"常规"在"常规"界面中勾选"启用该高速计数器"复选按钮，即激活 HSC1，如图 7-10 所示。

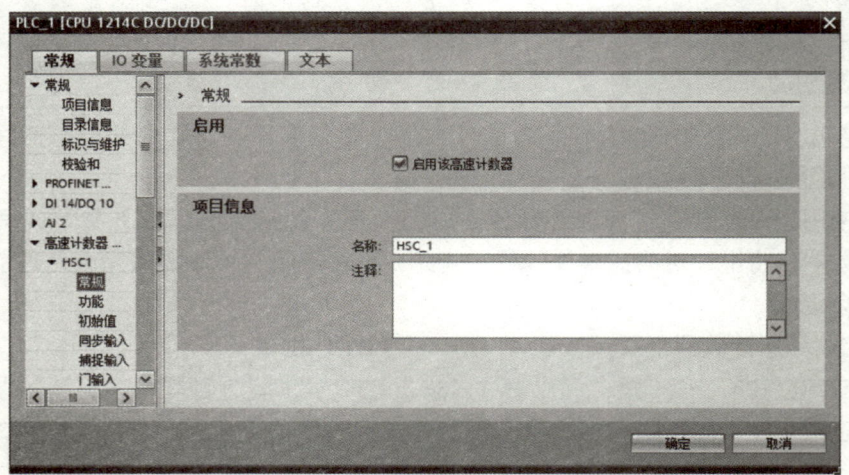

图 7-10　高速计数器"常规"界面

如果激活了脉冲发生器 PTO1 或 PTO2，则它们分别使用 HSC1 和 HSC2 的"运动轴"计数模式，来监视硬件输出。如果组态 HSC1 和 HSC2 用于其他任务，则它们不能被脉冲发生器 PTO1 和 PTO2 使用。

（3）高速计数器"功能"界面如图 7-11 所示，在界面中可以设置下列参数。

①在"计数类型"下拉列表中，可选"计数""时间段""频率"和"运行控制"。

②在"工作模式"下拉列表中，可选"单相""两相位""A/B 计数器"和"A/B 计数器四倍频"。

③在"计数方向取决于"下拉列表中，可选"用户程序（内部方向控制）""输入（外部方向控制）"。

④在"初始计数方向"下拉列表中，可选"加计数""减计数"。

⑤在"频率测量周期"下拉列表中，可选"1.0 s""0.1 s""0.01 s"（需要在"计数类型"下拉列表中选择"时间段"或"频率"选项）。

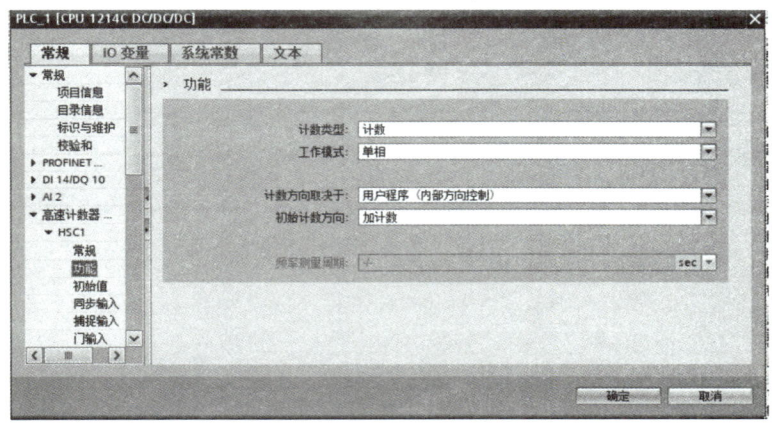

图 7-11　高速计数器"功能"界面

（4）选择"高速计数器（HSC）"→"HSC1"→"初始值"，在"初始值"界面中可以设置初始计数器值、初始参考值，如图 7-12 所示。还可以用左边串口设置是否"同步输入"，在下拉列表中选择复位信号是高电平有效、低电平有效。"捕捉输入""门输入""比较输出"的设置方法同"同步输入"。

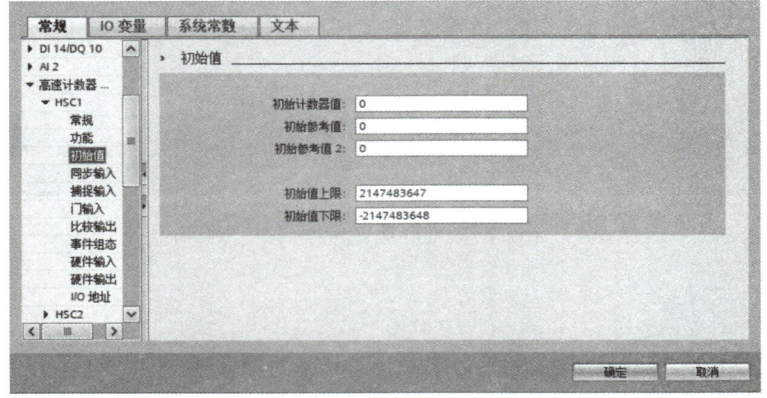

图 7-12　高速计数器"初始值"界面

(5) 选择"高速计数器（HSC）"→"HSC1"→"事件组态"，在"事件组态"界面中勾选"为计数器值等于参考这一事件生成中断"和"为同步事件生成中断"复选按钮，如图 7-13 所示，激活下列事件出现时是否产生中断：计数值等于参考值、出现外部复位事件和出现计数方向变化事件。

注意：使用外部复位事件组态中断须确认使用外部复位信号，使能方向改变事件中断须先选择外部方向控制。

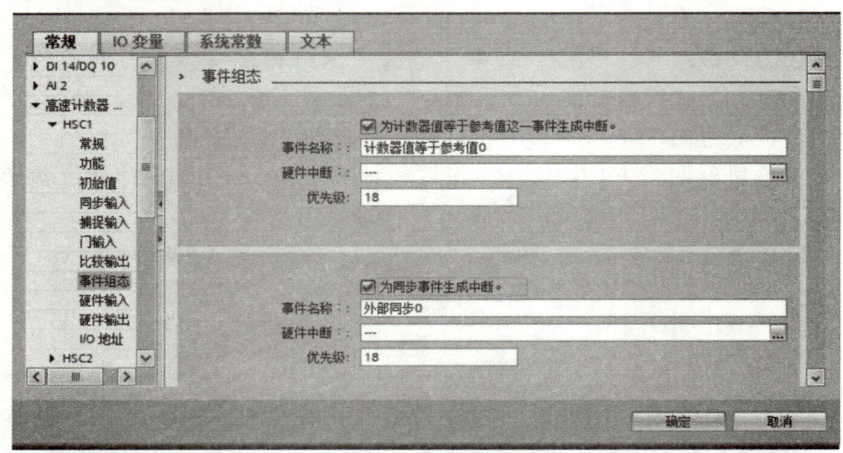

图 7-13 高速计数器"事件组态"界面

(6) 选择"高速计数器（HSC）"→"HSC1"→"硬件输入"，在"硬件输入"界面中可以看到该 HSC 使用的硬件输入点和时钟发生器的输入。"硬件输出"和"I/O 地址"根据需要进行设定即可，如图 7-14 所示。

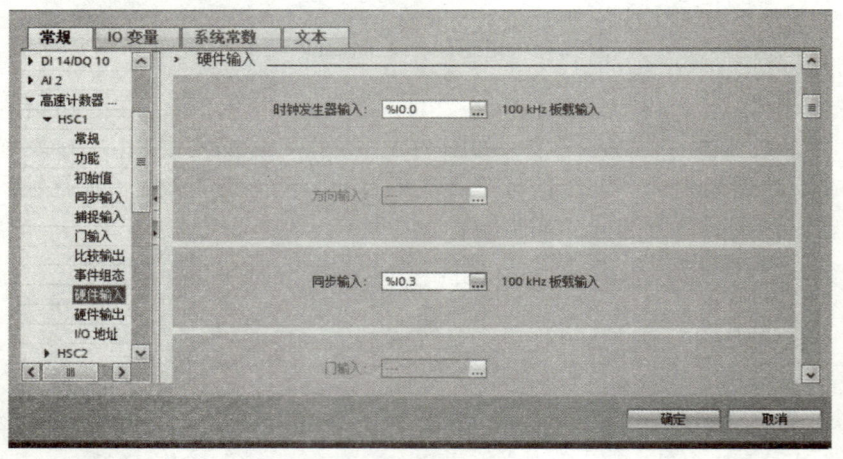

图 7-14 高速计数器"硬件输入"界面

7.2.3 PID 指令

工业生产过程中，对压力、温度、流量、液位等模拟量进行准确控制，使用最多的是 PID 控制。因为 PID 控制具有以下优点：即使没有控制系统的数学模型，也能得到比较满意的控制效果；通过调用 PID 指令来编程，程序设计简单，参数调整方便；有较强的灵性和适应性，根据被控对象的具体情况，可以采用 P、PI、PD 和 PID 等方式。

模拟量闭环控制系统框图如图 7-15 所示。例如天然气加热控制系统，设定控制温度为 80℃，测量元件温度传感器采集加热器（被控对象）的温度信号，反馈与设

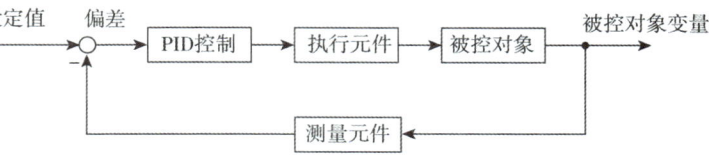

图 7-15 模拟量闭环控制系统框图

定值比较，通过 PID 控制，调整天然气门（执行元件）对温度进行控制。

西门子 STEP 7 为 S7-1200 PLC CPU 提供以下 3 个 PID 指令。

（1）PID_Compact 指令：用于通过连续输入变量和输出变量控制工艺过程。PID_Compact 指令是通用的 PID 控制，可以应用到各种模拟量控制系统中。

（2）PID_3Step 指令：用于控制电动机驱动的设备，通过离散信号实现打开和关闭动作的阀门。

（3）PID_Temp 指令：用于处理温度控制的特定需求的 PID 控制。

只有 CPU 从 STOP 模式切换到 RUN 模式后，在 RUN 模式下对 PID 组态和下载进行的更改才会生效。而在"PID 参数"对话框中使用"起始值控制"进行的更改立即生效。

全部 3 个 PID 指令（PID_Compact、PID_3Step 和 PID_Temp）都可以计算启动期间的 P 分量、I 分量以及 D 分量（如果组态为"预调节"）。还可以将指令组态为"精确调节"，从而可对参数进行优化，用户无须手动确定参数。有关指令信息，可参考 TIA 博途软件门户的在线帮助或者是 S7-1200 PLC 的编程手册。

PID 控制器使用式（7-1）来计算 PID_Compact 指令的输出值，使用式（7-2）来计算 PID_3Step 指令的输出值。

$$y = K_p \left[(b \cdot w - x) + \frac{1}{T_f \cdot s}(w - x) + \frac{T_D \cdot s}{a \cdot T_D \cdot s + 1}(c \cdot w - x) \right] \quad (7-1)$$

$$\Delta y = K_p \cdot s \cdot \left[(b \cdot w - x) + \frac{1}{T_f \cdot s}(w - x) + \frac{T_D \cdot s}{a \cdot T_D \cdot s + 1}(c \cdot w - x) \right] \quad (7-2)$$

式中，y 为输出值；w 为设定值；K_p 为比例增益（P 分量）；T_f 为积分作用时间（I 分量）；T_D 为微分作用时间（D 分量）；x 为过程值；s 为拉普拉斯算子；a 为微分延迟系数（D 分量）；b 为比例作用加权（P 分量）；c 为微分作用加权（D 分量）。

下面以"温度 PID 控制"项目为例，介绍 PID_Compact 指令的使用及仿真过程。

7.2.4 PID 应用案例与仿真

任务要求："温度 PID 控制"项目由一台 S7-1200 PLC（模拟量输入采用 CPU 自带的输入通道）、一个温度传感器 PT100、温度变送器、一个模拟量输出模块 SM1232（2 路 0~20 mA 输出通道）、调节阀门、固态继电器等组成，利用 PID 控制指令实现对温度的调节控制。

PID 应用

1. 原理设计

温度控制装置作为控制对象，从装置测量温度信号，根据与设定值比较，经过 PID 控制，确定阀门开度，流程如图 7-16 所示。

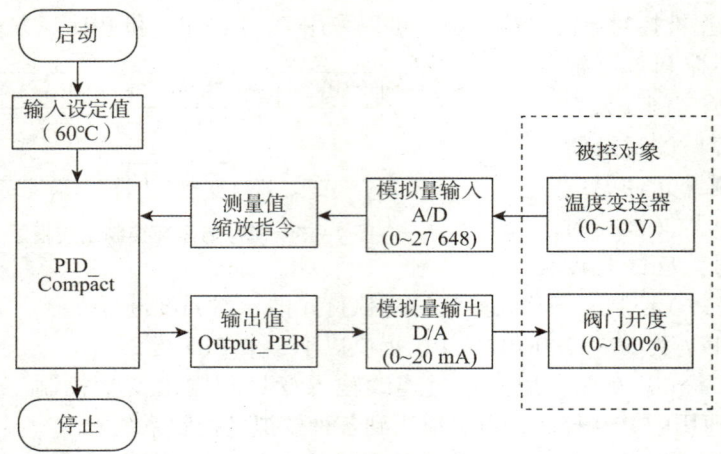

图 7-16 温度 PID 控制流程

2. 模拟量数据处理

1）温度采集

传感器经过变送器处理后与 PLC 进行连接，将被测非电物理量（温度、压力、流量等）转换成电压（或电流）信号，PLC 读取 A/D 转换（模/数转换）后的数字量，即能有效地处理当前模拟量对象。

例如，若温度传感器的检测范围是 0~100℃，经过变送器处理后转换成 0~10 V 的电压（或±10 V 电压、0~20 mA 电流等），PLC 通过对该变送电压（电流）信号进行处理，即可方便地获取当前温度信息。

本例中温度信号，从温度变送器转换成 0~10 V 的电压，接到 CPU 模块本体自带的模拟量输入信号接线端，S7-1200 PLC 自带 2 路模拟量输入。再单击 PLC 的"属性/常规"→"AI2"→"I/O 地址"，I/O 地址对应模拟量接线端的 A/D 转换地址，经过模/数转换后的数据将在该地址进行读取，默认为 64~67（通道 0 的地址为 64~65，通道 1 的地址为 66~67），即 IW64 和 IW66。用户可以根据实际需要修改该地址，注意输入信号的地址不要重复，否则系统会报错。

2）A/D 转换

模拟量 A/D 转换的意思是模/数转换（模拟量转换为数字量），将模拟量输入信号（电压或电流）转换为数字量并储存在寄存器的某个固定的地址中。S7-1200 PLC 中，A/D 转换后的数字量有效范围是 0~27 648。

本例中模拟量输入范围是 0~10 V，A/D 转换后的数字量范围即为 0~27 648，且两者是线性对应关系（例如电压为 1 V，数字量即为 2 765）。按照第 3 章中的模拟量相关内容进行硬件接线（如接线端为模拟量 0 通道）后，可以方便地通过读取相应 PLC 外部输入映像寄存器来获取传感器模拟量信息。通过地址"IW64"即可获取当前模拟量输入信号的值。

3）D/A 转换

模拟量 D/A 转换的意思是数/模转换（数字量转换为模拟量），将储存在寄存器的某个固定的地址中的数字量转换为模拟量输出信号（电压或电流）。S7-1200 PLC 中，D/A

转换的有效范围是 0~27 648。

本例中，输出选用 0~20 mA 电流模拟信号，输出对应阀门开度 0~100%，D/A 将某寄存器中 0~27 648 的某个数字转换成 0~20 mA 的某个电流进行输出，模拟量输出与模拟量输入类似。选中模拟量输出模块→"属性/常规"→"AQ2"→"通道 0"，输出类型选择"电流"，电流范围选择"0~20 mA"；再选择"属性/常规"→"AQ2"→"I/O 地址"，经过模/数转换后的数据将在该地址进行读取，默认为 96~99（通道 0 的地址为 96~97，通道 1 的地址为 98~99），即 QW96 和 QW98，即可转变成电流信号在通道 0 输出。若将"QW96"写入值 2 765，则对应输出端口会产生 2 mA 的电流输出。

4）数据缩放处理

为了编程方便，通常对模拟量采集的数据进行缩放处理。本例中，模拟量输入通道 0 接收温度信号（0~100℃变送为 0~10 V 电压），假设输出阀门开度按比例 20%~70%，可以满足温度要求，则在模拟量输出通道 0 处输出 4~14 mA 的电流信号，4 mA 对应起始开度 20%，数值为 5 530，14 mA 对应起始开度 70%，数值为 19 364。当温度是 0~100℃任何数值时，输出数值在 5 530~19 354，保持线性关系。编程软件提供 2 个基本指令，可以实现数据缩放功能，在"基本指令"→"转换操作"找到标准化"NORM_X"和缩放"SCALE_X"指令块，添加到程序中，如图 7-17 所示。

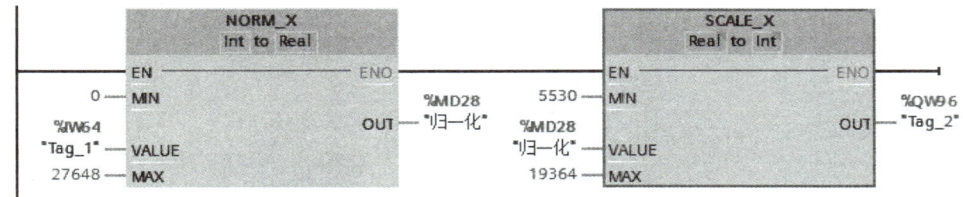

图 7-17 缩放指令控制模拟量

在图 7-17 中，通过 IW64 获得模拟量输入通道 0 信号 A/D 转换后的数字量，"归一化"为"Real"数据，"归一化"作为输出数据反映了 IW64 数据在 MIN 最小值与 MAX 最大值之间的线性比例；在 SCALE_X 指令块中，将"归一化"这个比例还原到新的 MIN 和新的 MAX 中，并且按照线性关系得到 QW96 的数字值，这时在模拟量输出模块"AQ"的通道 0 处会产生对应的电流输出。例如，若温度为 50℃（即量程 0~100℃的一半），IW64 为 13 824（27 648 的一半），则通过 NORM_X 指令块，"归一化"的值为 0.5，再通过 SCALE_X 指令块就能求出 5 530~19 354"刻度为 0.5"的输出值 12 422（对应 9 mA）。在开环控制系统中，可以直接控制阀门开度，实现温度调节。

3. 硬件接线与组态

由于 S7-1200 PLC CPU 不支持 PID 控制的工艺模块、工艺对象仿真。故为了说明仿真过程，本例中选用 S7-1500 PLC CPU 进行硬件配置，加入"Filter_PT1"作为被控对象，程序设计思路与 S7-1200 PLC CPU 完全相同。

启动桌面"TIA Portal V16"软件，选择"创建新项目"→"温度 PID 控制"，在"设备和网络"中添加"控制器"，选择"SIMATIC S7-1500"→"CPU 1512C-1 PN"。

选择"PLC_1[CPU 1512C-1 PN]"→"设备组态"，单击"属性"→"防护与安

全"→"连接机制",勾选"允许来自远程对象的 PUT/GET 通信访问"复选按钮。

根据控制任务要求,在"默认变量表"中添加"PLC 变量",如图 7-18 所示。

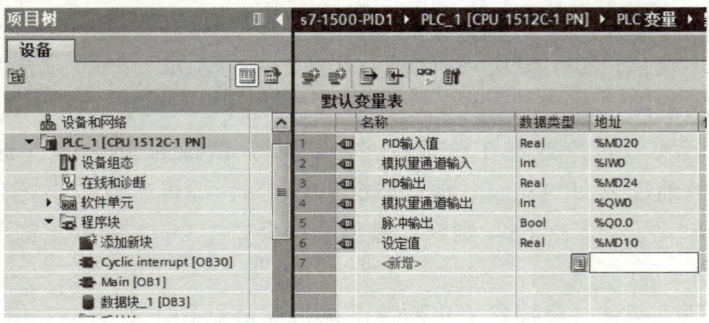

图 7-18　PLC_1 变量表

4. PID 指令块组态

新建循环组织块 OB30,循环时间选择默认值 100 ms,如图 7-19 所示。

在循环组织块中调用"工艺"→"PID 控制"→"PID_Compact"指令块,会自动生成对应的工艺对象,添加相关数据,如图 7-20 所示。

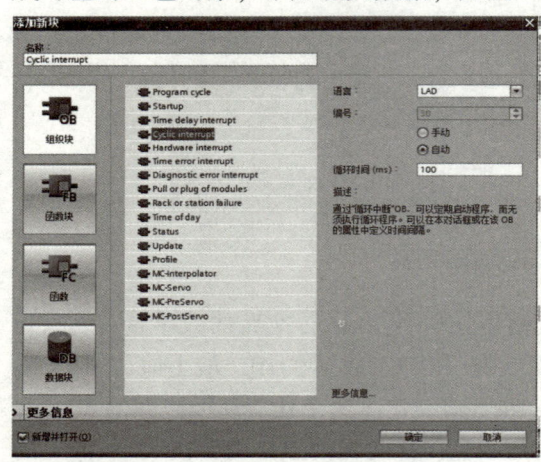

图 7-19　新建循环组织块 OB30

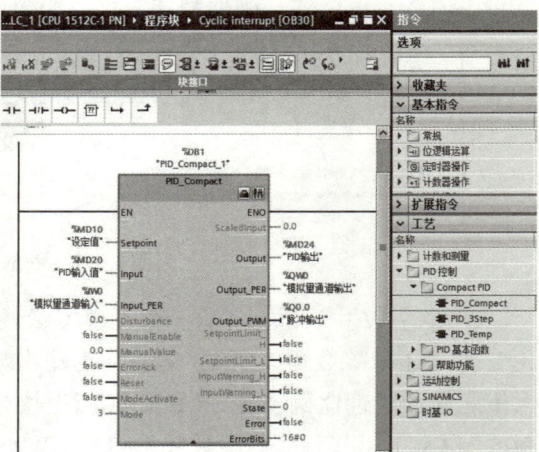

图 7-20　调用"PID_Compact"指令块

其主要参数如下。

(1) Setpoint:Real 类型,"设定值"是温度控制要求的控制目标。

(2) Input:Real 类型,过程值,"PID 输入值"在 PID 仿真中选用。

(3) Input_PER:Int、Word 类型,模拟通道采集数据 0~100%,对应 0~27 648。

(4) Output:Real 类型,"PID 输出"在 PID 仿真中选用。

(5) Output_PER:Int、Word 类型,模拟通道输出 0~100%,对应 0~27 648。

(6) Output_PWM:Bool 类型,对应脉冲输出。

设定值和模式选择要使用保持性寄存器,否则断电重启会出问题;Errack 只是复位,但 Reset 具有复位重启的作用(请慎用)。

为了实现仿真,在循环组织块中调用"工艺"→"PID 控制"→"帮助功能"→

"Filter_PT1"功能块，作为被控对象，如图7-21所示。

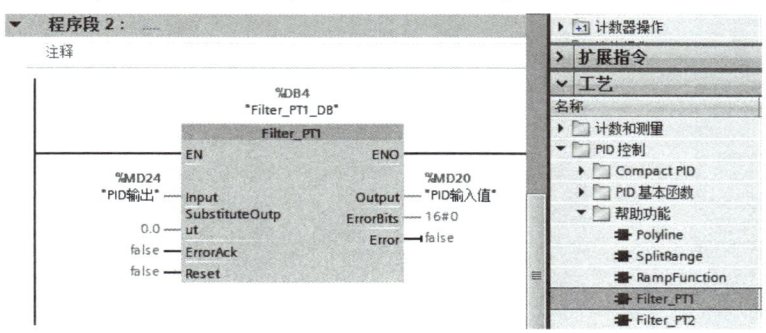

图7-21　Filter_PT1功能块及参数

5. 工艺对象进行组态

(1)"PID_Compact"指令块的基本设置。如图7-22所示。对于PID输出增大时被控量减小的设备，勾选"反转控制逻辑"复选按钮，如控制制冷设备。

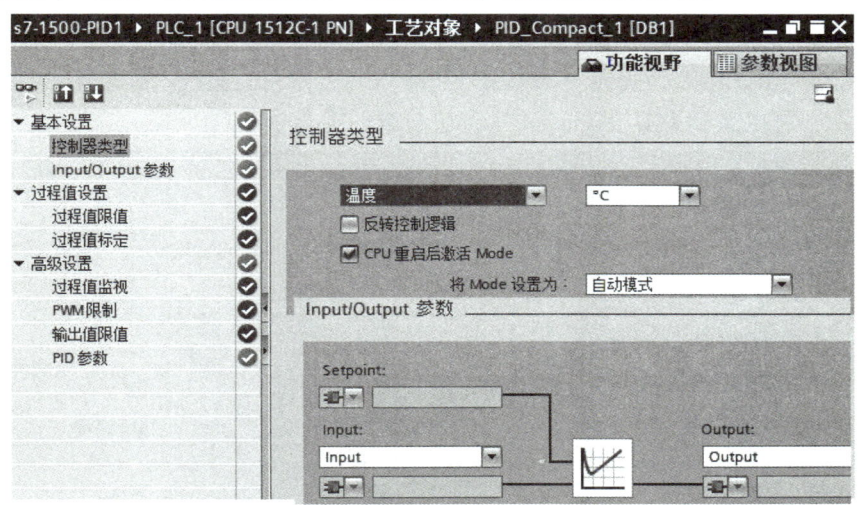

图7-22　"PID_Compact"指令块——基本设置

(2)过程值设置。"过程值限值"采用默认设置，"过程值标定"指当PID输入采用"Input_PER"时进行设置，过程值为0～100%，对应A/D转换后为0～27 648。

(3)高级设置。"过程值监视"可以设置输入的上限、下限报警值，对应有报警信号，"PID_Compact"指令块输出参数InputWarning_H，InputWarning_L状态变为"1"。"PWM限制""输出值限制"选择默认配置。

"PID参数"设置如图7-23所示，PID算法在PLC内部已经设定好，可以自动生成参数。如果PLC自动设置的不符合要求，也可以"启用手动输入"，根据控制系统的实际情况，修改参数。需要注意的是，"PID算法采样时间"必须是图7-19中"循环时间"的整数倍。"控制器结构"可选"PID"和"PI"。

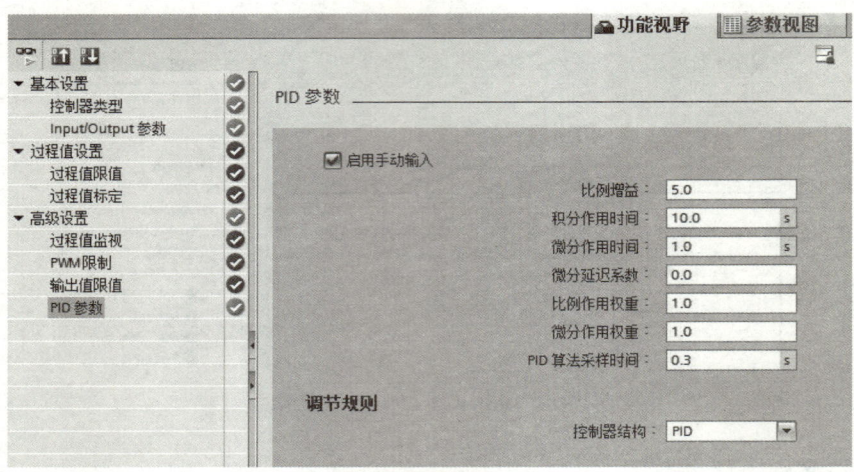

图 7-23 "PID 参数"设置

6. 模拟仿真

（1）先将"设定值"初始值设置为"20"，编译程序，选中"项目树"→"PLC_1[CPU 1512C-1 PN]"，启动 PLC 仿真（下载程序、启动 PLC），在线监视，设定值设为 60℃，如图 7-24 所示，可以看到 PID_Compact 指令块参数的变化。

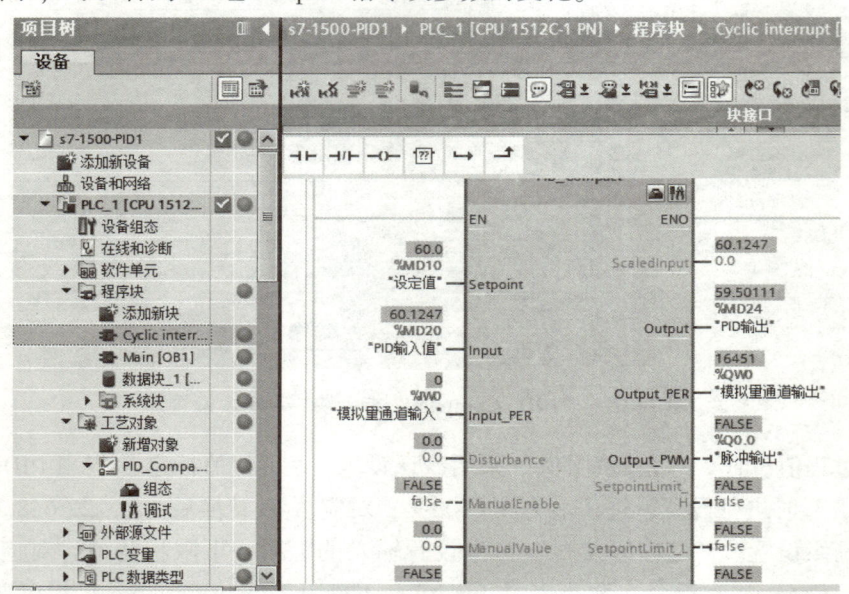

图 7-24 PLC 仿真在线监视

（2）在"项目树"中打开"工艺对象"→"PID_Compact_1"→"调试"，单击"Start"按钮，"调节模式"先选择"预调节"，如图 7-25 所示。

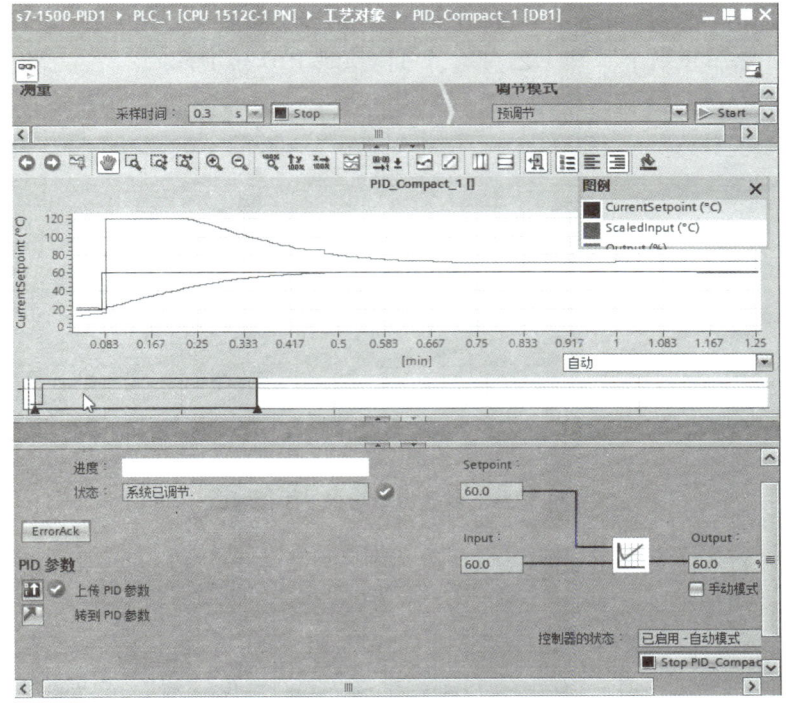

图 7-25 工艺对象的调试

(3) "调节模式"再进行"精确调节",自动配置 PID 参数,精确调节后的参数如图 7-26 所示。

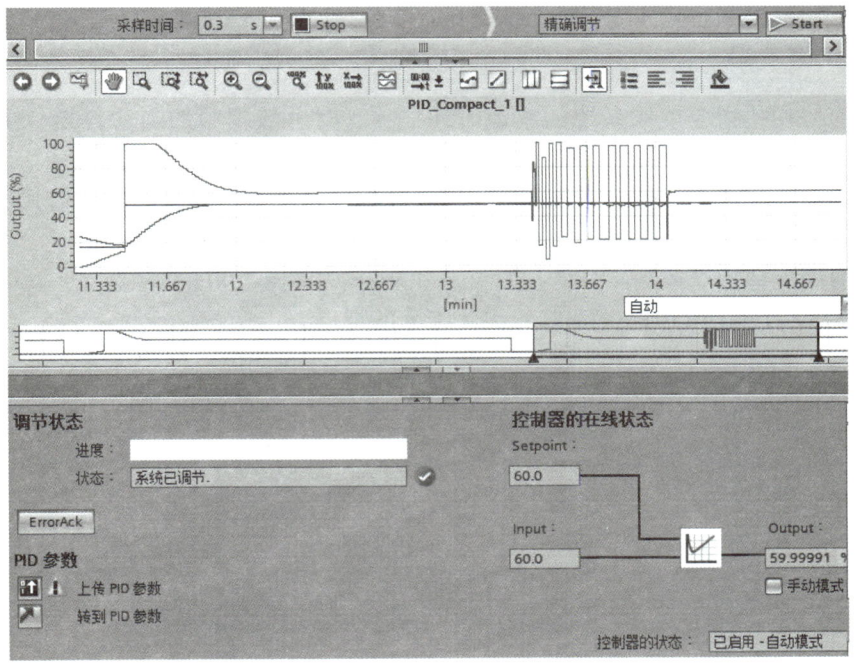

图 7-26 精确调节后的参数

（4）自动调节完成后单击图 7-26 中的"上传 PID 参数"按钮，可以看到 PID 参数如图 7-27 所示，然后重新下载到工艺对象，可以实现 PID 精准控制。

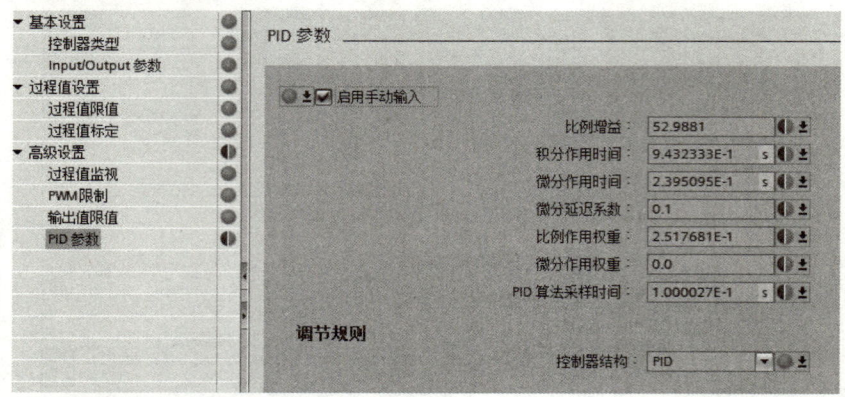

图 7-27　精确调节后的 PID 参数

PID 参数调整是个非常复杂的过程，要根据实际控制系统进行优化，此处只是举例说明调试过程。

7. 实际系统 PID 参数设置

将相关硬件连接好；图 7-20 中的 PID 参数 Setpoint，"设定值"可以通过触摸屏等输入界面设定；图 7-22 中，输入选用"Input_PER"，根据采集温度模块采集的数据对应 0 ~ 27 648，输出选用"Output_PER"，直接从模拟量模块输出，0 ~ 27 648 对应 0 ~ 20 mA，控制阀门开度；编译下载程序即可运行。

1. 如何用相关指令读取系统的本地时间，并将时钟数据中的当前日期、星期的数字显示出来？
2. 简述高速计数器的作用。S7-1200 PLC 高速计数器有几种基本技术模式？
3. 常用的扩展指令有哪些？
4. 如何用时钟指令控制路灯的定时接通和断开，即 18∶00 时开灯，6∶30 时关灯？
5. 简述 S7-1200 PLC 提供的 3 个 PID 指令的特点。

第 8 章

S7-1200 PLC 运动控制指令及应用实例

学习目标

（1）了解 S7-1200 PLC 控制伺服电动机的一般方法。
（2）掌握运动控制的基本指令以及指令的详细使用方法。
（3）要求会用运动控制的基本指令设计一般项目，并能够举一反三，能将运动控制指令运用到实际案例中。

问题思考

（1）用 S7-1200 PLC 控制伺服电动机如何实现速度控制？
（2）速度控制和位置控制的区别有哪些？

思维导图

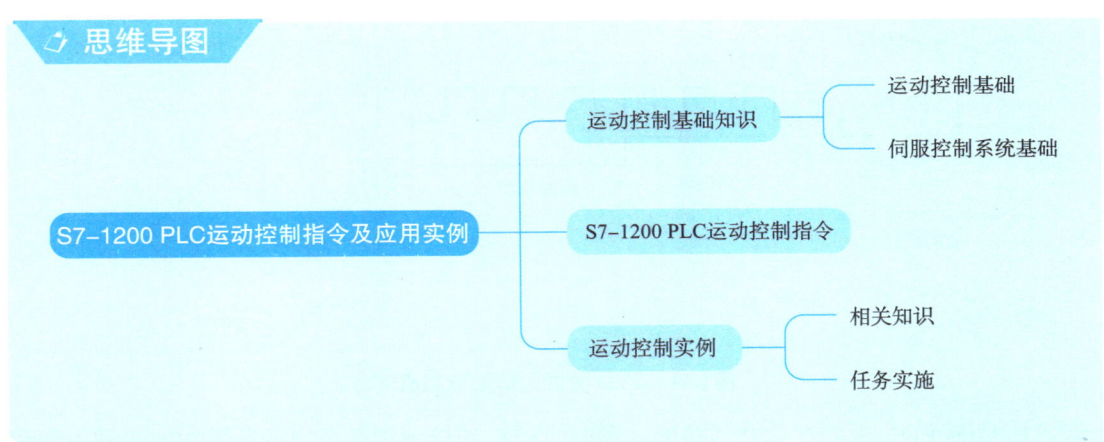

8.1 运动控制基础知识

8.1.1 运动控制基础

1. 基础知识

S7-1200 PLC 运动控制的控制方式，根据连接驱动方式的不同，可分为以下 3 种。

（1）通信控制方式：S7-1200 PLC 通过基于 PROFIBUS/PROFINET 的 PROFIdrive 方式与支持 PROFIdrive 的驱动器连接，并通过标准的 PROFIdrive 报文进行通信，传输控制字、状态字、设定值和实际值，完成运动控制。

（2）脉冲串输出 PTO（Pulse Train Output）方式：S7-1200 PLC 通过发送 PTO 脉冲的方式控制驱动器，可以是脉冲+方向、A/B 正交或者是正/反脉冲的方式。

（3）模拟量输出方式：S7-1200 PLC 通过输出模拟量来控制驱动器。

运动控制常用 PTO 控制方式，S7-1200 PLC CPU 提供两种脉冲发生器可用于控制高速脉冲输出功能。

（1）脉宽调制（Pulse Width Modulation，PWM）：内置 CPU 中，用于速度、位置或占空比控制。

（2）脉冲串输出（PTO）：内置 CPU 中，用于速度和位置控制。

脉冲串输出（PTO）的信号类型有多种，本次采用脉冲 A 和方向 B，一个输出（P0）控制脉冲，另一个输出（P1）控制方向。如果脉冲处于正向，则 P1 为高电平（正转）；如果脉冲处于负向，则 P1 为低电平（反转）。PTO 方式的运动控制原理如图 8-1 所示。

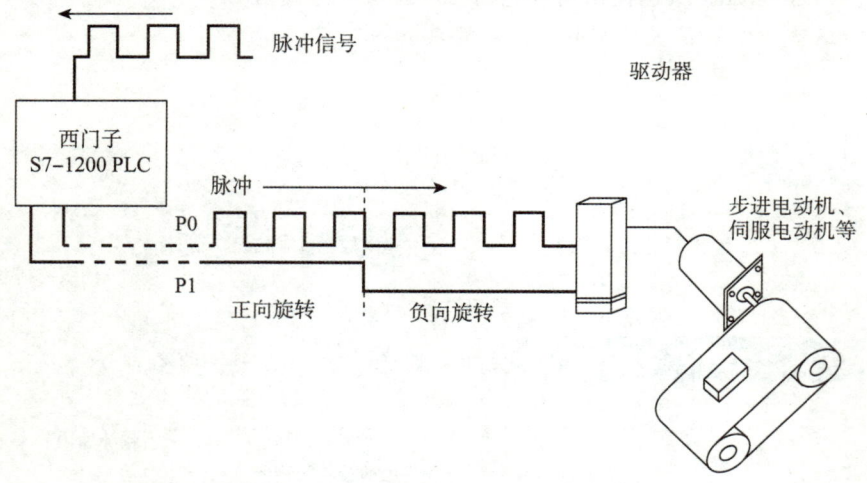

图 8-1 PTO 方式的运动控制原理

S7-1200 PLC 以 PTO 方式连接驱动器时，PLC 的选型主要考虑的是脉冲输出通道数和脉冲输出频率。S7-1200 PLC 集成了两个 100 kHz 的高速脉冲输出，当组态成 PTO 时，它们将提供最高频率为 100 kHz 的 50% 占空比的高速脉冲输出，可以对步进电动机或伺服电动机进行开环速度控制和定位控制。不论是使用主机 CPU 自身的高速 I/O、信号板 I/O 还是两者的组合，最多可以控制 4 个 PTO 输出通道，脉冲发生器具有默认的 I/O 分配，可以组态为 CPU 模块或信号板（SB）上的任意数字量输出，如表 8-1 所示。

表 8-1 PTO/PWM 控制方式输出地址分配表

CPU/信号板	PTO1 脉冲	PTO1 方向	PTO2 脉冲	PTO2 方向	PWM1 脉冲	PWM1 方向	PWM2 脉冲	PWM2 方向	高速通道 2	脉冲频率
CPU 1211C	Q0.0	Q0.1	Q0.2	Q0.3	Q0.0	—	Q0.2	—	2	100 kHz
CPU 1212C	Q0.0	Q0.1	Q0.2	Q0.3	Q0.0	—	Q0.2	—	2	100 kHz
CPU 1214C	Q0.0	Q0.1	Q0.2	Q0.3	Q0.0	—	Q0.2	—	2	100 kHz
CPU 1215C	Q0.0	Q0.1	Q0.2	Q0.3	Q0.0	—	Q0.2	—	2	100 kHz
CPU 1217C	Q0.0	Q0.1	Q0.2	Q0.3	Q0.0	—	Q0.2	—	2	1 MHz
SB 1222	Q4.0	Q4.1	Q4.2	Q4.3	Q4.0	—	Q4.2	—	2	100 kHz
SB 1223	Q4.0	Q4.1	—	—	Q4.0	—	—	—	1	100 kHz

注：①不能将 CPU 上的脉冲发生器分配到信号模块（SM）或是分布式 I/O。
②要选用晶体管输出的 CPU。
③硬件版本 V2.2 以上的 CPU 本体可以直接组态 4 个轴，两个 100 kHz、两个 20 kHz。

8.1.2 伺服控制系统基础

伺服控制系统是自动化生产的重要组成部分，更是数控机床和工业机器人的核心。其中，交流伺服控制系统又是最常用的伺服控制系统，其技术的成熟与否直接关系到工业机器人以及数控机床的做工精度与效率。

伺服控制系统主要由控制器、功率驱动装置、反馈装置和伺服电动机组成，如图 8-2 所示。

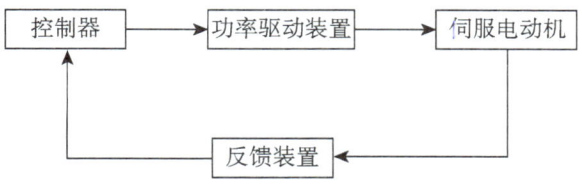

图 8-2 伺服控制系统组成示意

其中，控制器可以根据数控系统的给定值和反馈装置的测量值进行比较，得出偏差，然后对偏差进行计算，从而实时调节控制量。功率驱动装置是伺服控制系统的关键组成部分。一方面，它必须根据控制量的大小，去控制伺服电动机的转动；另一方面，又要根据伺服控制系统的要求，将固定电压和固定频率的电源转换成各种伺服电动机所需形式的电能。

伺服控制系统实际上是一个随动系统，它可以使被控对象的位置、方向和状态等被控量跟随其给定值变化。其实际任务是按照控制命令放大、转换、调整功率以使驱动装置非常灵活方便地控制转矩、速度和位置等。

电气控制与PLC应用

8.2 S7-1200 PLC 运动控制指令

在用户程序编写中,可以使用运动控制指令控制轴,这些指令能启动执行所需功能的运动控制任务,也可以从运动控制指令的输出参数中获取运动控制任务中的状态以及执行期间发生的任何错误,S7-1200 PLC 运动控制指令如表 8-2 所示。

表 8-2　S7-1200 PLC 运动控制指令表

序号	指令名称	功能
1	MC_Power	轴启动/禁用
2	MC_Reset	轴故障确认、复位
3	MC_Home	设置轴回参考点
4	MC_Halt	轴停止
5	MC_MoveAbsolute	轴的绝对定位
6	MC_MoveRelative	轴的相对定位
7	MC_MoveVelocity	轴以预设的速度运动
8	MC_MoveJog	在手动模式下点动

注:①运动功能至少需要 MC_Power、MC_Reset 和 MC_MoveJog 指令。

②相对距离运行需要 MC_Power、MC_Reset 和 MC_MoveRelative 指令。

③绝对运动功能需要 MC_Power、MC_Reset、MC_Home 以及 MC_MoveAbsolute 指令,在触发 MC_MoveAbsolute 指令前需要轴有回原点完成信号。

④以预定的速度运动控制功能需要 MC_Power、MC_Reset、MC_MoveRelative 以及 MC_Halt 指令。

⑤表中所列指令为基本的运动控制指令,其他的运动控制指令参考 S7-1200 的控制功能手册。

1. 启动/禁用轴指令 MC_Power

功能:使能轴或禁止轴。其 LAD 如图 8-3 所示。

使用要点:在程序里一直调用,并且在其他运动控制指令之前调用并使能,轴在运动之前,必须使能指令块,当 Enable 置 1 后,轴使能,才可以用后面其他的运动控制指令控制轴的运动。启动/禁用轴指令 MC_Power 具体参数如表 8-3 所示。

表 8-3　启动/禁用轴指令 MC_Power 具体参数

名称与 I/O 类型	数据类型	参数说明
EN　　　　IN	EN	能流使能
Axis　　　IN	TO_Axis_1	已配置好的轴名称
Enable　　IN	Bool	轴使能:1 为轴使能;0 为轴禁止
StartMode　IN	Int	控制模式:0 为速度控制;1 为位置控制
StopMode　IN	Int	停止模式:0 为急停;1 为立即停止;2 为通过冲击控制进行急停

续表

名称与 I/O 类型	数据类型	参数说明
Status OUT	Bool	轴使能状态：0 为轴禁用；1 为轴使能
Busy OUT	Bool	轴状态：0 为未激活；1 为激活
Error OUT	Bool	错误状态：1 为出错；0 为无错
ErrorID OUT	Word	错误 ID 码
ErrorInfo OUT	Word	错误信息

2. 轴故障确认指令 MC_Reset

功能：用来确认"伴随轴停止出现的运行错误"和"组态错误"。其 LAD 如图 8-4 所示。

使用要点：Execute 使用上升沿触发。

如果在使用轴的运动控制指令运行过程中发生错误，必须调用轴故障确认指令块进行复位。例如轴的超程，故障处理完毕后，必须进行轴的复位，当上升沿使能 Execute 后，复位错误信息，具体参数如表 8-4 所示。

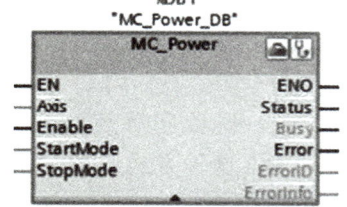

图 8-3 启动/禁用轴指令 MC_Power 的 LAD   图 8-4 轴故障确认指令 MC_Reset 的 LAD

表 8-4 轴故障确认指令 MC_Reset 具体参数

名称与 I/O 类型	数据类型	参数说明
EN IN	EN	能流使能
Axis IN	TO_Axis_1	已配置好的轴名称
Execute IN	Bool	轴复位执行（上升沿执行）
Done IN	Int	1 为错误已确认
ENO OUT	Bool	轴状态：0 为未激活；1 为激活
Error OUT	Bool	错误状态：1 为出错；0 为无错

3. 回原点指令 MC_Home

功能：使轴归位，设置参考点，用来将轴坐标与实际的物理驱动器位置进行匹配。其 LAD 如图 8-5 所示。

使用要点：轴做绝对位置定位前一定要触发 MC_Home 指令。

参考点在系统中有时作为坐标原点，在运动控制系统中回原点是非常重要的，当上升沿使能 Execute 后，按照设定的回原点，运行中存在超驰响应，可以被另一个运动控制指令块中止任务。回原点指令 MC_Home 具体参数如表 8-5 所示。

表 8-5 回原点指令 MC_Home 具体参数

名称与 I/O 类型	数据类型		参数说明
EN	IN	EN	能流使能
Axis	IN	TO_Axis	已配置好的轴名称
Execute	IN	Bool	轴复位执行（上升沿执行）
Position	IN	Real	模式 0、2、3 原点位置，1 为轴相对原点位置值
Mode	IN	Int	0、1 为直接绝对回零，2 为被动回零，3 为主动回零
Done	OUT	Bool	1 为任务完成
Busy	OUT	Bool	1 为正在执行任务
CommandAborted	OUT	Bool	超驰响应，任务执行期间被另一个任务中止
Error	OUT	Bool	错误状态：1 为出错；0 为无错
ErrorID	OUT	Word	错误 ID 码
ErrorInfo	OUT	Word	错误信息
ReferenceMarkPosition	OUT	Real	之前坐标系中参考标记处的轴位置

注：超驰响应即当前执行的运动控制指令被后面触发的指令替代。

关于 MC_Home 指令中参数 Mode 的有关知识如下。

运动控制系统中，可以对位置或距离进行精确定位。在实际使用中主要存在以下两种方式：一种是在运动控制系统中设置原点和左、右极限开关，这种方式通过回原点能够完成精确的定位和距离控制，主要应用在雕刻机、线切割、数控加工系统等，主要用到的运动控制指令是 MC_MoveAbsolute、MC_MoveRelative 指令；另一种是在运动控制系统中不设置原点，只在不同位置设置检测开关，轴在运动过程中通过检测开关状态完成各项功能，这种方式不能完成精确的定位和距离控制，但在实际使用系统中由于机械减速结构的存在，也能实现准确的停车。由于这种方式简单、灵活，故广泛应用于实际系统中，如各种阀门的位置、开度控制，以及过程控制系统中的液位控制等。这种方式主要使用运动控制指令中的 MC_MoveVelocity、MC_MoveJog 指令。

Mode=0，绝对式直接回原点。该模式下的 MC_Home 指令触发后轴并不运行，也不会寻找原点开关。指令执行后的结果是，轴的坐标值直接更新成新的坐标，新的坐标值就是 MC_Home 指令的"Position"处的值。Position=0.0 mm，则轴的当前坐标值也就更新成 0.0 mm，该坐标值属于绝对坐标值，相当于轴已经建立了绝对坐标系，可以进行绝对运动。该模式可以让用户在没有设定原点开关的情况下，进行绝对运动操作。

Mode=1，相对式直接回原点。与 Mode=0 相同，以该模式触发 MC_Home 指令后轴并不运行，只是更新轴的当前位置值。更新的方式与 Mode=0 不同，而是将在轴原来坐标值的基础上加上"Position"处的值后得到的坐标值作为轴当前位置的新值。

Mode=2，被动回原点。被动回原点指的是轴在运行过程中碰到原点开关，轴的当前位置将设置为回原点位置值。

Mode=3，主动回原点。在轴工艺配置"扩展参数"→"回原点"→"主动"中的"主动"是传统意义上的回原点或者寻找参考点。当轴触发了主动回原点操作，就会按照组态的速度去寻找原点开关信号，并完成回原点命令。

4. 停止轴运行指令 MC_Halt

功能：停止所有运动并以组态的减速度使轴停止。其 LAD 如图 8-6 所示。

使用要点：常用 MC_Halt 指令来停止通过 MC_MoveVelocity 指令触发的轴的运行。

MC_Halt 指令用于停止轴的运动，当上升沿使能 Execute 后，会按照已配置的减速曲线停车，运行中存在超驰响应，可以被另一个运动控制指令块停止任务，停止轴运行指令 MC_Halt 具体参数如表 8-6 所示。

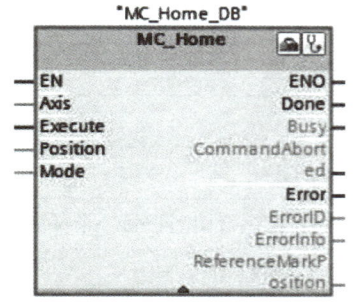 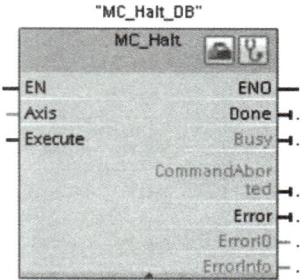

图 8-5　回原点指令 MC_Home 的 LAD　　图 8-6　停止轴运行指令 MC_Halt 的 LAD

表 8-6　停止轴运行指令 MC_Halt 具体参数

名称与 I/O 类型	数据类型		参数说明
EN	IN	EN	能流使能
Axis	IN	TO_Axis	已配置好的轴名称
Execute	IN	Bool	轴执行停止（上升沿执行）
Done	OUT	Bool	1 为速度达到 0
Busy	OUT	Bool	1 为正在执行任务
CommandAborted	OUT	Bool	超驰响应，任务在执行期间被另一个任务中止
Error	OUT	Bool	错误状态：1 为出错；0 为无错
ErrorID	OUT	Word	错误 ID 码
ErrorInfo	OUT	Word	错误信息

5. 轴绝对定位指令 MC_MoveAbsolute

功能：使轴以某一速度进行绝对位置定位。其 LAD 如图 8-7 所示。

使用要点：在使能该指令之前，轴必须回原点，因此在 MC_MoveAbsolute 指令之前必须有 MC_Home 指令。

轴绝对定位指令 MC_MoveAbsolute 的执行需要建立参考点，通过定义速度、距离和方向，当上升沿使能 Execute 后，轴按照设定的速度和方向运行到定义好的绝对位置处，运行中存在超驰响应，可以被另一个运动控制指令块中止任务，轴绝对定位指令 MC_Move-Absolute 具体参数如表 8-7 所示。

表 8-7　轴绝对定位指令 MC_MoveAbsolute 具体参数

名称与 I/O 类型		数据类型	参数说明
EN	IN	EN	能流使能
Axis	IN	TO_Axis	已配置好的轴名称
Execute	IN	Bool	轴执行停止（上升沿执行）
Position	IN	Real	绝对目标位置
Velocity	IN	Real	定义运行速度
Direction	IN	Int	旋转方向（默认值：0）
Done	OUT	Bool	1 为达到目标位置
Busy	OUT	Bool	1 为正在执行任务
CommandAborted	OUT	Bool	超驰响应，任务在执行期间被另一个任务中止
Error	OUT	Bool	错误状态：1 为出错；0 为无错
ErrorID	OUT	Word	错误 ID 码
ErrorInfo	OUT	Word	错误信息

6. 轴相对定位指令 MC_MoveRelative

功能：使轴以某一速度在轴当前位置的基础上移动一个相对距离。其 LAD 如图 8-8 所示。

使用要点：不需要轴执行回原点命令。

轴相对定位指令 MC_MoveRelative 的执行不需要建立参考点，通过定义速度、距离和方向，当上升沿使能 Execute 后，轴按照设定的速度和方向运行，其方向由距离中的正/负号（+/-）决定，运行到设定的距离后停止，运行中存在超驰响应，可以被另一个运动控制指令块中止任务，轴相对定位指令 MC_MoveRelative 具体参数如表 8-8 所示。

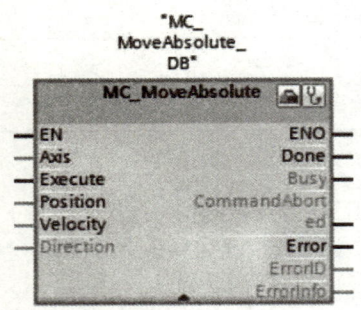

图 8-7　轴绝对定位指令 MC_MoveAbsolute 的 LAD

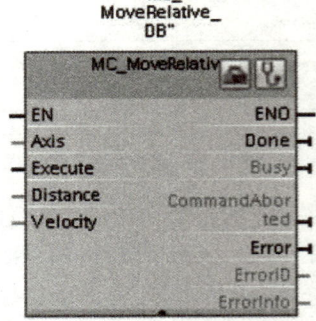

图 8-8　轴相对定位指令 MC_MoveRelative 的 LAD

表 8-8　轴相对定位指令 MC_MoveRelative 具体参数

名称与 I/O 类型	数据类型		参数说明
EN	IN	EN	能流使能
Axis	IN	TO_Axis	已配置好的轴名称
Execute	IN	bool	轴执行停止（上升沿执行）
Velocity	IN	Real	定义运行速度
Done	OUT	bool	1 为达到目标位置
Busy	OUT	bool	1 为正在执行任务
CommandAborted	OUT	bool	超驰响应，任务在执行期间被另一个任务中止
Error	OUT	bool	错误状态：1 为出错；0 为无错
ErrorID	OUT	word	错误 ID 码
ErrorInfo	OUT	word	错误信息

7. 轴预设速度指令 MC_MoveVelocity

功能：使轴以预设的速度运行。其 LAD 如图 8-9 所示。

使用要点：只能用 MC_Halt 指令来停止，如果设定 Velocity 数值为 0.0，则触发指令后轴会以组态的减速度停止运行，相当于 MC_Halt 指令。

MC_MoveVelocity 是轴以预设速度运行指令块，在指令块能流接通并且组态了工艺轴，使能指令块后，按照设定的速度和方向运行，直到停止轴运行指令 MC_Halt 使能，或是超驰响应，任务被另一个任务中止。轴预设速度运行指令 MC_MoveVelocity 具体参数如表 8-9 所示。

表 8-9　轴预设速度运行指令 MC_MoveVelocity 具体参数

名称与 I/O 类型	数据类型		参数说明
EN	IN	EN	能流使能
Axis	IN	TO_Axis	已配置好的轴名称
Execute	IN	Bool	轴执行停止（上升沿执行）
Velocity	IN	Real	指定轴运动的速度（默认值：10.0 或 100.0）
Direction	IN	Real	0：旋转方向与参数"Velocity"中的值符号一致（默认值） 1：正旋转方向（参数"Velocity"的值符号被忽略） 2：负旋转方向（参数"Velocity"的值符号被忽略）

续表

名称与 I/O 类型		数据类型	参数说明
Current	IN	Bool	FALSE：禁用"保持当前速度"。使用参数"Velocity"和"Direction"的值（默认值） TRUE：激活"保持当前速度"。不考虑参数"Velocity"和"Direction"的值 当轴继续以当前速度运动时，参数"InVelocity"返回值 TRUE
PositionControlled	IN	Bool	0：速度控制 1：位置控制（默认值：True）
InVelocity	OUT	Bool	1：已达到参数"Velocity"中指定的速度；0：轴在启动时以当前速度运动
Busy	OUT	Bool	1 为正在执行任务
CommandAborted	OUT	Bool	超驰响应，任务在执行期间被另一个任务中止
Error	OUT	Bool	错误状态：1 为出错；0 为无错
ErrorID	OUT	Word	错误 ID 码
ErrorInfo	OUT	Word	错误信息

8. 轴点动运行指令 MC_MoveJog

功能：在点动模式下以指定的速度连续移动轴。其 LAD 如图 8-10 所示。

使用技巧：正向点动和反向点动不能同时触发，在执行点动指令时，用互锁逻辑。

MC_MoveJog 是轴在手动模式下点动运行指令块，在正向点动置 1 后，轴以设定的速度运行，直到正向点动置 0，轴运行停止，反转同理。轴点动运行指令 MC_MoveJog 具体参数如表 8-10 所示。

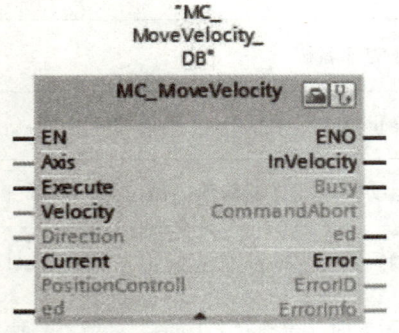

图 8-9　轴预设速度运行指令
MC_MoveVelocity 的 LAD

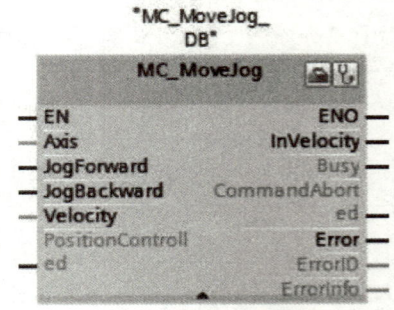

图 8-10　轴点动运行指令
MC_MoveJog 的 LAD

表 8-10　轴点动运行指令 MC_MoveJog 具体参数

名称与 I/O 类型	数据类型		参数说明
EN	IN	EN	能流使能
Axis	IN	TO_Axis	已配置好的轴名称
JogForward	IN	bool	只要此参数为1，轴就会以参数"Velocity"中指定的速度沿正向移动。
JogBackward	IN	Real	1 为反向点动
Velocity	IN	Real	点动模式预设速度（默认值 10.0）
PositionControlled	IN	Real	0：速度控制；1：位置控制
InVelocity	IN	Int	1 为已达到参数"Velocity"中指定的速度
Busy	OUT	bool	1 为正在执行任务
CommandAborted	OUT	bool	超驰响应，任务在执行期间被另一个任务中止
Error	OUT	bool	错误状态：1 为出错；0 为无错
ErrorID	OUT	word	错误 ID 码
ErrorInfo	OUT	word	错误信息

8.3　运动控制实例

现有一台搬运机械手，要求把工件从 A 点搬运到 B 点，然后返回。

任务要求：按下启动按钮 SB1，传送带运行，把工件送到 A 点位置停止，等待 5 s 后，传送带再次启动运送工件。在这 5 s 内按下启动按钮 SB3、SB4，控制机械手从 A 点抓取工件放到 B 点，并且从 B 点返回 A 点，等待下次抓取。按下停止按钮 SB2 系统停止。

运动控制实例

8.3.1　相关知识

1. SINAMICS V90 简介

SINAMICS V90 是西门子推出的一款小型、高效便捷的伺服控制系统。它作为 SINAMICS 驱动系列家族的新成员，与 SIMOTICS S-1FL6 伺服电动机完美结合，组成最佳伺服驱动系统，实现位置控制、速度控制和扭矩控制。通过优化设计，SINAMICS V90 确保了卓越的伺服控制性能，经济实用，稳定可靠，能用于贴标机、包装机、压边机等伺服控制系统。SINAMICS V90 伺服驱动器和伺服电动机如图 8-11 所示。

伺服控制器的进线电压为 380 V，占用比为 -15%～+10%，功率范围为 0.4～7 kW，1FL6 电动机的额定转矩范围为 1.27～33.4 N·m。

图 8-11　SINAMICS V90 伺服驱动器和伺服电动机

2. V90 的外部脉冲位置控制（PTI）介绍

1）控制模式选择

SINAMICS V90 伺服驱动支持 9 种控制模式，包括 4 种基本控制模式和 5 种复合控制模式。基本控制模式只能支持单一的控制功能，复合控制模式包含两种基本控制功能，可以通过 DI 信号在两种基本控制功能间切换。表 8-11 为 SINAMICS V90 的控制模式。可以通过伺服参数 P29003 选择控制模式（具体选择方法参照 SINAMICS V90 伺服驱动器手册）。

表 8-11　SINAMICS V90 的控制模式

控制模式		缩写
基本控制模式	外部脉冲位置控制模式	PTI
	内部设定值位置控制模式	IPos
	速度控制模式	S
	转矩控制模式	T
复合控制模式	外部脉冲位置控制与速度控制切换	PTI/S
	内部设定值位置控制与速度控制切换	IPos/S
	外部脉冲位置控制与转矩控制切换	PTI/T
	内部设定值位置控制与转矩控制切换	IPos/T
	速度控制与转矩控制切换	S/T

2）数字量输入和输出功能

SINAMICS V90 集成了 10 个数字量输入（DI1～DI10）和 6 个数字量输出（DO1～DO6）端口，其中 DI9 的功能固定为急停，DI10 的功能固定为控制模式切换，其他 DI 和 DO 的功能可通过参数设置。

3）脉冲输入通道

SINAMICS V90 支持两个脉冲信号输入通道，通过参数进行脉冲输入通道选择。

（1）24 V 单端脉冲输入通道，最高输入频率为 200 kHz。

（2）5 V 高速差分脉冲输入（RS-485）通道，最高输入频率为 1 MHz。

注意：两个通道不能同时使用，同时只能有一个通道被激活。

4）脉冲输入形式

SINAMICS V90 支持两种脉冲输入形式，两种形式都支持正逻辑和负逻辑，通过参数选择脉冲输入形式。

(1) A/B 相脉冲，通过 A 相和 B 相脉冲的相位控制旋转方向。
(2) 脉冲+方向，通过方向信号高、低电平控制旋转方向。

8.3.2 任务实施

1. I/O 地址分配和电气原理图

根据控制要求制订 I/O 表格，进行输入、输出地址分配，I/O 分配如表 8-12 所示。

表 8-12 I/O 分配表

输入			输出		
符号	地址	功能	符号	地址	功能
SB1	I0.0	启动按钮	PULSE	Q0.0	脉冲
SB2	I0.1	停止按钮	SIGN	Q0.1	方向
SQ1	I0.2	A 点光电检测开关	HL1	Q0.2	故障灯
SB3	I0.3	正向点动	HL2	Q0.3	运行灯
SB4	I0.4	反向点动			
SB5	I0.5	复位			

电气原理图如图 8-12 所示。

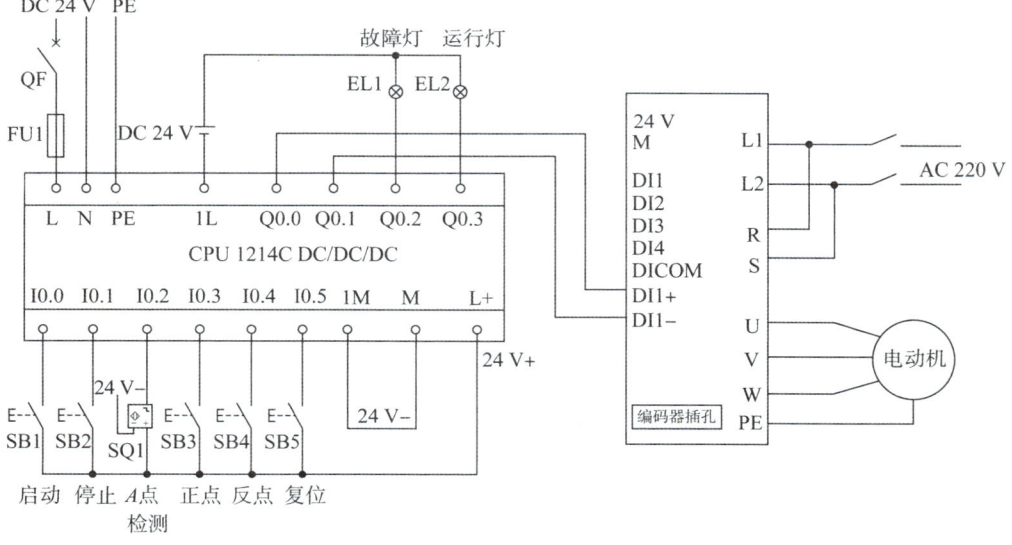

图 8-12 电气原理图

根据任务要求，需要的软、硬件配置如下：
(1) 西门子 TIA 博途 V16 SP1（V14 以上都可以）；
(2) 一台 SINAMICS V90 伺服驱动器和伺服电动机；
(3) 一台西门子 S7-1200 PLC CPU 模块，型号为 CPU 1214C DC/DC/DC，24 V 供电，晶体管输出。

根据控制要求，按照 S7-1200 PLC 运动控制在 TIA 博途中应用流程，分别按照下面步骤实现控制要求。

2. 硬件组态

(1) 创建 S7-1200 PLC 项目，添加硬件配置。打开 TIA 博途软件，创建项目"MC_PTO"，单击"项目树"→"添加新设备"按钮，添加"CPU 1214C"。

(2) 启动脉冲发生器。在"设备视图"中，选择"属性"→"常规"→"脉冲发生器（PTO/PWM）"，勾选"启用该脉冲发生器"复选按钮，如图 8-13 所示。

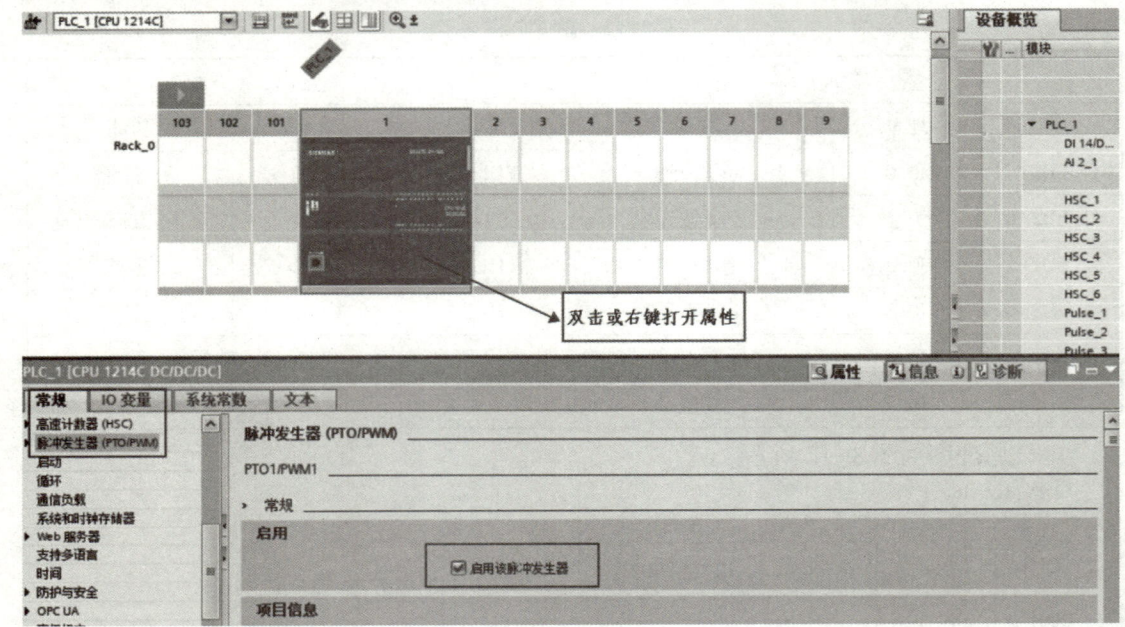

图 8-13 添加 CPU 启动脉冲发生器

(3) 设置脉冲发生器类型。在"设备视图"中选择"属性"→"常规"→"脉冲发生器（PTO/PWM）"，选择信号类型为"PTO（脉冲 A 和方向 B）"，如图 8-14 所示。

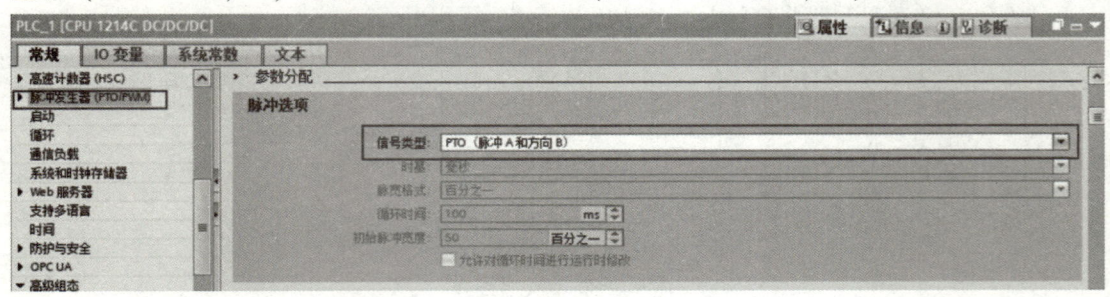

图 8-14 设置脉冲发生器的类型

(4) 硬件配置输出。脉冲输出为 Q0.0，方向输出为 Q0.1，PTO 通道的硬件配置输出由添加的 CPU 类型软件自动生成，不需要修改，如图 8-15 所示。

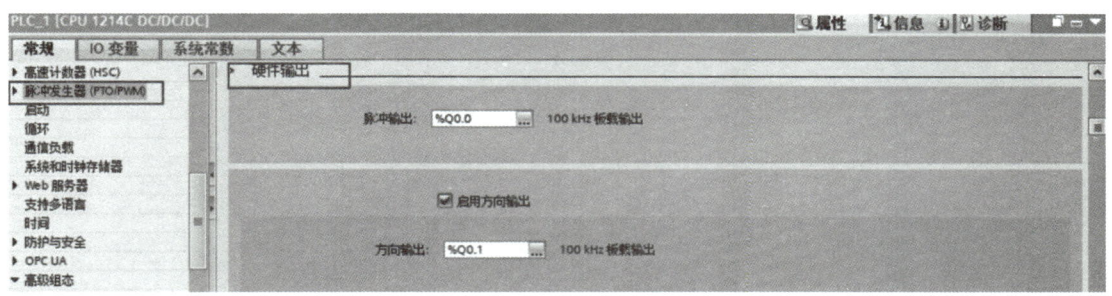

图 8-15 硬件配置输出

3. 工艺对象配置

工艺对象"轴"的配置是硬件配置的一部分,"轴"表示驱动的工艺对象,是用户程序与驱动的接口,每一个轴都需要添加一个工艺对象,在 S7-1200 PLC 运动控制系统中,必须对工艺对象进行配置才能够应用到控制指令块中。

1) 工艺对象"轴"组态

本次任务只需要添加一个轴,如图 8-16 所示。双击"工艺对象"下的"新增对象",然后依次执行"运动控制"→添加工艺对象"TO_PositioningAxis"→自动生成轴名称为"轴_1"(根据需要自定义即可)→编号"自动"用于背景 DB 分配方式,最后单击"确定"按钮,生成名称为"轴_1"的工艺对象。

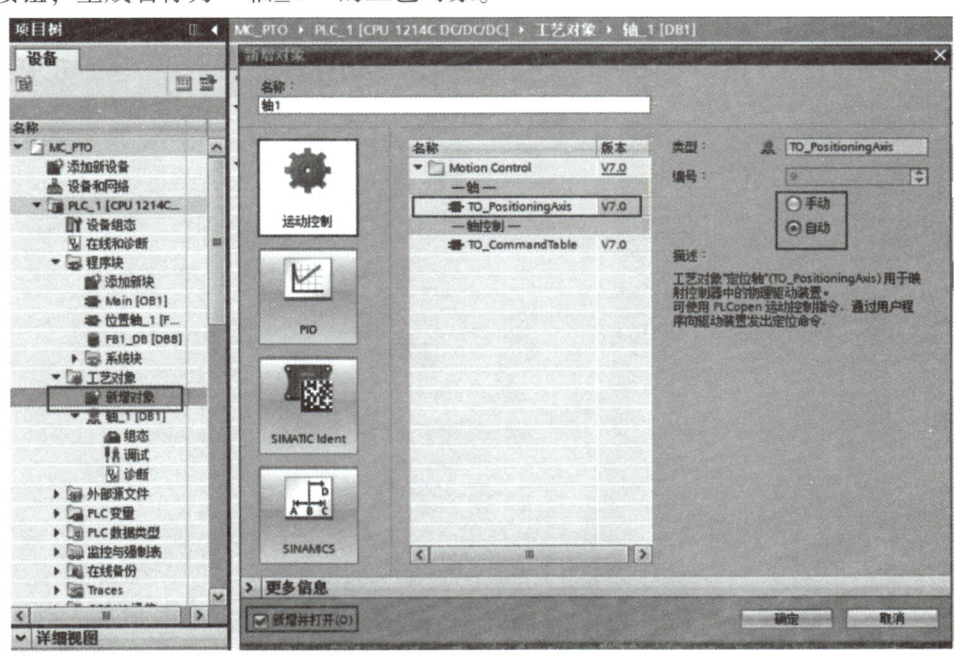

图 8-16 添加一个轴

新增加的名称为"轴_1"的工艺对象如图 8-17 所示,每个参数旁边都有状态标记,提示用户轴参数设置状态。

201

电气控制与PLC应用

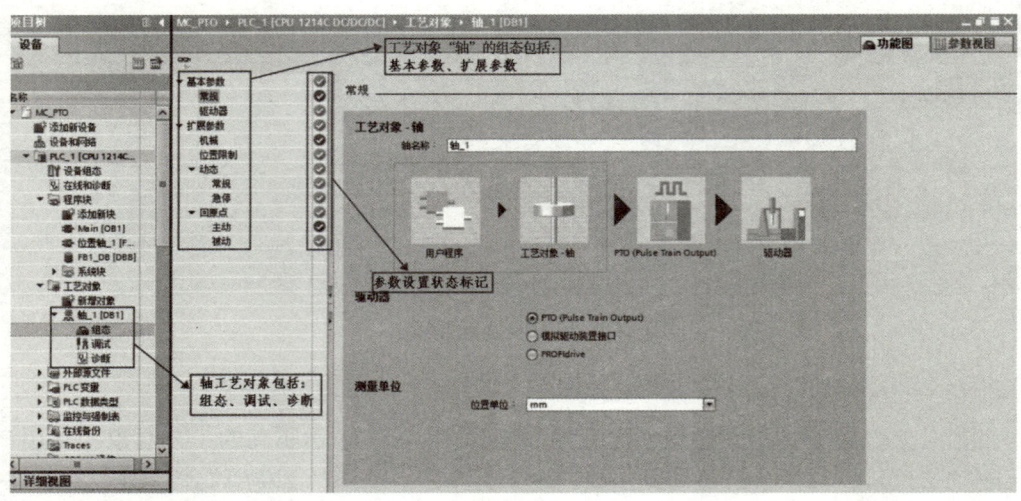

图 8-17 "轴_1"的工艺对象界面

2) 工艺对象"轴"参数组态

(1) "常规"基本参数。如图 8-18 所示，工艺对象"轴"的名称为"轴_1"，可以采用系统默认值，也可以自定义。驱动器选择"PTO（Pulse Train Output）"，测量单位选择"mm"。TIA 博途软件中提供了几种轴的测量单位，包括脉冲、距离和角度。距离有 mm（毫米）、m（米）、in（英寸）、ft（英尺），角度是°（度）。如果是线性工作台，则一般都选择距离单位；旋转工作台可以选择度。测量单位是一个很重要的参数，后面轴的参数和指令中的参数都是基于该单位进行设定的。

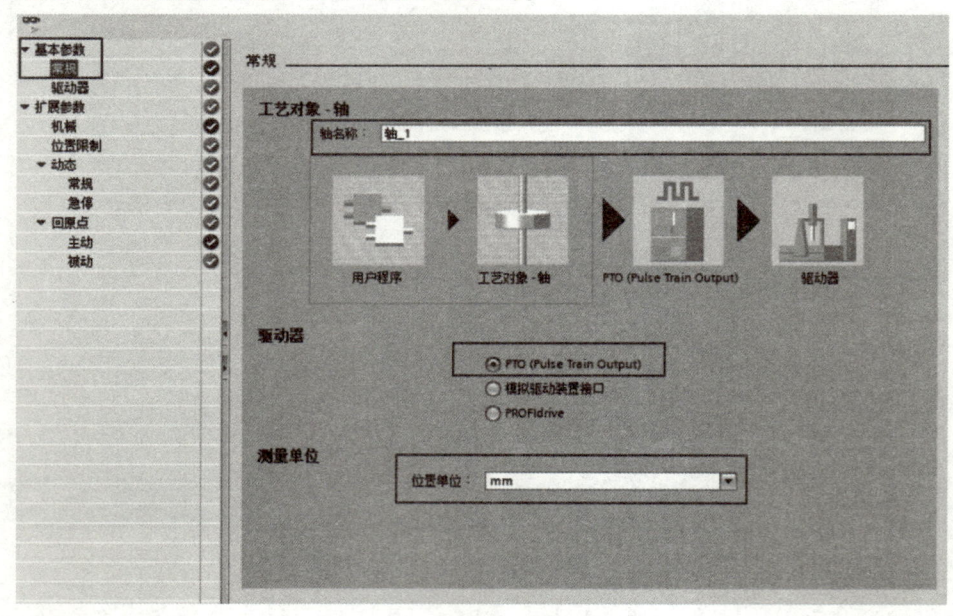

图 8-18 设置"常规"基本参数

(2) "驱动器"基本参数。如图 8-19 所示，其中的硬件接口输出部分是 PLC 分配好的，不用改动。软件可以通过 I/O 点给驱动器使能信号，同时驱动器可以返回就绪信号给

PLC，本次任务中没有用到，不进行配置。

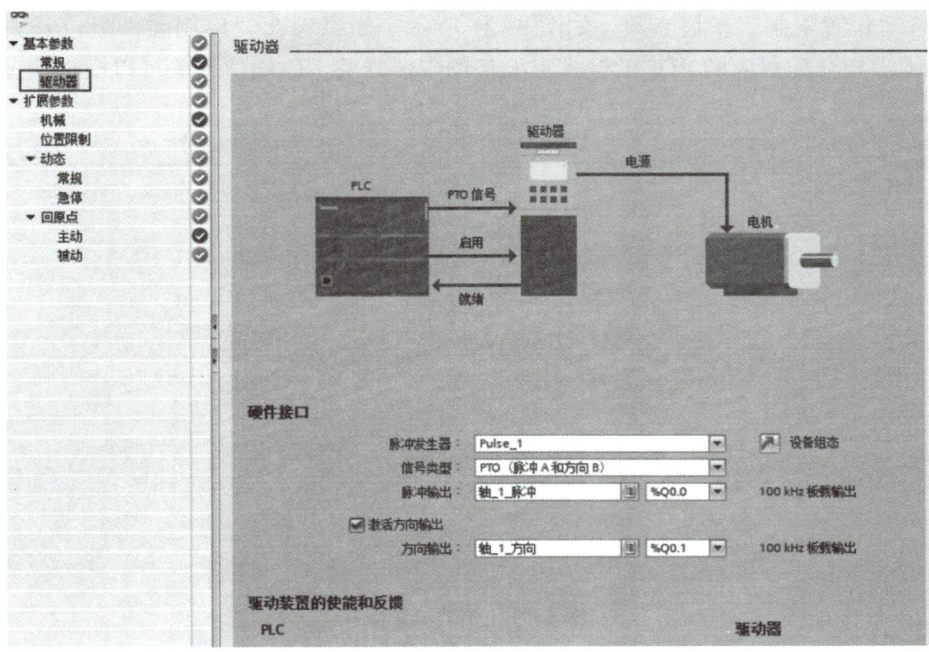

图 8-19　设置驱动器基本参数

（3）"机械"扩展参数。"机械"扩展参数中主要设置电动机每转的脉冲数与电动机每转的负载位移的对应关系，如图 8-20 所示。

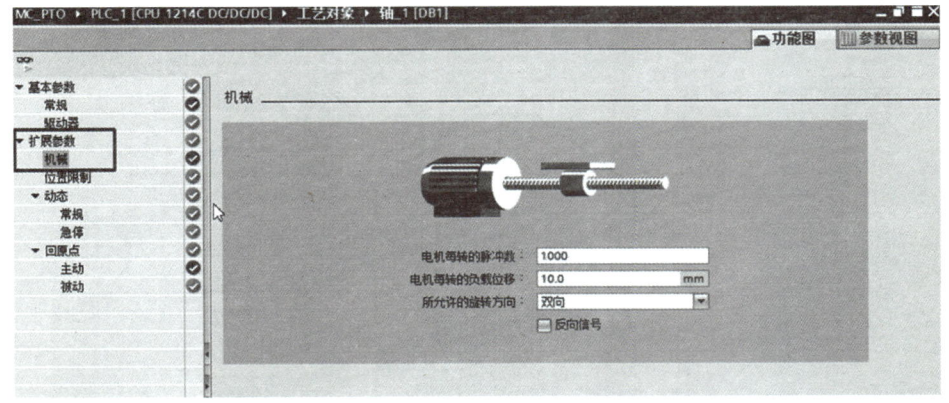

图 8-20　设置电动机每转的脉冲数与电动机每转的负载位移的对应关系

电动机每转的脉冲数：这是一个非常重要的参数，表示电动机旋转一周需要接收多少个脉冲，这里选择"1000"，也就是电动机每转需要的脉冲数是 1 000。

电动机每转的负载位移：这也是一个很重要的参数，表示电动机每旋转一周机械装置移动的距离。工程单位计算可参考伺服驱动手册。

所允许的旋转方向：表示电动机是否可以正、反两个方向运转，具体根据任务不同进行选择。

反向信号：如果使能反向信号，则效果是当 PLC 端进行正向控制电动机时，电动机实际是反向旋转。

（4）"位置限制"扩展参数。如图 8-21 所示，如果勾选"启用硬件限位开关"复选按钮，则需要分配对应的 PLC 的输入点上接的限位开关。软限位开关可以根据情况在软件中设置。

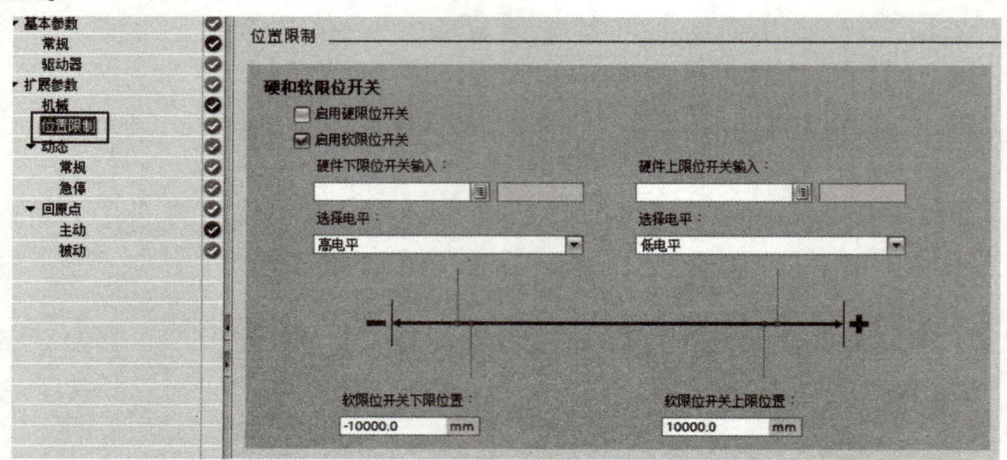

图 8-21　轴的位置限制

（5）"动态"扩展参数——常规。这部分完成对轴的各种限制速度的设置，如图 8-22 所示，速度单位为"转/分钟"，由于前面已经设置了测量单位，故当设置了最大转速为 1 500 转/分钟时，软件自动转换工程单位为 250 mm/s。

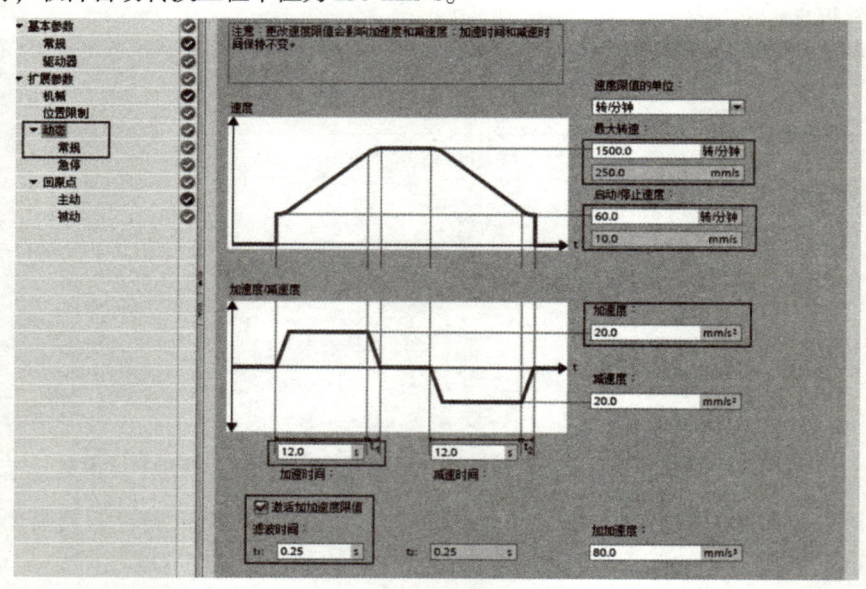

图 8-22　设置"动态"扩展参数中的"常规"参数

最大转速设定比实际系统工艺应用中的最大转速大，并不是系统能达到的极限转速，启动/停止速度要小于最大速度；设置启动/停止时的加/减速时间，软件转换为加速度的值。

勾选"激活加加速度限值"复选按钮，可以降低在加速和减速斜坡运行期间施加到机械上的应力，不会突然停止轴加速和轴减速，而是根据设置的平滑时间逐渐调整，只设平滑时间，加速度值自动生成。

（6）"动态"扩展参数——急停。当轴出现错误时，或使用 MC_Power 指令禁用轴时（StopMode＝0 或是 StopMode＝2），采用急停速度停止轴。如图 8-23 所示，在"急停"参数设置中，速度设定与"常规"参数中设定相同，主要是设定"急停减速时间"，此时间设定比启动/停止加减速时间要短，这里设定为 2 s。"急停减速度"自动生成。

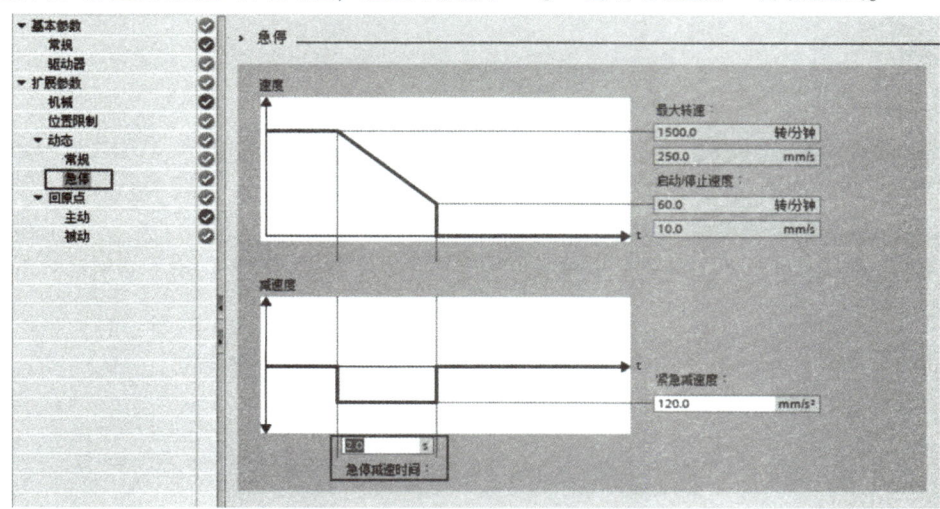

图 8-23　设置"动态"扩展参数中的"急停"参数

（7）"回原点"扩展参数——主动。如图 8-24 所示，对应 I/O 分配表，分配"输入归位开关"为 I0.5，根据接近开关的输入类型选择电平。在本例中我们选择"高电平"有效。

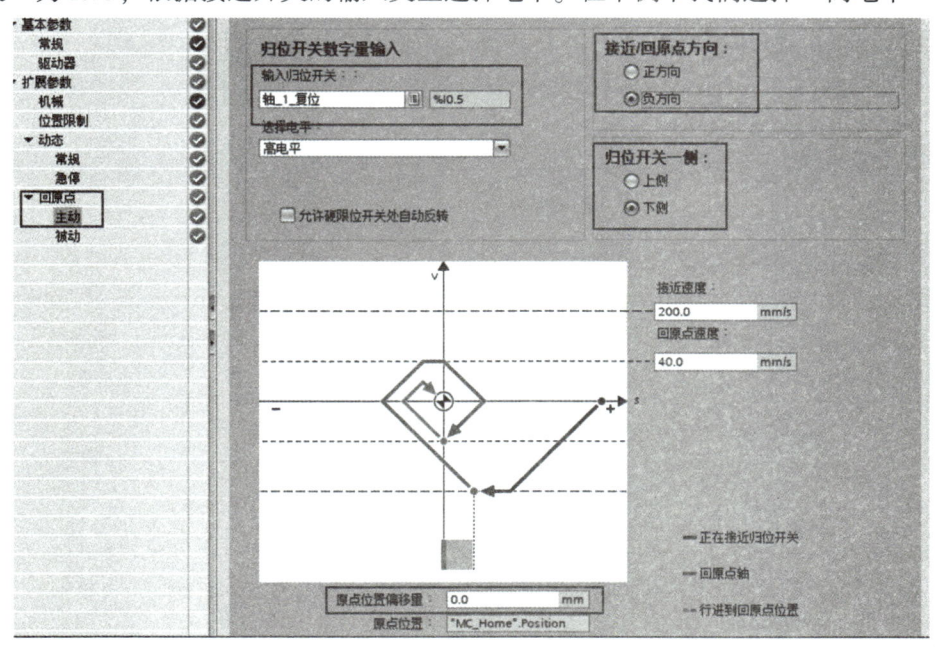

图 8-24　设置"回原点"扩展参数中的"主动"参数

（8）"回原点"扩展参数——被动。被动回原点选择分配的原点不变，选择参考点开关一侧为"下侧"，如图 8-25 所示。

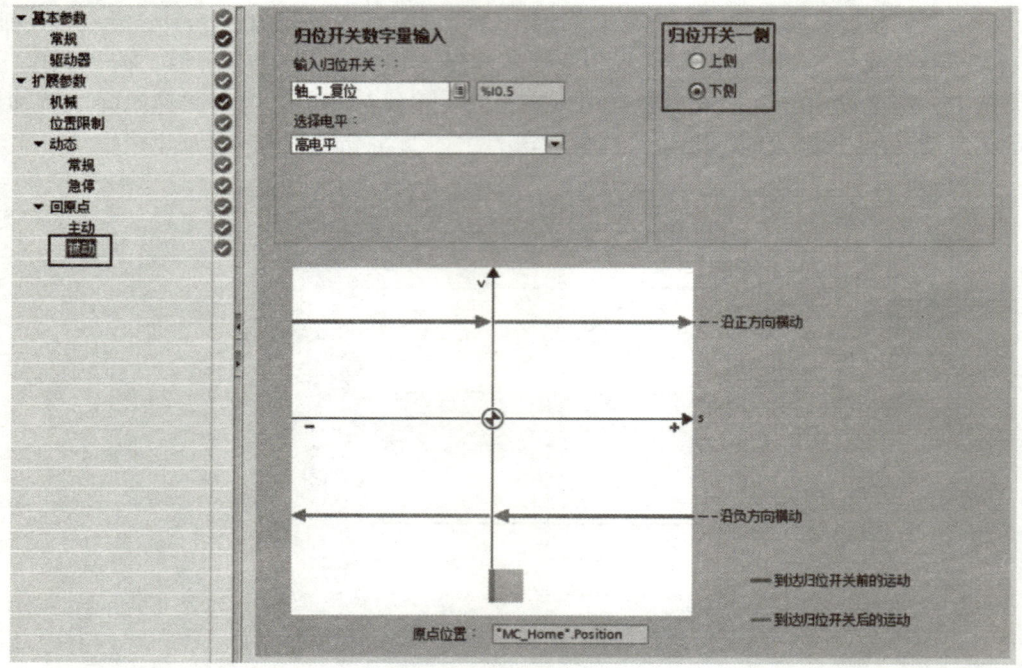

图 8-25　设置"回原点"扩展参数中的"被动"参数

4. 编制程序

根据任务要求编制程序，创建函数块位置轴_1，在主程序块 Main 中调用，完成程序编制，如图 8-26 ~ 图 8-29 所示。

以下程序分为主程序和子程序，主程序中需要编写基本的动作、启动停止等，通过调用子程序来实现轴 1 的运转停止及回原点控制。

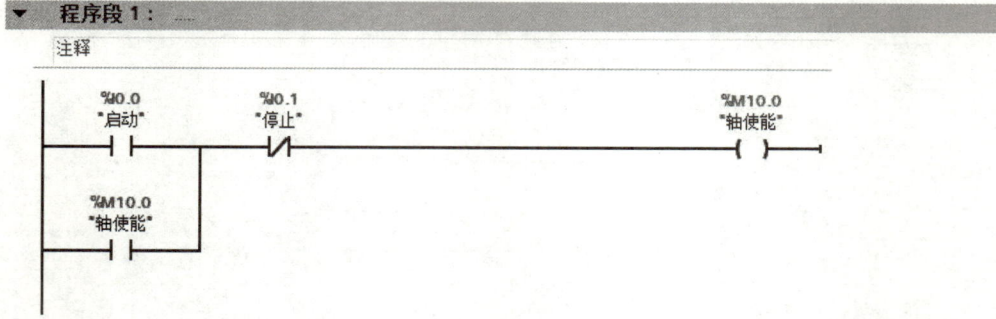

图 8-26　主程序 1

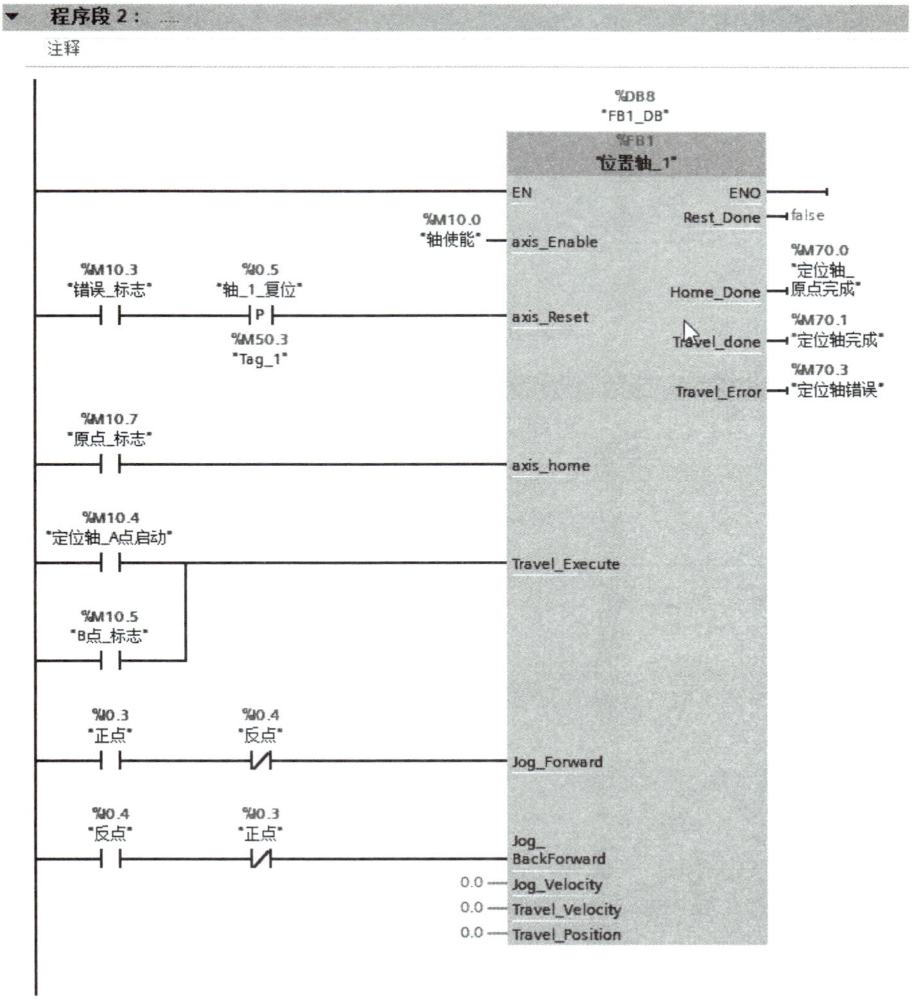

S7-1200 PLC运动控制指令及应用实例 第8章

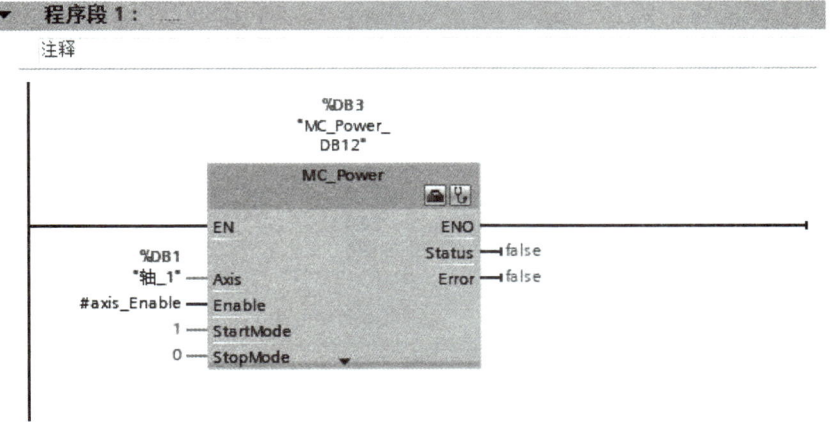

图 8-27 主程序 2

图 8-28 子程序 1

207

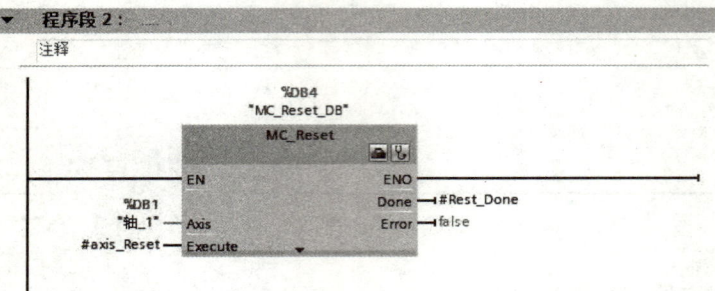

图 8-28 子程序 1（续）

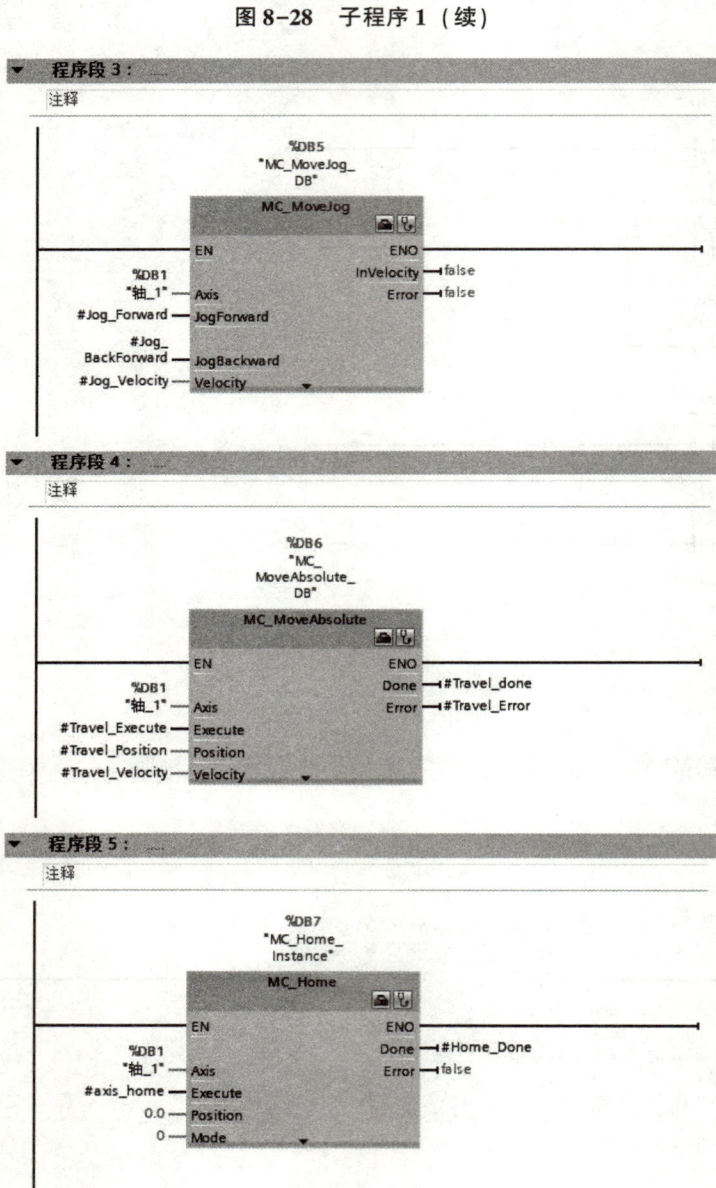

图 8-29 子程序 2

本例中采用了主程序和子程序的方式。主程序中只需要控制机械手的使能，通过调用子程序来控制机械手的点动、停止、回原点等功能，在功能比较复杂的程序中为了减少主程序的长度，通常采用这种方式。子程序可以多次被调用，同学们也可以采用只写主程序的方法等。

习 题

1. 运动控制中相对控制和绝对控制的区别是什么？
2. 运动控制常采用的控制方式有几种？分别是什么？
3. 位置控制和速度控制通常用在哪些场合中？
4. 在本章中的机械手搬运的例子中，如果不采用主程序和子程序的方式还可以采用怎样的编程方式？请编写程序。
5. 步进电动机和伺服电动机的区别是什么？在本章的例子中，采用步进电动机是否能实现同样的效果？

第 9 章

S7-1200 PLC 的通信

学习目标

(1) 了解网络通信的国际标准、工业以太网、串口通信等概念。
(2) 了解 S7-1200 PLC 支持的通信协议。
(3) 掌握 S7-1200 PLC 之间实现通信的过程、通信指令的应用。
(4) 掌握 S7-1200 PLC 与变频器通信的组态与设计,S7-1200 PLC 与变频器的 USS 协议通信的实现过程。

问题思考

(1) S7 协议如何实现 S7-1200 PLC 之间的通信?它有什么特点?
(2) RS-232、RS-422、RS-485 串口通信有什么特点?USS 协议有什么特点?

思维导图

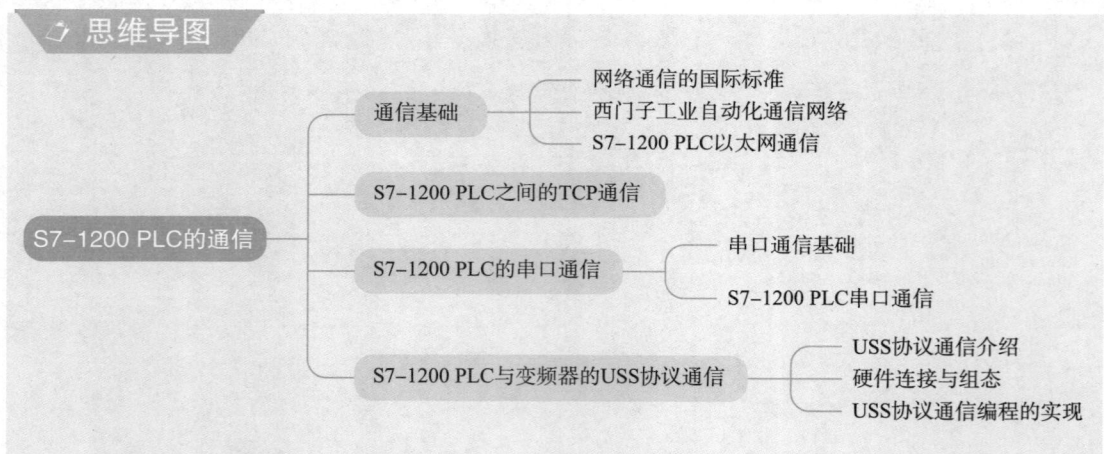

9.1 通信基础

9.1.1 网络通信的国际标准

通信就是信息的传递,这里的"传递"可以认为是一种信息传输的过程或方式。计算机控制系统中,通信是指在计算机与计算机之间或计算机与终端设备之间进行信息传递的方式。PLC 的通信包括 PLC 与计算机的通信、PLC 与外部设备之间的通信、PLC 与 PLC 之间的通信以及 PLC 与远程 I/O 之间的通信等。

为保证通信正常运行,实现设备间最大的资源共享,实现不同厂家间生产设备的通信,必须有一套通用的计算机网络通信标准。这种标准便是开放系统互连参考模型。

1. 开放系统互连(OSI)参考模型

国际标准化组织(International Standard Organization,ISO)根据网络构成的元素,根据其功能的不同,提出了开放系统互连(Open System Interconnect,OSI)参考模型,涵盖了软件、硬件的每个部分,作为通信网络国际标准化的参考模型,定义了用于在各种设备之间传输数据的结构。每个级别都是一个不同的抽象层,并添加了定义通信协议的规则或细节。不同层完成不同的功能,各层相互配合通过标准的接口进行通信。通信协议一般为 7 层,如图 9-1 (a) 所示。

(1) 物理层。物理层为最底层,实际通信就是通过物理层在互联媒体上进行的。物理层为用户提供建立、保持和断开物理连接的功能,如双绞线、同轴电缆等,RS-232C、RS-422 和 RS-485 接口等就是物理层标准的硬件实物。

(2) 数据链路层。数据链路层中数据以帧为单位传送,每帧包含一定数量的数据和必要的控制信息,如同步信息、地址信息等。数据链路层负责在两个相邻节点间的链路上实现差错控制,把输入的数据组成数据帧,并在接收端检验传输的正确性。若正确,则发送确认信息;若不正确,则抛弃该帧,等待发送端超时重发。

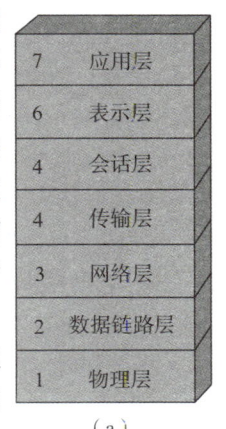
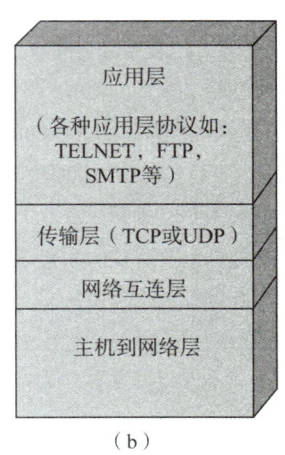

(a)   (b)

图 9-1 OSI 与 TCP/IP 参考模型
(a) OSI 参考模型;(b) TCP/TP 参考模型

(3) 网络层。网络层的主要功能是报文包的分段、报文包阻塞的处理及通信子网路径的选择。

(4) 传输层。传输层的信息传送单位是报文(Message),该层主要负责从会话层接收数据,把它们传到网络层,并保证这些数据正确地到达目的地。该层控制端点到端点数据的完整性,确保高质量的网络服务,起到网络层和会话层之间的接口作用。

(5) 会话层。会话层的功能是支持通信管理和实现最终用户应用进程的同步,按正确的顺序发送数据，进行各种对话。

（6）表示层。表示层用于应用层信息内容的形式交换，如数据加密/解密、信息压缩/解压、消去重复的字符和空白等，把应用层提供的信息变成能够共同理解的形式。

（7）应用层。应用层作为 OSI 参考模型的最高层，主要为用户的应用服务提供信息交换，为应用接口提供操作标准。其负责与其他高级功能的通信，如分布式数据库和文件传输等。常见的协议有 HTTP、HTTPS、FTP、TELNET、SSH、SMTP、POP3 等。

数据发送时，从第七层传到第一层，接收数据则相反。在传输系统的每一层都将建立协议数据单元 PDU（Protocol Data Unit），PDU 是指对等层次之间传递的数据单位。物理层的 PDU 是数据位（bit），数据链路层的 PDU 是数据帧（Frame），网络层的 PDU 是数据包（Packet），传输层的 PDU 是数据段（Segment），其他更高层次的 PDU 是数据（Data）。

由于 OSI 参考模型是一个理想的模型，因此一般网络系统只涉及其中的几层，很少有系统能够具有所有的 7 层，并完全遵循它的规定。在 7 层模型中，每一层都提供一个特殊的网络功能。从网络功能的角度观察：下面 4 层（物理层、数据链路层、网络层和传输层）主要提供数据传输和交换功能，即以节点到节点之间的通信为主；第 4 层还作为上、下两部分的桥梁，是整个网络体系结构中最关键的部分；而上面 3 层（会话层、表示层和应用层）则以提供用户与应用程序之间的信息和数据处理功能为主。

2. TCP/IP 四层模型

ISO 制订的 OSI 参考模型过于庞大、复杂，故技术人员自己开发了 TCP/IP（Transmission Control Protocol/Internet Protocol）。TCP/IP 是一组协议的代名词，它还包括许多协议，组成了 TCP/IP 簇。在 TCP/IP 参考模型中，去掉了 OSI 参考模型中的会话层和表示层（这两层的功能被合并到应用层实现），同时将 OSI 参考模型中的数据链路层和物理层合并为主机到网络层，如图 9-1（b）所示。

（1）主机到网络层。实际上 TCP/IP 参考模型没有真正描述这一层的实现，只是要求能够提供给其上层（网络互连层）一个访问接口，以便在其上传递 IP 分组。由于该层未被定义，所以其具体的实现方法将随着网络类型的不同而不同。

（2）网络互连层。网络互连层是整个 TCP/IP 簇的核心。它的功能是把分组发往目标网络或主机。同时，为了尽快地发送分组，可能需要沿不同的路径同时进行分组传递。因此，分组到达的顺序和发送的顺序可能不同，这就需要上层必须对分组进行排序。网络互连层定义了分组格式和协议，即 IP。网络互连层除了需要完成路由的功能外，也可以完成将不同类型的网络（异构网）互连的任务。除此之外，网络互连层还需要完成拥塞控制的功能。

（3）传输层。在 TCP/IP 参考模型中，传输层的功能是使源端主机和目标端主机上的对等实体可以进行会话。在传输层定义了两种服务质量不同的协议，即传输控制协议（TCP）和用户数据报协议 UDP（User Datagram Protocol）。

TCP 是一个面向连接的、可靠的协议。它将一台主机发出的字节流无差错地发往互联网上的其他主机。在发送端，它负责把上层传送下来的字节流分成报文段并传递给下层。在接收端，它负责把收到的报文进行重组后递交给上层。TCP 还要处理端到端的流量控制，以避免缓慢接收的接收方没有足够的缓冲区接收发送方发送的大量数据。

UDP 是一个无连接的、不可靠的协议，主要适用于不需要对报文进行排序和流量控制的场合。

(4) 应用层。应用层面向不同的网络应用引入了不同的应用层协议。其中,有基于 TCP 协议的,如文件传输协议(File Transfer Protocol,FTP)、虚拟终端协议(TELNET)、超文本传输协议(Hyper Text Transfer Protocol,HTTP),也有基于 UDP 的协议。

TCP/IP 与 OSI 参考模型最大的不同在于 OSI 参考模型是一个理论上的网络通信模型,而 TCP/IP 参考模型则是实际运行的网络协议。

9.1.2 西门子工业自动化通信网络

按照国际和国家标准,以 ISO/OSI 为参考模型,西门子提供了各种开放的、应用于不同控制级别的工业环境的通信系统,统称为 SIMATIC NET。SIMATIC NET 定义了如下内容:网络通信的物理传输介质、传输元件以及相关的传输计数;在物理介质上传输数据所需的协议和服务;以及 PLC 与 PC 联网所需的通信模块(Communication Processor,CP)。

西门子工业自动化通信网络 SIMATIC NET 从简单的传感器连接到整个工厂质量和生产数据采集和传输,为企业提供丰富的工业通信解决方案,满足企业中各 PLC 与远程 I/O 设备完成生产现场分散控制的需求。SIMATIC NET 中应用最广泛的是工业以太网,它作为控制级的应用网络,同单元级的 PROFIBUS 和现场级的 AS Interface 共同组成了西门子完整的工业网络体系。

1. 工业以太网

如图 9-2 所示,由于厂房、设备安装位置的不同以及运行环境的不同造成了不同的网络环境,不同的自动化组件也对通信系统有不同的要求,为了满足这些需求,SIMATIC NET 提供了不同的通信网络,组成了网络通信的金字塔结构。

西门子的工业自动化通信网络 SIMATIC NET 的顶层为工业以太网,它是基于国际标准 IEEE 802.3 的开放式网络,可以集成到互联网。网络规模可达 1 024 站,距离为 1.5 km(电气网络)或 200 km(光纤网络)。S7-1200/1500 PLC 的 CPU 都集成了 PROFINET 以太网接口,可以与编程计算机、人机界面和其他 S7 PLC 通信。

2. PROFIBUS 现场总线

西门子自动化通信网络的中间层为开放式工业现场总线 PROFIBUS,符合国际标准 IEC 6158。它是一种用于工厂自动化车间级监控和现场级设备层数据与控制的国际标准,为实现工厂综合自动化和现场设备智能化提供了可行的解决方案。PROFIBUS 传输速率最高可达 12 Mbit/s,用屏蔽双绞线电缆(最长 9.6 km)或光缆(最长 90 km),最多可以连接 127 个从站。

PROFIBUS 提供了以下 3 种通信协议。

(1) PROFIBUS-FMS(Fieldbus Message Specification,现场总线报文规范),主要用于系统级和车间级的不同供应商的自动化系统之间的传输数据。现在基本已被以太网取代。

(2) PROFIBUS-DP(Decentralized Periphery,分布式外部设备),适用于 PLC 与现场级的分布式 I/O 设备之间的通信,支持最多同时使用 3 个主站模块,每个模块最多连接 32 个 PROFIFIBUS-DP 从站。主站之间的通信为令牌方式,主站与从站之间为主从方式,以及这两种方式的组合。S7-1200 PLC 有 PROFIBUS-DP 主站模块 CM 1243-5 和 PROFIBUS-DP 从站模块 CM 1242-5。

(3) PROFIBUS-PA（Process Automation，过程自动化），用于 PLC 与过程自动化的现场传感器和执行器的低速数据传输。由于采用了 IEC 61158-2 标准，确保了本质安全，故可以用于防爆区域的传感器和执行器与重要控制系统的通信。

3. PROFINET 现场总线

PROFINET 是基于工业以太网的开放现场总线，提供了实时功能，通过它可以将分布式 I/O 设备直接连接到工业以太网，可用于对实时性要求较高的自动化解决方案中，能满足自动化的需求，如运动控制。

S7-1200 PLC CPU 集成的 PROFINET 接口可以与计算机、其他 S7 CPU、PROFINET I/O 设备和使用标准的 TCP 的设备通信。如图 9-3 所示，数据可以从 PROFIBUS-DP 网络通过代理集成到 PROFINET 系统，而且用户无须改动现有的组态和编程。使用 PROFINET I/O 设备，现场设备可以直接连接到以太网，与 PLC 进行高速数据交换。

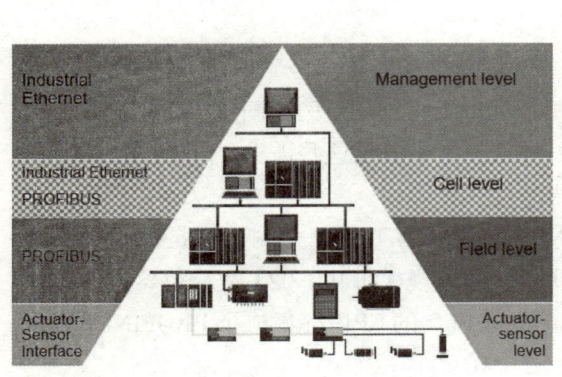

图 9-2　西门子的工业自动化通信网络——金字塔结构

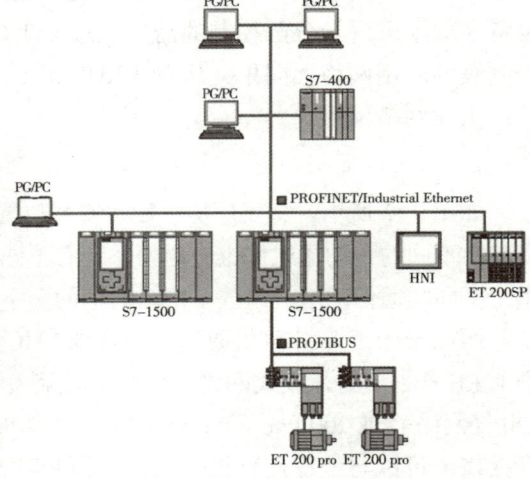

图 9-3　基于工业以太网的 PROFINET

4. AS-i 现场总线

AS-i 是 Actuator Sensor Interface（执行器传感器接口）的缩写，是传感器和执行器通信的国际标准（IEC 62026-2），属于西门子通信网络的底层，适合连接需要传输开关量的传感器和执行器。AS-i 采用非屏蔽的双绞线，由总线提供供电电源，最长通信距离为 300 m，可以使用中继器和扩展插件扩展通信距离。

AS-i 网络属于主从式网络，一个 AS-i 总线上只能有一个主站，通过 AS-i 网络（2 芯）实现主站与最多 62 个从站进行数据通信。AS-i 主站是网络通信的中心，负责网络通信的初始化，以及设置其中的地址和参数等。AS-i 从站是 AS-i 系统的输入通道和输出通道，它们仅在被 AS-i 主站访问时才被激活，接到命令时，它们触发动作或者将现场信息传送给主站。

扩展模块 CM 1243-2 是 S7-1200 PLC 系列产品中唯一一款 AS-i 主站模块，通过该模块可以与 AS-i 从站模块实现通信，用一条 AS-i 电缆，可以将传感器和执行器经由 CM 1243-2 连接到 CPU。

5. 点对点（PtP）和 Modbus RTU 通信

1) 点对点（PtP）通信（Point-to-Point Connection）

S7-1200 PLC 支持基于字符串行协议的点对点（PtP）通信，有 RS-232 和 RS-422/485 通信模块（CM 1241）以及 RS-485 通信板（CB 1241）。如图 9-4（a）所示，通过扩展通信模块能够实现与其他设备（如打印机、调制解调器、驱动器、条形码扫描器等）之间发送和接收数据。

2) Modbus RTU

通过 Modbus 指令，S7-1200 PLC 可以作为 Modbus 主站或从站与支持 Modbus RTU 协议的设备进行通信。通过使用 CM 1241 RS-232、CM 1241 RS-422/485 通信模块或 CB 1241 RS-485 通信板，Modbus 指令可以用来与多个设备进行通信，如图 9-4（b）所示。

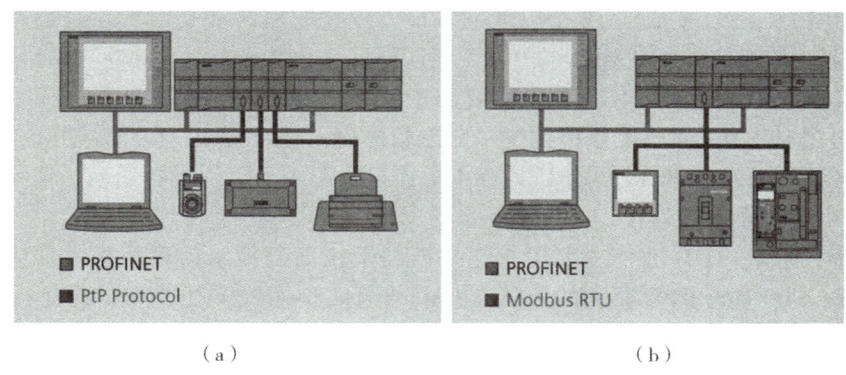

图 9-4 点对点通信与 Modbus RTU 通信
(a) 点对点通信；(b) Modbus RTU 通信

9.1.3 S7-1200 PLC 以太网通信

1. S7-1200 PLC 以太网通信简介

西门子工业以太网可应用于单元级、管理级的网络，其通信数据量大、传输距离长。S7-1200 PLC CPU 以太网接口可以通过直接连接或交换机连接的方式与其他设备通信。

1) 直接连接

当编程设备与 CPU、HMI 与 CPU 以及 PLC 与 PLC 通信时，只有两个通信设备，直接使用网线连接两个设备即可，如图 9-5 所示。

2) 交换机连接

当两个以上的设备进行通信时，需要使用交换机实现网络连接。S7-1200 PLC CPU 本体集成了以太网接口，CPU 1215C 和 CPU 1217C 内置了一个双端口的以太网交换机，有两个以太网接口，可连接两个通信设备。也可以选择使用西门子 CSM1277 四端口交换机或 SCALANCE X 系列交换机连接多个 PLC 或 HMI 等设备，如图 9-6 所示。

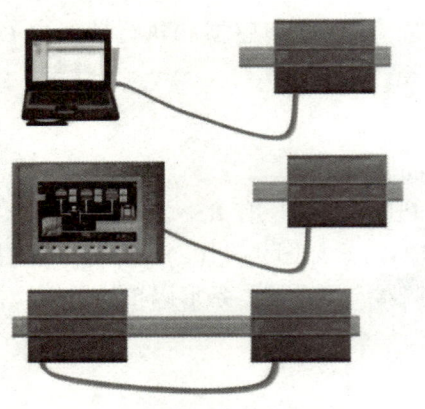

图 9-5 直接连接示意

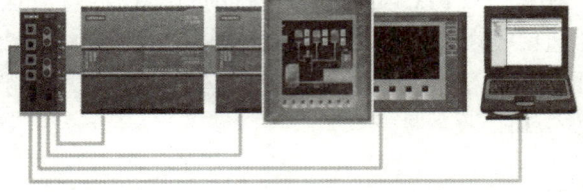

图 9-6 多个设备的交换机网络连接示意

2. S7-1200 PLC CPU 集成的以太网接口的通信功能和连接资源

S7-1200 PLC CPU 集成 1~2 个以太网端口，支持非实时和实时等多种通信服务。非实时通信包括 PG 通信、HMI 通信、开放式用户通信（Open User Communication，OUC）、S7 通信、Modbus TCP 通信。实时通信主要用于 PROFINET I/O 通信。

（1）PG 通信。PG 通信主要用在 TIA 博途软件中，对 CPU 进行在线连接、上/下载程序、测试和诊断。S7-1200 PLC CPU 具有 4 个连接资源用于编程设备通信，但是同一时刻也只允许 1 个编程设备的连接。

（2）HMI 通信。HMI 通信主要用于连接西门子精简面板、精致面板、移动面板以及一些带有 S7-1200 PLC CPU 驱动的第三方 HMI 设备。S7-1200 PLC CPU 具有 12 个与 HMI 设备通信的连接资源。HMI 设备根据使用功能的不同，占用的连接资源也不同。例如：SIMATIC 精简面板占用 1 个连接资源；精致面板最多占用 2 个连接资源；而 WinCC RT Professional 则最多占用 3 个连接资源。因此 S7-1200 PLC CPU 实际连接 HMI 设备的数量取决于 HMI 设备的类型和使用功能，但是可以确保至少 4 个 HMI 设备的连接。

（3）OUC。OUC 采用开放式标准，可与第三方设备或 PC 进行通信，也适用于 S7-300/400/1200/1500 PLC 之间的通信。S7-1200 PLC CPU 支持 TCP（遵循 RFC 793）、ISO-on-TCP（遵循 RFC 1006）和 UDP（遵循 RFC 768）等开放式用户通信。S7-1200 PLC CPU 系统预留了 8 个 OUC 可组态的 S7 连接资源，再加上 6 个动态连接资源，最多可组态 14 个 OUC 连接，即 TCP、ISO-on-TCP、UDP 和 Modbus TCP 这 4 种通信同时可建立的连接数的总和不超过 14 个。

（4）S7 通信。S7 通信作为 SIMATIC 的同构通信，用于 SIMATIC CPU 之间的相互通信。该通信标准未公开，不能用于与第三方设备通信。S7 和 OUC 通信为非实时通信，它们主要应用于站点间的数据通信。对比 OUC 通信，S7 通信是一种更加安全的通信协议。S7-1200 PLC CPU 系统预留了 8 个可组态的 S7 连接资源，再加上 6 个动态连接资源，最多可组态 14 个 S7 连接。在这些组态的 S7 连接中，S7-1200 PLC CPU 可作为客户端或服务器。

（5）Modbus TCP 通信。Modbus 协议是一种简单、经济和公开透明的通信协议，主要用于不同类型总线或网络中设备之间的客户端/服务器通信。Modbus TCP 结合了 Modbus 协议和 TCP/IP 网络标准，是 Modbus 协议在 TCP/IP 上的具体实现，数据传输时是在 TCP 报文中插入 Modbus 应用数据单元。Modbus TCP 使用 TCP（遵循 RFC 793）作为 Modbus 通信路径，通信时其将占用 CPU 开放式用户通信资源。

(6) PROFINET IO 通信。PROFINET IO 是 PROFIBUS/PROFINET 国际组织基于以太网自动化技术标准定义的一种跨供应商的通信、自动化系统和工程组态的模型。PROFINET IO 通信具有很好的实时性，主要用于模块化、分布式控制。S7-1200 PLC CPU 作为 PROFINET IO 控制器时支持 16 个 I/O 设备，所有 I/O 设备的子模块的数量最多为 256 个。

S7-1200 PLC CPU 操作系统除了预先为这些通信服务分配了固定的连接资源，还额外提供了 6 个可组态的动态连接。此外，S7-1200 PLC CPU 系统预留了 30 个 Web 服务器连接资源，可用于 Web 浏览器访问。在 TIA 博途软件中，选择一个在线连接的 CPU，在巡视窗口中选择"诊断"→"连接信息"，可以查看 PLC 站点连接资源的在线信息，如图 9-7 所示。

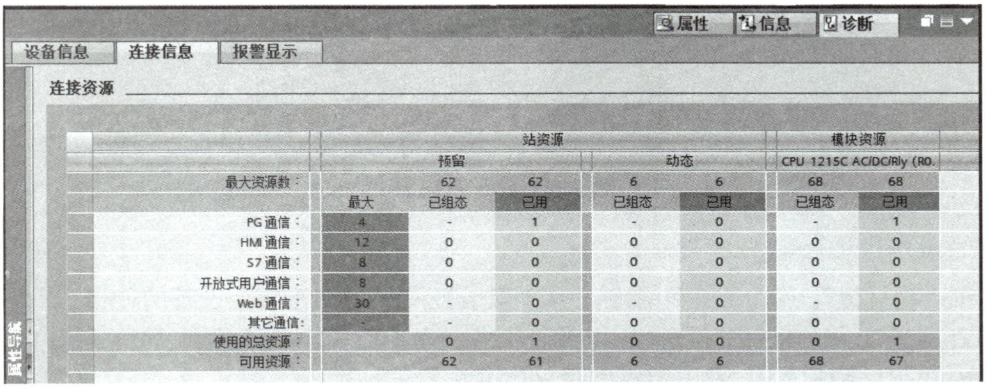

图 9-7 S7-1200 PLC CPU 在线连接资源

9.2 S7-1200 PLC 之间的 TCP 通信

S7-1200 PLC CPU 的 PROFINET 通信口支持通信协议及服务：TCP、ISO-on-TCP（RCF 1006）、S7 通信（服务器端）。下面以 TCP 通用协议为例介绍通信过程。

1. 添加并组态 PLC

在 TIA 博途软件的"Portal 视图"中单击"创建新项目"按钮创建一个新项目，并命名为"S7-1200 之间通信"。然后添加新设备，在对话框中选择所使用的 S7-1200 PLC CPU 1214C 并添加到机架上，命名为"PLC_1[CPU 1214C AC/DC/Rly]"。同样方法再添加通信伙伴的 S7-1200 PLC CPU，命名为"PLC_2[CPU 1214C AC/DC/Rly]"。

单击 CPU 上代表 PROFINET 通信口的绿色小方框，在下方会出现 PROFINET 接口的属性，分配 IP 地址为 192.168.0.1，子网掩码为 255.255.255.0。同样方法，在同一个项目里添加另一个新设备 S7-1200 PLC CPU 并为其分配 IP 地址 192.168.0.2。

两台 PLC 使用相同的组态过程、CPU 属性设置，启用系统存储器字节和时钟存储器字节，如图 9-8 所示。

电气控制与PLC应用

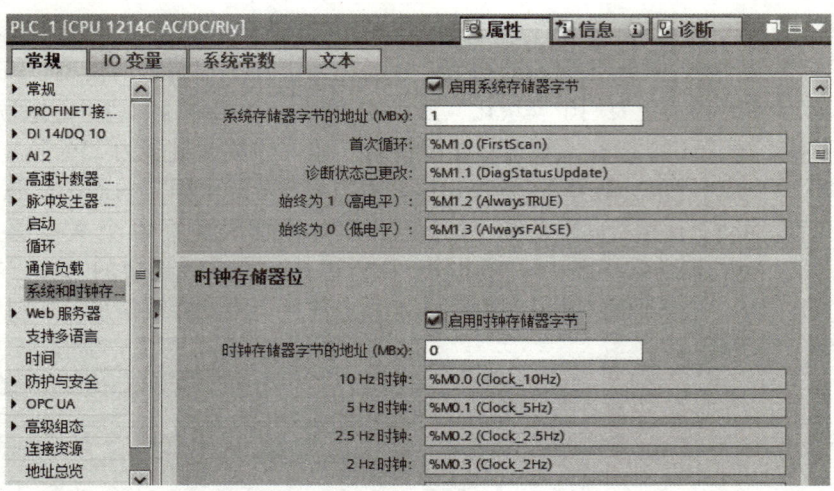

图 9-8 设置 CPU 属性

2. 组态网络连接

在"项目树"→"设备和网络"→"网络视图"下创建两个设备的连接。用鼠标选中 PLC_1 上的 PROFINET 通信口的绿色小方框,然后拖曳出一条线到另外一个 PLC_2 上的 PROFINET 通信口上,松开鼠标即建立连接。

3. 创建发送数据区和接收数据区

根据通信要求,创建并定义 PLC_1 的发送数据区 DB。通过"项目树"→"PLC_1 [CPU 1214C AC/DC/Rly]"→"程序块"→"添加新块",选择"数据块"创建 DB,输入传送数据初始值,发送数据区传送或接收数据区的具体字节数根据实际通信要求设置,可以根据通信要求选择通信数据类型。

例如,要求通信发送和接收 10 B 的数据。定义接收通信块参数,创建并定义接受数据区 DB 块,在 PLC_1 中创建数据块 DB1,新建数组 send 用来发送数据,数据类型为 Array[0..9] of Byte,共计 10 个字节,如图 9-9 所示。类似的,可在 PLC_2 中新建数组 rcv 用来接受来自 PLC_1 传送的数据,数据类型为 Array[0..9] of Byte,共计 10 个字节。

注意:因为使用绝对寻址,在全局数据块 DB 中右击选择"属性",取消勾选"优化的块访问"复选按钮,禁用这个选项。

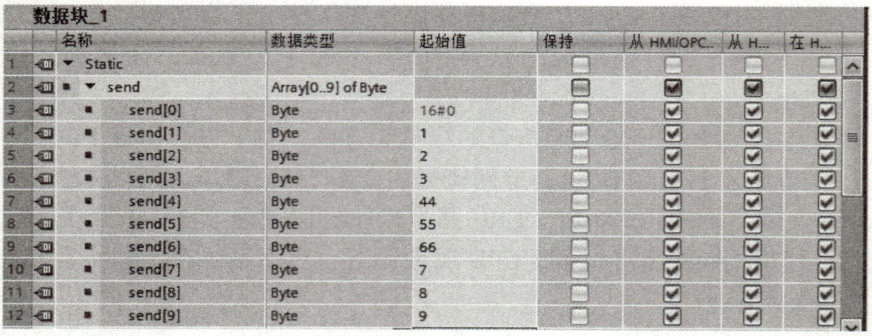

	名称	数据类型	起始值	保持	从 HMI/OPC...	从 H...	在 H...
	▼ 数据块_1						
	▼ Static						
1	▼ send	Array[0..9] of Byte		□	☑	☑	☑
2	send[0]	Byte	16#0	□	☑	☑	☑
3	send[1]	Byte	1	□	☑	☑	☑
4	send[2]	Byte	2	□	☑	☑	☑
5	send[3]	Byte	3	□	☑	☑	☑
6	send[4]	Byte	44	□	☑	☑	☑
7	send[5]	Byte	55	□	☑	☑	☑
8	send[6]	Byte	66	□	☑	☑	☑
9	send[7]	Byte	7	□	☑	☑	☑
10	send[8]	Byte	8	□	☑	☑	☑
11	send[9]	Byte	9	□	☑	☑	☑

图 9-9 定义 PLC_1 的数据块内容、起始值

4. 组态传送和接收参数

通过使用 TSEND_C 和 TRCV_C 指令，一个 S7-1200 PLC CPU 可与网络中的另一个 S7-1200 PLC CPU 进行通信，并且必须在两个 S7-1200 PLC CPU 中均组态 TSEND_C 和 TRCV_C 指令，才能实现两个 S7-1200 PLC 之间的通信。

（1）TSEND_C 指令创建与伙伴站的通信连接。通过该指令可设置和建立连接，并会在通过指令断开连接前一直自动监视该连接。通过 TIA 博途 V16 的设备配置，可以组态 TSEND_C 指令传送数据的方式。在"项目树"中选择"PLC_1 [CPU 1214C AC/DC/Rly]"→"程序块"→"OB1"，再从"通信"下的"开放式用户通信"文件夹中将该指令拖入程序中，如图 9-10 所示。

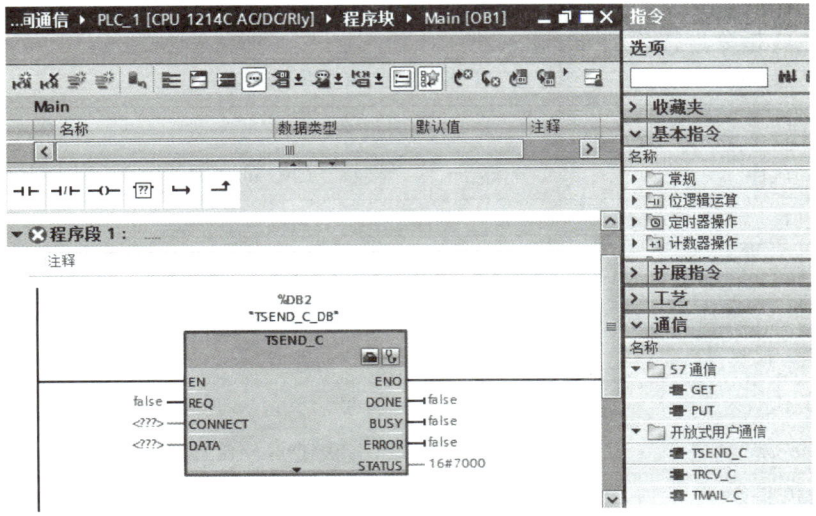

图 9-10　TSEND_C 指令

选中图 9-10 中的"TSEND_C_DB"块，右击，选择"属性"→"组态"→"连接参数"，如图 9-11 所示。单击"新建"按钮，建立 PLC_1 数据连接，同样添加 PLC_2 数据连接，连接完成，如图 9-12 所示。

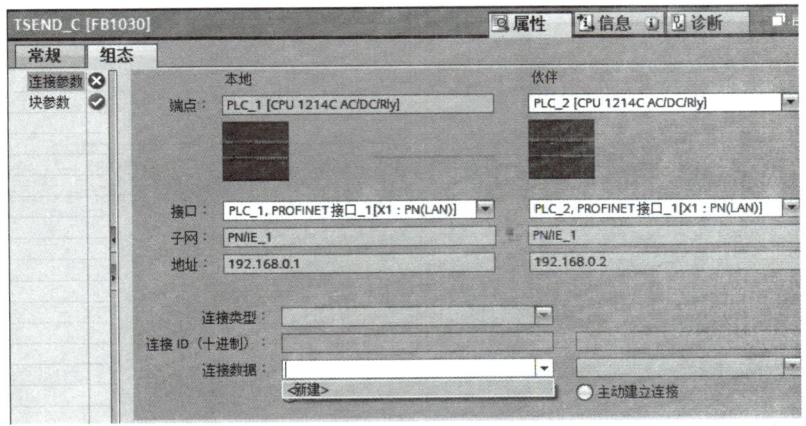

图 9-11　TSEND_C 连接参数

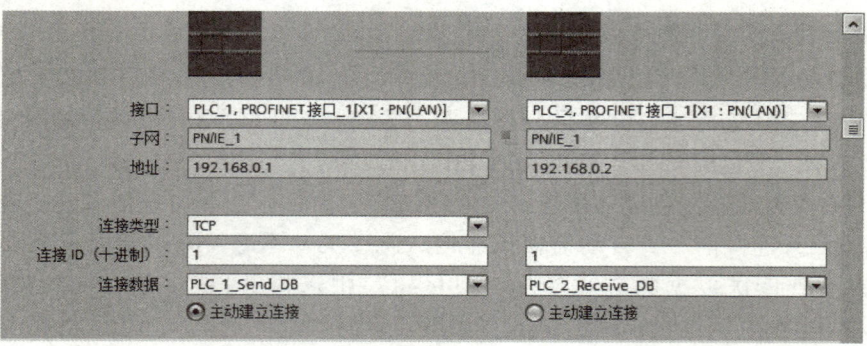

图 9-12 TSEND_C 连接数据

TSEND_C 指令连接参数如表 9-1 所示。

表 9-1 TSEND_C 指令连接参数

参数	定义	设置注意
端点：伙伴	分配给伙伴（接收）CPU 的名称	
接口	分配给接口的名称	
子网	分配给子网的名称	
地址	分配的 IP 地址	不能相同
连接类型	以太网协议的类型	TCP
连接 ID	ID 号	
连接数据	本地和伙伴 CPU 的数据存储位置	
主动建立连接	选择本地或伙伴 CPU 作为主动连接方的单选按钮	
端口（十进制）	十进制格式的伙伴 CPU 端口	默认

（2）TSEND_C 接口参数设置。PLC 之间建立连接后，设置 TSEND_C 接口的具体参数，如图 9-13 所示。

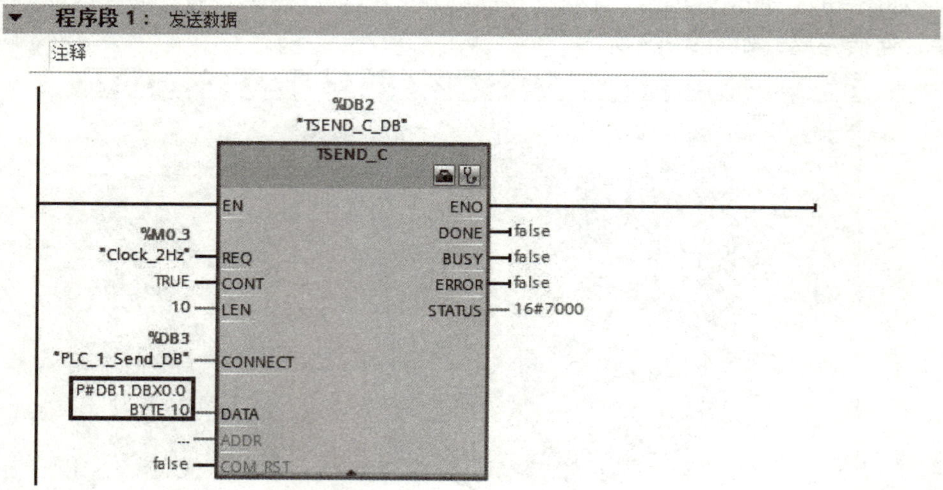

图 9-13 TSEND_C 接口参数设置

TSEND_C 接口参数如表 9-2 所示。PLC 中可以添加变量，监控 TSEND_C 的通信状态。

表 9-2　TSEND_C 接口参数

参数	参数类型	数据类型	说明	设置注意
REQ	INPUT	Bool	控制参数 REQ 在上升沿启动具有 CONNECT 中所述连接的发送作业	系统时钟：M0.3
CONT		Bool	0：断开；1：建立并保持连接	1
LEN		Int	要发送的最大字节数。当 LEN 为默认值 0 时，表示 DATA 参数决定要发送的数据的长度	10
CONNECT	IN_OUT	TCONParam	指向连接描述的指针	见连接数据
DATA	IN_OUT	Variant	发送区；包含要发送数据的地址和长度	见注
COM_RST	IN_OUT	Bool	1：完成功能块的重新启动，现有连接将终止	
DONE	OUTPUT	Bool	0：作业尚未开始或仍在运行；1：无错执行作业	
BUSY	OUTPUT	Bool	0：作业完成；1：作业尚未完成，无法触发新作业	
ERROR	OUTPUT	Bool	1：处理时出错。STATUS 提供错误类型的详细信息	
STATUS	OUTPUT	Word	详细的错误信息	

注：DATA 参数根据传输内容的不同，有不同的设置。

例 1：发送 PLC1 的 MB0 到 PLC2 的 MB10。

发送端：输入"MB0"；接收端：输入"MB10"。

例 2：发送 PLC1 的 MB0~MB9 到 PLC2 的 MB60~MB69，10 个数据。

发送端：输入"P#M0.0 BYTE 10"；接收端：输入"P#M60.0 BYTE 10"。

（ANY 区域指针，起始为 M0.0，注意长度 LEN：10，不输入可能通信不成功，收发端都要输入）。

例 3：发送 PLC1 的"数据块 1"数组 send（0~9）到 PLC2"数据块 2"数组 rcv（0~9）。

发送端：输入"P#DB1.DBX0.0 BYTE 10"；接收端：输入"P#DB2.DBX0.0 BYTE 10"。

DATA 端口也可以直接选"数据块 1"，选"无"。

注意：DB1 为数据块名称，DBX0.0 为第一个字节的第一个位，最小寻址单位。

（3）TRCV_C 指令创建与伙伴站的通信连接。TRCV_C 指令兼具 TCON、TDISCON 和 TRCV 指令的功能。通过 TIA 博途 V16 中的 CPU 组态，可以组态 TRCV_C 指令接收数据的方式。在"项目树"中选择"PLC_2 [CPU 1214C AC/DC/Rly]"→"程序块"→"OB1"，再从"通信"下的"开放式用户通信"文件夹中将该指令插入程序中，并进行参数设置，如图 9-14 所示。TRCV_C 接口参数如表 9-3 所示。连接、参数设置方法与

TSEND_C 指令块相似。

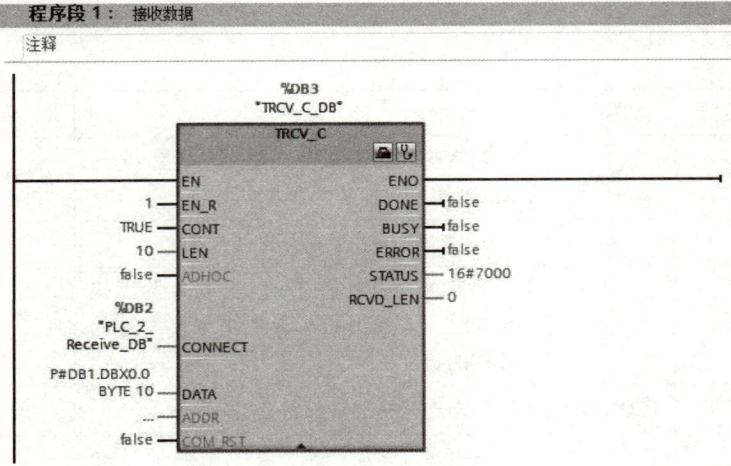

图 9–14　TRCV_C 接口参数设置

表 9–3　TRCV_C 接口参数

参数	参数类型	数据类型	说明	设置注意
EN_R	IN	Bool	启用接收的控制参数：EN_R = 1 时，TRCV_C 准备接收	1
CONT	IN	Bool	0：断开；1：建立并保持连接	1
LEN	IN	Int	接收区长度（字节）。（默认值 = 0，表示 DATA 参数决定要发送的数据的长度）	10
CONNECT	IN_OUT	TCONParam	指向连接描述的指针	
DATA	IN_OUT	Variant	接收区包含接收数据的起始地址和最大长度	
COM_RST	IN_OUT	Bool	1：完成功能块的重新启动，现有连接将终止	
DONE	OUT	Bool	0：作业尚未开始或仍在运行；1：无错执行作业	
BUSY	OUT	Bool	0：作业完成；1：作业尚未完成，无法触发新作业	
ERROR	OUT	Bool	1：处理时出错。STATUS 提供错误类型的详细信息	
STATUS	OUT	Word	错误信息	
RCVD_LEN	OUT	Int	实际接收到的数据量（字节）	

5. 仿真

单击"项目树"→"PLC_1［CPU 1214C AC/DC/Rly］"，进行编译、仿真，启动 PLC_1。
再单击 PLC_2 进行仿真，打开"项目树"→"PLC_2［CPU 1214C AC/DC/Rly］"→"监控

与强制表"→"添加新监控表",生成一个名为"监控表_1"的新的监控表,添加数据,单击程序编辑区工具栏上的"启用/禁用监视"按钮,可以看到从 PLC_1 传送到 PLC_2 的数据,数据通信成功,如图 9-15 所示。有硬件连接,可以下载运行。

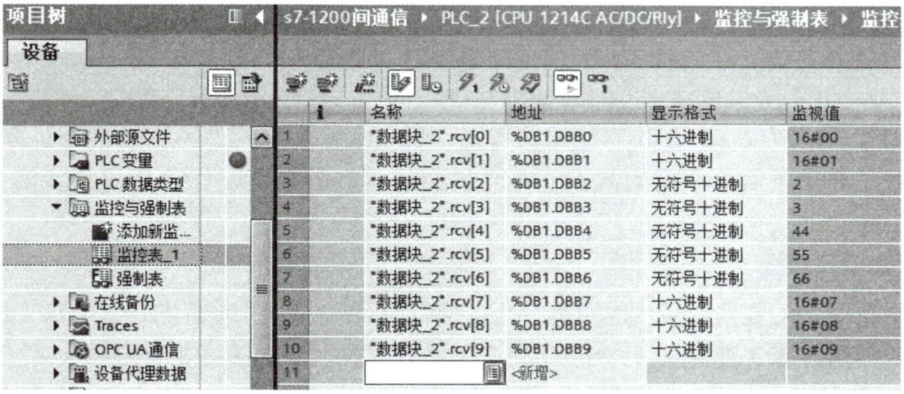

图 9-15　PLC_2 数据块接收数据

6. 任务拓展

上述只介绍单向数据传输,可以采用一个连接 ID 实现双向同时通信,尝试在 PLC_1 加接收功能块,在 PLC_2 加发送功能块,配置相应参数,实现双向通信。

注意:如果硬件设备均为西门子系列产品,建议采用"S7 通信",编程简单、运行可靠、效率更高。

9.3　S7-1200 PLC 的串口通信

9.3.1　串口通信基础

串口通信(Serial Communications)是计算机上一种非常通用的设备通信的协议,也是仪器仪表设备通用的通信协议,串口通信协议也可以用于获取远程采集设备的数据。串口按位(bit)发送和接收字节,可以在使用一根线发送数据的同时用另一根线接收数据。它能够实现远距离通信,因此在分布式控制系统中得到了广泛的应用。

1. 数据传输方式

1) 并行通信与串行通信

(1) 并行通信:所传送数据的各位同时发送或接收。并行通信传递数据块,但由于一个并行数据有多少位二进制数就需要多少根传送线,所以通常用于近距离传输,如计算机与打印机的通信。

(2) 串行通信:所传送的数据按顺序一位一位地发送或接收,如计算机与 PLC 之间、PLC 与 PLC 之间等。

2) 异步通信和同步通信

串行通信按信息传输格式分为异步通信和同步通信,在串行通信中发送端与接收端之间的同步是数据通信中的一个重要问题。

（1）异步通信：异步通信是起止方式，数据按约定好的固定格式一帧一帧地传送。帧格式由起始位、数据位、奇偶校验位和停止位组成，按顺序发送。硬件简单，成本低，传输速率低。

（2）同步通信：在数据开始处就用同步字符（通常为1~2个）来指示。由定时信号（时钟）来实现收发端同步，一旦检测到与规定的同步字符相符合，就连续按顺序传送数据。数据以一组数据（数据块）为单位传送，数据块中每个字节不需要起始位和停止位，因而克服了异步通信效率低的缺点，但同步通信所需的软、硬件价格是异步通信的8~12倍。

2. 数据传送方式

按串行通信的数据在通信线路进行传送的方向可分为单工通信方式、半双工通信方式和全双工通信方式3种。

（1）单工通信方式：指数据的传送始终保持在同一个方向，而不能进行反向传送，用于数据输出。

（2）半双工通信方式：指信息流可以在两个方向上传送，但同一时刻只限于一个方向传送。例如，RS-485用一对双绞线实现半双工通信。

（3）全双工通信方式：能在两个方向上同时发送和接收。例如，RS-422用两对双绞线实现全双工通信。

3. 比特率

比特率指每秒传送的比特（bit）数，单位为比特每秒（bit/s）。

假如数据传送速率是120字符/s，而每个字符包含10个代码位（一个起始位、一个停止位、8个数据位），这时数据传送的比特率为10 bit/字符×120字符/s＝1 200 bit/s。

4. 串行通信接口

工业网络中，在设备或网络之间大多采用串行通信方式传送数据，常用的串行通信接口有以下3种。

（1）RS-232接口：单端发送、单端接收，数据传输速率低，抗干扰能力差，在通信距离近、传输速率和环境要求不高的场合应用，最大传输距离一般不超过10 m。RS-232接口引脚分布及功能描述如表9-4所示。

表9-4 RS-232接口引脚分布及功能描述

引脚号	引脚名称	功能描述
1	DCD	数据载波检测
2	RXD	接收数据：输入
3	TXD	发送数据：输出
4	DTR	数据终端准备好：输出
5	GND	逻辑地
6	DSR	数据终端准备好：输入
7	RTS	请求发送输出

续表

引脚号	引脚名称	功能描述
8	CTS	允许发送：输出
9	RI	振铃指示（未使用）
外壳		外壳地

（2）RS-422 接口：RS-422 接口传输线采用差动接收和差动发送的方式传送数据，也有较高的通信速率（波特率可达 10 MB 以上）和较强的抗干扰能力，适合远距离传输，工厂应用较多。

（3）RS-485 接口：RS-485 接口是 RS-422 的变型。RS-485 接口传输线采用差动接收和平衡发送的方式传送数据，有较高的通信速率（波特率可达 10 MB 以上）和较强的抑制共模干扰能力，输出阻抗低，并且无接地回路。这种接口适合远距离传输，是工业设备通信中应用最多的一种接口，连接电缆为 3 芯屏蔽电缆，接 3、5、8 引脚，传输距离可达 1 000 m。RS-485 接口引脚分布及功能描述如表 9-5 所示。

表 9-5　RS-485 接口引脚分布及功能描述

引脚号	引脚名称	功能描述
1	GND	逻辑或通信地
2		未连接
3	TxD+	信号 B（RxD/TxD+）：输入/输出
4	RTS	请求发送（TTL 电平）：输出
5	GND	逻辑或通信地
6	PWR	+5 V，串联 100 Ω 电阻：输出
7		未连接
8	RxD-	信号 A（RxD/TxD+）：输入/输出
9		未连接
外壳		外壳地

RS-422 与 RS-485 的区别在于 RS-485 采用的是半双工通信方式，RS-422 采用的是全双工通信方式；RS-422 用两对差分信号线，RS-485 只用一对差分信号线。

9.3.2　S7-1200 PLC 串口通信

S7-1200 PLC 也支持串口通信，但需要扩展串口通信模块，可以选择相应的串口通信模块来实现通信过程。

S7-1200 PLC 支持的串口通信模块有 3 种型号，分别为 CM 1241 RS-232、CM 1241 RS-485 和 CM 1241 RS-422/485，CM 1241 RS-232 和 CM 1241 RS-485 支持基于字符的点到点（PtP）通信，如自由口协议（ASCII）和 MODBUS RTU 主从协议，后者还可以支持 USS 协议。通信模块都必须安装在 CPU 的左侧，且数量之和不能超过 3 块。串行接口由 CPU 模块供电，并与内部电路采用隔离措施。

1. 自由口协议

自由口通信无固定的通信格式，通信协议是由用户定义的，用户可根据通信设备使用的协议格式自由编程。用户可以用梯形图程序调用接收中断、发送中断、发送指令（XMT）、接受指令（RCV）来控制通信操作，将信息直接发送到外部设备，或者能够从其他设备读取信息，如打印机、条形码阅读器等。

2. MODBUS RTU 主从协议

Modbus 是莫迪康（MODICON）公司最先倡导的一种软的通信规约，是工业通信领域简单、经济和公开透明的通信协议，广泛应用于 PLC、变频器、人机界面、自动化仪表等设备之间的通信。

Modbus 是请求/应答协议，并且提供功能码规定的服务。Modbus 有两种串行传输模式，分别为 ASCII 和 RTU（远程终端单元）。Modbus ASCII 需要用户按照协议格式自行编程，而 Modbus RTU 是一种单主站的主从通信模式，S7-1200 PLC 通过调用软件中的 Modbus RTU 指令来实现 Modbus RTU 通信，主站发送数据请求报文帧，从站回复应答数据报文帧。

3. USS 协议

USS 协议是通用串行接口（Universal Serial Interface）协议的缩写，是西门子公司推出的用于控制器（PLC/PG/PC）与驱动装置之间数据交换的通信协议，它是一种基于串行总线进行数据通信的协议。USS 通信总是由主站发起，并不断轮巡各个从站，从站根据收到的主站报文，决定是否以及如何响应。从站必须在接收到主站报文之后的一段时间内发回响应，否则主站将视该从站出错。

利用 USS 指令，可以通过 RS-485 连接与多个驱动器通信。采用 USS 协议以通信的方式监控变频器，使用的接线少，传输的信息量大，而且可以连续地对多台变频器进行监视和控制。通过通信修改变频器参数，可实现多台变频器的联动控制和同步控制。

4. S7-1200 PLC 串口通信模块和通信板

S7-1200 PLC 有两个串口通信模块 CM 1241 RS-232、CM 1241 RS-422/485 和一个通信板 CB 1241 RS-485。串口通信模块 CM 1241 安装在 S7-1200 PLC CPU 模块或其他通信模块的左侧，通信板 CB 1241 安装在 S7-1200 PLC CPU 的正面插槽中。

S7-1200 PLC CPU 最多可连接 3 个通信模块和一个通信板，当 S7-1200 PLC 使用 3 个串口通信模块 CM 1241（类型不限）和 1 个通信板 CB 1241 时，总共可提供 4 个串行通信接口。

用户可根据通信对象的接口特征，选择不同类型的 S7-1200 PLC 串口通信模块或通信板，采用不同的接线方式，通过通信处理器指令编程，与其他设备交换数据信息，以满足多样、灵活的串行通信需求。

S7-1200 PLC 串口通信模块和通信板具有以下特点：
①端口与内部电路隔离；
②支持点对点协议；
③通过通信处理器指令编程；
④具有诊断 LED（仅 CM 1241）；
⑤通过模块上的 LED 指示灯显示发送和接收活动；
⑥均由 CPU 背板总线 DC 5 V 供电，不必连接外部电源。

S7-1200 PLC 串口通信模块和通信板支持相同的波特率、校验方式和接收缓冲区。但通信模块和通信板类型不同，支持的流控方式、通信距离等也存在差异。

CM 1241 RS-232 接口模块支持基于字符的自由口协议和 MODBUS RTU 主从协议。CM 1241 RS-485 接口模块支持基于字符的自由口协议、MODBUS RTU 主从协议及 USS 协议。

下面以 S7-1200 PLC 与变频器的 USS 协议通信为例，说明串口通信的实现过程。自由口协议和 MODBUS RTU 主从协议通信见相关参考文献资料。

客户技术支持门户网站：http://support.automation.siemens.com/CN。

9.4 S7-1200 PLC 与变频器的 USS 协议通信

9.4.1 USS 协议通信介绍

USS 协议可以支持变频器与 PC 或 PLC 之间的通信连接，是一种基于串行总线进行数据通信的协议。通过 CM 1241 RS-422/485 通信模块或者 CB 1241 RS-485 通信板，使用 USS 指令可用来与多个驱动器进行通信，如图 9-16 所示。

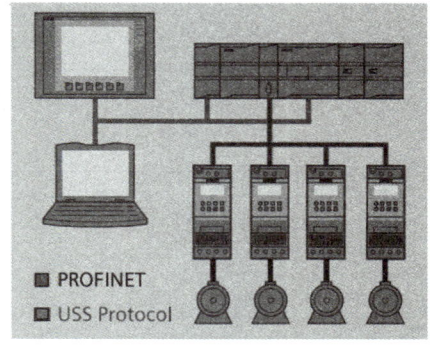

图 9-16 USS 网络

USS 协议的基本特点如下：

①支持多点通信（可以应用在 RS-485 等网络上）；

②采用单主站的"主-从"访问机制；

③每个网络上最多可以有 32 个节点（最多 31 个从站）；

④简单可靠的报文格式，使数据传输灵活高效；

⑤容易实现，成本较低。

USS 协议的工作机制是，通信总是由主站发起，USS 主站不断循环轮询各个从站，从站根据收到的指令，决定是否以及如何响应。从站永远不会主动发送数据，从站在以下条件满足时应答。

①接收到的主站报文没有错误。

②本从站在接收到主站报文中被寻址。

如果上述条件不满足，或者主站发出的是广播报文，则从站不会做任何响应。对于主站来说，从站必须在接收到主站报文之后的一定时间内发回响应，否则主站将视该从站出错。

为了实现 S7-1200 PLC 与变频器的 USS 协议通信，S7-1200 PLC 需要配备 CM 1241 RS-485 通信模块。每个 CM 1241 RS-485 模块最多可以与 16 个变频器通信，每个 CPU 最多可以连接 3 个通信模块。各 USS 网络使用各自唯一的数据块进行管理（使用 3 个 CM 1241 RS-485 设备建立 3 个 USS 网络需要 3 个数据块）。同一 USS 网络相关的所有指令必须共享该数据块，包括用于控制网络上所有 MM440 的 USS_DRV、USS_PORT、USS_RPM 和 USS_WPM 指令。

9.4.2 硬件连接与组态

1. 硬件连接

CM 1241 RS-485 通信模块的 RS-485 接口使用 9 针 D 型连接器，其 3 脚和 8 脚分别是 RS-485 的 B 线和 A 线。因为 MM440 通信口是端子连接，所以 PROFIBUS 电缆不需要网络插头，而是剥出线头直接压在端子上，如果还要连接下一个驱动装置，则两条电缆的同色芯线可以压在同一个端子内。PROFIBUS 电缆的红色芯线应当压入端子 29；绿色芯线应当连接到端子 30。MM440 通信接线如图 9-17 所示。

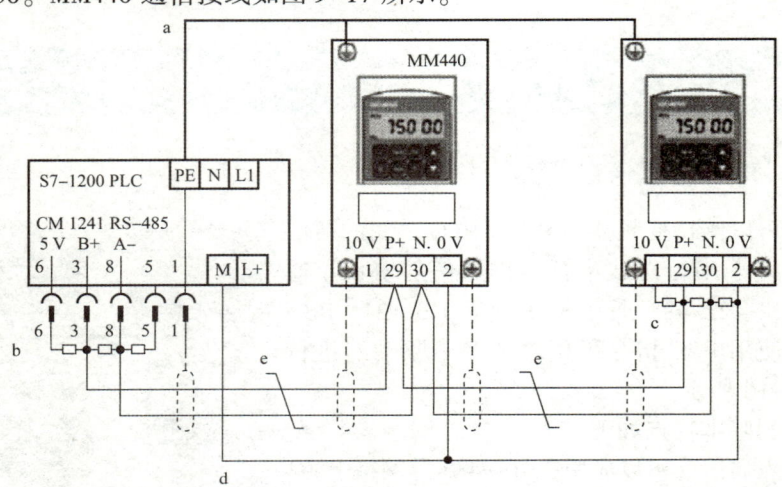

图 9-17　MM440 通信接线图

图 9-17 中 a 为屏蔽/保护接地母排，或可靠的多点接地，此连接对抑制干扰有重要意义。b 为 PROFIBUS 网络插头，内置偏置和终端电阻。c 为 MM440 端的偏置和终端电阻。d 为通信口的等电位连接，可以保护通信口不致因共模电压差损坏或通信中断。e 为双绞屏蔽电缆，因是高速通信，故电缆的屏蔽层须双端接地（接 PE）。

硬件连接需要注意的是，几乎所有网络通信质量方面的问题都与未考虑到下列事项有关。

①一个完善的总线型网络必须在两端接偏置和终端电阻。偏置电阻用于在复杂的环境下确保通信线上的电平在总线未被驱动时保持稳定，终端电阻用于吸收网络上的反射信号。

②通信口 M 的等电位连接建议单独采用较粗的导线，而不要使用 PROFIBUS 的屏蔽层，因为此连接上可能有较大的电流，导致通信中断。

③SIEMENS 电缆的屏蔽层要尽量大面积接 PE。一个实用的做法是在靠近插头、接线端子处环剥外皮，用压箍将裸露的屏蔽层压紧在 PE 接地体上（如 PE 母排或良好接地的裸露金属安装板）。

④通信线与动力线分开布线，紧贴金属板安装也能改善抗干扰能力。驱动装置的输入/输出端要尽量采用滤波装置，并使用屏蔽电缆。

⑤在 MM440 的包装内提供了终端和偏置电阻元件，接线时可按说明书直接压在端子上。有条件可采用热缩管将此元件包裹，并适当固定。

2. 变频器 M440 参数设置

使用 USS 协议进行通信之前，需要对变频器有关的参数进行设置，如表 9-6 所示。

表 9-6 变频器 M440 参数设置

序号	功能	参数	设定值
1	工厂设置复位	P0010	30
2	工厂设置复位	P970	1
3	快速启动设置	P0010	1
4	电动机额定电压	P0304	380 V
5	电动机额定功率	P0307	5.5 kW
6	电动机额定频率	P0310	50 Hz
7	电动机额定转速	P0311	1 350 r/min
8	USS 命令源	P0700	5
9	激活专家模式	P0003	3
10	参考频率	P2000	50 Hz
11	USS 数据传输速度	P2010	9
12	USS 从站地址	P2011	1
13	USS PZD 长度	P2012	2
14	USS PKW 长度	P2013	4
15	在 E2PROM 保存数据	P0971	1

3. S7-1200 PLC 硬件组态

首先在软件中建立一个名为"S7-1200 与变频器 USS 通信"的项目,并在硬件配置中,添加 CPU 1214C 和通信模块 CM 1241 RS-485,把 CM 1241 RS-485 通信模块拖放到 CPU 左边的 101 号槽,如图 9-18 所示。

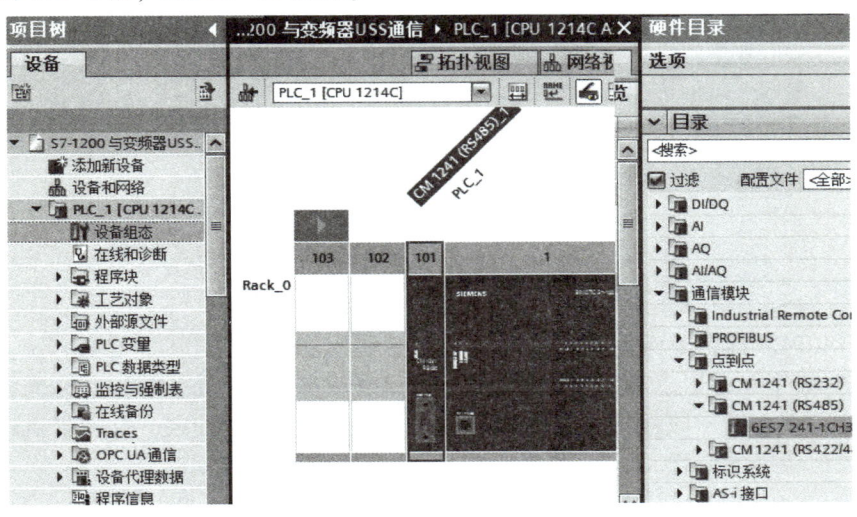

图 9-18 S7-1200 PLC 硬件配置

在 CPU 的属性中,设置以太网的 IP 地址,建立 PG 与 PLC 的连接。通信模块的端口组态参数如图 9-19 所示。

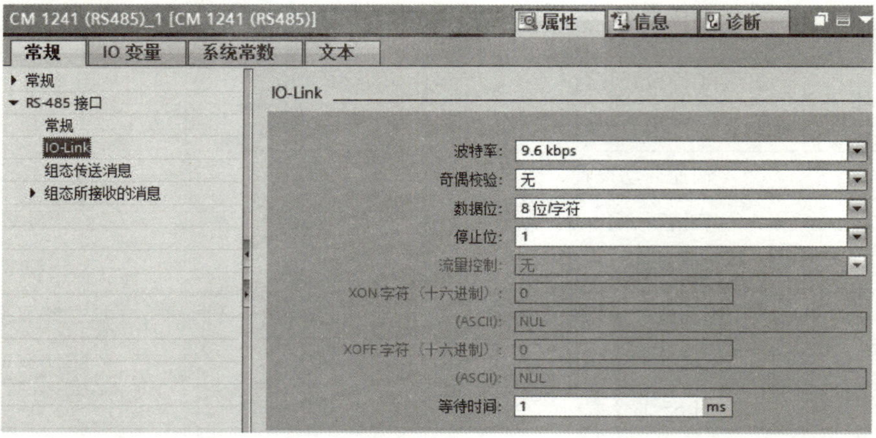

图 9-19　通信模块的端口组态参数

在 PLC "系统常量"选项卡中查找到 RS-485 的端口值，系统常数值在编程中使用，通信端口查询如图 9-20 所示。

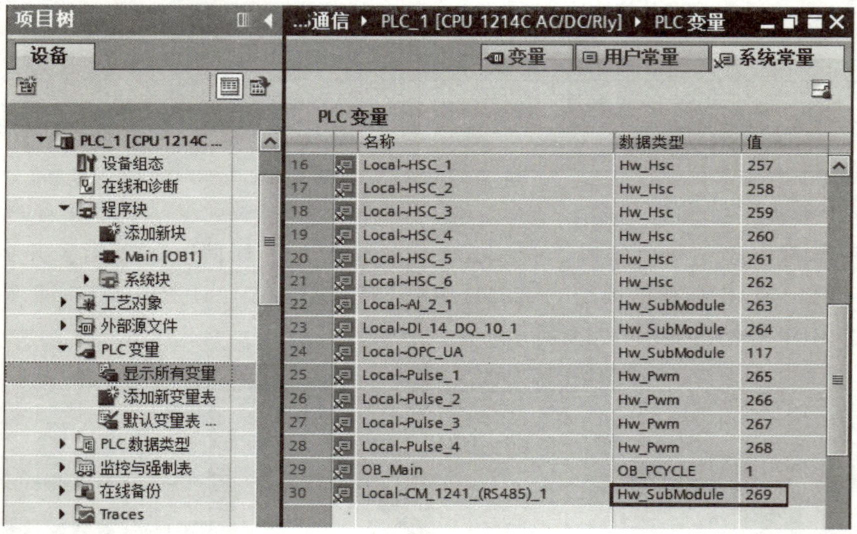

图 9-20　通信端口查询

9.4.3　USS 协议通信编程的实现

S7-1200 PLC 提供了专用的 USS 库进行 USS 协议通信。每个 CM 1241 RS-485 通信模块最多支持 16 个驱动器。对于与所安装的各个 PtP 通信模块相连接的 USS 网络，在单个背景数据块中包含用于该网络中所有驱动器的临时存储区和缓冲区，这些驱动器的 USS 功能共享该数据块中的信息。

S7-1200 PLC 有专用的 USS 库，包含 4 个功能块：USS_PORT、USS_DRV、USS_RPM 和 USS_WPM。

①USS_PORT 功能块是 S7-1200 PLC 与变频器 USS 协议通信的接口，主要设置通信

的接口参数，可在主 OB 或循环中断 OB 中调用。

②USS_DRV 功能块是 S7-1200 PLC USS 协议通信的主体功能块，接收变频器的信息和控制变频器的指令都是通过这个功能块来完成的，必须在主 OB 中调用，不能在循环中断 OB 中调用。

③USS_RPM 功能块是通过 USS 协议通信读取变频器的参数，必须在主 OB 中调用，不能在循环中断 OB 中调用。

④USS_WPM 功能块是通过 USS 协议通信设置变频器的参数，必须在主 OB 中调用，不能在循环中断 OB 中调用。

USS_DRV 功能块通过 USS_DRV_DB 数据块实现与 USS_PORT 功能块的数据接收与传送，而 USS_PORT 功能块是 S7-1200 PLC 的 CM 1241 RS-485 通信模块与变频器之间的通信接口。USS_RPM 功能块和 USS_WPM 功能块与变频器的通信与 USS_DRV 功能块的通信方式相同，不再详细介绍。

1. USS_PORT 功能块编程

在程序块中添加数据块"USS_DB1"。USS_PORT 功能块用来处理 USS 网络上的通信，它是 S7-1200 PLC CPU 与变频器的通信接口。每个 CM 1241 RS-485 通信模块有且必须有一个 USS_PORT 功能块 USS_PORT 功能块的编程如图 9-21 所示。

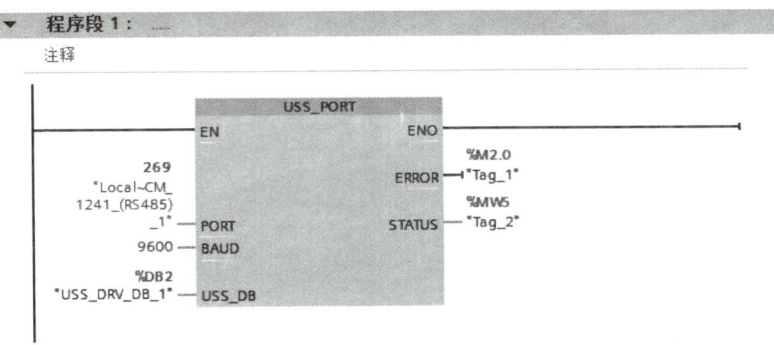

图 9-21 USS_PORT 功能块的编程

各参数说明如下。

PORT：指定通过哪个通信模块进行 USS 协议通信，图 9-21 查询值为 269。

BAUD：USS 通信要使用的波特率为 9 600 bit/s。

USS_DB：指定和变频器通信时的 USS 数据块。每个通信模块最多可以有 16 个 USS 数据块，每个 CPU 最多可以有 48 个 USS 数据块，具体的通信情况要和现场实际情况相联系。每个变频器与 S7-1200 PLC 进行通信的数据块是唯一的。"USS_DRV_DB_1"为 USS_DRV 功能块名称。

ERROR：该引脚为真时，表示发生错误，STATUS 输出有效。

STATUS：扫描或初始化的状态。

2. USS_DRV 功能块编程

USS_DRV 功能块用来与变频器进行交换数据，从而读取变频器的状态以及控制变频器的运行。每个变频器使用唯一的一个 USS_DRV 功能块，但是同一个 CM 1241 RS-485

通信模块的 USS 网络的所有变频器（最多 16 个）都使用同一个 USS_DRV_DB。USS_DRV 功能块的编程如图 9-22 所示。

各参数说明如下。

USS_DRV_DB_1：指定和变频器进行 USS 协议通信的数据块。

RUN：驱动器起始位。该位为真时，将使驱动器以预设速度运行。

OFF2：电气停止位。该位为假时，将使驱动器在不经过制动的情况下逐渐自然停车。

OFF3：快速停止位。该位为假时，将通过制动使驱动器快速停止，而不只是使驱动器逐渐自然停止。

F_ACK：故障确认位。设置该位以复位驱动器上的故障位。清除故障后会设置该位，以告知驱动器不再需要指示前一个故障。

DIR：驱动器方向控制。设置该位以指示方向为向前（对于正 SPEED_SP）。

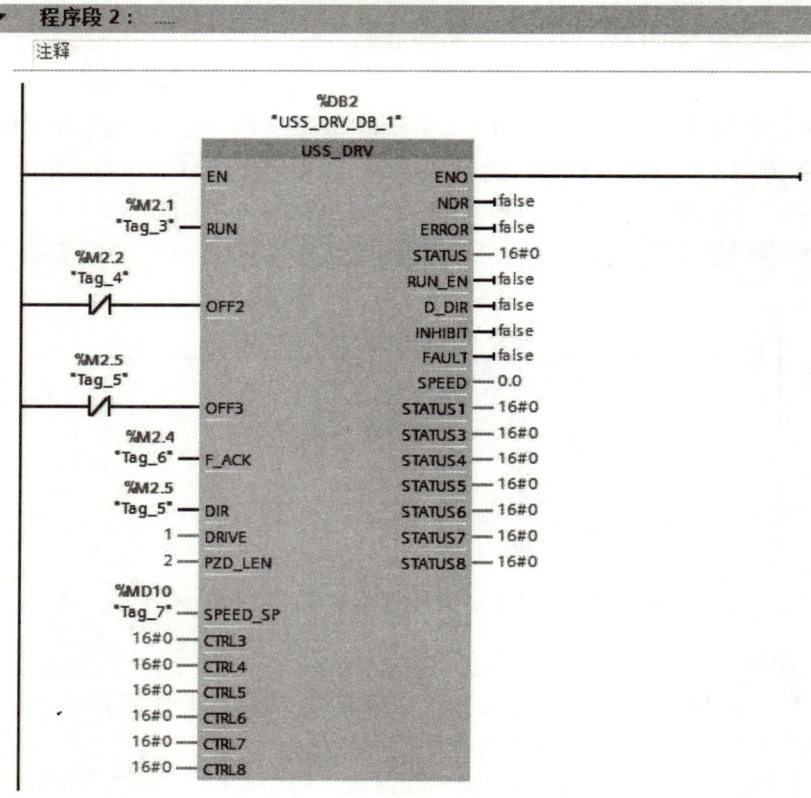

图 9-22 USS_DRV 功能块的编程

DRIVE：变频器的 USS 站地址。有效范围是驱动器 1 到驱动器 16。

PZD_LEN：字长度，PZD 数据的字数。有效值为 2、4、6 或 8 个字。默认值为 2。

SPEED_SP：速度设定值。这是以组态频率的百分数形式表示的驱动器速度。正值表示方向向前（DIR 为真时）。

NDR：新数据就绪。该位为真时，表示输出包含新通信。

ERROR：发生错误。该位为真时，表示发生错误。

STATUS：输出有效。其他所有输出在出错时均设置为 0。仅在 USS_PORT 功能块的

ERROR 和 STATUS 输出中报告通信错误。

SPEED：驱动器当前速度（驱动器状态字 2 的标定值），以组态速度的百分数表示的驱动器速度值。变频器输出频率=SPEED_SP/100×变频器 P0310 的设定值。

3. PLC 监控变频器试验

将程序下载到 PLC，令 PLC 运行在 RUN 模式，用以太网接口监视 PLC；接通变频器的电源，用基本操作面板显示变频器的频率；单击"全部监视"按钮，启动状态监视功能，接通或断开 PLC 的某些开关，可实现控制电动机停车或转动、控制电动机转动方向、读写变频器参数等操作。

习 题

1. ROFIBUS 提供几种通信协议，分别是什么？
2. PROFINET 可以提供哪些通信服务？
3. S7-1200 PLC 与其他设备通信有哪几种方式？
4. Modbus 串行链路协议有什么特点？
5. UDP 协议通信有什么特点？
6. USS 协议通信有什么特点？
7. S7-1200 PLC CPU 的 PROFINET 通信口支持哪些通信协议及服务？
8. 简述 S7-1200 PLC 与编程设备之间通信的组态过程。
9. 简述 S7-1200 PLC 之间通信的组态和编码过程。
10. 指令 TSEND_C 和 TRCV_C 有什么特点？
11. 如何实现 S7-1200 PLC 与 S7-200 PLC 之间 10 个字的数据传送？
12. 串口通信有哪几种方式？
13. RS-232、RS-422、RS-485 串口通信有什么特点？
14. 简述 S7-1200 PLC 与变频器的 USS 协议通信组态过程。

第 10 章

S7-1200 PLC 人机界面的组态及应用

学习目标

(1) 了解人机界面、组态软件等基本概念以及常见的触摸屏、组态软件。
(2) 掌握实现 S7-1200 PLC CPU 与 HMI 的以太网通信的过程。
(3) 掌握按钮、指示灯等基本界面元素的组态方法。
(4) 掌握 PLC 和 HMI 的集成仿真调试步骤。
(5) 了解监控组态软件的设计过程。

问题思考

(1) 本章介绍精简系列面板组态和应用，其他类型触摸屏如何实现应用？
(2) 有哪些常用组态软件，它们各有什么特点？

思维导图

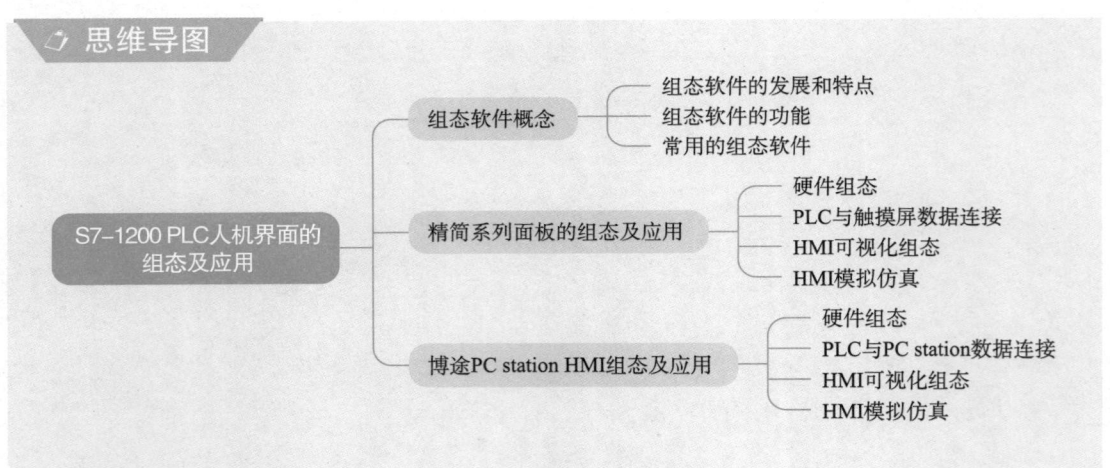

10.1 组态软件概念

组态软件指一些数据采集与过程控制的专用软件,它们是在自动控制系统监控层一级的软件平台和开发环境,能以灵活多样的组态方式(而不是编程方式)提供良好的用户开发界面和简捷的使用方法,解决了控制系统通用性问题。其预设置的各种软件模块可以非常容易地实现和完成监控层的各项功能,并能同时支持各种硬件厂家的工控设备和 I/O 产品,与高可靠的工控计算机和网络系统结合,可向控制层和管理层提供软、硬件的全部接口,进行系统集成。组态软件的应用领域很广,可以应用于电力系统、给水系统、石油、化工等领域的数据采集与监视控制以及过程控制。

10.1.1 组态软件的发展和特点

传统的工业控制软件(简称工控软件)是技术人员根据控制系统要求开发出来的,当工业被控对象一旦有变动,就必须修改其控制系统的源程序,导致其开发周期变长;已开发成功的工控软件又由于每个控制项目的不同而使其重复使用率很低,导致它的价格非常昂贵;在修改工控软件的源程序时,倘若原来的编程人员因工作变动而离开,则必须同其他人员或新手进行源程序的修改,非常不便。随着工业自动化水平的迅速提高,以及计算机在工业领域的广泛应用,人们对工业自动化的要求越来越高,种类繁多的控制设备和过程监控装置在工业领域的应用,使通用工业自动化组态软件的出现为解决上述实际工程问题提供了一种崭新的方法,因为它能够很好地解决传统工控软件存在的各种问题,使用户能根据自己的控制对象和控制目的任意组态,完成最终的自动化控制工程。

组态(Configuration)就是采用应用软件中提供的工具、方法完成工程中某一具体任务的过程。组态的概念最早出现在工业计算机控制中,如集散控制系统组态、PLC 梯形图组态。人机界面生成软件就称为工控组态软件。

组态软件大都支持各种主流工控设备和标准通信协议,并且通常应提供分布式数据管理和网络功能。对应于原有的 HMI 的概念,组态软件还是一个使用户能快速建立自己的 HMI 的软件工具或开发环境。随着组态软件的快速发展,实时数据库、实时控制、SCADA、通信及联网、开放数据接口、对 I/O 设备的广泛支持已经成为它的主要内容,监控组态软件将会不断被赋予新的内容。

组态为模块化任意组合。通用组态软件的主要特点如下。

(1)延续性和可扩充性。使用通用组态软件开发的应用程序,当现场(包括硬件设备或系统结构)或用户需求发生改变时,无须做很多修改就能方便地完成软件的更新和升级。

(2)封装性(易学易用)。通用组态软件所能完成的功能都用一种方便用户使用的方法包装起来,对于用户,无须掌握太多的编程语言技术(甚至不需要编程技术),就能很好地完成一个复杂工程所要求的所有功能。

(3)通用性。每个用户根据工程实际情况,利用通用组态软件提供的底层设备

（PLC、智能仪表、智能模块、板卡、变频器等）的 I/O Driver、开放式的数据库和画面制作工具，就能完成一个具有动画效果、实时数据处理、历史数据和曲线并存，具有多媒体功能和网络功能的工程，不受行业限制。

10.1.2　组态软件的功能

（1）强大的界面显示组态功能。目前，工控组态软件大都运行于 Windows 环境下，充分利用 Windows 具有的图形功能完善、界面美观的特点，可视化的风格界面、丰富的工具栏，操作人员可以直接进入开发状态，节省时间。丰富的图形控件和工况图库，提供了所需的组件，方便界面制作；提供了丰富的作图工具，可随心所欲地绘制出各种工业界面，并可任意编辑，从而将开发人员从繁重的界面设计中解放出来；丰富的动画连接方式，如隐含、闪烁、移动等，使界面生动、直观。

（2）良好的开放性。社会化的大生产，使由系统构成的全部软、硬件不可能都出自一家公司的产品，"异构"是当今控制系统的主要特点之一。开放性是指组态软件能与多种通信协议互连，支持多种硬件设备。开放性是衡量一个组态软件好坏的重要指标。

组态软件向下应能与低层的数据采集设备通信，向上能与管理层通信，实现上位机与下位机的双向通信。

（3）丰富的功能模块。组态软件提供丰富的控制功能库，满足用户的测控要求和现场要求。利用各种功能模块，完成实时监控，产生功能报表，显示历史曲线、实时曲线，提醒报警等，使系统具有良好的人机界面，易于操作。系统既可适用于单机集中式控制、DCS 分布式控制，也可适用于带远程通信能力的远程测控系统。

（4）强大的数据库。组态软件配有实时数据库，可存储各种数据，如模拟量、离散量、字符型等，实现与外部设备的数据交换。

（5）可编程序的命令语言。组态软件有可编程序的命令语言，使用户可根据自己的需要编写程序，实现特定的软件功能。

（6）周密的系统安全防范。组态软件对不同的操作者，赋予不同的操作权限，保证整个系统的安全可靠运行。

（7）仿真功能。组态软件提供强大的仿真功能使系统并行设计，从而缩短开发周期。

10.1.3　常用的组态软件

组态软件发展迅猛，其功能已经扩展到企业信息管理系统、管理和控制一体化、远程诊断和维护及在互联网上的一系列数据整合，常用组态软件包括 TIA 博途、KingView 组态王、MCGS 昆仑通态、力控、InTouch、开物、RSVIEW、紫金桥等品牌。

TIA 博途软件中的 HMI 设备包括西门子精智面板、精简面板等具有 S7-1200 PLC 驱动的设备，以及 TIA 博途 WinCC。这些 HMI 设备可以通过多种方式与 S7-1200 PLC 建立通信连接，可以灵活选择。下面主要介绍 TIA 博途组态软件中的精简系列面板、WinCC 的 HMI 组态及应用。

10.2 精简系列面板的组态及应用

精简系列面板主要是与 S7-1200 PLC 配套的触摸屏，适用于简单的应用，操作直观方便，具有报警、配方管理、趋势图、用户管理等功能。SIMATIC S7-1200 PLC 与 SIMATIC HMI 精简系列面板的完美整合，为小型自动化应用提供了一种简单的可视化和控制解决方案。SIMATIC STEP 7 Basic 是西门子开发的高集成度工程组态系统，提供了直观易用的编辑器，用于对 SIMATIC S7-1200 PLC 和 SIMATIC HMI 精简系列面板进行高效组态。

触摸屏应用

下面以 KTP900 Basic 触摸屏为例，介绍"电动机启停"项目的实现过程。

本项目的控制要求选择西门子 SIMATIC HMI 精简系列面板 KTP900 Basic 触摸屏作为人机界面，通过单击触摸屏上的"启动"和"停止"按钮，实现对电动机的启停控制，并且通过触摸屏上的"电动机运行状态"实现对电动机工作状态的监控功能。

10.2.1 硬件组态

设置自动化系统需要对各硬件组件进行组态、分配参数和互连。在"设备和网络"视图中添加 PLC 控制器和 HMI 人机界面以及设备网络连接。

1）添加 HMI 新设备

打开前面章节"电动机启停"项目，双击"项目树"中的"添加新设备"按钮，再添加一个 HMI 新设备。如图 10-1 所示，选中图中的"SIMATIC 精简系列面板"→"9" 显示屏"→"KTP900 Basic"，选好相应的供货号后，单击"确定"按钮，完成添加。

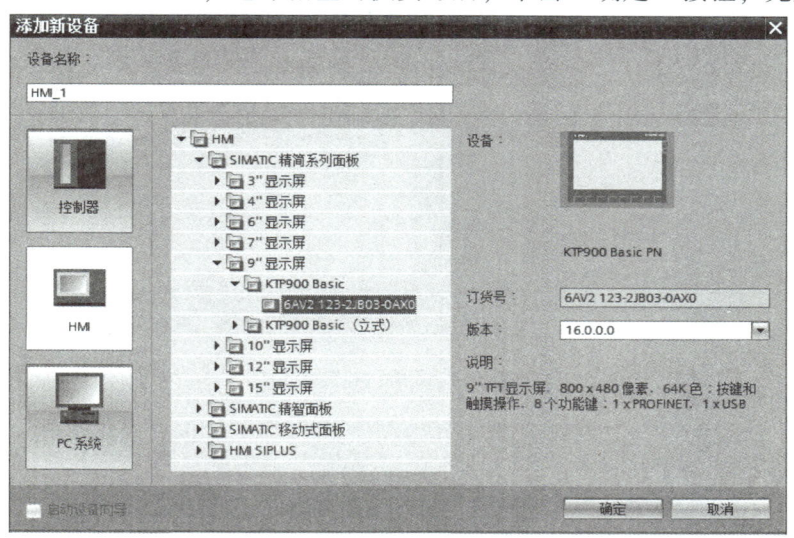

图 10-1 添加 HMI 触摸屏设备界面

2）设备网络组态

添加完 HMI 设备后，选择"设备和网络"视图，单击视图中呈现绿色的"CPU 1214C"的 PROFINET 网络接口，按住鼠标左键拖动至右边呈现绿色的"KTP900 Basic"

的 PROFINET 网络接口上,则两者的 PROFINET 网络就连接成功了,如图 10-2 所示,可以在"网络属性"对话框中修改网络名称,完成设备组态和网络连接。

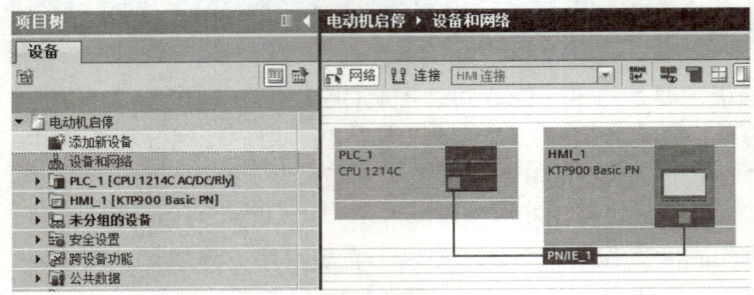

图 10-2 网络连接视图

10.2.2 PLC 与触摸屏数据连接

"电动机启停"项目中,"PLC_1"控制器定义了 I/O 变量,要想在触摸屏对这些变量进行读写操作,必须在触摸屏"HMI_1"中添加相对应的变量,通过网络"PN/IE_1"连接到一起。

例如:添加"指示灯"变量。选择"项目树"→"HMI_1[KTP900 Basic PN]"→"HMI 变量"→"默认变量表",右击"添加"按钮,如图 10-3 所示;输入变量名"指示灯",为了界面设计方便,HMI 变量名可以取汉字短语,如图 10-4 所示;连接 PLC 变量,如图 10-5 所示;完成 HMI_1 变量"指示灯"与 PLC_1 变量"Tag_3"的连接,如图 10-6 所示。

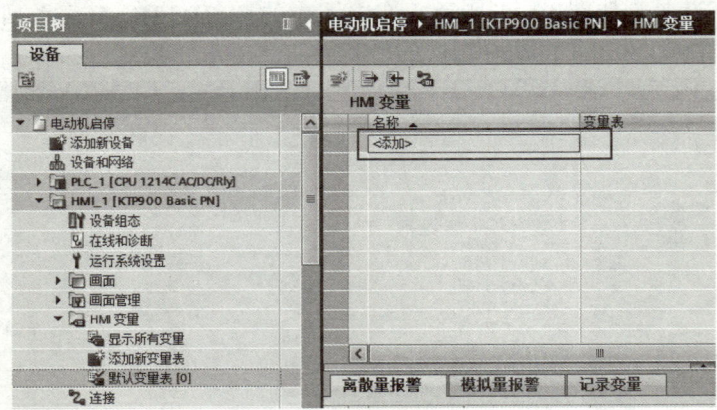

图 10-3 添加 HMI 变量

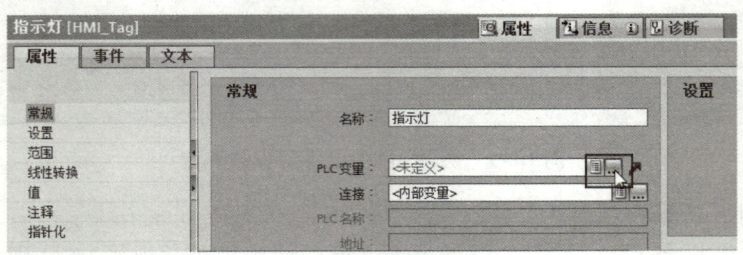

图 10-4 添加"指示灯"变量

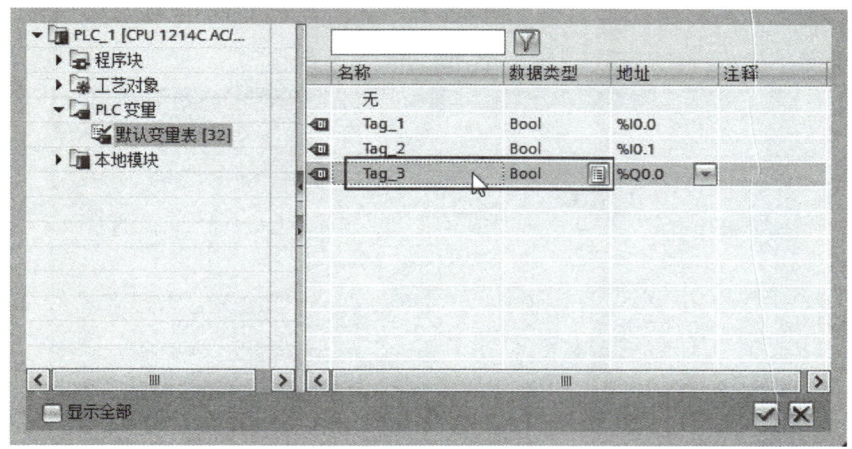

图 10-5 连接 PLC 变量

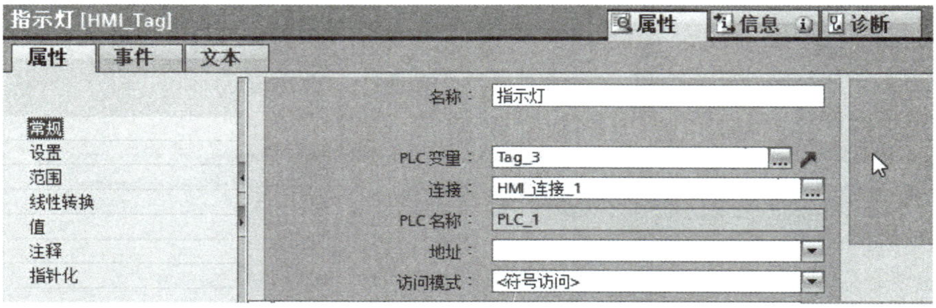

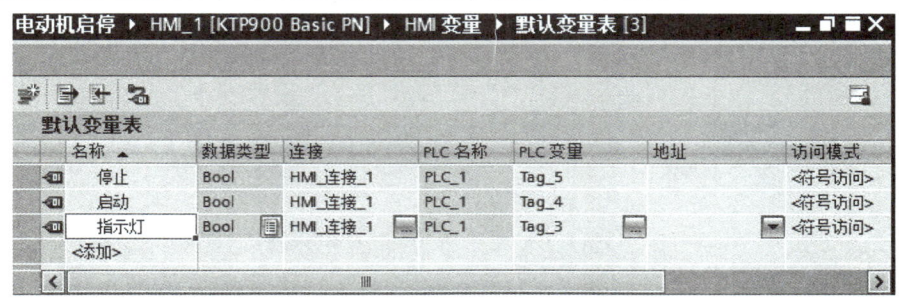

图 10-6 HMI_1 变量"指示灯"与 PLC_1 变量"Tag_3"的连接

经过上述设置，变频器从触摸屏→HMI_1 变量"指示灯"→网络"HMI_连接_1"→PLC_1 变量"Tag_3"→PLC"PLC_1"，实现触摸屏与 PLC 的数据连接。

其他变量按上述操作，可以完成变量连接，如图 10-7 所示。

图 10-7 HMI_1 与 PLC_1 变量连接

10.2.3 HMI 可视化组态

1. 界面组态

选择"项目树"→"HMI_1 [KTP900 Basic PN]"→"画面"→"画面 1"。右侧"工具箱"中有很多工具，包括"基本对象""元素""控件"，可以实现丰富的界面功能。从"元素"工具列表中选择"按钮",拖入界面,添加 2 个操作按钮,即"启动""停止"。添加一个运行状态显示图标,添加文本"运行状态",如图 10-8 所示。

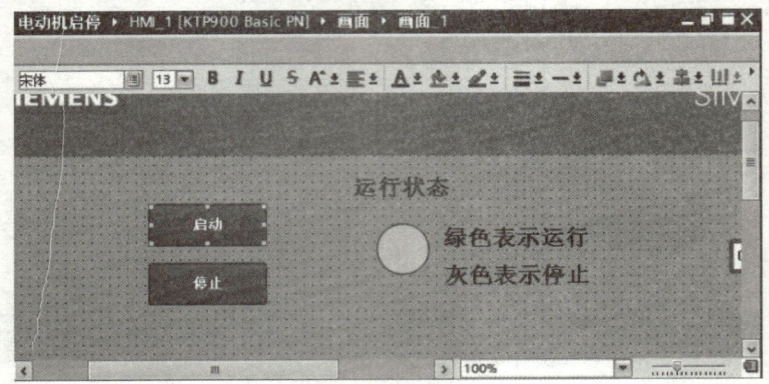

图 10-8 界面组态

2. 按钮属性

光标移到按钮处,右击选择"属性"→"常规",模式设为"文本",标签选择"文本",输入按钮名称"启动",如图 10-9 所示。

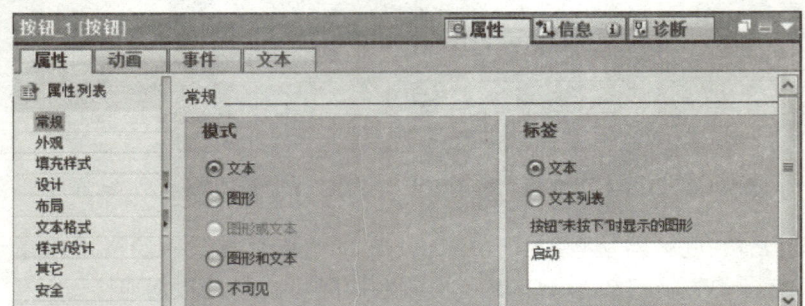

图 10-9 设置按钮常规属性

图 10-9 中,右击选择"属性"→"事件",给按钮添加动作。单击"按下"按钮,选择"添加函数",在下拉列表中选择"计算脚本"→"设置变量",如图 10-10 所示。

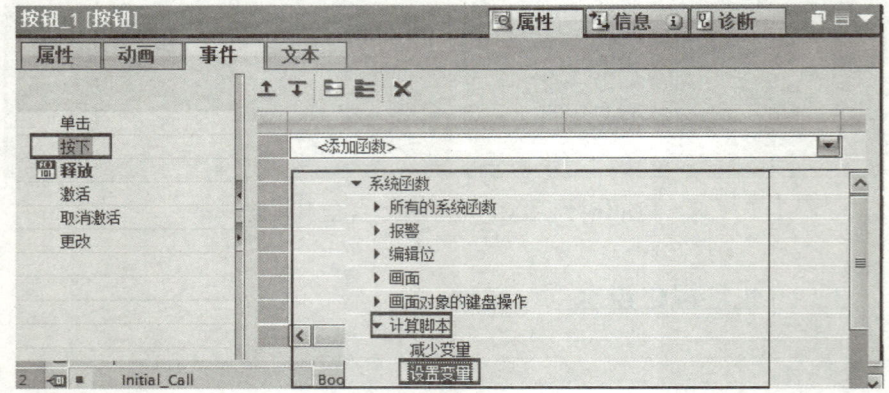

图 10-10 添加函数

240

选择"设置变量"→"变量（输出）"，选择 HMI_1 变量"启动"，如图 10-11 所示。

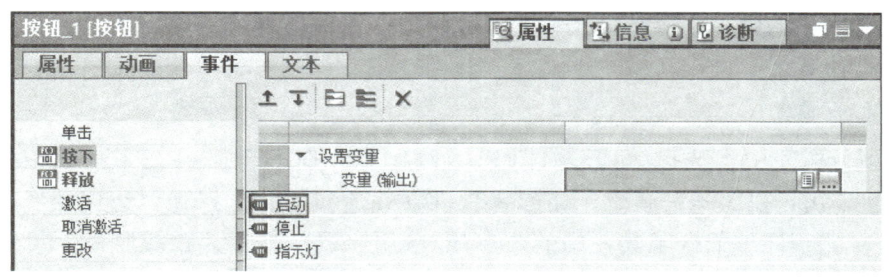

图 10-11　设置变量

设置"启动"变量的值为"1"，表示启动电动机，如图 10-12 所示。

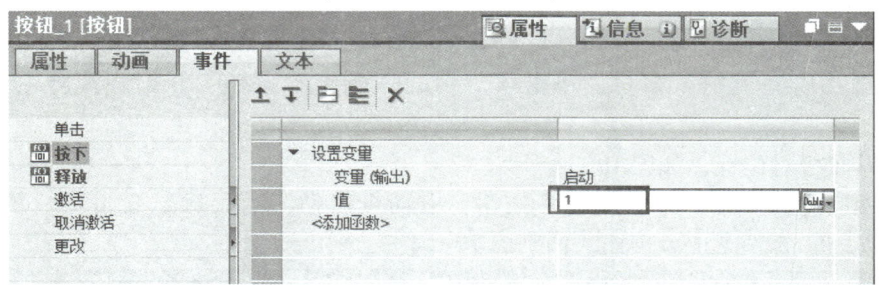

图 10-12　设置变量数值

"释放"设置与"按下"类似，"启动"变量的值设为"0"，触点返回。

3. 指示灯设置

选择圆形图标，右击选择"属性"→"动画"→"外观"，HMI 变量选择"指示灯"，其值为"0"对应颜色"灰"，表示"停止"状态，值为"1"对应颜色"绿"，表示"启动"状态，如图 10-13 所示。

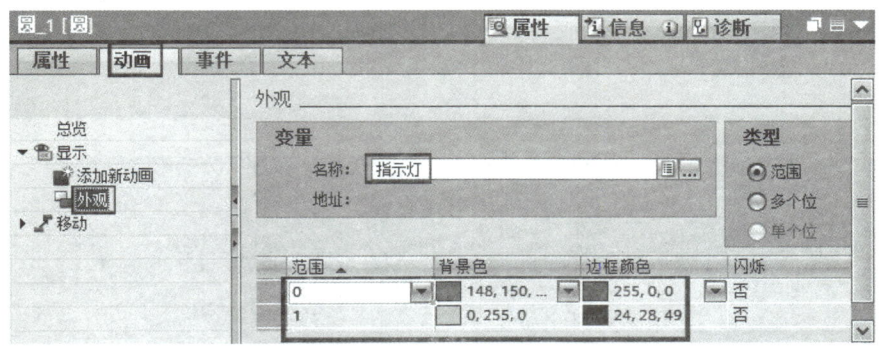

图 10-13　设置"指示灯"变量

至此，界面组态完成。"工具箱"中有很多部件，还具有报警、用户管理、配方和趋势视图等功能，可以根据自己的需求选择、配置，实现更多功能，具体的组态和调试方法可以参考其他相关资料。

241

10.2.4 HMI 模拟仿真

设计好 HMI 的可视化组态画面后，就可以进行模拟仿真了，先启动 PLC 仿真，再启动 HMI 模拟仿真。

1. PLC 仿真

在"项目树"中，选择"PLC_1[CPU 1214C AC/DC/Rly]"，在工具栏中单击"仿真"按钮，PLC 进入运行状态，使编程软件在线连接 PLC，打开"程序块"→"Main [OB1]"，单击程序编辑区工具栏中的"启用/禁用监视"按钮，在线监视 PLC 程序的运行。此时项目右侧出现"CPU 操作员面板"，显示了 CPU 的状态指示灯和操作按钮，可以对 PLC 进行操作。

2. HMI 模拟仿真

在"项目树"中，选择"HMI_1[KTP900 Basic PN]"，在工具栏中单击"仿真"按钮，弹出"启动模拟"窗口，单击窗口中的"确定"按钮，开始触摸屏项目的仿真运行。

调整界面相对位置，如图 10-14 所示。

单击模拟仿真界面中的"启动"按钮，电动机启动，运行状态变为"绿色"，如图 10-15 所示；单击"停止"按钮，回到图 10-14。

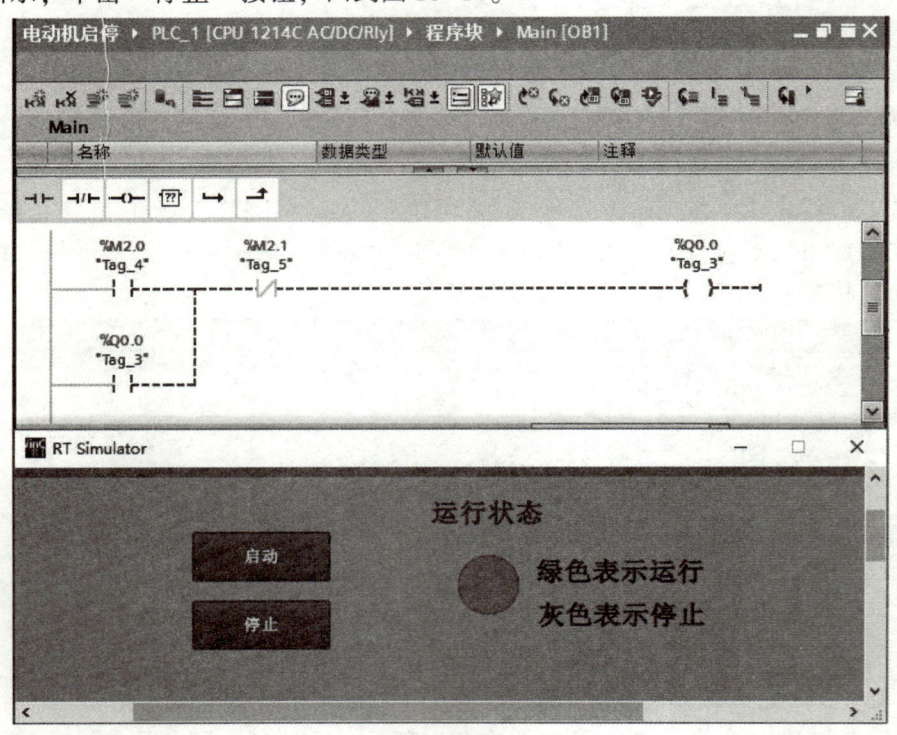

图 10-14　HMI 模拟仿真——停止状态

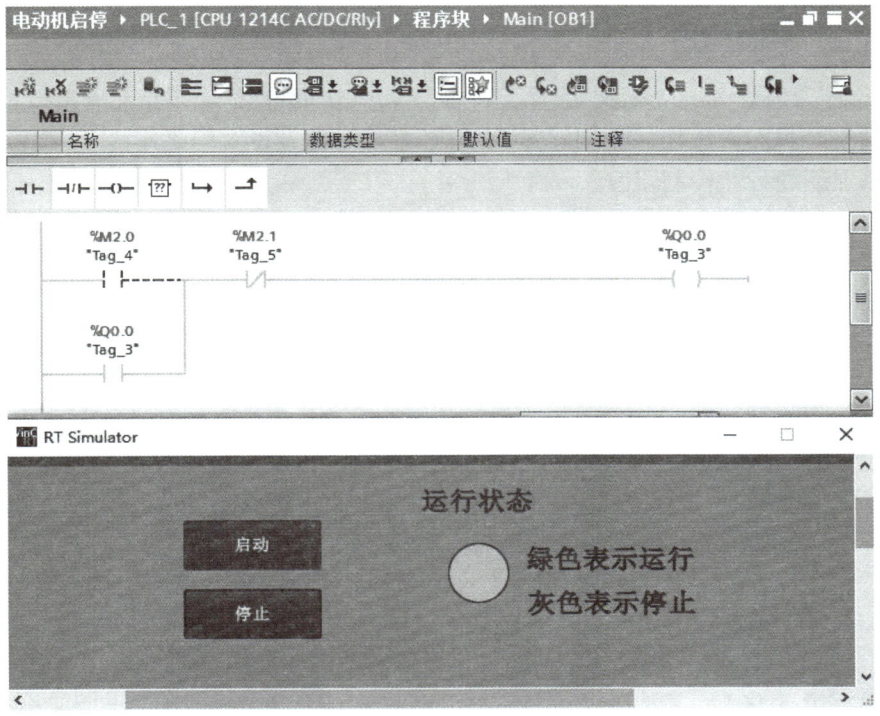

图 10-15　HMI 模拟仿真——运行状态

10.3　博途 PC station HMI 组态及应用

PC station 是 SIMATIC 自动化系统中包含通信模块以及软件组件的一台 PC，将 SIMATIC PC station 简称为 PC 站。PC 站在硬件上就是一台实现 SIMATIC 通信、控制功能的 PC，在软件中使用一个虚拟的站点来配置，采用类似 PLC 站点配置方式对其进行组态。

博途 PC Station MHI 组态及应用

在实际应用中，工程师站（Engineer Station，ES）和操作员站（Operator Station，OS）等都是一个 PC 站，通常 PC 站的组态中操作员站包括若干个软件应用和通信硬件接口。软件应用包括 SIMATIC 控制器应用程序、SIMATIC HMI 应用软件（WinCC RT Advanced）、用户应用程序（OPC Server）等，通信硬件接口主要是 CP 通信处理器，如 CP1613、CP5611、常规 IE（普通网卡）等，支持 PROFINET、PROFIBUS 通信。

下面以"水位控制装置"项目为例，说明博途 PC station HMI 的组态过程。

水位控制装置需要配置一台 S7-1200 PLC，水位模拟量输入采用 PLC 自带的模拟量输入通道，一套电动机潜水泵，一个投入式液位传感器，继电器等。本项目的控制要求是能够实现水位自动控制。通过计算机屏幕上的"启动"和"停止"按钮，实现水位控制装置启/停控制；根据采集水位信号的变化，自动启/停潜水泵，水位控制在 50%～100% 之间；通过屏幕显示"水泵运行状态""水位值变化"，实现对水位的监控功能。

10.3.1 硬件组态

启动桌面“TIA Portal V16”软件，选择“创建新项目”→“蓄水池水位控制”，在“设备和网络”视图中添加“控制器”和“PC 系统”以及设备网络连接。

1）添加新设备“控制器”

“控制器”选择“SIMATIC S7-1200”→“CPU 1214C AC/DC/Rly”，货号选择“6ES7 214-1BG40-0XB0”，版本为“V4.4”。

根据控制任务要求，在“默认变量表”中添加“PLC 变量”，如图 10-16 所示。

模拟量范围为 0～100%，对应 0～27 648，50% 为 13 824，设置 50%～100% 变化范围。编制程序，如图 10-17 所示。

蓄水池水位控制 ▸ PLC_1 [CPU 1214C AC/DC/Rly] ▸ PLC 变量 ▸ 默认变量表 [36]

变量 | 用户常量 | 系统常量

默认变量表

	名称	数据类型	地址	保持	从 H...	从 H...	在 H...	注释
1	Tag_2	Bool	%M4.0	☐	☑	☑	☑	装置启动
2	Tag_3	Bool	%M4.1	☐	☑	☑	☑	装置停止
3	Tag_4	Bool	%Q0.0	☐	☑	☑	☑	水泵运行
4	Tag_6	Word	%IW96	☐	☑	☑	☑	
5	Tag_7	Word	%MW0	☐	☑	☑	☑	水位
6	Tag_5	Bool	%Q1.0	☐	☑	☑	☑	装置运行
7	<新增>			☐	☑	☑	☑	

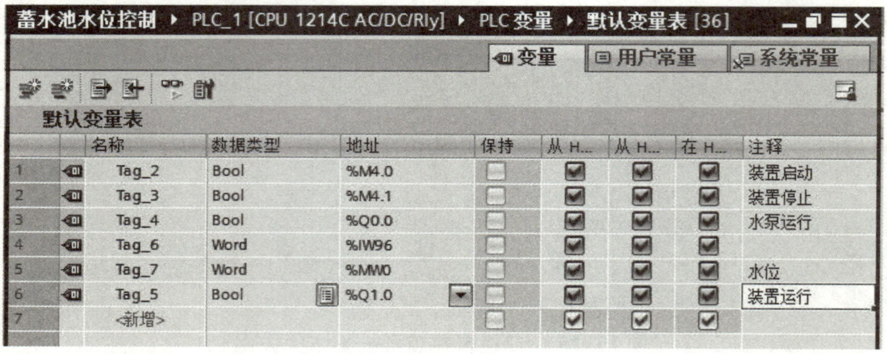

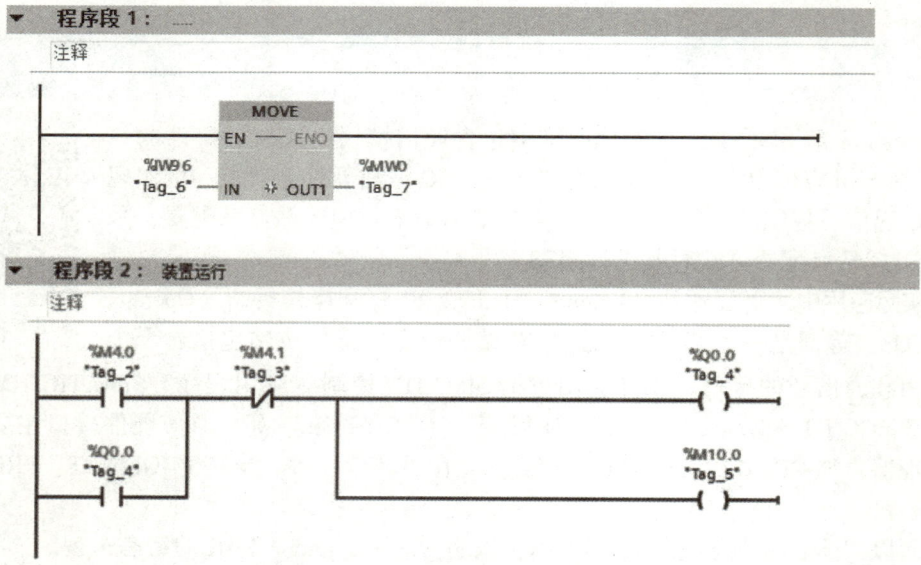

图 10-16　PLC 变量表

图 10-17　蓄水池水位控制梯形图程序

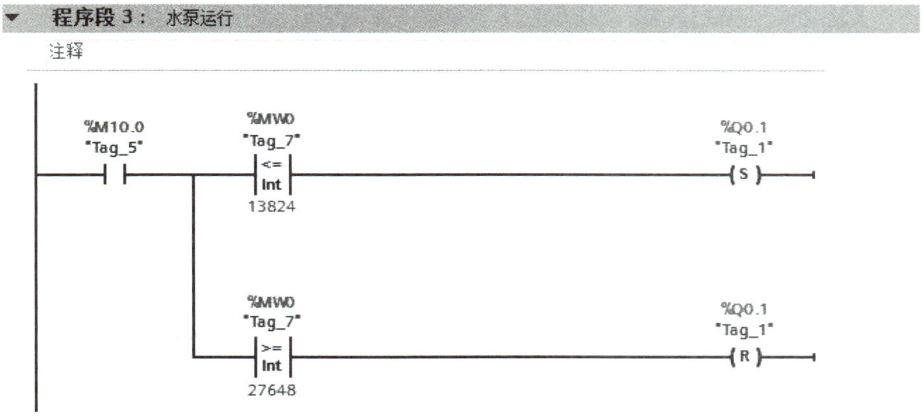

图10-17 蓄水池水位控制梯形图程序（续）

2）新设备添加"PC 系统"

选择"项目树"→"添加新设备"→"PC 系统"→"常规 PC"→"PC station"，单击"确定"按钮，PC station 添加完成，如图10-18 所示。

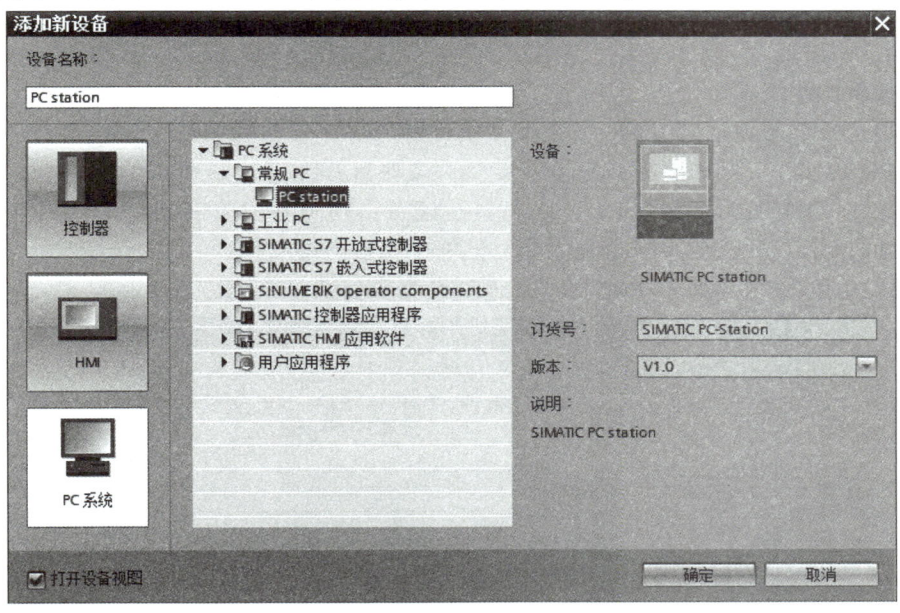

图10-18 添加"PC station"设备

选择"项目树"→"PC station"→"设备组态"，在右侧硬件目录中，拖动"SIMATIC HMI 应用软件"→"WinCC RT Advanced"和"通信模块"→"PROFINET/Ethernet"下的"常规 IE"网卡到"PC station"，如图10-19 所示。

添加"WinCC RT Advanced"后，在"项目树"的"PC station"下，显示新建的"HMI_RT_1[WinCC RT Advanced]"设备。

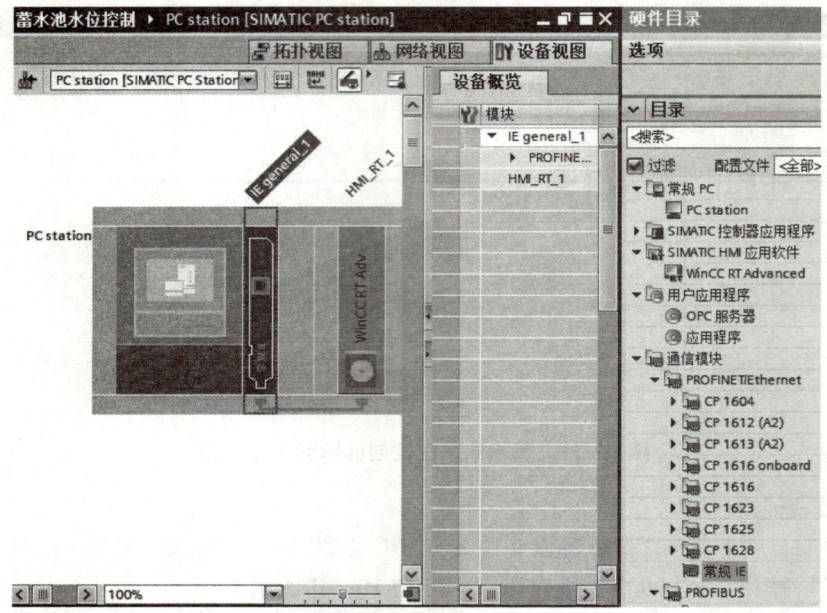

图 10-19 "PC station"组态

3) 设备网络组态

添加完"PC station"设备后,选择"项目树"→"设备和网络",单击视图中呈现绿色的"CPU 1214C"的 PROFINET 网络接口,按住鼠标左键拖动至右边呈现绿色的"PC station"的 PROFINET 网络接口上,高亮显示连接,则两者的 PROFINET 网络连接成功,如图 10-20 所示,可以在"网络属性"对话框中修改网络名称。

注意:电脑的 IP 地址与 PC 站的 IP 地址设置要相同。

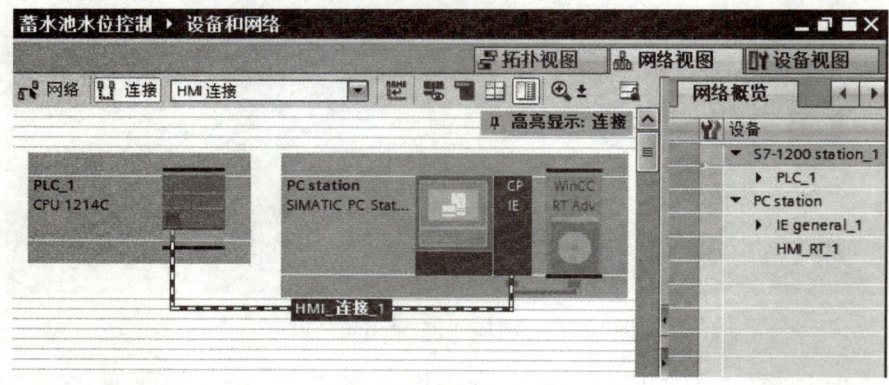

图 10-20 网络连接视图

10.3.2 PLC 与 PC station 数据连接

PLC 与 PC station 数据连接过程,与"触摸屏"操作类似。选择"项目树"→"PC station[SIMATIC PC station]"→"HMI_RT_1[WinCC RT Advanced]"→"HMI 变量"→"默认变量",右击添加按钮,添加 HMI 变量连接 PLC 变量,实现 PC station 与 PLC 的连接。数据连接完成后,变量表如图 10-21 所示。

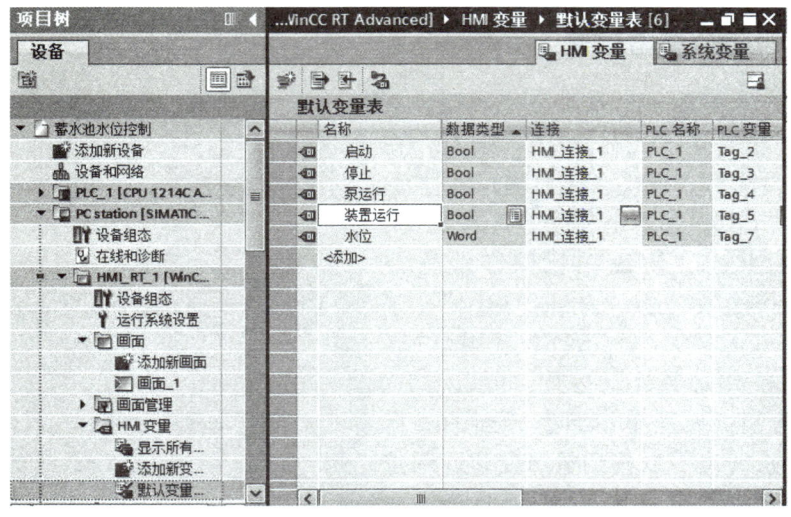

图 10-21 "PC station" HMI 变量表

10.3.3 HMI 可视化组态

选择"项目树"→"PC station [SIMATIC PC station]"→"HMI_RT_1 [WinCC RT Advanced1]"→"画面"→"添加新画面",出现"画面_1",可以根据控制要求,选取右侧"工具箱"中的素材,添加界面元素,并进行相应的数据连接,如图 10-22 所示。

选择"项目树"→"PC station [SIMATIC PC station]"→"HMI_RT_1 [WinCC RT Advanced1]"→"运行系统设置",为了调试方便,将界面属性"屏幕分辨率"设置为"640×480",取消勾选"全屏模式"复选按钮,如图 10-23 所示。

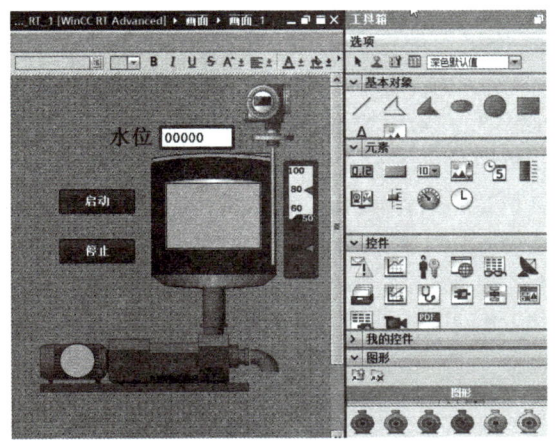

图 10-22 PC 站组态界面

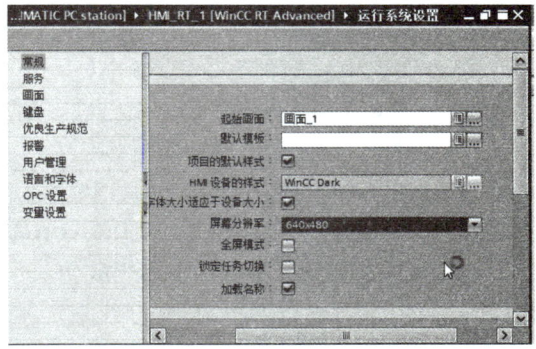

图 10-23 设置组态界面

10.3.4　HMI 模拟仿真

PC 站 HMI 的可视化组态画面完成后，就可以进行模拟仿真了。先启动 PLC 仿真，在"项目树"中，选择"PLC_1[CPU 1214C AC/DC/Rly]"，在工具栏中单击"仿真"按钮，PLC 进入运行状态，使编程软件在线连接 PLC，打开"程序块"→"Main[OB1]"，单击程序编辑区工具栏中的"启用/禁用监视"按钮，在线监视 PLC 程序的运行；再启动 PC 站 HMI 模拟仿真，分别单击组态界面的"启动""停止"按钮，可以看到状态变化，调整画面，可以看到梯形图中相应的运行状态，如图 10-24 所示。

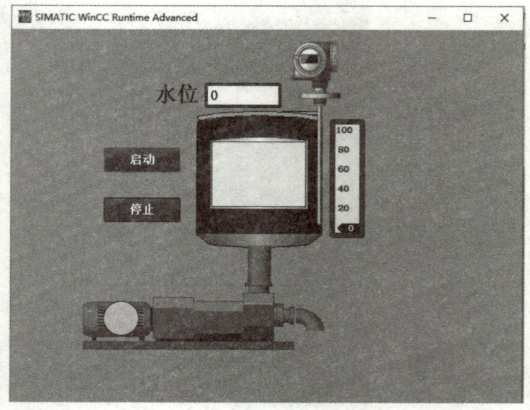

图 10-24　模拟仿真运行界面

任务拓展：在以上界面设计中只是加入常用操作、显示元素，请加入报警、趋势图、用户管理等功能，并进行调试。

习　题

1. 什么是人机界面？
2. 触摸屏的优点是什么？
3. 列举几个市场上常见的触摸屏。
4. 人机界面的内部变量和外部变量各有什么特点？
5. 组态时怎样建立 PLC 与 HMI 之间的 HMI 连接？
6. 在画面上组态一个指示灯，并用它来显示 PLC 中 Q0.0 的状态。
7. 在画面上组态两个按钮，分别用来将 PLC 中的 Q0.0 置位和复位。
8. 在画面上组态一个输入/输出域，用 5 位整数格式显示 PLC 中 MW10 的值。
9. 在画面上组态一个输入/输出域，用 5 位整数格式修改 PLC 中 MW10 的值。
10. 怎样组态具有点动功能的按钮？
11. HMI 有哪几种仿真调试的方法？各有什么特点？
12. 为了实现 S7-1200 PLC CPU 与 HMI 的以太网通信，需要哪些操作？
13. 怎样实现 PLC 和 HMI 的集成仿真调试？

附　录

附录 A　S7-1200 PLC 可编程控制器指令集

附录 A-1　基本操作指令

附录 A-2　扩展指令

附录 B　实验指导书

实验 1　熟悉 S7-1200 PLC 编程软件

实验 2　基本指令练习

实验 3　三相异步电动机正、反转控制

实验 4　多人抢答器程序设计

实验 5　运料小车的程序控制

实验 6　循环流水灯

实验 7　十字路口交通灯程序控制

实验 8　PLC 的通信编程

附录 C 课程设计任务书

第 1 部分 可编程控制器应用系统的研制过程

第 1 部分 可编程控制器应用系统的研制过程

第 2 部分 课程设计题目

课题 1 流水作业的计数与定时控制系统

课题 2 水塔水位控制系统

课题 3 数控钻床 PLC 电气控制系统

参 考 文 献

[1] 赵丽君，路泽永. S7-1200 PLC 应用基础［M］. 北京：机械工业出版社，2020.
[2] 黄永红. 电气控制与 PLC 应用技术［M］. 北京：机械工业出版社，2019.
[3] 廖常初. S7-1200/1500 PLC 应用技术［M］. 北京：机械工业出版社，2017.
[4] 陈丽，程德芳. PLC 应用技术（S7-1200）［M］. 北京：机械工业出版社，2020.
[5] SIMATIC S7-1200 可编程控制器系统手册，2019.
[6] SIMATIC S7-1200，S7-1500 PID 控制功能手册，2019.
[7] 马玲. S7-1200 PLC 电气控制技术［M］. 北京：机械工业出版社，2022.
[8] 武丽. 电气控制与 PLC 应用技术［M］. 北京：机械工业出版社，2020.
[9] 李方圆. 西门子 S7-1200 PLC 从入门到精通［M］. 北京：电子工业出版社，2018.
[10] 于福华，熊国灿. S7-1200 PLC 项目化教程［M］. 北京：北京邮电大学出版社，2018.
[11] 段礼才. 西门子 S7-1200 PLC 编程及应用指南［M］. 北京：机械工业出版社，2018.
[12] 李大明，郑火胜，周海波. 西门子 S7-1200 PLC 应用技术［M］. 长沙：湖南大学出版社，2021.
[13] 陈建明，王成凤. 电气控制与 PLC 应用——基于 S7-1200 PLC［M］. 北京：电子工业出版社，2020.